W0413662

Viktor Farkas

VERTUSCHT

Wer die Welt beherrsch

Viktor Farkas

VERTUSCHT

Wer die Welt beherrscht

Mit Informationen zum
11. September 2001

Vertuscht
Wer die Welt beherrscht
Viktor Farkas
1. Auflage 2002

Die Deutsche Bibliothek – CIP-Einheitsaufnahme
Farkas, Viktor: Vertuscht
Wer die Welt beherrscht
Argo-Verlag 2002, 1. Aufl.
ISBN 3-9807917-5-0

Das Werk einschließlich aller seiner Teile ist urheberrechtlich geschützt. Alle Rechte, insbesondere die des Nachdrucks, der Vervielfältigung, der Mikroverfilmung, der Übersetzung und der Speicherung in elektronischen Systemen behalten sich die Verfasser und der Verlag vor.
© Argo-Verlag
Ingrid Schlotterbeck
Sternstr. 3, D-87616 Marktoberdorf
Tel: (08349) 920 44 0
Fax: (08349) 920 44 49
E-Mail: Mail@magazin2000plus.de
Internet: www.magazin2000plus.de
Printed in Germany

Inhalt

Vorwort: Versuch einer Entwirrung und Standortbestimmung

„Der beste Weg, die
Zukunft vorherzusehen,
ist sie zu gestalten."
Einer der „Weltverschwörer" aus
dem zweiten Teil des Akte-X-Dreiteilers
„Anasazi/Das Ritual/Verschwörung des Schweigens"

Die Welt ist mit dem 11. September 2001 eine andere geworden, so vernimmt man seit dem Anschlag auf die beiden Türme des World Trade Center ohne Unterlaß. Angesichts dieses monströsen Geschehens, wie auch aufgrund der Reaktionen darauf, die keinen Stein auf dem anderen zu lassen scheinen, muß man wohl das Schlimmste befürchten. Die nach dem Anschlag geäußerten Worte des Politologen der New Yorker Universität und Autors Tony Judt „Im zwanzigsten Jahrhundert wurden die Kriege auf Kosten der Zivilisten geführt. Im einundzwanzigsten werden sie durch Zivilisten geführt", könnten einen unangenehm prophetischen Charakter haben. Manche meinen, die ungeheuerlichen Attacken auf das WTC seien lediglich ein Vorgeschmack auf das, was uns im begonnenen dritten Jahrtausend erwarten könnte. Manche sprechen von einer regelrechten „Entwicklung", andere sogar von geheimen Langzeitplänen. Ein Jahrhundert der Paranoia scheint sich anzubahnen.
Wer erst einmal den Eindruck gewonnen hat, die sogenannte „Realität" sei im Grunde nichts anderes als eine Art Übereinkommen (frei nach Napoleon Bonaparte, der meinte, die Geschichte sei die Lüge, auf die sich alle geeinigt haben), der fragt sich fast zwangläufig, ob das meiste, das geschah und geschieht, einer unsichtbaren Lenkung oder den Gesetzen des Chaos gehorcht. Die Ergebnisse scheinen für das Chaos, die Abläufe für die Lenkung zu sprechen. Damit sind wir unversehens bei der Gretchenfrage, die sich immer mehr Menschen stellen: „Geschehen Entwicklungen zufällig oder gibt es unsichtbare Mächte, die dafür ver-

antwortlich sind und hinter der Weltbühne geheime Langzeitpläne verfolgen?"

Auch Zeitgenossen, die paranoiden Vermutungen abhold sind, äußern den Verdacht, es sei so manches im Gange, von dem die Öffentlichkeit nichts erfahren darf. Selbst gutwillige und arglose Realisten vermuten, daß allein die immer wilderen Bocksprünge der politischen Korrektheit, das Anfassen von Verbrechern mit Glacéhandschuhen und manches andere, das eindeutig nicht „Volkes Wille" ist aber trotzdem unbeirrbar durchgezogen wird, keine „natürlichen Entwicklungen" sind. Als Beweis für solche Überlegungen wird oft das Beispiel der Schweiz herangezogen, wo Referenden fast schon regelmäßig Vorhaben zu Fall bringen, über die in höchsten Kreisen Konsens herrscht. Hört man hin, ist es für jedermann vernehmlich, wie sehr die Wähler allerorten darüber grollen, es würde an ihnen vorbeiregiert, egal für wen sie stimmen. Oder in einem prägnanten Satz auf den Punkt gebracht: „Wieso geschieht nie, was die Mehrheit wirklich will?"

Wenn das Individualverkehrssystem zu kollabieren droht und der Bürger Stunden im Verkehrsstau festgenagelt wird während zugleich Bahnstrecken ausgedünnt oder gar stillgelegt werden, wenn die Bürger bei Einbruch der Dunkelheit in ihre Häuser flüchten um der wachsenden Gewalt zu entgehen, gegen die sie sich aufgrund der fortschreitenden Entwaffnung der Gesetzestreuen nicht wehren können, wenn Kinder die Beute von Drogenhändlern werden und der Polizei die Hände gebunden sind dagegen ernsthaft vorzugehen, wenn Leistungsfähige und Leistungswillige in eine Ausbildung gezwungen werden, die sich am Unbegabten orientiert, dann zweifeln viele, ob alles mit rechten Dingen zugeht. Das kam nicht von ungefähr, so meinen sie.

Viele in der Nachkriegszeit Aufgewachsene können einfach nicht glauben, daß einzig richtungsloses Walten der Geschichte es in drei Jahrzehnten geschafft haben soll, in der westlichen Zivilisation Zustände entstehen und sich unausrottbar festsetzen zu lassen, die bisher nur aus dem Geschichtsunterricht bekannt waren. Beispielsweise als Vorstufe zum Untergang des römischen Imperiums. Nicht selten mit dem Zusatz des Lehrers: Eine solche Zivilisation mußte ja zugrunde gehen.

Mittlerweile scheint der westliche Alltag immer mehr genau so auszusehen. Drogen, Konsumwahn, Glaubensverlust, Sektenwesen, Brutalisierung, Kinderlosigkeit, Unwilligkeit zur Verteidigung des eigenen Landes, No-future-Denken und verzweifelte Spaßgesellschaft (in den USA ist Selbstmord im Dritten Jahrtausend die zweithäufigste Todesursache von College-Studenten), Profit um buchstäblich jeden Preis, mehr Mitleid mit Gewalttätern als für ihre Opfer während sich das Verbrechen ausbreitet, und ähnliche Erscheinungen scheinen Bestandteile unserer Gegenwartskultur, um nicht zu sagen der viel beschworenen „Wertegemeinschaft“, geworden zu sein. Völkermord, Hunger- und sonstige Katastrophen, bestialische Tierversuche, Tierfabriken und Tiertransporte, Gemetzel an Menschen und Tieren in unvorstellbarem Ausmaß und globales Elend gehören schon zur täglichen Medienkost. Leute fassen sich an den Kopf und zweifeln an Gott und der Welt. Sie äußern Ratlosigkeit darüber, wieso man verbissen an Regelungen festhält, die ihrer Meinung nach von der Realität täglich ad absurdum geführt werden.

Die heute fest etablierte „Rauschgiftgesellschaft“ ist für mache ebensowenig vom Himmel gefallen wie der Werteverlust, der anfangs als Paradigmenwechsel begrüßt wurde und heute zunehmend in Frage gestellt wird weil er offenbar nicht zu kritischerem Denken führt. De facto zeigt es sich, daß Menschen, die den Glauben an Gott verloren haben, keineswegs an gar nichts mehr glauben. Nein, sie glauben vielmehr an alles, was zahlreiche Sekten gerne bestätigen können. Der Homo sapiens will nun mal an etwas glauben, auch wenn er dabei dran glauben muß. Der vielzitierte „Mann von der Straße“ ist argwöhnisch geworden. Er kann nicht verstehen, warum geradezu fanatisch und in weltweiter Übereinstimmung alles zur Schnecke gemacht wird, das Verwunderung erregen könnte (von zutiefst menschlichen Komplotten bis zu echten Rätseln). Eines scheint für viele mittlerweile festzustehen: Dem sogenannten „mündigen Bürger“ wurde und wird nicht immer die Wahrheit gesagt. Nicht einmal, wenn sie ihn und die Zukunft seiner Kinder betrifft. Also wird getuschelt, all das wäre ohne geheime internationale Absprachen gar nicht möglich. Mit anderen Worten: es muß eine oder mehrere Verschwörungen geben, der galoppierende Verfall tradierter Werte, der schlimmstenfalls in Barbarei oder Diktatur mündet, kann nicht das Resultat des Zufalls sein. So denken mittlerweile Millionen Menschen in vielen Ländern. Manche fragen sich sogar, ob wir alle verborgenen

Machenschaften nicht selbst Vorschub leisten indem wir ohne zu denken runterschlucken, was serviert wird.
Wie auch immer, angesichts all der Ungereimtheiten stellt sich die umfassende Frage: Muß der Lauf der Welt eine ununterbrochene Abfolge negativer, gerade noch möglicher Ereignisse sein? Ist der Standpunkt der „seriösen“ Geschichtsschreiber wirklich zwingend, alles sei viel zu kompliziert, um als logische Kette von Ursache und Wirkung betrachtet zu werden, oder gar eine geheime Lenkung zu vermuten? Ist es nicht verlockend, die berühmt gewordene Aussage des US-Präsidenten Franklin Delano Roosevelt beim Wort zu nehmen: „In der Politik geschieht nichts zufällig. Wenn etwas geschieht, kann man sicher sein, daß es auch auf diese Weise geplant war.“ Entsprechen solche Worte nicht weit befriedigender der Kausalität als das Geschwafel von den „Gezeiten der Geschichte“? Und was hat der Politiker und fanatische Darwinist Thomas Henry Huxley, Großvater von Aldous Huxley, mit seiner Feststellung sagen wollen: „Das Schachbrett ist die Welt. Der Spieler auf der anderen Seite ist unsichtbar“?
Das ist der Boden, auf dem Verschwörungstheorien wachsen und gedeihen.
Manchmal sind es belanglose Füllartikel oder Kürzestmeldungen, dann wieder tiefgreifende wirtschaftliche oder gesellschaftliche Veränderungen, die das Gefühl hervorrufen, getäuscht und manipuliert zu werden. So mancher entdeckt etwas, das ihn zu der Überzeugung bringt, hinter der sogenannten „Informationsgesellschaft“ würde sich eine radikal andere Welt verbergen. Solange sich die Öffentlichkeit nicht darüber Gedanken macht, ist alles paletti - aber wehe, wenn Unliebsames auf breiter Basis diskutiert wird. Wer Neuralgisches publik machen will, wird - wenn er Glück hat - lediglich öffentlich behandelt, als sei er etwas, das die Katze hereingetragen hat. Wenn er auf Heikles gestoßen ist - er also Pech hat - könnte er „selbstgemordet“ oder „verunfallt“ werden. So weit ist das allgemeine Mißtrauen mittlerweile gediehen.
Na, wenn schon. Vertuschung und Verheimlichung entsprechen auch ohne geheime Drahtzieher, die alles unter Kontrolle haben, unserer ureigensten Natur, so unappetitlich man das auch finden mag. Man denke nur an die täglichen Unwahrheiten, Entstellungen, Wirklichkeitsverbiegungen, Abwiegelungen und Hinaufspielungen, Unterlassungen, Un-

verhältnismäßigkeiten, himmelschreienden Ungerechtigkeiten, Lügen und sonstigen Manipulationen, die jedermann wohlvertraut sind. Wir leben heute nun mal in einer Welt, in der Korruption normal ist, in der zerschlagen wird, was funktioniert, in der man Völkermördern rote Teppiche ausrollt, in der Ungeheuerlichkeiten aller Spielarten kaum mehr wahrgenommen werden und in der stets besonders viel Blut fließt, wenn von Humanität die Rede ist.

Die freudianische Verwirrung und moralische Lähmung der modernen Welt wurde in dem 1979 auch verfilmten Science Fiction-Roman „Flucht ins Heute“ von Karl Alexander treffend auf den Punkt gebracht. Jack the Ripper, der im Roman mittels der Zeitmaschine von H. G. Wells ins letzte Drittel des zwanzigsten Jahrhunderts flüchtet, stellt nach kurzer Akklimatisierung fest: „Zu meiner Zeit war ich ein Monster. Hier bin ich bestenfalls ein Amateur.“ Und dabei kannte Jack die Horror-Highlights der seither vergangenen Jahre noch gar nicht.

Nicht zu vergessen das offenliegende, aber von der menschlichen Spezies kollektiv verdrängte Bemühen, den eigenen Abgang durch unaufhörliches Wirtschafts- und Bevölkerungswachstum voranzutreiben. So gesehen, stünde es im Einklang mit dem defekten Wesen des Homo sapiens Zeichen an der Wand zu ignorieren, Schweinereien geheimzuhalten, über Vorgänge wie das Kennedy-Attentat, die einfach nicht vertuscht werden können, durch Massenselbstmord der Zeugen den Mantel des Schweigens zu breiten, geheime Machtapparate mit allen Mitteln geheim zu halten und Mediendiskussionen über unangenehme Wahrheiten - von AIDS bis BSE - gar nicht erst aufkommen zu lassen.

Ebenso menschlich wäre es aber auch, im geheimen radikale Gegenmaßnahmen zur Rettung der Spezies zu planen. Maßnahmen, die öffentlichen Humanitätsbezeugungen entgegengesetzt, aber wahrscheinlich immer noch weniger grausam sein könnten als alles, was die Natur diesbezüglich für den „denkenden Menschen“ in petto haben dürfte. Dieser Aspekt ist ein zentraler Punkt dieses Buches. Hier endet der Bereich des Einsichtigen.

Neben der Abteilung „Mies, aber menschlich“ gibt es noch eine andere, weit weniger vertraute, die sich mit „Seltsam und nicht menschlich“ überschreiben ließe. Es werden nämlich auch im Wortsinn nicht menschliche Vorgänge beharrlich unter den Teppich gekehrt oder mit

Desinformationskampagnen zugedeckt, so nach dem Motto: „Reden wir nur vom Falschgold, dann glaubt niemand mehr an die Existenz von echtem Gold.“
Ich meine damit eine ganze Reihe von merkwürdigen Vertuschungen, unter denen das berühmte UFO-Cover-up ein wesentlicher Schwerpunkt zu sein scheint. Besagte „UFO-Verschwörung“ wurde (ebenso wie die Bewußtseins- und Gesellschaftsveränderungsprogramme undurchsichtiger US-Behörden) durch den „Freedom of Information Act“ FOIA von 1974 ansatzweise ans Tageslicht gezerrt. Wahrscheinlich wird trotzdem mehr verhüllt als enthüllt, bedenkt man, daß manche Dokumente zum Großteil durch schwarze Balken unleserlich gemacht wurden, sowie das zufällige Abbrennen einschlägiger Archive.
Zensierte Enthüllungen der außerirdischen Art sind Wasser auf die Mühlen jener, die immer schon überzeugt waren, daß menschliche und nicht humanoide Regierungen geheime Kontakte pflegen, daß der Stealth-Bomber, ja sogar der Transistor, mit UFO-Technologie konstruiert wurde usw. Unermüdlich argumentieren sie, die Behörden müßten jeglichen Kontakt mit überlegenen Außerirdischen geheimhalten, um den ultimaten Kulturschock zu verhindern (die Christen würden noch mehr vom Glauben abfallen, Kirchen und Bordelle die Besucher austauschen, Fundamentalisten den Dschihad ausrufen, Buddhisten sich selbst in Brand setzen und so weiter). Politisches Chaos würde ausbrechen und die Weltwirtschaft zusammenkrachen.
Das ist nicht völlig von der Hand zu weisen. Es scheint einleuchtend, daß der von sich selbst zu Unrecht so angetane Homo sapiens sukzessive auf einen möglichen Kontakt mit einer überlegenen Spezies vorbereitet werden müßte. Oder können Sie sich vorstellen, daß jedermann zu seiner Alltagsbeschäftigung zurückkehrt, nachdem der US-Präsident aus heiterem Himmel folgende hypothetische Ansprache gehalten hat?: „Liebe Erdenbewohner! Es gibt UFOs. Sie sind außerirdischen Ursprungs. Ihre Besatzungen entführen Menschen, um mit ihnen bestialisch zu experimentieren. Sie schlachten Rinder zuhauf und machen auch sonst, was ihnen beliebt. Wir sind gegen sie völlig machtlos. Einen schönen Tag noch.“ Oder noch extremer: „Liebe Mitbürger! Die US-Regierung hat sich in geheimer Übereinkunft mit befreundeten Nationen zur Zusammenarbeit mit Außerirdischen entschlossen, mit dem

Ziel, wenigstens einen kleinen Teil der menschlichen Spezies vor dem unausweichlichen Untergang zu retten. Die notwendigen Maßnahmen bedeuten leider das Ende der Zivilisation wie wir sie gewöhnt sind, aber keine Sorge: Die Maßnahmen werden erst in einigen Jahren ergriffen. Bis dahin noch viel Erfolg für uns alle, und God Bless America." Derartiges könnte nur in homöopathisch kleinen Dosen verabreicht werden. Dafür, daß solches im Gange ist, orten manche in den unterschiedlichsten Publikationen, Filmen, Fernsehserien, Talk-Shows etc. seit einiger Zeit klare Anzeichen. In der Tat mutet es seltsam an, wenn in einem Thriller wie „The Rock" der Hauptdarsteller Sean Connery seinem Partner Nicolas Cage von einem versteckten Film über verborgene Geheimnisse der USA erzählt, wobei zwei dieser Geheimnisse genannt werden: wer Kennedy wirklich erschossen hat und die Tatsache(!), daß bei Roswell ein außerirdisches UFO abgestürzt ist. Nicht weniger bizarr erscheinen UFO-Inhalte in Serien wie Dynasty, Baywatch, Emergency Room oder Walker, Texas Ranger, von der UFO-Tatort-Folge Tod im All einmal ganz zu schweigen. All das sind mehr Ahnungen als konkrete Indizien. In offiziellen Stellungnahmen sind UFOs nach wie vor, was sie seit Jahrzehnten immer schon waren: Mumpitz.

Dabei werden wir es nicht belassen.

Zugegeben, UFOlogen tendieren gelegentlich zu fast religiösem Eifer. Aber wie steht's mit der Gruppe der Mutigen, die sich seriös und rein wissenschaftlich mit solchen Fragen beschäftigen? Mittlerweile sind es international gar nicht mehr so wenige, darunter zahlreiche anerkannte Wissenschaftler. Dessenungeachtet ist es ihnen fast unmöglich, das Ghetto zu verlassen, in das sie gemeinsam mit Anhängern der Hohlweltlehre, Glazialkosmologen, Rosinenauspendlern, esoterischen Lichtschiff-Kontaktlern, astralen Selbstverwirklichern und ähnlichen verfrachtet wurden. Wer die Frage nach Außerirdischen streng naturwissenschaftlich angehen will, tut sich dabei naturgemäß schwer, wenn er in Fernseh-Shows zur Raumschiff-Enterprise-Kennmelodie, und von Nebeln umwallt, gemeinsam mit Leuten präsentiert wird, die von sexuellen Ausschweifungen mit Aliens berichten.

Nicht nur Paranoikern fällt auf, daß Wirrköpfe bei öffentlichen Auftritten, zu denen ihnen oft Gelegenheit gegeben wird, meist mit Nachsicht rechnen dürfen. Sie werden von den gleichfalls eingeladenen „seriösen

Experten“, deren Titel manchmal zu lang für das TV-Insert sind, liebevoll geschont während ernsthaft Argumentierende gnadenlos niedergemacht werden. Und das oft genug mit regelrecht mittelalterlichen, anthropozentrischen „Argumenten“, vergleichbar mit dem Witz von den zwei Flöhen, die sich fragen, ob es Leben auf anderen Hunden gibt.
Gleichzeitig wird Welterschütternderes nonchalant erörtert.
Beispielsweise veröffentlichte Prof. Dr. Edward R. Harrison von der Universität Massachusetts, einer der bekanntesten Astronomen der USA, im Quaterly Journal of the Royal Astronomical Society die Hypothese, unser gesamtes Universum könnte von Superwesen aus einem anderen Kosmos fabriziert worden sein. Er geht davon aus, daß auch wir dereinst praktisch dazu in der Lage sind (theoretisch wären wir es ja bereits), und so zum Glied einer „selektiven Höherentwicklung von Universen“, bzw. der darin befindlichen Intelligenzen, werden könnten - was gleichzeitig die philosophische Streitfrage des anthropozentrischen Universums lösen würde.
Darüber hinaus müßten Wissenschaftler am besten wissen, daß die immer als Hinweis für die Unüberschreitbarkeit der Lichtgeschwindigkeit angeführte Relativitätstheorie und die Quantenphysik (die Überlichtgeschwindigkeit sehr wohl zuläßt), derzeit noch zwei getrennte Systeme sind. Nicht einmal Einstein konnte sie zusammenführen. Aliens könnten seit Jahrtausenden mit einer vereinheitlichenden Theorie vertraut und im Besitz eines Überlichtantriebs sein, den manche irdische Wissenschaftler auf dieser Grundlage schon heute nicht mehr gänzlich verdammen. Nichtsdestotrotz halten „seriöse“ Theoretiker Besucher aus einem anderen Sonnensystem unserer Galaxis für Hirngespinste - oder müssen sie vielleicht dafür halten (Parallelen zu den offizielle Stellungnahmen drängen sich auf, in denen Lee Harvey Oswald unisono als Einzeltäter mit wundersamen Fähigkeiten akzeptiert wird.)
Weitergedacht führt das zum Erkenntnisdilemma: Entsteht unser Realitätsbild einfach durch archetypisches Zusammensetzen der Informations-Puzzlesteine, die zufällig an der Oberfläche herumschwimmen, oder sucht jemand diese Puzzlesteine für uns aus? Ein jemand, der nicht nur das Gesamtbild kennt, sondern es selbst zusammensetzt.
Neu ist die Vorstellung von geheimen Machthabern nicht. Schon der berühmte Chronist des Unerklärlichen Charles Hoy Fort (1874-1932) ver-

trat diesen Gedanken vehement und trieb ihn mit der Formulierung „Wir sind Eigentum“ zum Äußersten. Fort stand dem sogenannten gesicherten Wissen sein Leben lang skeptisch gegenüber, war er doch im Zuge seiner Forschungen zu der Überzeugung gekommen, daß Fakten verbogen und Wahrheiten vertuscht würden. Wem jedoch könnten enthüllte Wahrheiten weh tun? Genau an diesem Wissen hapert es.

Damit ergeben sich die zentralen Fragen dieses Buches geradezu von selbst: Ist was dran an Geschichtsverfälschungen und Korrekturen, die verschleiern sollen, was wirklich geschah? ... an der Bankiersverschwörung und an der „Neuen Weltordnung“? ... an gemachten Wirtschaftskrisen und Weltkriegen? ... an den Theorien zum Kennedy-Mord und zu anderen Attentaten? ... an geheimen CIA-Machinationen zum Umbau der Gesellschaft?... am UFO-Cover-up und an Area 51? ... an den Theorien, Nichtmenschen würden im Weißen Haus ein und aus gehen und die Erde als Experimentierfeld benützen? ... am geheimen Direktorium, das angeblich die Welt seit langem beherrscht? ... an vermuteten Hintergründen zu den globalen Desastern? ... an Entvölkerungsprogrammen? ... an der von langer Hand geplanten (Schreckens)Zukunft der Menschheit?

Die Zeit scheint überreif, um sensibel, aber ohne Scheuklappen, entschieden, aber mit Augenmaß, auf jeden Fall aber ohne ideologische Fixierung, an die Sache heranzugehen. Genau das will ich versuchen, wobei haltlosen Interpretationen, geifernder Polemik, wirren Ideologien und hanebüchenen Hypothesen von vornherein eine Absage erteilt wird. Kühnen Hypothesen nicht unbedingt. Die Wirklichkeit ist nun mal nicht immer, wie sie sein sollte. Wenn ich irgend jemanden gegenüber „Vorurteile“ äußere, dann dem Menschengeschlecht in seiner Gesamtheit aufgrund seines unseligen Wirkens. Das auszusprechen, wird wohl noch erlaubt sein.

Da ich allgemein zugängliches Material verwendet habe, dessen Autoren entweder noch unter uns weilen oder, bei älteren Quellen, eines natürlichen Todes gestorben sind, wage ich die Suche nach einem möglichen roten Faden durch das Dickicht von Verschleierungen und Vertuschungen, Geheimgesellschaften und Verschwörungen, kurzum von seltsamen Vorgängen aller Art. Dabei bemühe ich mich, umfassender, tiefer grabend und nüchterner vorzugehen als viele, die sich in ein be-

stimmtes Verschwörungsszenario verbeißen. Die Fairneß gebietet auch diesen gegenüber Respekt. Die meisten von ihnen wollen doch nichts anderes, als dem wirren Durcheinander in Geschichte und Gegenwart eine Absage erteilen. Vom psychologischen Hintergrund Naturwissenschaftlern nicht unähnlich, die dem Chaos ordnende Naturgesetze entgegenstellen möchten, ziehen Verschwörungstheoretiker im Hintergrund agierende finstere Mächte der Herrschaft von Zufall, Irrtum und Fehler vor. Ich habe mich bemüht, mir dessen bei meiner Suche nach einem roten Faden bewußt zu sein, diesem Drang nicht nachzugeben und mich auf Fakten und logische Schlüsse zu beschränken.
Es liegt in der Natur der Sache, daß verborgene Kulissenschieber hinter der Weltbühne unsichtbar sind - nicht aber notwendigerweise alle ihre Spuren. Daher der Ansatz: Wenn man geheime Aktivitäten ausmachen kann, dann gibt es mit größter Wahrscheinlichkeit geheime Strippenzieher.
Unter diesem Aspekt präsentiere ich ein Potpourri an Umtrieben, die so etwas wie einen „roten Verschwörungs-Faden" vage erahnen lassen. Besagter roter Faden beginnt möglicherweise irgendwo im Dunkel der Geschichte, windet sich deutlicher werdend durch das gesamte bluttriefende zwanzigste Jahrhundert und verschwindet in einer schreckenerregenden Zukunft, die auch kein Zufallsprodukt sein muß. Man scheint ihn überall auf dem Erdkreis zu finden und in letzter Konsequenz auch im All, weit außerhalb der begrenzten Heimstatt unserer fragwürdigen Spezies, die sich für die Krone der Schöpfung hält. Es kann einen einzigen verbindenden Faden geben oder viele getrennte.
Über die zu all dem geäußerten Theorien kann man streiten, über die zugrundeliegenden Fakten nicht! Leider.
Wer die diversen verhüllenden Vorhänge wenigstens ein Zipfelchen lüften will, möge mir in einen Irrgarten aus Vertuschungen, verborgenen Machenschaften, geheimen Marionettenspielern und mysteriösen Umtrieben aller Art folgen. Ob wir dabei jener Mega-Über-Superverschwörung auf der Spur sind, von der jeder Paranoiker träumt, weiß ich nicht. Hinweise darauf gäbe es. Sie könnten auf einen Plan hinweisen, der die Zukunft der gesamten menschlichen Spezies betrifft - ausgeheckt von Global Players, die seit langem das Weltgeschehen lenken, gemeinsam mit Partnern aus dem Anderswo. Eine Koalition mit einem

Endziel, das keinen Stein auf dem anderen lassen dürfte - wenn es real ist.

Ich nehme nicht Stellung, bejahe und verneine nicht, sondern versuche einfach, Ordnung in das Durcheinander von Information und Desinformation, Unsinn, Lügen, Hirngespinsten, Narreteien, Science-fiction usw. zu bringen. Und ich versuche sachlich herauszufinden, was an den wilden Spekulationen dran ist, die an Stammtischen oder hinter vorgehaltener Hand verbreitet werden.

Dazu schon jetzt: Verblüffenderweise lassen sich für einige besonders phantastisch klingende Hypothesen Indizien, manchmal sogar handfeste Beweise finden, während sich manch „Offensichtliches" in Luft auflöst wenn man es auf seinen Wahrheitsgehalt untersucht.

Um an einem solchen Vorhaben nicht von vornherein zu scheitern, gehe ich schrittweise vor. Zuerst konfrontiere ich den Leser mit einer Reihe von Tatsachen, deren sich viele nicht bewußt sind. Auch wenn sie dem gängigen Geschichtsverständnis zuwiderzulaufen scheinen, so werden sie keineswegs verschwiegen, sind Historikern geläufig und jedem Interessierten leicht zugänglich.

Dann wage ich mich in den Bereich geheimer Umtriebe, seltsamer Vorgänge, verborgener Zusammenhänge und möglicher Konspirationen vor, für die verschiedene Aufdecker Beweise gefunden zu haben glauben. Obgleich eindeutig menschliche Akteure am Werk sind, weisen bestimmte Machenschaften äußerst merkwürdige Züge auf und weichen bereits erheblich von dem ab, was man gerade noch als „positiv geschöntes Geschichtsbild für die heranwachsende Jugend" akzeptieren würde.

Manches mag im ersten Moment als Schnee von gestern erscheinen, längst vergangen und ohne Bedeutung, aber Geduld: einige bekannte und abgehakte Vorgänge aus den Anfängen des zwanzigsten Jahrhunderts oder aus noch früheren Zeiten könnten sich im weiteren Verlauf für unsere Gegenwart - und für die Zukunft - als bestimmend erweisen. Anderes erleben wir gerade hautnah.

In der Folge werden mysteriöse Aktivitäten unter die Lupe genommen, an denen auch nicht menschliche Akteure beteiligt zu sein scheinen, und wo sich möglicherweise ein gesamtheitliches Zukunftsszenario für die menschliche Spezies erahnen läßt.

Im dritten Teil kommen die Karten auf den Tisch. Was ist offenbar geworden, wo stehen wir - und wie paßt all das in das (düstere) Bild, das unsere Welt heute bietet?
Davon ausgehend, versuche ich herauszufinden, ob etwas - und wenn ja, was - an all dem dran sein könnte. Ich suche nach Beweisen, überprüfe Hypothesen, durchforste Geheimakten, gehe erschreckenden Ausblicken auf den Grund, ziehe neueste wissenschaftliche Erkenntnisse heran, und ich überlege, was man aus all dem folgern könnte.
Ob sich dabei ein Gesamtbild erahnen läßt, das nicht nur einige der Fäden vereinigt, sondern auch in eine ebenso unliebsame wie unerwartete Zukunft weist, bleibt dem Urteil des Lesers überlassen.
Mutmaßungen werden von mir als solche gekennzeichnet. Sie erfolgen durch Anwendung von Logik und simplem Menschenverstand. Keine wilden Hypothesen durch das Zusammenfließen von schwachen Indizien und starken Behauptungen, sondern nur der Versuch, eine emotionsgeladene Frage leidenschafts-, aber nicht phantasielos zu beantworten: die Frage „Wer beherrscht die Welt?“ Wahrscheinlich ein ziemlich willkürlicher Versuch, aber ein interessanter, fördert er doch so manches zutage, das unglaublich ist, aber wahr. Wer heute ernsthaft überzeugt ist, daß absolut nichts geheim vor sich geht, scheint von beneidenswerter Naivität.
Eines kann ich versprechen: Selbst Lesern, die mit der Thematik vertraut sind, werde ich so manches Aha-Erlebnis vermitteln können, Skeptiker in vielen Punkten bestätigen und allen anderen, die einfach nur wissen wollen, ob das „offizielle Weltbild“ auch ein komplettes Weltbild ist, überzeugend darlegen, daß es alles andere als das ist. Allen Lesern aber sollte die Lektüre etwas zum Nachdenken geben.
Auch wenn manche Erkenntnis mehr als beunruhigend sind, so könnte die Alternative zum Kopf-in-den-Sand-stecken noch schlimmer sein und schlicht und einfach „Ende der menschlichen Zukunft“ heißen. Und die Zukunft geht jeden von uns an, denn wir werden den Rest unseres Lebens in ihr verbringen...

Viktor Farkas

TEIL I
UNSICHTBARE GESCHICHTE

Schattenwelt

Verborgene Wirklichkeit

„Die Lüge braucht die
Unterstützung des Staates."
Thomas Jefferson,
3. Präsident der USA

Von wann, glauben Sie, stammt diese hochaktuelle Formulierung: "Seit unserer frühesten Jugend sind wir daran gewöhnt, verfälschte Berichte zu hören, und unser Geist ist sosehr von Vorurteilen durchtränkt, daß er die phantastischen Lügen wie einen Schatz hütet - so daß und schließlich die Wahrheit unglaubwürdig und die Fälschung als wahr erscheint."?

Aus dem zwanzigsten Jahrhundert? Weit gefehlt. Ihr Autor ist der phönizische Geschichtsschreiber Sanchuniathon, der vor 4000 Jahren lebte. Seither hat sich wenig verändert.

So meinte der englische Philosoph und Staatsmann Francis Bacon (1561-1626), das Regieren von Menschen sei naturgemäß eine Geheimsache. Er formulierte diese Ansicht unverhohlen und eiskalt so: „Manche Dinge sind geheim, weil sie schwer zu erfahren sind, andere weil sie nicht geeignet sind, sie auszusprechen. Die meisten Menschen verstehen nicht, was die Regierung tut. Und bei manchem, was die Regierung tut, ist es besser, wenn die Regierten es nicht wissen. Geheimes Regieren trennt, mit Ausnahme der geheimen Wissenden, jeden in der Gemeinschaft von jedem Verständnis der Faktoren, die sein Leben bestimmen."

Winston Churchill machte es noch deutlicher: „Die Wahrheit ist [in Kriegszeiten]so kostbar, daß sie mit einer Leibwache aus Lügen umgeben werden muß" Sein Zitat erlangte solche Berühmtheit, daß es sogar

der Titel eines umfangreichen Buches über Geheimoperationen im Zweiten Weltkrieg ist ("Bodyguard of Lies", von Anthony Cave Brown, London 1976). Das sollte für den Anfang genügen.
Lügen, Fälschungen und Vertuschungen gehören anscheinend ebenso zur menschlichen Historie, wie Greueltaten aller Art. Nicht umsonst nannte Voltaire die Geschichte der Menschheit eine Geschichte der Verbrechen.
Dementsprechend sieht eine unsichtbare, unzensierte Geschichte aus, die es sehr wohl gibt. Sie wird zum Großteil nicht einmal - wie viele glauben - durch internationale „Verschwörungen des Schweigens" oder Ähnliches unsichtbar gemacht, sondern lediglich nicht an die große Glocke gehängt. Man nimmt sie einfach nicht so deutlich wahr, wie gängige Klischees und Vorstellungen.
Parallel dazu gibt es Machinationen, Fälschungen, etc. in unbestimmter Zahl, die von Anfang an geheim waren und es auch bleiben sollten. Zumindest für einige Zeit, auf jeden Fall aber lange genug, um wirksam zu sein.
Liegen Betrugsmanöver Jahrhunderte zurück, werden sie von der Geschichtsschreibung leichter Hand zugegeben. An ihren Auswirkungen ändert das natürlich nicht das Geringste. Manche der Folgen sind gewaltig und haben unsere Gegenwart mitgeformt.
Beispielsweise die sogenannte „Konstantinische Schenkung" (Donatio Constantini). Sie ist ein angeblicher Erlaß von Kaiser Konstantin dem Großen aus dem achten oder neunten Jahrhundert, durch den das ganze Abendland Papst Silvester I. und seinen Nachfolgern mit kaiserlicher Würde und gleichem Rang zugesagt wurde. Die Schenkung wurde bereits 1001 von Kaiser Otto III. angefochten und um 1440 auf Veranlassung Ludwigs des Frommen von Nikolaus von Kues und Laurentius Valla als Fälschung aufgedeckt.
Auch das „Privilegium maius" aus den Jahren 1358/59 ist nichts weiter als eine plumpe Fälschung von Herzog Rudolf IV., dem Stifter, der die Wiener Stephanskirche erweiterte und die Universität gründete. Besagtes getürktes Privilegium sollte den Habsburgern eine den Kurfürsten entsprechende Stellung sichern, weil Kaiser Karl IV. seinen Schwiegersohn und Herzog von Österreich Rudolf IV. in seiner Goldenen Bulle von 1356 unberücksichtigt gelassen hatte.

Lug und Trug in jeder Epoche

Wenn Sie einer Person sieben Jahre lang korrekte Informationen geben, dann wird sie die unkorrekte Information am ersten Tag des achten Jahres glauben.
"Psychological Warfare Casebook" (Fallsammlung Psychologische Kriegsführung) der Abteilung „Operations Research" an der John Hopkins Universität aus dem Jahr 1958.

Der französische Politiker Paul Reynard meinte: „Aus der Geschichtsschreibung erfährt man mehr über die Historiker, als über die Geschichte." Umgekehrt könnte man spekulieren, daß man aus Unterlassungen, Verdrehungen oder Umgestaltungen von geschichtlichen Ereignissen mehr über die Realität erfährt, als durch die jeweils offizielle Lesart. In den meisten Fällen wurden Ausschmückungen oder Verschönerungen nicht einmal bewußt und in betrügerischer Absicht in die Welt gesetzt. Sie reflektieren lediglich das zutiefst menschliche Bedürfnis, lieber an gefälschte, heroisierende Legenden und an dramatische Geschichten zu glauben, als an die gewöhnlich triviale, miese, oder desillusionierende Wahrheit. Die offizielle Lesart der Geschichte konfrontiert den tiefer Grabenden mit einer ganz erstaunlichen Reihe von banalen Fälschungen und Verdrehungen, unausrottbaren Legenden oder unverhohlenen Lügen von monumentaler Größe wie von läppischer Nebensächlichkeit. Eine ganze Reihe von Ereignissen, die jedermann als gegeben annimmt obwohl sie reine Mythen sind, belegt das. Ein paar Beispiele gefällig?:
König Herodes ließ keine Kinder in Bethlehem abschlachten. Er war sogar zur fraglichen Zeit mit ziemlicher Sicherheit bereits verstorben.
Kein Mensch hat Kolumbus ausgelacht weil er die Erde für eine Kugel hielt. Die Scheibentheorie war damals bereits passé.
Galileo Galilei endete weder auf dem Scheiterhaufen, noch sprach er: „Sie bewegt sich doch".

Der Reformator Martin Luther hat seine 95 Thesen keineswegs am 31. Oktober 1517 an der Schloßkirche zu Wittenberg angeschlagen, sondern sie nach eigener Darstellung zusammen mit Briefen an den Erzbischof Albrecht von Magdeburg-Mainz und an den Bischof Hieronymus von Brandenburg mit der Bitte geschickt, „das schamlose Treiben und die lästerlichen Reden der Ablaßprediger zu unterbinden." Ebensowenig donnerte Luther 1521 vor dem Reichstag zu Worms am Ende seiner Verteidigungsrede dem einundzwanzigjährigen Kaiser Karl V. die markigen Worte entgegen: „Hier stehe ich; ich kann nicht anders. Gott helfe mir, Amen!"
Die Bastille war absolut kein finsterer Kerker für „die Opfer des Despotismus", sondern ein fideles Gefängnis für Nobelgefangene mit fast heutig-liberalem Zuschnitt. Sie wurde am 14. Juli 1789 auch keineswegs von Freiheitsliebenden erstürmt, sondern dem Pöbel freiwillig übergeben. Dessen ungeachtet ist der französische Nationalfeiertag der 14. Juli, als „offizieller" Beginn der Französischen Revolution.
Der verrufene Captain Blight war ein korrekter, hervorragender Seemann, den üble Meuterer in einem kleinen Boot ausgesetzt hatten, und der dennoch heim fand. Der berühmte „Meuterei auf der Bounty" fand auch keineswegs statt weil Blight ein Terrorregime geführt hätte, sondern aus einem viel profaneren Grund: wegen Frauen.
Der Staatsmann Grigori Alexandrowitsch Potjomkim, fälschlich Potemkin, Fürst von Taurien, war zwar ein Günstling von Katharina II., aber keineswegs ein Betrüger, sondern ein korrekter Staatsmann. Seine angeblich 1787 in Südrußland errichteten Fassadendörfer zur Täuschung der Kaiserin sind reine Erfindung. Eine Verleumdung durch seine Neider.
„Bösewicht" Kardinal Richelieu tat ungeheuer viel für sein Land. Alexandre Dumas und die Filmindustrie stempelten ihn mit „Die Drei Musketiere" für alle Zeiten zum Finsterling.
Hingegen wurden der Spielhallen betreibende Sheriff Wyatt Earp und der lungenkranke mörderische Zahnarzt Doc Holliday, der seine Poker-Partner unter dem Tisch mit einem Derringer zu erschießen pflegte, zu Heroen gestempelt und als solche von Burt Lancaster und Kirk Douglas dargestellt (Der mehrfach verfilmte „Gunfight at the OK Corral" mit den Clantons war ein reiner Revierkampf zweier Gangsterbanden, die um ein Gebiet rivalisierten).

Der berühmte amerikanische Nordpolforscher und Marineoffizier Richard Evelyn Byrd war keineswegs der Nordpolpionier, auch wenn heute noch in Schulen gelehrt und in seriösen Nachschlagewerken vermerkt wird, Byrd sei zusammen mit Floyd Bennett am 9. Mai 1926 als erster mit dem Flugzeug von Spitzbergen zum Nordpol und zurück geflogen. Mit ihrem erlogenen Nordpolflug, der nie stattgefunden haben soll, stahlen die beiden Amerikaner dem Norweger Roald Amundsen und dem Italiener Umberto Nobile die Show, die drei Tage später mit einer Mannschaft den Nordpol tatsächlich überflogen.
Die Liste ließe sich noch lange fortsetzen. Begnügen wir uns statt dessen mit der Erkenntnis, daß die offizielle, nicht selten opportune Darstellung eines Sachverhaltes und seine wahren Hintergründe oft genug zwei grundverschiedene Paar Schuhe sind.
Fachleute meinen, die geometrisch zunehmenden Lügen und Vertuschungen hätten im 20. Jahrhundert nie zuvor dagewesene Dimensionen erreicht. Manche halten das für einen unvermeidbaren Effekt der Informationsgesellschaft, in der die öffentliche Meinung den Lauf der Dinge maßgeblich beeinflußt, sie selbst aber ihrerseits wiederum zum Großteil von den Medien geformt wird. Zyniker meinen sogar die wachsende Informationsflut wäre umgekehrt proportional zum Durchblick.

Geglaubt wird, was glaubwürdig ist

Denkfaulheit ist ein urmenschlicher Zug, genauso wie die Neigung des Homo sapiens lieber in einer angenehmen Traumwelt zu leben, als sich mit einer unangenehmen Realität herumzuschlagen.
Solange sich der Drang nach schöner Illusion nur in Briefen an Sherlock Holmes äußert, die von einem Büro in der Londoner Baker Street mit dem Vermerk „der Meister ist auf Reisen“ beantwortet werden, oder in einer ähnlichen Fanpost an die amerikanische Bundespolizei FBI, welche Behörde mit einem deutschsprachigen Schemabrief antwortet, in dem zu lesen steht „Jerry Cotton und Phil Decker arbeiten nicht bei uns“, befinden wir uns im Bereich des liebenswert Skurrilen.

Narretei „China-Syndrom“

Beim absurden „China-Syndrom“, das ich gerne als Beispiel dafür anführe, wie unreflektiert der größte Unsinn zum „Allgemeinwissen“ werden kann, vereinigt sich offenkundige Unmöglichkeit mit Denkfaulheit zu einer bedenklichen Mixtur. In den 1970-Jahren in US-Medien geboren, verkörpert es den Super-Über-Mega-Gau eines durchgehenden Reaktorkerns, der sich von Amerika durch den Erdball frißt, um vor den Augen der entsetzten Chinesen auf der anderen Seite unseres Planeten wieder zum Vorschein zu kommen.
Obwohl jeder Grundschüler weiß, daß nichts vom Erdmittelpunkt hoch fallen kann, gibt es einen Oscar-preisgekrönten Film „Das China Syndrom“ und man kann diesen Humbug sogar in Sachbüchern finden. Wie Recherchen ergeben haben, beruht dieser haarsträubende Unsinn auf einem journalistischen Mißverständnis: Ein Reporter fragte einen Wissenschaftler, was geschehen könnte wenn ein Reaktor völlig außer Kontrolle gerät, worauf der Befragte erklärte, der Kern (Core) würde brodelnd im Erdinneren verschwinden. Sollte er eine Kaolin-haltige Schicht passieren, könnte sich um den Kern eine Art Porzellan-Mantel bilden. Und China ist amerikanische Wort für Porzellan. So einfach können „offenkundige Tatsachen“ unter die Leute kommen.
Kauziges ist aber leider nur ein Teil des großen Desinformations-Puzzle, das seit Anbeginn der menschlichen Geschichte wächst und wächst und wächst. Manche Lügen werden bewußt fabriziert und verbreitet. Andere Entstellungen entwickeln sich gewissermaßen aus sich selbst heraus wenn der Zeitgeist nach ihnen verlangt.

Das mißbrauchte Glockenläuten

Schon von Beginn an kann das barbarische 20. Jahrhundert mit einem wahren Füllhorn an Desinformation aufwarten. Beginnen wir mit einem Beispiel für eine wundersame Metamorphose von Wirklichkeit, die nicht bewußt inszeniert, aber vom Geist der Zeit getragen wurde. Mit der Geschichte des Glockenläutens von Köln aus dem Ersten Weltkrieg:

Als deutsche Truppen im Oktober 1914 Antwerpen eingenommen hatten, läuteten im deutschen Köln Kirchenglocken. Die „Kölnische Zeitung“ kommentierte diesen Umstand mit einem Satz.
Der französische „Le Matin“ berichtete: „Nach der Kölnischen Zeitung wurde die Geistlichkeit von Antwerpen gezwungen, nach der Einnahme von Antwerpen die Kirchenglocken zu läuten.“
Am nächsten Tag konnte man in der Londoner „Times“ lesen: „Nach dem, was Le Matin aus Köln vernommen hat, wurden die belgischen Priester, die sich weigerten, bei der Einnahme von Antwerpen die Kirchenglocken zu läuten, aus ihren Ämtern vertrieben.“
Der italienische „Corriere de la Serra“ meldete daraufhin: „Nachdem, was die Times von Köln über Paris erfahren hat, wurden die armen belgischen Priester, die sich weigerten, bei der Einnahme von Antwerpen die Kirchenglocken zu läuten, zu Zwangsarbeit verurteilt.“
Diese Nachricht griff „Le Matin“ abermals auf und schrieb: „Nach Mitteilungen, die dem Corriere de la Serra von Köln über London zugegangen sind, bestätigt es sich, daß die barbarischen Eroberer von Antwerpen die armen belgischen Priester zur Strafe für ihre heldenhafte Weigerung, die Kirchenglocken zu läuten, als lebendige Klöppel mit dem Kopf nach unten an die Glocken gehängt haben.“
Ganz schön, wie die Nachricht, daß in Köln die Glocken geläutet wurden, herumgekommen ist.
Die unausrottbare Legende, die deutschen Eroberer hätten im Ersten Weltkrieg in Holland Kindern die Hände abgehackt, ist nicht selbst organisiert entstanden, sondern als Lügenpropaganda. Es mag vielleicht nicht der Gipfel der Subtilität gewesen sein, Nippesfiguren von Kindern mit Armstümpfen in Umlauf zu bringen oder Kaiser Wilhelm II. mit Beil und Hackstock beim blutigen Werk darzustellen, versehen mit der Bildunterschrift „Lasset die Kindlein zu mir kommen“, hatte aber nach dem Prinzip „der Zweck heiligt die Mittel“ wohl ebenso seinen Sinn wie die Propaganda, die in Bruno Brehms berühmter Trilogie „Wenn Throne stürzen“ unter der Kapitelüberschrift „Was man bei den Amerikanern fand“, erwähnt wird. Was man also fand, waren unter anderem Propagandabroschüren mit gefälschten, aber durchaus überzeugenden Bildern von gekreuzigten US-Soldaten.

Ist die Entwicklung von der Mücke zu Elefanten einmal abgeschlossen, läßt sich die „evolutionistisch entstandene" Lüge ebensowenig zurücknehmen, wie eine gezielt in die Welt gesetzte.
Da so gut wie keine Nation von sich behaupten kann, niemals vergleichbare Motivationshilfen eingesetzt zu haben - egal, was bei öffentlichen Auftritten schöngeredet wird - erscheint jede moralische Verurteilung einer bestimmten Seite als selbstgerechte Heuchelei. Zyniker meinen dazu: Mächtige Staaten verhalten sich wie Gangster, schwache wie Prostituierte.
Eine Aufzählung von Propaganda und Gegenpropaganda sämtlicher Kontrahenten in allen Konflikten der menschlichen Historie würde Stapel von Büchern füllen beziehungsweise hat sie bereits gefüllt. Die genannten Beispiele sollten lediglich illustrieren, daß mehr Information keineswegs ein Mehr an konkretem Wissen oder gar die Kenntnis von Tatsachen bedeutet.

Werbung für „moralische" Kriege

„Sorgen Sie für die Berichterstattung,
ich sorge für den Krieg."
kolportierte, angebliche Bemerkung von US-Zeitungszar Randolph Hearst zu einem jungen Journalisten vor Ausbruch des Kriegs gegen Spanien 1898.

Kommunikation ist Wirklichkeit, diese Erkenntnis verkünden Fachleute wie Marshall McLuhan, Neil Postman oder Paul Watzlawick seit geraumer Zeit. Die sogenannte „Brutkasten-Story" und weitere Lügengebäude sind exemplarisches Beispiel dafür.
Laut Medienberichten, unter anderem in der deutschen Fernsehzeitschrift GONG, klagte eine renommierte US-PR-Agentur ein Jahr nach dem Waffenstillstand im Golfkrieg von 1991 das TV-Politmagazin „Monitor", um zu verhindern, daß besagte Brutkasten-Story als Fälschung entlarvt würde. Dabei handelte es sich um den Augenzeugenbericht eines 15jährigen Mädchens das angeblich Nayirah hieß und freiwillig in

einem kuweitischen Krankenhaus Dienst tat als irakische Soldaten die Klinik überfielen, Babies aus den Brutkästen rissen und am Boden sterben ließen. Dieser Vorfall ging vor dem Golfkrieg primär durch die amerikanischen Medien. Die Empörung - und damit die Kriegsbereitschaft - war dementsprechend. Nur leider: alles nicht wahr, sondern ein Produkt besagter klagender Werbeagentur, erdacht und durchgeführt in bester „Wag The Dog-Tradition".

Keine Irakis rissen Frühgeburten aus Brutkästen, der Name Nayirah war erfunden und das Mädchen die Tochter des kuweitischen Botschafters in den USA. Dies behauptete der US-Journalist John R. MacArthur (Herausgeber von „Harper's Magazine"), der in seinem Buch „Die Schlacht der Lügen" noch ganz andere Verdrehungen im Zusammenhang mit dem Golfkrieg ausrecherchiert haben will.

Wie es für viele heute klar zu sein scheint, war Saddam Hussein, von dem man natürlich kaum sagen kann, er sei ein praktizierender Humanist, damals der Dumme. Der Irakische Diktator, der beim ersten Golfkrieg von 1980-1988 noch der erklärte Liebling der USA war weil er für sie den „Bösewicht" Iran heftig, wenn auch erfolglos bekämpfte, hatte möglicherweise eine Aussage seiner früheren Gönner beim Wort genommen. Nachdem er am 24. Juli 1990 Zehntausende Soldaten an die Grenze zu Kuwait verlegt hatte, soll die amerikanische Botschafterin in Bagdad, April Glaspie, in einer Unterredung, die durch die globalen Medien ging, zu ihm gesagt haben: „Wir haben keine Meinung zu innerarabischen Konflikten wie Ihren Grenzstreitigkeiten mit Kuwait." Für Saddam Hussein schien die Position der USA damit klar: die USA betrachteten den Grenzstreit und die damit verbundene eventuelle Invasion Kuwaits durch den Irak als einen innerarabischen Konflikt.

Unbemerkt oder unbeachtet von zahllosen Spionagesatelliten, die aus dem Weltraum Autonummern zu erkennen vermögen, versammelte der Irak riesige Heerscharen und endlose Panzerkolonnen auf freiem Wüstengelände an der Grenze zu Kuwait und marschierte sodann am 2. August 1990 in das Land ein, dessen Bevölkerung sich Jahre zuvor mehrheitlich für einen Anschluß an den Irak ausgesprochen hatte, was von der US-freundlichen „demokratischen" Herrscherriege umgehend gestrichen wurde.

Reingefallen.

Saddam dürfte ein weiteres Opfer jener Technik geworden sein, für die die Amerikaner sogar ein eigenes, wenig schmeichelhaftes Wort geprägt haben: „Sucker Bait“ (Köder für Idioten). Es paßt harmonisch zu einer anderen nicht unähnlichen Vorgangsweise, die man „Countergang“ nennt und die sich größter Beliebtheit erfreut wenn es um die Beschaffung eines Kriegs- oder Interventionsanlasses geht. Der Begriff ist mit „provozierter Kriegsgrund“ nur vage zu übersetzen. Wofür er steht scheint bereits recht lange praktiziert zu werden.
So ging beispielsweise schon vor über hundert Jahren in den USA die Behauptung von Mund zu Mund, die National City-Bank - und nicht die Spanier - hätte am 15. Februar 1898 das US-Schlachtschiff „Maine“ im Hafen von Havanna in die Luft sprengen lassen, um den amerikanisch-spanischen Krieg loszutreten, einzig und allein mit dem Ziel, die kubanische Zuckerrohrproduktion in die Hände zu bekommen - und anderes mehr.
Der amerikanische Autor James Truslow Adams beschreibt in seinem US-Bestseller der 1930er-Jahre „The Epic of America“ unverhohlen, daß die amerikanische Regierung nicht nur den von den Spaniern geforderten unparteiischen Gerichtshof und ein ebensolches Schiedsgericht ablehnten, sondern das Schiff nach der Inspektion durch eine amerikanische Untersuchungskommission, die eine Sprengung von außen konstatierte, auf See hinausschleppen und so tief versenken ließ, daß keine weitere Kommission jemals imstande sein würde, es zu untersuchen.
Die von der Hearst-Presse aufgehetzte Öffentlichkeit brachte Präsident William McKinley dazu, den Krieg mit Spanien zu fordern und durchzuführen, obgleich er die spanische Kapitulation bereits in der Tasche hatte, in der die Spanier sogar einer kampflosen Annexion Kubas durch die USA zustimmten. Diese Hintergründe wurden von US-Historikern wie James Ford Rhodes eingestanden. Der Krieg selbst war „militärisch ein Spaziergang“ (Zitat aus Adams Buch).
Die Auseinandersetzung von 1898 jagte den Spaniern Puerto Rico, Guam und die Philippinen ab, deren Besetzung schon Monate vor dem Krieg in Betracht gezogen wurde, und brachte Kuba die Unabhängigkeit, sprich US-Dominanz. Der heute noch im Besitz der USA befindliche Militärstützpunkt Guantanamo auf Kuba, wo die gefangenen Tali-

ban unter mittelalterlichen Bedingungen verwahrt wurden, stammt auch von damals.
1898 wurde in einem Aufwaschen auch gleich die unabhängige Republik von Hawaii von den USA annektiert. Großzügig bezahlten die USA den Spaniern 20 Millionen Dollar für die Philippinen, was zwei Dollar für jeden Philippino ausmachte.
In Kuba kam bekanntlich 1933 der amerikafreundliche Diktator Batista an die Macht und Fidel Castro 1959. Der bärtige „Maximo Leader", der trotz zahlreicher zugegebener Mordversuche durch den CIA und andere Organisationen mehrere US-Präsidenten überleben sollte, machte die Verwandlung Kubas in ein riesiges Spielkasino und Bordell, wie manche Dokumentatoren die Zustände beschreiben, rückgängig. Er vertrieb Mafiosi wie Giancana oder Roselli von der Insel. Interessant ist, daß derselbe Sam Giancana John F. Kennedys Wahl massiv und wahrscheinlich entscheidend unterstützt hatte, da Kennedys Stimmenvorsprung ein Promille betrug. JFK's Vater Joseph Kennedy, der in der Prohibition mit Alkoholschmuggel und ähnlichem sein Vermögen gemacht haben soll, werden gute Verbindungen zur Mafia nachgesagt, die deshalb für die größtmögliche Wahlunterstützung von John F. gesorgt haben soll. Andernfalls hätte er mancherorts nicht mit wenigen Stimmen Vorsprung gegen Nixon gewonnen, sondern glatt verloren.
Tatsache ist, daß die Bewohner Kubas trotz Jahrzehnten der Blockade und des Boykotts heute unvergleichlich besser leben als die von Bolivien, Ecuador, Guatemala oder Kolumbien.
All das nur am Rande.
Um nicht in den Geruch des Anti-Amerikanismus zu kommen, muß zugegeben werden, daß viele mächtige Nationen sich solcher Methoden bedient haben und bedienen (das klassische Beispiel der angeblichen polnischen Attacke auf den Sender Gleiwitz, mit der Hitler den Angriff auf Polen legitimierte, die aber in Wirklichkeit von als Polen verkleideten SS-Männern durchgeführt wurde, ist wohl bekannt). Bei diktatorischen Regimes sind solche Vorgänge ja nicht weiter verwunderlich, aber bei der „Wiege der Demokratie", dem moralischen Leitbild und moralischen Zuchtmeister der freien Welt...? Da kann man schon an derselben (der Welt nämlich) irre werden. Auf jeden Fall ist es viel reizvoller, Leichen in den Kellern der „Guten" auszugraben, als in denen der

„Bösen“, da jedermann ohnedies annimmt, daß sie sich in letzteren stapeln.

Völlig außer jeder Diskussion steht nach eine Reihe von Fachleuten ein klassischer Fall von „provoziertem Kriegsgrund“ vom Anfang des zwanzigsten Jahrhunderts. Er hat der Geschichte eine gänzlich neue Wendung gegeben, wirkt heute noch voll nach und erinnert fatal, an manches, das sich in der Zwischenzeit ereignet hat. Aus diesen Gründen, und weil er wie kaum anderer Vorgang von weltgeschichtlicher Bedeutung die Manöver zur Täuschung des Gegners, das Auslegen eines Köders und das vorbereitete propagandistische Ausschlachten nach dem Zuschnappen der Falle demonstriert, soll er auf den folgenden Seiten in allen ernüchternden Details aufgerollt werden.

„Right or Wrong, My Country!"

Mord auf hoher See

"Immer schreibt der Sieger
die Geschichte des Besiegten.
Dem Erschlagenen entstellt der
Schläger die Züge. Aus der Welt
geht der Schwächere, und
zurück bleibt die Lüge."
Bertold Brecht (Verhör des Lukullus)

Wissen Sie ganz genau, warum Amerika in den Ersten Weltkrieg eingetreten ist? Manchen wird die übliche Antwort sofort einfallen: Wegen der Versenkung des Passagierschiffs „Lusitania". Trotz offensichtlicher Klarheit der Fakten: „deutsches U-Boot torpediert friedlichen Luxusliner und tötet amerikanische Passagiere, USA lassen Untat nicht ungesühnt", ist eine gründliche Auseinandersetzung mit dem verhängnisvollen Geschehen keine verlorene Liebesmühe. Im Gegenteil. Sie enthüllt nämlich geradezu exemplarisch ein Gespinst von geheimen Machenschaften und öffentlichen Lügen, gefolgt von jahrzehntelanger konsequenter Vertuschung, welches die Geschichte der Menschheit in ungeheurer Weise beeinflussen sollte.

Ohne diesen Vorfall hätte es möglicherweise keinen Zweiten Weltkrieg gegeben. Das Gesicht Europas und der Welt wäre heute ein anderes. Unsere Gegenwart ist ein Produkt dieses Vorfalls. Wie sie ohne ihn aussehen würde, ist nicht seriös vorstellbar. Aber - und damit schließt sich der Kreis - es spricht auch einiges dafür, daß so oder so etwas Vergleichbares inszeniert worden wäre, also hätte sich schlußendlich doch nichts geändert. Damit ist dieser Fall von geschichtlicher Dimension auch Futter für jene, die unerschütterlich daran glauben, daß geheime Umtriebe den Lauf der Welt bestimmen, und nicht die obskuren Gezeiten der Geschichte...

Was hat es nun mit der Versenkung der „Lusitania" auf sich, und wie war das Umfeld?

In der Zeit vor dem Ersten Weltkrieg überbot sich die britische Propaganda selbst mit Warnungen vor dem militärischen Monstrum Deutschland, das nach der Weltherrschaft greifen würde. Zwar hatte England in diesen Tagen seine Soldaten in mehr Ländern rund um die Welt stationiert, als alle anderen Staaten zusammen, aber trotzdem ist eine solche Angstmache, wie bereits gesagt, ein normales Propagandamittel, das in sämtlichen Konflikten von allen Seiten reichlich eingesetzt wurde, und noch wird. Nach Kriegsbeginn steigerte sich die Propaganda klarerweise noch.
Bei Kriegsausbruch waren die USA offiziell neutral. Diesen Status hielten sie auch nach der Versenkung besagten Passagierschiffs am 7. 5. 1915 zwei Jahre lang aufrecht, ehe sie wegen genau dieser „Schandtat" aus moralischen Gründen am 6. 4. 1917 in den Krieg eintraten, der alle Kriege beenden sollte. Das tat er zwar nicht, wohl aber ging die „Lusitania" für immer als Fanal für Verbrechen zur See in die Geschichte ein. „Die Lusitania liegt auf dem Grunde des Meeres - ihr Name wird für alle Zeiten an die Greueltaten eines Volkes erinnern, das tief in die Barbarei versunken ist und dessen Blutdurst keine Grenzen kennt." (nachzulesen in einer kleinen Broschüre der Cunard-Linie vom Oktober 1915, deren Inhalt die offizielle Einstellung der britischen Admiralität und des amerikanischen State Department widerspiegelt, und die bis dato nicht offiziell korrigiert worden sein soll).
Läßt man sich von diesem Schwulst nicht beeindrucken und gräbt tiefer, so stellt sich der Sachverhalt etwas anders dar. Der englische Journalist und Sprachwissenschaftler Colin Simpson hat tief gegraben und ein Grundlagenwerk zur „Lusitania"-Klarstellung verfaßt, in dem man Verblüffendes erfährt und auf den ich mich in vielen Punkten beziehe.
Zuerst einmal dieses: Im Zuge des beginnenden und immer mehr ausufernden U-Bootkrieges hatte sich die deutsche Reichsleitung dazu entschlossen, die Sicherheit neutraler Schiffe zu achten, nicht aber die englischer, da England ein aktiver Kriegsgegner war. Während also Deutschland seine diesbezügliche Sperrgebietserklärung zurücknahm, verhängte das Britische Empire Anfang März 1915 eine totale Handelssperre gegen Deutschland, die auch neutrale Schiffe einschloß. Eine Vorgehensweise, die sogar die mit England befreundeten Amerikaner empört reagieren ließ.

Am 30. März 1915 sandte die US-Regierung eine Protestnote des Inhalts nach England, die englische Blockade sei eine fast unbedingte Verneinung der souveränen Rechte der jetzt im Frieden lebenden Nationen. Die bloße Duldung der englischen Aushungerungspolitik stelle eine unneutrale Haltung dar, die sich mit feierlichen Verpflichtungen der USA nicht vereinbaren lasse. Anschließend ging man in Washington und London zur Tagesordnung über.

Grundsätzlich galt: Neutrale Dampfer waren tabu, englische ausgenommen. Nichtsdestotrotz ergriff Empörung von vulkanartigen Ausmaßen die amerikanische Bevölkerung, als Kapitänleutnant Walther Schwieger vom deutschen U-Boot „U 20“ am 7. Mai 1915 vor der irischen Südküste das 30.395-Bruttoregistertonnen-Passagierschiff „Lusitania“ der britischen Cunard Linie auf der Fahrt von New York nach England torpedierte, da sich unter den 1198 Opfern auch 128 US-Bürger befanden. In der Protestnote der USA an das Kaiserreich war von „Mord auf hoher See“ die Rede.

Kein ganz ungelegener und auch kein unerwarteter Mord, hatte doch der Erste Seelord Churchill kurz nach der Erklärung der deutschen Reichsregierung über den U-Boot-Krieg gegen die feindliche Handelsschiffahrt, datiert vom 4. Februar 1915, sofort an den Präsidenten des englischen „Board of Trade“ geschrieben: „Jetzt kommt es darauf an, neutrale Schiffe unsere Küsten anlaufen zu lassen, in der Hoffnung, insbesondere die Vereinigten Staaten mit Deutschland in Konflikt zu bringen.“

Um Mißverständnisse vorab auszuräumen: Es geht hier nicht um die Verurteilung eines bedeutenden Staatsmannes, der nicht mehr und nicht weniger getan haben dürfte, als nach dem bekannten Spruch des amerikanischen Admirals Decatur „Right or Wrong - My Country“ zu handeln, sondern darum, wie ein Konflikt inszeniert und diese Inszenierung hinterher zu vertuschen versucht wird.

Einladung zur Schandtat

Churchill hatte einiges dazu getan, den Konflikt herbeizuführen. Als er durch die Funkentschlüsselungsabteilung der britischen Admiralität in

der berühmt gewordenen Zimmerflucht „Room 40" im „Old Building" von Whitehall darüber informiert wurde, deutsche U-Boote lägen auf der Route der „Lusitania", behielt er diese Meldung für sich und verhinderte jede Sicherung durch Zerstörer, die ohne weiteres möglich gewesen wäre.
Am 6. Mai 1915 wurden zwei Dampfer durch U-Boote genau an der Stelle versenkt, welche die „Lusitatia" passieren mußte. Daraufhin erkundigte sich der Vorstandsvorsitzende der Cunard-Line besorgt und erregt, ob die „Lusitania" über die Gefahr informiert wurde, und was zu ihrem Schutz geschehen sei. Es geschah nichts.
Obwohl er es besser wußte, kommentierte Churchill die öffentliche Reaktion nach der Torpedierung voller Entrüstung so: „Diese Gewalttätigkeit der Unterseeboote, die allem die Krone aufsetzte, löste einen Schrei der Entrüstung in der ganzen Welt aus. Die Vereinigten Staaten, deren Bürger in einer großen Zahl umgekommen waren, gerieten hierüber in höchste Wut, und in allen Teilen der großen Republik erwarteten die einflußreichsten Elemente des amerikanischen Volkes, daß das Zeichen zum Angreifen gegeben wurde." Es wurde gegeben, obgleich die Verantwortung keineswegs eindeutig bei den Angreifern lag, sondern auf sie übertragen wurde, nachdem ihnen zuvor die „Lusitania" anscheinend als Beute vor die Nase gehängt worden war.
Um den kaiserlichen U-Bootfahrern offenbar die Entscheidung, im Zweifel lieber zu schießen, noch etwas leichter zu machen, hatte die britische Admiralität die Anweisung an alle englischen Schiffe herausgegeben, ihre Namen und Heimathafen zu übermalen und in britischen Gewässern die Flagge einer neutralen Macht zu zeigen. In dem der Cunard-Line zugedachten Exemplar der Instruktionen findet sich der handschriftliche Zusatz: „Geben Sie zu verstehen, daß die amerikanische Flagge benutzt werden soll."
Darüberhinaus war es ein offenes Geheimnis, daß seit Februar 1915 sogenannte Mystery-Schiffe im Einsatz standen. Sie waren dem Anschein nach unbewaffnete Handelsschiffe, in Wirklichkeit jedoch mit getarnter Bewaffnung ausgerüstet und von Marineangehörigen bemannt, die Zivilkleidung trugen.
In den Ausgaben von 1914 der britischen Marine-Jahrbücher „Jane's Fighting Ships" und "The Naval Annual" findet sich die „Lusitania" als

Hilfskreuzer und im „Annual" als bewaffnetes Handelsschiff. Daß die englischen Marine-Jahrbücher zur Standardausrüstug deutscher U-Boote gehörten, versteht sich von selbst.
De facto war die „Lusitania" seit 1913 einer von rund vierzig Hilfskreuzern der britischen Marine. Als solcher wurde er im Flottenregister der Admiralität und in den Büchern der Cunard-Line geführt. Auch wenn von Seiten der britischen Admiralität bescheiden von „Handelsschiffen mit defensiver Bewaffung" die Rede war, konnten speziell die Schiffe der Cunard-Klasse mit einer schwereren Breitseite aufwarten, als beispielsweise Kreuzer der Bacchante- oder E-Klasse, die damals mit der Verteidigung des Ärmelkanals beauftragt waren.
All das und eine weitere Flut von Beweisen eruierten Historiker bereits kurz nach dem Ersten Weltkrieg. Es ist - erweitert um noch erschütternde Evidenzen - in seriösen Fachbüchern nachzulesen, die bis zum heutigen Tage veröffentlicht werden.
Wie ist die Sache also anscheinend chronologisch abgelaufen, oder vielleicht besser gesagt, in die Wege geleitet worden?

Warnungen unerwünscht

Bereits am 19. Juni. 1913 hatte es in der New York Tribune die Gag-Meldung gegeben: „Offiziere der (englischen) Cunard-Reederei bestätigten heute dem Korrespondenten der Tribune, daß der 1906 vom Stapel gelaufene Schnelldampfer „Lusitania" mit schweren Maschinengewehren ausgerüstet wird."
Die deutsche Regierung, der die Problematik bewußt war, gab in Zeitungen Anzeigen auf, in denen eventuelle Passagiere davor gewarnt wurden, die „Lusitania" würde Munition transportieren. Korrekter gesagt, sie wollte sie aufgeben, doch das war nicht ganz so einfach. Dazu eine Episode:
Am 20. April 1915 trafen sich einige Mitglieder der deutschen Kolonie in New York, um die Frage erörtern, wie man einen drohenden Konflikt zwischen den USA und dem Kaiserreich vermeiden könnte.
George S. Viereck, der Herausgeber amerikanischen, in deutschem Besitz befindlichen Zeitung „The Fatherland", der das Treffen einberufen

hatte, meinte: „Früher oder später wird irgend ein großes Passagierschiff mit Amerikanern an Bord von einem Unterseeboot versenkt, und dann ist der Teufel los.“ Bei der folgenden Debatte stellte sich heraus, daß das nächste größere britische Passagierschiff, das nach England ablegen sollte, die „Lusitania“ war , und zwar am schon am 1. Mai. Darauf rief Viereck: „Dann veröffentlichen wir eine Warnung, ehe die ‚Lusitania‘ ausläuft!“

George Viereck verließ die Zusammenkunft der deutschen Gemeinde in New York mit dem Auftrag, in zahlreichen Zeitungen eine entsprechende Warnung zu veröffentlichen. Der Entschluß war schnell gefaßt worden, doch die Verwirklichung spießte sich.

Besagte unmißverständlich warnende Anzeige, die mit Einverständnis der Deutschen Botschaft mit „Kaiserlich Deutsche Botschaft“ unterzeichnet war um ihr maximales Gewicht zu verleihen, erschien nicht wie geplant am 23. April 1915 in fünfzig Zeitungen, sondern in einer einzigen, dem nicht sonderlich bedeutende Des Moines Register.

Der Grund dafür bestand nicht etwa darin, daß der Anzeigentext plus Bezahlung nicht rechtzeitig eingelangt wäre (in vielen Fällen wurden Boten eingesetzt), sondern in einer Aussendung durch die Nachrichtenagentur United Press. Darin wurde aufmerksam gemacht, daß ohne Erlaubnis des State Department keine Anzeigen der Botschaft einer kriegführenden Nation veröffentlicht werden dürften. Trotzdem, beziehungsweise gerade deswegen, wurde der Inhalt der Anzeige sofort bekannt und von zahlreichen amerikanischen Journalisten ausführlich diskutiert.

Ins Reich der Legende hingegen gehört die Behauptung, wichtige Persönlichkeiten, die sich an Bord der „Lusitania“ befanden, hätten kurz vor dem Auslaufen des Dampfers aus dem Hafen von New York Warnungstelegramme erhalten. Nicht die Telegramme selbst sind eine Erfindung, sondern deren angebliche Übergabe. Tatsächlich langten neun solcher Benachrichtigungen im Funkraum der „Lusitania“ beim Telegraphisten Robert Leith ein. Sie wurden ihren Empfängern jedoch nicht ausgehändigt, da der Cunard-Manager in New York Charles Sumner dies verhinderte. Der Inhalt der Telegramme gelangte dennoch in die US-Presse.

Am 26. April gelang es George Viereck im State Department bis zum US-Außenminister William J. Bryan vorzudringen, und ihn zu fragen,

wieso die Anzeigenkampagne abgewürgt worden war. Viereck führte aus, die „Lusitania“ habe bei allen ihren Fahrten mit lediglich einer einzigen Ausnahme Munition an Bord gehabt. Er zeigte Ladepapiere vor, erklärte, daß am kommenden Freitag nicht weniger als sechs Millionen Schuß Munition auf die „Lusitania“ verladen werden sollten, und wies darauf hin, daß man jetzt, in diesem Augenblick, beobachten könne, wie diese Ladung an der Pier 54 gestapelt wurde.
Daraufhin griff der integere Bryan zum Telefon und gab die Zeitungsanzeigen frei. Und er gab Viereck die Zusage, den Präsidenten ersuchen zu wollen, er möge die Amerikaner öffentlich vor Atlantikreisen warnen. Der ebenso ehrliche wie ehrenhafte Außenminister löste sein Versprechen auch ein, doch Präsident Wilson sprach die Warnung niemals aus, zu der ihn Bryan bewegen wollte.
Es war ohnedies allgemein bekannt, daß besonders auf schnellen Passagierschiffen bereits seit Kriegsbeginn Munition nach England für die britischen Truppen in Frankreich gebracht wurde, und daß die US-Behörden nichts dagegen unternahmen, obwohl dies einen Bruch der von ihnen selbst erlassenen Neutralitätsgesetze darstellte.
Noch im April 1915 wies Außenminister Bryan den Präsidenten beschwörend darauf hin, daß sich aufgrund der britischen Blockade der Verkauf von Waffen, Munition und Ausrüstungsmaterial durch neutrale Staaten völlig einseitig zugunsten der Alliierten auswirken müsse. Das störte die USA jedoch wenig, die es sogar ohne weiteres hinnahm, daß England seine Schiffe eigenmächtig unter US-Flagge fahren ließ.

Alles was Recht ist

Als die „Lusitania“ von dem deutschen U-Boot torpediert wurde, befanden sich in der Tat etwa dreitausend Tonnen Munition an Bord, ein Umstand, den man dem deutschen Militärgeheimdienst interessanterweise aus den USA vertraulich mitgeteilt haben soll. Der Luxusdampfer war in New York mit 5468 Kisten Munition, 4200 Kisten Metallpatronen, 18 Kisten Zündern sowie 1250 Kisten Schwarzpulver beladen worden. Und das ohne große Geheimhaltung, worauf Viereck ja hingewiesen hatte.

Vier Tage bevor die „Lusitania“ in See stach, wurde US-Präsident Woodrow Wilson von Bryan, der schon Wochen vorher seine Landsleute mit allen Nachdruck darauf aufmerksam gemacht hatte, Amerikaner würden Passagierschiffe von Kriegsteilnehmern auf eigene Gefahr benützen, darüber informiert, daß die „Lusitania“ ein getarnter Munitionstransporter sei. Der Außenminister wies energisch darauf hin, daß dies neben allem anderem gegen ein amerikanisches Gesetz verstieß, das jedem US-Bürger ausdrücklich untersagte, Züge oder Schiffe zu benützen, die gefährliche Explosivstoffe geladen hätten, und er drängte den Präsidenten, die amerikanischen Passagiere von der Überfahrt mit der „Lusitania“ abzuhalten. Reaktion Null, beziehungsweise: Torpedierung.
In der ersten Kabinettssitzung, bei der die amerikanische Protestnote gegen die Versenkung der „Lusitania“ beraten wurde, beschuldigte Bryan aufgebracht seine Kollegen: „Ihr seid ja nicht neutral, ihr ergreift Partei!“. Die zweite Protestnote Wilsons hielt er für dermaßen überzogen, daß er von seinem Amt als Außenminister zurücktrat.
Der Counselor im State Department Robert M. Lansing, der am 8. Juni 1915 von Bryan das Außenministerium übernehmen sollte, hatte schon länger bewaffneten englischen Handelsschiffen stillschweigend die Benutzung amerikanischer Häfen gestattet, wobei die Schiffe nicht selten, und für US-Bürger sichtbar, mit Geschützen bestückt waren.
Lansing verfaßte nach der Versenkung ein Memorandum mit Argumenten, wie man die zu erwartende deutsche Rechtfertigung, die „Lusitania“ sei bewaffnet gewesen und habe Konterbande an Bord gehabt, parieren konnte. Darin argumentierte er mit dem Recht jedes amerikanischen Bürgers, auf einem Schiff seiner Wahl zu reisen. Dieses Memorandum leitete er der Rechtsabteilung der Regierung zu. Die Antwort der Juristen nach Prüfung der Fakten dürfte Lansing jedoch dermaßen mißfallen haben, daß er sie in seinem Privatarchiv aufbewahrte. Es gibt keine Anzeichen dafür, daß er sie Bryan zeigte oder mit ihm darüber sprach. Die ungenehme Stellungnahme der Rechtsabteilung hatte gelautet:
1. Großbritannien hatte die Unterscheidung zwischen Handelsschiffen und Kriegsschiffen abgeschafft.
2. Deshalb hatte Deutschland durchaus das Recht, die „Lusitania“ zu versenken.

3. Hätte Deutschland die „Lusitania“ nicht versenkt, wäre eine wertvolle Munitionsladung in die Hände der Feinde Deutschlands gelangt.
4. Das internationale Recht bot keine Grundlage für den von den Vereinigten Staaten vertretenen Standpunkt, das Leben eines amerikanischen Bürgers sei unverletzlich, selbst wenn er sich an Bord eines wie auch immer einzustufenden Schiffes einer kriegführenden Macht befindet.
5. England hatte diese Tatsache während des russisch-japanischen Krieges anerkannt und seine Staatsbürger davor gewarnt, mit Schiffen kriegführender Mächte zu reisen.
6. Die Eigner und Verantwortlichen der „Lusitania“ schienen gegen Abschnitt 8 der Passagier-Bestimmungen des Schiffahrtsrechts der Vereinigten Staaten verstoßen zu haben.

Zwei schicksalhafte Telegramme

Lansing war ein schlauer Fuchs. Es war ihm offenbar klar, daß mit der „Lusitania“-Versenkung der Grundstein gelegt worden war, auf dem man aufbauen konnte. Am 26. Januar 1916 zeigte er dem österreichischen Geschäftsträger Baron Zweideneck vertraulich ein Memorandum, in welchem von der Entwaffnung von Handelsschiffen die Rede war. Dabei brachte Lansing Verständnis für jene Strömung in Deutschland zum Ausdruck, die eine Wiederaufnahme des uneingeschränkten U-Boot-Kriegs forderte, sofern es nicht zur Entwaffnung von Handelsschiffen käme.
Er stieß in dasselbe Horn wie der Baron, der eine Entwaffnung der alliierten Handelsschiffe als einzigen Ausweg sah, um die drohende Eskalation und Konfrontation abzuwenden.
Lansing motivierte Zweideneck zu einem diesbezüglichen Telegramm an die Mittelmächte, für dessen Weiterleitung er amerikanische diplomatische Kanäle anbot, weil „London die Telegramme verzögere.“ Der österreichische Geschäftsträger verfaßte beglückt besagtes Telegramm auf Deutsch und Englisch und übergab es Lansing zu treuen Händen, der es durchlas und akzeptierte. Darin findet sich der Satz: „Mr. Lansing würde eine Ankündigung seitens der Mittelmächte begrüßen, daß sie in

Zukunft Handelsschiffe, die mit einem oder mehreren Geschützen bewaffnet sind, als Hilfskreuzer betrachten."
Daraufhin verkündeten Deutschland und Österreich hoffnungsvoll, daß sie genau dies von 8. Februar 1916 an tun würden. Der darauf losbrechende öffentliche Entrüstungssturm in den USA verwirrte die Mittelmächte zutiefst.
Lansing hatte den Baron hereingelegt, die zweite Phase des uneingeschränkten U-Boot-Krieges angeleiert und die USA ein Stück weiter an den Kriegseintritt herangeführt. (Umfassendes über diesen machiavellischen Schachzug findet sich in den Lansing-Papieren, sowie in dem U.S. National Archive Mikrofilm M 367, Rolle 25, Rahmen 0074-0449).
Als amerikanische Kryptographen im Januar 1917 das mit dem Code 0075 verschlüsselte Telegramm des deutschen Staatssekretärs Zimmermann an seinen Botschafter in Washington entzifferten, welches lautete „Streng geheim. Beginn des uneingeschränkten U-Boot-Krieges auf den 1. Februar festgesetzt", war es dann soweit. Die USA erklärten den Krieg. Der zwei Jahre zurückliegende „Mord auf hoher See" durfte nicht länger ungesühnt bleiben, auch wenn die Täter, zurückhaltend gesagt, eingeladen worden waren, und die Tat selbst sogar bei den Profis im alliierten Lager als nicht ganz so ruchlos angesehen wurde.

Hilfskreuzer mit und ohne Schafspelz

Am 29. März 1916, während noch Plakate mit dem Aufruf „Rächt die „Lusitania" um Rekruten warben, schrieb der englische Flottenadmiral und Seelord Sir John Fisher an den deutschen Admiral Tirpitz: „Ich mache Ihnen keinen Vorwurf wegen der U-Boot-Sache, an Ihrer Stelle hätte ich genauso gehandelt."
Fast genau zwanzig Jahre später, am 17. Februar 1936, erschien in der amerikanischen Zeitschrift „Time" ein Artikel, in dem zu lesen ist: Die Berechtigung der Deutschen, die „Lusitania" zu versenken, wurde von einem der höchsten britischen Marineoffiziere, dem Admiral Earl of Corck and Orrery, Kommandant der britischen Home Fleet von 1933 bis 1935, Präsident der Königlichen Marinehochschule zu Greenwich und Kommandierender Admiral der Königlichen Marinekriegsschule von

1929 bis 1932, zugegeben. Vor einer Londoner Zuhörerschaft erklärte der Admiral: „Die ‚Lusitania' hätte verwendet werden können, um mit einer einzigen Reise 10.000 amerikanische Truppen zur Bekämpfung Deutschlands herüberzubringen. Wenn Frauen und Kinder durchaus in Kriegsgebieten umherkreuzen wollen, dann müssen sie das, was ihnen zustößt, erwarten. Bei der Versenkung der ‚Lusitania', als Kriegshandlung betrachtet, war die deutsche Admiralität vollkommen im Recht. Die ‚Lusitania' führte außerdem Munition an Bord."
Die britischen und amerikanische Behörden leugneten jahrelang, daß die „Lusitania" Kriegsmaterial geladen hatte. Dem US-Senator La Folette wurde wegen seiner Aussage, die „Lusitania" habe Munition an Bord gehabt, solange mit dem Ausschluß aus dem Senat gedroht, bis der Hafenkollektor von New York die explosive Ladung bestätigte.
Dabei hätte an sich schon die Versenkung den Beweis geliefert, daß das Passagierschiff eine schwimmende Bombe war. Ein einziger Torpedo der „U 20" verursachte eine Explosion von einer Urgewalt, die den Bug fast völlig vom Schiffsrumpf fortriß. Alle Überlebenden erklärten, nach der Torpedoexplosion sei eine zweite, noch viel gewaltigere erfolgt. Auch Kapitänleutnant Schwieger war über die Wirkung eines einzigen Torpedos des Typs G grenzenlos verblüfft, was im Logbuch der „U 20" vermerkt ist.

Vertuschung und Enthüllung

Kurz nach der Torpedierung erging von der britischen Admiralität die Instruktion, dafür zu sorgen, daß für die Leichenschau-Verhandlung in Kinsale nur jene innerhalb des Bezirks an die Küste gespülten Opfer ausgesucht würden, die „nicht durch Einwirkungen, die wir nicht publik zu machen wünschen, den Tod gefunden haben, oder verstümmelt wurden."
Auch versuchte die Royal Navy die Fischer in der Umgebung daran zu hindern, Überlebende bei Kinsale an Land zu setzen. Die Anweisung der Admiralität, die Leichenschau-Verhandlung im Old Market House von Kinsale abzubrechen und den kompetenten und integren Kapitan William Thomas Turner von der „Lusitania" an seiner Aussage zu hindern, kam zu spät.

Schneller reagierte die britische Botschaft in Washington als sie vom britischen Konsul Powell im amerikanischen Philadelphia informiert wurde, ein Mr. Morris Spiers habe einen Film samt Negativ über die Abfahrt der „Lusitania“ aus New York angeboten. Der Preis sollte 150 Dollar für den Film und 1500 Dollar für das Negativ betragen. Nach Blitztelegrammen zwischen Washington und London ermächtigte die Admiralität den Konsul zum Kauf. Am Ende ersparte sich der englische Steuerzahler das Geld, denn vor der Transaktion zeigte sich, daß auf dem Film keine Geschütze der „Lusitania“ zu erkennen waren.
1982 entdeckten Taucher des britischen Spezialschiffes „Archimedes“ auf der Backbordseite der gesunkenen „Lusitania“ ein 14 Meter großes gezacktes Loch, dessen Stahlwände nach außen gebogen waren.
Sogar im „World Almanac and Book of Facts“, welches Jahrbuch in New York herausgegeben wird, findet sich unter der Jahreszahl 1915 der knappe Eintrag: ‚Das englische Schiff „Lusitania“ am 7. Mai von deutschem U-Boot versenkt. 128 amerikanische Passagiere getötet. Deutschland hatte Passagiere im voraus gewarnt.’
Nach eigenen Untersuchungen kam der stellvertretende Chef des „Submarine Tracking Room“ im „Operational Intelligence Centre“ der britischen Admiralität während des Zweiten Weltkriegs, im Jahr 1982 zu folgendem Schluß: „Welcher Theorie man auch den Vorzug geben möchte, Churchill war der Verantwortliche. Noch ist die Beweisführung lückenhaft, aber aufgrund der umfangreichen Unterlagen, die mir vorliegen, muß ich, wenn auch zögernd, einräumen, daß bei Abwägung aller Fakten die wahrscheinlichste Erklärung für die ganzen Vorgänge folgende ist: Es bestand tatsächlich der - wenn auch nicht ganz perfekte - Plan, die ‚Lusitania’ zu gefährden, um die Vereinigten Staaten in den Krieg zu verwickeln.“
Das ist dezenter formuliert als die Worte, die Churchill am 21. September 1914 anläßlich seines Besuchs in den Docks von Liverpool entschlüpften, wo er die Schiffe der Cunard-Klasse inspizierte, die gerade in Hilfskreuzer umgewandelt wurden. Zur „Lusitania“ hochblickend murmelte er zu Leonard Peskett, der die Bauplanveränderungen überwachte: „Für mich sind das hier nur weitere 45.000 Tonnen Lebendköder.“ Diese Bemerkung sollte ihm von der Presse mehrmals vorgeworfen werden.

Commander Joseph Kenworthy von der politischen Abteilung des Marinenachrichtendienstes war 1915 im Kartenraum der Admiralität anwesend, als der Begleitkreuzer „Juno“ umdirigiert wurde, worauf die „Lusitania“ - dies nicht wissend - ungeschützt ihrem Schicksal entgegendampfte. 1927 schrieb er darüber in seinem Buch „The Freedom of the Seas“: „Die ‘Lusitania’ wurde bei beträchtlich verminderter Geschwindigkeit und ohne die zurückbeorderten Geleitschiffe in eine Zone geschickt, in der bekanntermaßen ein U-Boot lauerte. Ihre Lordschaften hatten offenbar beschlossen, die internationale Legalität und den Erfolg der deutschen U-Boot-Offensive vor dem Gerichtshof der öffentlichen Meinung testen zu lassen.“ Im Originalmanuskript hieß es sogar „bewußt...geschickt“, doch wurde das Wort „bewußt“ herausgestrichen nachdem die Admiralität beim Verlag Hutchinson deswegen interveniert hatte.
Die Realität hinter all dem moralinsauren Geschwafel vom „Mord auf hoher See“ scheint, wie so oft, weit banaler zu sein als die großen Worte, die abgelassen wurden - und weit unappetitlicher. Realpolitik eben, die sich keineswegs auf irgendeine Nation oder Koalition von Nationen beschränkt, das sei um der Objektivität willen festgestellt.
Im großen Zusammenhang gesehen, entpuppen sich moralische Kreuzzüge nicht selten als handfeste Interessensvertretungen in eigener Sache. Das geht schon so seit den klassischen Christianisierungen über den Ersten Weltkrieg bis zum Golf- und Kosovo Krieg, kommende Aktionen unter dem Mäntelchen der Menschenrechte noch gar nicht eingerechnet.

Schnöde Wirklichkeit

Der Eintritt der USA in das erste Großgemetzel des zwanzigsten Jahrhunderts mußte schlicht und einfach deswegen erfolgen, so der anerkannte Geschichtsprofessor Hellmut Diwald in seinem Buch „Die Erben Poseidons - Seemachtpolitik im 20. Jahrhundert“, weil die intensive Zusammenarbeit der amerikanischen und englischen Banken dazu geführt hatte, daß nur Anleihen von Ententeländern aufgelegt und begünstigt wurden, die der Mittelmächte jedoch einem Boykott ausgesetzt waren.

Anfang 1917 war das Netz der internationalen Finanzverflechtungen dermaßen überspannt, daß es unweigerlich zerreißen mußte wenn die Mittelmächte im Krieg nicht unterlagen. Und die Niederlage konnte nur durch den Eintritt der Vereinigten Staaten bewirkt werden.
Dieser mehr als unheroische Kriegsgrund wurde keine zwanzig Jahre später sogar von amerikanischer Seite offiziell zugegeben. Ein Kongreß-Komitee unter Vorsitz von Senator Gerald P. Nye führte 1934 eine gründliche Untersuchung der Munitions- und Rüstungsindustrie durch. Das Ergebnis dieser in den USA berühmt gewordenen Munitions and Armanent Investigation läßt sich für die Zeit des Ersten Weltkrieges in einem einzigen peinlichen Enthüllungssatz zusammenfassen: „Hauptverantwortlich für den Entschluß der USA, 1917 den Krieg zu erklären, waren die Rüstungsindustrie und die Hochfinanz weil ihre unmittelbaren Interessen und Profite sich in einem entscheidenden Ausmaß mit der britischen und französischen Hochfinanz verflochten."
Auch der Autor James T. Adams spricht in seinem bereits erwähnten Buch „The Epic of America" klar aus, wie sehr bereits der Erste Weltkrieg die Wirtschaft Amerikas ankurbelte.
Präsident Woodrow Wilson hatte diesen Sachverhalt bereits am 5. September 1919 in einer Rede offen angesprochen, indem er sagte: „Gibt es einen Mann oder eine Frau - ja laßt mich sagen, gibt es ein Kind, das nicht weiß, daß der Samen des Krieges in der modernen Welt der industrielle und wirtschaftliche Wettbewerb zwischen den Nationen ist? Dieser Krieg war ein Industrie- und Handelskrieg. Es war kein politischer Krieg." Vier Tage später wurde er noch deutlicher: „Die deutschen Bankiers, die deutschen Kaufleute und die deutschen Industriellen wollten diesen Krieg nicht. Sie waren ohne ihn auf dem besten Weg, die Welt zu erobern und wußten, daß er ihre Pläne verderben würde." Der „Friedenspräsident" gab sogar zu, daß „die USA auch ohne die Zwischenfälle des U-Boot-Krieges aus diesem Grund in den Weltkrieg eingetreten wären."
Geld regiert nun mal die Welt, wie der Volksmund weiß. Verschwörungsfans werden konkreter und meinen, jene, die darüber gebieten, seien die Herrscher des Erdenrunds. Und sie verweisen beispielsweise auf einen Artikel, der angeblich 1891 in einer deutschsprachigen Sparkassenzeitung erschienen ist, und den damals zu registrierenden Trend sinkender Zinsen wie folgt beklagt haben soll:

„Die Ursache für das Sinken des Zinsfußes wird vorzüglich darin gefunden, daß die besonders rentablen Capitalanlagen großen Maßstabes heute erschöpft sind und nur Unternehmungen von geringer Ergiebigkeit übrig bleiben..."
Um den damals bei drei Prozent liegenden Zinssatz vor weiterem Fall zu bewahren, müßten, so hieß es weiter:
„...die neuen Länder, beispielsweise Afrika, sehr rasch durch europäische Capitalien erschlossen werden, damit einem solchen Sinken begegnet werde."
Da auch das zu einer Umkehr des Zinstrends nicht ausreichen würde, soll der über hundert Jahre alte Artikel mit den unheilsschwangeren Sätzen geendet haben:
„So spricht denn alles dafür, daß wir noch einem weiteren Sinken des Zinsfußes entgegensehen. Nur ein allgemeiner europäischer Krieg könnte dieser Entwicklung Halt gebieten durch die ungeheure Capitalzerstörung, welche er bedeutet."
Anderen Verschwörungsfreunden hat es wiederum die Weihnachtsnummer von 1890 des englischen Wochenmagazins „Truth" (Auflage eine Million herausgegeben vom englischen Staatsmann und Maurerbruder Lebouch) angetan. Darin soll zu einem politischen Gedicht, das als „hellsichtige Vision" deklariert wurde, eine gezeichnete Landkarte abgedruckt worden sein, die Frankreichs Ostgrenze an den Rhein verlängert, die dänische Grenze nach Süden ausdehnt, Ostpreußen durch einen polnischen Korridor abtrennt, Polen, die Tschechoslowakei und Finnland als selbständige Republiken, und das Deutsche Reich in mehrere Republiken geteilt zeigt - in etwa die tatsächliche politische Geographie des Jahres 1918. Waren hier echte Hellseher, visionäre Geopolitiker, geheime Weltenlenker oder schlicht und einfach der Zufall am Werke? Wie auch immer.
Ich habe diese Beispiele ausgewählt um zu demonstrieren, welche Dimensionen die Vorgänge haben könnten, von denen manche sprechen, aber ebenso, wie brustschwach manche vorgelegte Indizien sind beziehungsweise sein müssen. Zurück zur „Lusitania" und zu den harten Fakten hinter ihrer Versenkung.
Nicht weniger offen als sein Präsident war nach dem Krieg der amerikanische Generalkonsul zur Frage ob U-Boot-Krieg und „Lusitania"

den Kriegseintritt der Vereinigten Staaten bewirkt hätten: „Nein, das war nur das Streichholz welches das Stroh entzündete. Wir hätten sonst andere einleuchtende Gründe finden müssen, um in dieses Geschäft einsteigen zu können. Hätten wir uns nicht mit den Alliierten verbündet, dann wären wir nach dem Krieg irgendwer gewesen - jetzt werden wir die Nummer eins sein."

Erschreckend nüchterne Worte fand auch der Engländer Basil Collier, der im Zweiten Weltkrieg ein führender Nachrichtenoffizier in einer Stabsabteilung im Hauptquartier General Eisenhowers war: „Die größte Gefahr (für die Amerikaner) war, daß die Alte Welt durch eine Verlängerung des Krieges so verarmen würde, daß sie nicht mehr laufend Kupfer, Baumwolle und Weizen aus Amerika kaufen könnte." In der Tat wurden die USA nach dem Ersten Weltkrieg vom größten Schuldner zum größten Gläubiger Europas.

Hand auf's Herz: Haben Sie das alles gewußt?

Wer mit solchen deprimierenden Wahrheiten nichts am Hut hat, der kann sich in dem kleinen südenglischen Fischernest Kinsale, unweit vom Ort der Torpedierung der „Lusitania" in der dortigen „Lusitana-Bar" und am „Lusitania"-Grill an der altbekannten „Lusitania"-Legende erbauen, erweitert um das haltlose Gerücht, der Dampfer habe einen Goldschatz transportiert.

Und er kann „Lusitania-Souvenirs" erstehen. Wenn er Glück hat, ergattert er vielleicht sogar die angebliche deutschen Medaille, die von der Reichsregierung zur Feier ihres Verbrechens auf See herausgegeben worden sein soll, in Wirklichkeit jedoch auf Anweisung von Captain Reginald Hall, dem Leiter des Nachrichtendienstes der britischen Kriegsmarine während des Ersten Weltkriegs in verschiedenen Ausführungen in mehr als 300.000 Exemplaren geprägt worden war (zwar eine Fälschung, aber trotzdem eine Rarität).

Ist man jedoch für unliebsame Einsichten über die menschliche Natur bereit, so wird einem klar, daß im Grunde nichts Geheimnisvolles hinter der Apathie steckt, mit der die Staatengemeinschaft Blutvergießen im allgemeinen gegenüberzustehen scheint sofern keine eigenen vitalen Interessen tangiert werden - vom Völkermord an den Armeniern bis zur Kulakenvernichtung, von Biafra (wer erinnert sich noch?) bis Ruanda, von Kambodscha bis zu den Greueltaten in Ex-Jugoslawien, usw. Dazu

kommen manchmal noch eigene Untaten, über die natürlich erst recht kein Wort verloren wird.
Von all dem können die meisten Menschen nur die Spitze des Eisbergs wahrnehmen. Der verborgene Rest, nach dem man tauchen muß, kann weit bizarrer sein, wie der „Lusitania-Fall" zeigt.
Der vielzitierte „kleine Mann" ist in der Regel für Wahrheiten unter der Oberfläche des Vertrauten schon deswegen wenig bereit weil sie ihm nicht so unter die Nase gerieben werden wie etwa das Hohelied von der Völkerverständigung, den Menschenrechten und all den anderen zumeist papierenen Idealen. Daß der durchschnittliche Medienkonsument gleichzeitig fast täglich mit derselben Nase auf den flagranten Widerspruch zwischen unmoralischer Wirklichkeit und Humanitätsgerede gestoßen wird führt zum generellen Unbehagen, über das allerorten geklagt wird.
Auch wenn es das Unbehagen kaum lindern wird, so müssen ein paar größere Happen an unliebsamen Wahrheiten noch herunter. Besonders wohlschmeckend ist keiner von ihnen...
Ein weiteres ruhmloses Geschehen aus dem ersten Viertel des zwanzigsten Jahrhunderts ist im Bewußtsein der Öffentlichkeit fast gänzlich in Vergessenheit geraten. Seine Auswirkungen waren bei weitem nicht so umwälzend wie der Ausgang des Ersten Weltkriegs. Trotzdem verdient er Aufmerksamkeit, der bereits erwähnte Völkermord an den Armeniern, dem Franz Werfel mit seinem Werk „Die 40 Tage des Musa Dagh" ein literarisches Denkmal von hohem moralischen Anspruch gesetzt hat.

Der ignorierte Völkermord

„Erfolgreiche Kriegsverbrecher
sitzen über nicht erfolgreiche
Kriegsverbrecher zu Gericht."
Böses Grafitti

„Nürnberg findet nicht statt", so lautet eine Kapitelüberschrift in Peter Lannes Buch „Armenien: Der erste Völkermord des 20. Jahrhunderts". In einer Untersuchung Lannes, die das Institut für armenische Fragen in

München 1977 veröffentlichte, wird vermerkt, die Ausrottung des armenischen Volkes geschah „auf Befehl der türkischen Staatsführung unter weitgehender Beteiligung fast der gesamten Bevölkerung an Massakern, Raub und Gewalttaten aller Art.“ Dies entspricht dem allgemein verbreiteten Geschichtsbild jenes Genozids, der mit unvorstellbaren Bestialitäten aller Art aufwarten konnte, an die wir heutzutage allerdings so gut wie gewöhnt sind.

Weit weniger bekannt ist die anscheinende Tolerierung des Völkermordes an den Armeniern durch den „Friedenspräsidenten“ Woodrow Wilson auch nach dem Kriegsende 1918, welches das Osmanische Reich auf etwa ein Zehntel seiner ursprünglichen Größe reduziert und seiner Machtmittel beraubt hatte.

Diese taktvoll zwischen den Deckeln von Geschichtsbüchern begrabenen Vorgänge stellen kein Ruhmesblatt für die erklärten Fackelträger von Demokratie, Selbstbestimmungsrecht der Völker im Speziellen und Humanität im Allgemeinen, dar. Rollt man die Vorgänge von Anfang an auf, sind weitere Aha-Erlebnisse und Ernüchterungen unvermeidlich.

Wie Margret Boveri, Autorin des vierbändigen Werkes „Der Verrat im Zwanzigsten Jahrhundert“ ausführt, „entdeckten“ die Engländer die Leiden des Armenischen Volkes just zu dem Zeitpunkt, als sich die Führung des Osmanischen Reichs unter dem Einfluß deutscher Ratgeber für den englischen Geschmack zu sehr an das kaiserliche Deutschland anzulehnen begann - ob es nur das gemeinsame Bauprojekt der Bagdadbahn war oder die türkischen Konzessionen an die Deutsche Bank.

Mit dem Kriegsbündnis zwischen Osmanen und Mittelmächten von 1914 war der Moment gekommen, um die Hohe Pforte von innen und von außen zu attackieren. Von außen, indem man die Verfemung der Türkei vor der Weltöffentlichkeit betrieb. Von innen, indem sich die Briten zu Vorkämpfern für die gequälten Armenier erklärten und diese zum Abfallen oder wenigstens zum unterirdischen Kampf gegen den Sultan ermunterten.

All das in etwa zeitgleich mit der Ausarbeitung des verräterischen Sykes/Picot-Abkommens, das Trotzkij 1917 enthüllte. Dabei handelt es sich um die geheime Vereinbarung vom Mai 1916 zwischen dem früheren französischen Konsul in Beirut, Hochkommissar für Syrien und Armenien Georges Picot und Sir Mark Sikes, Nahostberater des

Kriegsministers Lord Kitchener, welche die Aufteilung jener afrikanischen Gebiete nach dem Ende des Ersten Weltkriegs zwischen England und Frankreich festschrieb, die der berühmte (für den britischen Intelligence Service tätige) „Lawrence von Arabien“ im Namen der englischen Regierung den Arabern für ihren Aufstand gegen die Türken versprochen hatte. Und zwar wohlwissend, daß dieses Versprechen niemals eingehalten würde, wie er in seinen Lebenserinnerung selbst zugibt.

Den Armeniern bekam der westliche Zuspruch nicht sehr gut, denn ihre Leiden gingen auch nach dem Ende des Ersten Weltkriegs unter den Augen der westlichen Friedensmächte weiter. Diesmal wurden die Massaker von Pascha Kemal-Atatürk, der Gründer der modernen Türkei, und seinen Jungtürken verübt.

Obwohl sich Woodrow Wilson in Punkt 12 seiner berühmten 14 Punkte direkt mit dem Mord an den Armeniern befaßt, wurde deren Ausrottung in den Jahren 1918 bis 1920 fortgesetzt. In dieser Zeit kümmerte sich weder die amerikanische Friedensdelegation, noch später der Völkerbund um die Sicherheit und die zugesagte Autonomie der Armenier oder auch der türkischen Griechen. Lord Curzon, der englische Außenminister von 1919-24, machte in der Kommission für den Friedensvertrag folgende Angaben: Von den nach amerikanischen Statistiken in Kleinasien vor 1914 lebenden eine Million sechshunderttausend türkischen Griechen seien etwa fünfhunderttausend übriggeblieben. Eine Million einhunderttausend seien also ermordet, verschleppt oder geflüchtet.

Wie in Lannes eingangs erwähntem Buch zu lesen ist, waren die Verbrechen gegen die Menschlichkeit alle statistisch erfaßt, sowohl im Falle der Armenier als auch der Griechen. Die Namen der Kriegsverbrecher, der Befehlshaber und die Schreibtischmörder waren alle bekannt. Dennoch gaben die Alliierten allen Forderungen Kemal Paschas innerhalb weniger Tage im Januar 1923 nach, wie der Völkerrechtsprofessor André Mandelstam in Den Haag verblüfft feststellte. Der freie Staat Armenien wurde zwischen der Sowjetunion und der Türkei aufgeteilt.

Das Schicksal der Armenier interessierte nicht mehr. Die Vorfälle wurden in der internationalen Presse totgeschwiegen. Anscheinend war der Niedergang des armenischen Volkes kein zu hoher Preis für die Ver-

westlichung der Türkei, die sich in unseren Tagen allerdings wieder umzukehren scheint. Na gut bzw. nicht gut, aber in der Liebe und im Krieg soll ja alles erlaubt sein.
Lanne gibt sich mit der Erkenntnis „Menschen, Menschen sind wir alle“ nicht zufrieden, sondern macht für die Nichtbeachtung des Völkerrechts im Falle der Armenier und Griechen „eine Verschwörung gegen das christliche Europa und seine Kultur seitens eines international operierenden anonymen Personenkreises, der größere Macht besitzt als die beamteten Staatsmänner und Militärs“ verantwortlich.
Diese unbewiesene Behauptung erstaunt und soll auch keineswegs a priori akzeptiert werden. Sie führt gleichzeitig zur längst überfälligen Fragestellung nach möglichen Indizien für Behauptungen dieser Art, die heute als „Verschwörungstheorien“ herumgeistern. Damit kommen wir von der Realpolitik zur Verschwörung.

Die Divisionen des Vatikan

Haben Sie gewußt, daß seit dem Zweiten Weltkrieg mehr Regierungswechsel mit Hilfe eines Coup d'Etat, eines Staatsstreiches, vollzogen wurden, als auf demokratische Weise (einschließlich des Kennedy-Attentats)? Da jeder solche Coup das Ergebnis einer vorhergehenden Verschwörung ist, bedeutet dies nicht mehr und nicht weniger als die erschreckende Tatsache, daß seit über fünfzig Jahren Verschwörungen in der Weltgeschichte eine größere Rolle gespielt haben als alle demokratischen Veränderungen zusammen, so sieht es zumindest Edward Luttwak in seinem Buch “The Coup d'Etat“.
Nehmen wir ein vor einigen Jahren enthülltes Komplott her, das die jüngste Geschichte maßgeblich in eine Richtung gelenkt hat, die heute als die einzig richtige gepriesen wird.
Der berühmte Watergate-Reporter Carl Bernstein erklärte 1996 in einem Interview zum Erscheinen des Bestsellers „His Holiness“ (Seine Heiligkeit), den er zusammen mit dem italienischen Vatikanexperten Marco Politi verfaßt hatte, der frühere CIA-Direktor William Casey habe gemeinsam mit Papst Johannes Paul II. den Sturz der kommunistischen Herrschaft in Osteuropa vorbereitet. Allein in Polen wären,

so Bernstein, von den USA rund 50 Millionen Dollar zur Finanzierung der Solidaritätsbewegung investiert worden, wobei die Geldströme ausschließlich über den Vatikan geflossen sein sollen und die Kirche ihren gesamten Apparat zur Verfügung gestellt habe. Als Gegenleistung hätten die USA ihre Entwicklungshilfe für Maßnahmen zur Geburtenkontrolle in der Dritten Welt eingestellt. Laut Bernstein soll der Heilige Vater als Dank für die amerikanische Intervention die Stationierung von neuen Mittelstreckenraketen in Europa gutgeheißen haben. Wie es scheint, hat die Geschichte Stalins Frage „Der Papst, wie viele Divisionen hat er?“ schlußendlich eindeutig beantwortet.
Was immer man von der Einstellung der Entwicklungshilfe für die Geburtenkontrolle in der Dritten Welt halten mag, Carl Bernsteins Aussage „Ohne den Papst wäre der Kommunismus nicht gefallen“, ist keine Frage des Standpunktes. Sie ist die wertfreie Feststellung, daß hinter verschlossenen Türen so manches vor sich geht. Punktum.
Uns bleibt die Frage, ob Bernstein vielleicht einen einzelnen Puzzlestein eines großen unsichtbaren Geschehens enthüllt hat, das unsereinem im Normalfall ebenso verborgen bleibt wie die Rückseite des Mondes. Es liegt in der Natur der Sache, daß mächtige oder siegreiche Nationen prädestinierter sind ihr Süppchen im Geheimen zu kochen, als schwache und unterlegene, auch wenn letztere dies ebenso gerne tun würden beziehungsweise tun, wenn sie die Möglichkeit dazu haben. Verlierer können nicht verhüllen, Sieger meistens schon - so einfach ist das im „Normalfall“, den wir nun hinter uns lassen wollen.
Bislang wurde lediglich aufgezeigt, daß simpler Eigennutz den Widerspruch zwischen humanistischen Reden und bestialischem Tun hinreichend erklären kann. Was sich unentwegt an moralinsaurem Sirup über den Bürger ergießt ist manchmal für denkende Zeitgenossen wirklich unerträglich, aber diese sind bekanntlich in der Minderzahl und daher keine entscheidende Wählergruppe. Wer sich hingegen angesichts moraltriefender Sonntagsreden gewundert hat, wieso jemand, der einen Menschen ermordet, eingesperrt wird, jemand, der zehn Menschen tötet, in einer psychiatrischen Abteilung landet, während Völkermörder nach Genf zu Friedensgesprächen eingeladen werden oder einen sicheren Ruhestand genießen können, sieht jetzt wenigstens klar.

Ganz klar allerdings nicht, denn es gibt auch Vorgänge, die nicht weniger verwerflich sind aber keineswegs den Interessen der Nationen zu dienen scheinen, in denen sie im Verborgenen ausgebrütet werden.

Jenseits der Staatsräson

Eine Revolution von oben?

„Beachtet nicht den Mann hinter dem Vorhang."
Frank L. Baum,
Der Zauberer von Oz

1917, im Jahr als die USA aus moralischen Gründen ihren ersten Kreuzzug in Europa starteten, erhoben sich die Werktätigen und sonstige geknechteten Massen gegen ihre zaristischen Unterdrücker, wenn auch nicht ganz aus eigener Kraft. Die Geschichte zeigt, daß eine Revolution nur durch Organisation und viel Geld erfolgreich sein kann. Die sich selbst überlassenen, unterdrückten Massen können weder das eine noch das andere bereitstellen.

Eine kurze Chronologie dieser Revolution läßt staunen: Im März 1917 dankte Zar Nikolaus II. ab, nachdem Zusammenbrüche im Transportsystem Petersburg von der Nahrungsmittelversorgung abgeschnitten und zur Schließung der Fabriken geführt hatten. In der Folge schwere Tumulte. Von Lenin und Trotzkij keine Spur. Ersterer war nach der mißlungenen roten Revolution von 1905 in Verbannung und hielt sich beim zweiten Anlauf 1917 in der Schweiz auf. Zweiterer arbeitete als Reporter bei einer kommunistischen Zeitung in New York Eastside.

Die Bolschewiken verkörperten zu dieser Zeit keineswegs eine Mehrheit, wie ihre Name aussagte, sondern waren vielmehr keine besondere politische Kraft. Sie kehrten auch nicht auf das Drängen der in Aufruhr befindlichen Massen nach Rußland zurück, sondern mit Hilfe einflußreicher Kreise, die interessanterweise auch in Amerika und England beheimatet waren.

Gemeinsam mit zweiunddreißig Mitrevolutionären und ausgestattet mit einer Revolutionskasse von 5-6 Millionen Dollar, wurde Lenin in dem berühmten versiegelten Zug wie ein Virus nach Rußland gebracht. Arrangiert wurde dieser Transfer vom deutschen Oberkommando in Zusammenarbeit mit einem Warburg, der Chef des deutschen Geheimdienstes war sowie dem Vorstand der Rothschild/Warburg-Bank in

Frankfurt Max Warburg (Bruder von Paul und Felix Warburg, die die „private Notenbank der USA", das Federal Reserve Board mitinitiiert hatten) und dem aus Rußland abgeschobenen Alexander Helphand, vulgo Parvus. Die deutschen Patrioten Warburg und Helphand verabsäumten es allerdings, den deutschen Kaiser in ihren Plan, eine kommunistische Revolution in Rußland zu schüren, einzuweihen.
Trotzkij wurde parallel aus den USA herangekarrt. Auch er kam nach Aussagen kritischer Historiker nicht mit leeren Taschen, sondern mit 20 Millionen Dollar vom amerikanischen Banker Jacob Schiff, der sich später gerühmt haben soll, ohne ihn hätte die Revolution nicht gesiegt. Nachdem Trotzkij am 27. März 1917 mit einer Gefolgschaft von 275 Revolutionären an Bord der S.S. Christiania New York verlassen hatte, war sein erster Anlaufhafen Halifax, Nova Scotia. Dort wurde er von den Kanadiern am 3. April 1917 verhaftet und eingesperrt. Das war von den Kanadiern völlig verständlich, wie der amerikanische Autor und Geschichtswissenschaftler Gary Allen anmerkt, der mit seinen Recherchen hinter der Weltbühne in den USA und in anderen Ländern zu Bestsellerruhm gelangt ist. Schließlich hatte Trotzkij angekündigt, er werde im Falle der Machtübernahme in Rußland sofort den „imperialistischen Krieg" in Europa beenden und einen Separatfrieden mit Deutschland schließen. Die dadurch freigewordenen Truppen hätten an die Westfront verlegt werden können, an der auch Kanadier kämpften.

Seltsame Verbündete

Nach fünf Tagen Haft kam Trotzkij auf britische und amerikanische Intervention wieder frei, wobei sich auf amerikanischer Seite kein Geringerer als Colonel Mandell House, der engste Berater des US-Präsidenten Wilson, für Trotzkijs Freilassung einsetzte. Jener Mann, den Wilson sein „zweites Ich" nannte, ohne daß House ein offizielles Regierungsamt bekleidete. Oberst House soll Mitglied der Loge „Masters of Wisdom" (Meister der Weisheit) gewesen sein. Er gründete das sattsam bekannte „Council on Foreign Relations CFR" und befürwortete die Schaffung einer Nationalen Bank nach den Vorstellungen, die Karl Marx 1848 in seinem Kommunistischen Manifest niedergelegt hatte (in die-

sem Sinne drängte er Wilson zur Unterstützung des Federal Reserve Act, vom dem bald die Rede sein wird).
Die Umtriebe von House erschienen vielen Zeitgenossen mehr als seltsam. Zu diesen gehört auch der bereits erwähnte George S. Viereck, der die Zeitungsanzeigen aufgeben sollte, um vor der Überfahrt mit der „Lusitania“ zu warnen. Viereck veröffentlichte 1934 ein Buch über die Beziehung Wilson/House mit dem Titel „The Strangest Friendship in History“ (Die seltsamste Freundschaft der Geschichte).
Der Autor mit dem Pseudonym E. R. Carmin äußerte in seinem 1979 erschienen Buch „Fünf Minuten vor Orwell“ zu House weit in die Zukunft führende Gedanken - auch in unsere Zukunft, wie sich zeigt:
Als House und seine Freunde den CFR gründeten und gemeinsam mit den Round-Table-Gruppen ein dichtes Netz von Stützpunkten über die Welt zogen, war ihr Hauptgedanke der der Umerziehung der Menschen für ihr großes Ziel einer neuen Weltordnung. Da sich aber der Mensch nicht ändert, so folgerten ihre Denker, ergibt sich logischerweise die Notwendigkeit, die ihn umgebende Gesellschaft zu verändern, um den Idealzustand einer Weltgemeinschaft herbeizuführen.
Damit aber diese Gemeinschaft funktionieren kann, ist ihrer Auffassung nach die Herauslösung des einzelnen Menschen aus seinen organischen Bindungen und die allmähliche Sozialisierung des einzelnen Menschen Voraussetzung. Infolge der schrittweisen, gezielten Zerstörung der traditionellen Lebensbereiche müssen an die Stelle absterbender Institutionen weltweite Planung und ihre Durchsetzungsmöglichkeit treten, um das im Atomzeitalter menschheitsvernichtende Chaos zu vermeiden. Folgerichtig ist die Voraussetzung für diese Art von Welteinheit die beschleunigte Beseitigung nationaler Eigenständigkeit, gegebenenfalls durch Kriege und schließlich die Schaffung synthetischer und von vornherein kontrollierbarer Staatsgebilde, die Verschmelzung von Religionen, Rassen, Fortfall von Handelshindernissen und sonstigen Unabhängigkeitsfaktoren.
Kurz und gut, es geht um das ganz große Geschäft, um das allergrößte, es geht um das absolute Monopol über diese Welt.
Es gibt heute nur noch sehr wenige Regierungschefs und Parteiführer, ganz gleich welcher politischen Richtung sie angehören, die nicht zu dieser internationalistischen Gesellschaft gehören und durch ihre Poli-

tik und Arbeit zur Öffnung der sie umgebenden Gesellschaften von innen her beitragen, während die von diesen Kräften beherrschten Organe der neuen Ordnung, die UNO, die UNESCO, der Weltwährungsfonds, die Weltbank, der Weltkirchenrat, die CIA und der KGB diese Öffnung von außen her besorgen, durch die Destabilisierung noch unabhängiger Regierungen...

Zur Rolle der Sowjetunion ist folgendes zu lesen:

Wie kommt es, daß die reichsten und mächtigsten Männer der kapitalistischen westlichen Welt seit jeher eine Bewegung finanzierten und tatkräftigst unterstützten, deren erklärtes Ziel es doch angeblich ist, eben solche Leute wie die Rothschilds, die Rockefellers, die Schiffs, die Warburgs ihres Vermögens und ihrer Macht zu berauben, sie schlicht zu vernichten?

Wenn man versteht, daß von allem Anfang an der Sozialismus, so wie man ihn aufgrund der marxistischen Theorie versteht, kein Vermögensverteilungsprogramm ist, sondern die hervorragendste Methode, Besitz zu kontrollieren und zu konsolidieren und überdies die Kontrolle über sämtliche Produktivkräfte und Menschen zu gewinnen und dabei auch jede lästige Konkurrenz ausschalten zu können, dann ist das scheinbare Paradox, daß sich ausgerechnet die Superreichen für den Sozialismus einsetzen, auch schon enträtselt.

Das ist ja das heimtückische an dieser Ideologie, die in Wirklichkeit das bisher hinterhältigste von Menschen erdachte Instrument der Machtergreifung und Machtausübung ist: Die meisten Menschen, vor allem auch die Gegner des Sozialismus glauben, Sozialismus sei ein Programm zur Umverteilung des Vermögens. Aber wie funktioniert das wirklich? Es heißt so schön, die Produktionsmittel seien im Sozialismus Volkseigentum. Tatsächlich ist aber Sozialismus nichts anderes als die Kontrolle der Regierung über die grundlegenden Mittel der Produktion und der Verteilung von Gütern und Dienstleistungen. Kommunismus oder Sozialismus, wie auch immer, ist letzten Endes niemals eine Bewegung unterdrückter Massen, sondern seit jeher eine Bewegung einer volkswirtschaftlichen Elite gewesen. Kommunismus ist in letzter Konsequenz als Staatskapitalismus die Vollendung und Perfektion des Kapitalismus schlechthin. (Hier denken manche Pessimisten an die EU, Anmerkung des Autors).

Wenn man in einem nichtsozialistischen Staat die Regierung kontrolliert, heißt das noch lange nicht, daß man deswegen die gesamten Produktionsmittel, den gesamten Konsum, die gesamte Arbeitskraft der Menschen unter Kontrolle hat. Ist aber eine Gesellschaft sozusagen sozialisiert, dann genügt es, die Regierung zu kontrollieren.
Deshalb unterstützen die USA immer wieder scheinbar kommunistische Feinde. Deshalb muß nun Südafrika dran glauben. Dort geht es nicht um die Befreiung der unterdrückten Schwarzen, sondern um das Gold und das Uran, zwei ärgerliche Faktoren solange sie von Europäischem Kapital kontrolliert werden, das einer neuen Weltordnung entgegensteht. (In der Zwischenzeit ist Südafrika befreit und demokratisiert worden, was man als „das Wunder von Afrika" bezeichnet, ungeachtet der lästigen Tatsache, daß dort nunmehr die höchste AIDS- und Kriminalitätsrate herrscht, die Wirtschaft hingegen im afrikanischen Keller ist. Weitere Anmerkung des Autors). Ende des Carmin-Zitates.

Damit wieder zurück zu den wenig bekannten Wurzeln des Kommunismus, bei denen manche offen die Vermutung aussprechen, daß die marxistische Idee absichtlich dazu genutzt wurde, um vom eigentlichen Problem, dem Zins, erfolgreich abzulenken. Dafür spricht auch die schnelle Verbreitung dieser Gedanken, die durch großzügiges Kapital unterstützt gewesen sein mußten.
Professor Anthony A. Sutton vom Hoover-Institut der Stanford Universität für Krieg, Revolution und Frieden, der Zugang zu Regierungsunterlagen hatte, schreibt in seinem Buch „Wall Street and the Bolshevik Revolution", das in den USA gehörigen Staub aufwirbelte: „Präsident Wilson war die märchenhafte Patentante, die Trotzkij mit einem Paß versorgte, damit er die Revolution in Rußland vorantreiben konnte. Dieser amerikanische Paß war mit einem russischen Einreisevisum versehen." Ausgestattet mit besagtem amerikanischen Paß erscheint Trotzkij in Rußland und verbündet sich mit Lenin. Wie es weiterging, weiß jeder, nicht aber, wie es überhaupt weitergehen konnte.
Der bedeutende weißrussische General Arsene de Goulevich, Begründer der Union der unterdrückten Menschen in Frankreich, bemerkt in seinem Buch „Zarismus und Revolution": „Die Hauptlieferanten für die Geldmittel der Revolution waren jedoch weder die verrückten russi-

schen Millionäre noch die bewaffneten Banditen von Lenin. Die entscheidenden Summen kamen primär von bestimmten britischen und amerikanischen Kreisen, die seit langer Zeit die Sache der Revolution unterstützten..." Und er zitiert General Alexander Nechvolodov, der seinerseits in seinem Buch über die bolschewistische Revolution sagt: „Im April 1917 verkündete (der amerikanische Bankier) Jacob Schiff öffentlich, daß dank seiner finanziellen Unterstützung die Revolution in Rußland geglückt ist." Interessanterweise kann man im New York Journal American vom 3. Februar 1949 lesen: „Es wird heute geschätzt, daß Jacob Schiff ungefähr 20 Millionen Dollar für den endgültigen Triumph der Bolschewisten in Rußland investierte - so Jacobs Enkel, John Schiff." Laut Gary Allen wird Schiffs Verwicklung heute bestritten, soll aber zu der Zeit den alliierten Geheimdiensten wohlbekannt gewesen sein.

Daß die Deutschen Rußland im Interesse ihrer Kriegsziele durch eine Revolution erschüttern wollten, ist nicht abwegig, seltsamer muten allerdings die Bemühungen aus England und den USA an, die immerhin mit dem Zarenreich verbündet waren, und kaum daran interessiert sein konnten, den Mittelmächten einen Gegner vom Halse zu schaffen. Finanzspritzen aus der kapitalistischen Welt scheinen nicht nur zur Einführung des real existierenden Sozialismus beigetragen zu haben, sondern auch zu seiner Erhaltung. Und das, obwohl bis 1989 erklärtes Ziel des Kommunismus die Liquidierung des Kapitalismus war.

Infusionen für den Gegner

Seit 1918 soll ein ständiger Geld- und, was noch bedeutsamer ist, Technologietransfer an die UdSSR erfolgt sein. In seinem dreibändigen Werk „Western Technology and Soviet Economics Development" wird dies von Sutton dargelegt. Unter vorwiegender Verwendung offizieller Dokumente des Außenministeriums, kommt er zu dem Schluß, die UdSSR sei von den USA sozusagen hergestellt und durchgefüttert worden. Andere schlossen sich seiner Ansicht an.

Professor Sutton erwähnt unter anderem die Gründung der amerikanisch-russischen Handelskammer unter maßgeblicher Beteiligung der

Chase National-Bank im Jahr 1922 zur Rettung der bolschewistischen Wirtschaft. Dazu seine Worte: „Im Jahr 1925 gingen die Verhandlungen zwischen Chase- und (russischer) Prombank über die Finanzierung von Rohmaterialien hinaus, und sie entwarfen ein vollständiges Programm zur Finanzierung von sowjetischen Rohmaterial-Exporten an die USA und von Importen amerikanischer Baumwolle und Maschinen." Zum 1927 erfolgten Aufbau einer Standard Oil-Raffinerie in Rußland, die wesentlich zur Sanierung der Sowjetwirtschaft beigetragen haben dürfte, erklärte Sutton: „Dies war die erste Investition der Vereinigten Staaten nach der Revolution."

Heftige Kritik amerikanischer patriotischer Organisationen erntete 1928 der Verkauf sowjetischer Obligationen an die USA durch die Chase Manhattan-Bank. Kongreßmitglied Louis McFadden, Vorsitzender des House Banking- und des Währungskomitees, erklärte in einer Rede vor dem Kongreß: „Sie werden verblüfft sein, wieviel amerikanisches Geld aus der Staatskasse der Vereinigten Staaten zu Gunsten Rußlands entnommen wurde."

Sutton, Gary Allen und andere erinnern auch an die Anerkennung der Sowjetunion 1933 durch F. D. Roosevelt, wodurch die UdSSR zum zweiten Mal vor dem finanziellen Zusammenbruch gerettet worden sein soll. Fast ein halbes Jahrhundert lang scheinen die USA eine Politik betrieben zu haben, die eine Vergrößerung der Sowjetmacht bewirkte. Trotzdem war es möglich, Reagans „Reich des Bösen" innerhalb weniger Jahre zum Zusammenbruch „zu Tode zu rüsten". Aber eines nach dem anderen.

Der Jahrhundert-Crash

Chronologisch sind wir noch immer im ersten Drittel des 20. Jahrhunderts. In dieser Zeit findet sich ein weiteres Ereignis von weltgeschichtlicher Bedeutung, unter anderem deswegen weil es Hitler den Weg zur Macht erleichterte, wenn nicht gar erst ermöglichte: der „Schwarze Freitag" von 1929.

So manche sind der Ansicht, dieser Finanzzusammenbruch sei nicht nur ein reines Kunstprodukt gewesen, sondern wäre ein Teil der Vorgänge, die bereits zur Sprache kamen und noch kommen werden.

Vorausblickende scheinen das Desaster von 1929 bereits nach der Etablierung des Federal Reserve Systems - das steigenden Wohlstand garantieren sollte - erwartet zu haben. Beispielsweise kann man lesen, das Kongreßmitglied Charles A. Lindbergh sen., Vater des Ozeanfliegers, hätte am 23. Dezember 1913 unter anderem gesagt: „Dieses Gesetz (der Federal Reserve Act) errichtet den gigantischsten Trust, den es auf der Erde gibt... Das schlimmste gesetzgeberische Verbrechen aller Zeiten wird mit diesem Bank- und Währungsentwurf begangen..." und „...von nun an werden Krisen systematisch erzeugt." Manche Fachleute fragen sich, ob die Vereinigten Staaten im Ersten Weltkrieg ohne die vorherige Schaffung der Federal Reserve Bank mit ihren von der Öffentlichkeit schwer zu kontrollierenden Mitteln England in dem Umfang hätten finanzieren können, wie es dann geschah.

Geld und Macht

Zur Erhellung oder Verdüsterung einige Worte zum „Federal Reserve Board", der nichtstaatlichen Notenbank der USA. Wie ich schon in meinem Buch „Jenseits des Vorstellbaren" und „Geheime Bünde & Verschwörungen" (siehe meine Homepage www.farkas.at) angerissen habe, wollen nimmermüde Rechercheure ans Licht gebracht haben, daß das amerikanische Bank- und Währungsgesetz, der Federal Reserve Act, nicht in den Hallen des Kongresses aus der Taufe gehoben wurde, sondern im Dezember 1910 auf Jeckyl Island im US-Bundesstaat Georgia, genauer gesagt im dortigen Jagdklub. Dort sollen die Weichen für den Federal Reserve Act gestellt worden sein, der am 24. Dezember(!) 1913 von lediglich drei US-Senatoren beschlossen wurde. Die Mehrzahl der Senatsmitglieder befand sich gerade im Weihnachtsurlaub. Die so geschaffene Federal Reserve-Bank ist eine de-facto-Notenbank mit dem Monopol der Geldausgabe und der Kreditregulierung, dabei jedoch nicht völlig frei von privater Einflußnahme. Sie unterliegt nicht der Kontrolle und Überwachung des Kongresses, obgleich Artikel 1, Abschnitt 8, Paragraph 5 der US-Verfassung das fordern würde (Mullings/Bohlinger: „Die Bankiers-Verschwörung").
Geschaffen wurde diese kühne Konstruktion, die Lindbergh sen. „das schlimmste gesetzgeberische Verbrechen aller Zeiten" nannte, aufgrund

von heftigem Murren in der amerikanischen Öffentlichkeit über die „Herrschaft des Geldes". Man diskutierte über angebliche kriminelle Machenschaften der Banker, beispielsweise die bereits erwähnte Sprengung des Schlachtschiffs „Maine" im Hafen von Havanna 1898 als Vorwand für den spanisch-amerikanischen Krieg zur „Befreiung" der kubanischen Zuckerrohrproduktion.

Zurück zum Federal Reserve Act. Um die Volkswut zu beruhigen ernannte der Kongreß einen Ausschuß, der unter Vorsitz des Kongreßmitglieds Arsene Punjo aus Louisiana die Geld- und Kreditkontrolle der Vereinigten Staaten untersuchen sollte. Die berühmten Verhöre zur Untersuchung des Money Trust im Jahr 1912 wurden von Samuel Untermyer, einem der reichsten Firmenanwälte New Yorks, geführt und füllten etwa sechstausend Seiten. Nachdem die Farce des Punjo Committee zu Ende gegangen war, herrschte - so schreibt Eustace Mullins weiter - im Land die Überzeugung, die New Yorker Bankiers hätten ein Monopol über Geld und Kredit inne. Daher, so argumentierten Banker und einschlägige Zeitungen, könnte nur die Unterwerfung der Banken unter ein Währungsgesetz, eben den Federal Reserve Act, dieses Monopol brechen. Es sollte die Währung stabilisieren und dem Dollar eine feste und ausgewogene Kaufkraft geben. Die diesbezügliche Stabilitäts-Verfügung, auf der Senator Robert L. Owen bestand, wurde jedoch gestrichen. Darüber schrieb Owen später: „Ich konnte diese dringend notwendige Verfügung nicht beibehalten, da sich ein geheimer Krieg dagegen entwickelt hatte, dessen Ursprung ich damals nicht kannte."

Wie Mullins ausführt, enthielt das schließlich von Präsident Wilson unterzeichnete Gesetz keine Vorkehrung zur Stabilisierung des Geldwertes, dafür aber viele Bestimmungen, die eine Stabilisierung unmöglich machten. Die durch das Gesetz ermöglichten Finanz- und Kreditmanipulationen waren laut Mullins direkt verantwortlich für das größte Unglück, das Amerika je betroffen hat: die Wirtschaftskrise von 1929-31. Gouverneur Adolph Miller stellte anläßlich der Untersuchung des Federal Reserve Board durch den Senat im Jahr 1931 fest: „Ich glaube nicht, daß wir je in solch übermäßige Spekulationen hineingeraten wären, wenn wir kein Federal Reserve System gehabt hätten."

Das Unglück betraf nicht nur die USA, und es brach möglicherweise auch nicht herein wie ein Gewittersturm, sondern soll Stück für Stück für Stück aufgebaut worden sein. Lassen wir auch hier die Fakten für sich selbst sprechen.

Die Lawine rollt los...

Zwischen 1923 und 1929 expandierte, korrekter inflationierte, die Federal Reserve die Geldversorgung um 62 Prozent mit dem Effekt, daß die Börsenkurse in schwindelerregende Höhen stiegen. Sich überschlagende Zeitungsberichte vom schnellen Reichtum stürzten ganze Bevölkerungsschichten in haltlosen Spekulationsrausch, der durch hemmungslose Kreditvergabe realisiert werden konnte - aber nicht für alle Zeiten.

1929 ging es dann Schlag auf Schlag abwärts. Am 6. Februar kam der Gouverneur der Bank von England Montagu Norman nach Washington um mit dem Finanzsekretär Andrew Mellon zu konferieren. Norman forderte den Gouverneur der amerikanischen Federal Reserve George Harrison auf, die Zinsen anzuheben, „um das Spekulationsfieber in den USA zu bremsen“. Der Federal-Reserve-Ausschuß drehte seine Politik des leichten Geldes um, und begann den Diskontsatz in die Höhe zu schrauben, worauf der dramatischste Wirtschafts- und Finanzkollaps der bisherigen amerikanischen Geschichte folgte.

Am 24. Oktober begannen die New Yorker Finanziers die 24-Stunden-Abrufdarlehen zurückzufordern. Ungeheure Aktienberge ergossen sich auf den Börsenmarkt, der ins Endlose stürzte und die meisten Banken des Landes zusammenbrechen ließ weil ihre Zahlungsmittel sich schnell erschöpften. Das Federal Reserve System griff nicht helfend ein obgleich es gesetzlich verpflichtet war, eine elastische Währung aufrecht zu erhalten (William Bryan: „The United States Unresolved Monetary and Political Problems“).

Wahrscheinlich auch für unsere Tage bezeichnend könnte sein, daß die Krise von den meisten Experten nicht erkannt, bzw. vielleicht sogar bewußt heruntergespielt wurde, was manche vermuten. Wie man heute zu wissen glaubt, wurde damals durch falsche Aussagen und Scheinaktionen alles unternommen, um die Kleinanleger so lange wie möglich an der Börse zu halten.

Die Bevölkerung wurde beruhigt, während die Entwicklung schon voll im Gang war. Beispielsweise erklärten die Vertreter von 35 der größten Telegrafendienste auch noch nach dem Einbruch, der Markt sei „von Grund auf gesund und in besserer Kondition als Monate zuvor." Das Schlimmste sei vorüber. In einem Marktbericht wurde festgestellt, daß „beginnend mit diesem Tag der Markt anfangen würde, das Fundament für jenen konstruktiven Fortschritt zu legen, der wie wir glauben, das Jahr 1930 charakterisieren wird". Ein Experte meldete, die Schwierigkeiten wären „rein technischer Natur. Das Fundament sei davon unberührt."

Nach einem Treffen von Bankiers verbreitete sich die Meldung, diese Fachleute würden Aktien aufkaufen, um den Markt zu stützen. Die New York Times verkündete, man könnte sich nun sicher fühlen wenn die reichsten und mächtigsten Bankiers des Landes bereitstünden, um eine Wiederkehr der Panik zu verhindern. Man sollte sich viel mehr beglückwünschen, so hieß es, sei es doch keinem anderen Land bisher gelungen, einen solch schlimmen Zusammenbruch so ungeschoren zu überstehen.

Doch statt wirklich Aktien zu kaufen, gaben die Banken Order für Limitverkäufe auf. Wertpapierbesitzern, die die Aktien durch Kredite gekauft hatten, wurde beim Unterschreiten der Limits das Depot verkauft, was den Preisdruck auf die Kurse noch weiter anheizte. Daß die ganze Aktienhausse Betrug war, hätte jeder wissen können, der sich viele Unternehmen etwas näher angesehen hätte, die mehr als seltsame Aktien herausgaben. Welcher Bürger, der noch seine fünf Sinne beisammen hatte, wäre dann wohl noch bereit gewesen Anteile an Gesellschaften zu erwerben, die „Sicherungssysteme gegen Piraten", „Salzwasser Süß" oder gar Räder für ein Perpetuum mobile vertreiben wollten. Zahlreiche Gesellschaften verzichteten von vorne herein auf eine Börsennotierung und ließen ihre Aktien auf dem grauen Markt von sogenannten „Rinnsteinmaklern" (curb broker) unter die Leute bringen.

Es wurden Nachrichten verbreitet, daß zu den momentanen billigen Kursen sicher eine große Schar von Käufern einsteigen würde. Man sollte sich diese Gelegenheit nicht entgehen lassen, solange noch Papiere erhältlich wären. Gerüchte kursierten (oder wurden in die Welt gesetzt?), in denen von einem sagenhaften Volumen an Marktordern die

Rede war, die sich für die nächste Marktöffnung gestapelt hätten. In einer gut gesteuerten Anzeigenkampagne in den Morgenzeitungen empfahlen die Börsenfirmen dringend, diese günstigen Chancen sofort zu ergreifen. „Wir glauben", so eine dieser Verlautbarungen, „daß der Investor, der zum jetzigen Zeitpunkt Wertpapiere kauft, dies mit aller- größtem Vertrauen tun kann, wenn er mit jenem Maß an Urteilsvermögen an das Geschäft herangeht, das immer schon die Voraussetzung für kluge Geldanlagen war." Daß bei der sogenannten „breiten Masse" mit jenem Maß an Urteilsvermögen nicht zu rechnen ist, das auch ganz andere Katastrophen verhindert hätte, zeigt die Geschichte immer wieder.
Das bereits erwähnte Kongreßmitglied Louis McFadden erklärte: „Sie (die Krise) war nicht zufällig. Sie war ein sorgfältig ausgeklügeltes Ereignis." Es wiederholte sich zwar in dieser Größenordnung nicht wieder, wohl aber ähnlich und in Zyklen, die laut einigen Finanzexperten dadurch gekennzeichnet waren, daß die Federal Reserve zuerst aufs Gaspedal und dann auf die Bremse stieg. Über diese Vorgänge wurde reichlich publiziert.

...und erreicht Europa

„Es wird notwendig sein, daß sie Krieg machen,
und daraus - das fühle ich - werden große
Wandlungen entstehen, und Mammon wird
regieren, schlimmer noch als jetzt, denn sie werden
es Lebensverbesserung und Fortschritt nennen..."
Karl May, 1910

Um zu begreifen welche Rolle diese Katastrophe auf der Weltbühne gespielt hat beziehungsweise möglicherweise spielen sollte, muß der Blick von der Neuen Welt wieder auf die Alte Welt gerichtet werden. Genauer gesagt auf Nachkriegsdeutschland, das nach wie vor mit seinen Reparationszahlungen für die Kriegsschuld am Ersten Weltkrieg rang wie der klassische Laokoon mit der Schlange.
In den Jahren 1924-1931 bezahlte Deutschland 10,5 Milliarden Mark an Reparationen, mußte aber im gleichen Zeitraum in Übersee 18,6 Milli-

arden an Kredit aufnehmen. Nach Ansicht des amerikanischen, in Deutschland lebenden Autors, Ingenieurs und Juristen William F. Engdahl, der zwischen den Ölfeldern von Osttexas aufgewachsen ist und sich seit langem mit internationaler Energie- und Wirtschaftspolitik befaßt, war das ein System organisierter Plünderung. Auf jeden Fall konnte eine solche Wechselreiterei nicht gutgehen. Die aufgetürmte Schuldenpyramide mußte krachend einstürzen sobald der Kreditstrom aus London und New York unterbrochen wurde - wie es nach dem „Schwarzen Freitag" der Fall war. 1929 konnte die instabile Finanzordnung, die der Versailler Vertrag dem besiegten Zentraleuropa beschert hatte, nicht weiter bestehen.

Zu der Zeit übten die amerikanische Morgan-Bank, die Federal Reserve und die Bank von England eine strenge Kontrolle über die Wirtschaft und Finanzen aller osteuropäischen Länder aus, von Rumänien bis Polen. Diese Kontrolle wurde als notwenig erachtet, da diese Volkswirtschaften der Stabilisierung bedurften, um kreditwürdig zu sein. Engdahl erblickte darin ein Vorläufersystem des heutigen Internationalen Währungsfonds IWF. Damals jedenfalls pumpten die New Yorker Banken sehr kurzfristige Gelder nach Europa wobei sich das Deutschland der 1920er-Jahre besonderer Zuwendungen erfreuen durfte. Aus diesen Tagen stammt der „Dawes-Plan". Er war der Einfachheit halber im Bankhaus Morgan ausgearbeitet worden und machte aufgrund seiner Bestimmungen die deutsche Wirtschaft völlig von kurzfristigen Überbrückungskrediten abhängig, die nur von Londoner oder New Yorker Banken aufgebracht werden konnten.

Als 1929 der New Yorker Aktienkrach erfolgte stand Deutschland aufgrund der extrem dünnen Kapitaldecke der einheimischen Banken und seiner Hyperinflation, wie auch wegen der Folgen der französischen Ruhrbesetzung, des Dawes- und Young-Plans und wie auch wegen anderer Faktoren wackeliger da als irgend eine andere der größeren Industrienationen. Bei kurzfristig fälligen Kreditschulden an internationale Banken in der astronomischen Höhe von rund 16 Milliarden Reichsmark genügte ein Windhauch, um das Kartenhaus zusammenfallen zu lassen. Der „Schwarze Freitag" und was danach kam, glich jedoch eher einer Sturmböe.

Ein Retter in der Not

Trotzdem gab es eine Galgenfrist für Deutschland. Der schwedische Industrielle und Streichholzkönig Ivar Kreuger hatte bereits vor dem Börsendesaster erkannt, daß Deutschland der Hilfe bedurfte. Zusammen mit seiner amerikanischen Bank Lee Higgins & Co hatte er Deutschland und anderen Staaten Nachkriegseuropas, denen die Londoner- und Wallstreet-Banken Kredite verweigerten, schon öfter über kritische Situationen hinweggeholfen. Halb Europa lebte von Ivar Kreugers Krediten. Dieser Mann war bereit, 125 Millionen Dollar Kredit aufzutreiben um das bereits vor dem „Schwarzen Freitag“ herangaloppierende Wirtschaftschaos abzuwenden. Als Kreuger zum Aufbringen der Mittel für die deutsche Anleihe eine Emission von Schuldverschreibungen plante, nutzten seine Widersacher die labile Lage an den US-Börsen um am gleichen Tag, an dem die Emission ausgeführt werden sollte, besagte Freitags-Krise hervorzurufen. Infolgedessen konnten die amerikanischen Banken, die für die Emission garantiert hatten, diese nicht durchführen. Kreugers Gegner, darunter die mächtige Morgan-Bank, rechneten anscheinend damit, daß die deutsche Anleihe sowie Kreuger selbst erledigt sein dürften. Der geniale Schwede schlug ihnen jedoch durch den Verkauf seiner französischen Anleihe ein Schnippchen und erfüllte den Vertrag mit Deutschland im Krisenjahr 1929 auf Punkt und Komma.
Als die Zinsen der Federal Reserve und der Bank von London mit der Begründung hochgingen, die ausufernden Aktienspekulationen in Amerika sollten gedämpft werden (nachdem sie zwei Jahre lang mit billigem Geld angeheizt worden waren), brachen die Aktienmärkte zusammen. Die Banken sahen sich genötigt, ihr Geld schnellstmöglich aus Deutschland und Österreich abzuziehen. Ein kleiner Umschuldungskredit hätte verhindern können, daß alles außer Kontrolle geriet. Deutschland wurde jedoch von allen Krediten abgeschnitten. Eine lawinenartige Kapitalflucht aus Deutschland setzte ein. Im Mai 1931 zerbarst dann das gesamte fragile Gebilde.
Nachdem die große „Wiener Creditanstalt“ am 13. Mai 1931 zusammengebrochen war weil französische Unternehmer auf Regierungsdruck und als Bestrafung dafür, daß Österreich eine Zollvereinba-

rung mit Deutschland anpeilte, ihre Gelder aus Österreich abzuziehen begannen, mußten die CA und andere Banken Einlagen in deutschen Banken kündigen. Das riß speziell die viertgrößte deutsche Bank, die Darmstädter und Nationalbank Kommanditgesellschaft, genannt Danat-Bank, mit in die Tiefe.
Das folgende Chaos hätte mit größter Wahrscheinlichkeit durch den 500 Millionen Reichsmark-Überbrückungskredit verhindert werden können, den Ivar Kreuger als Neu-Emission seiner Anleihe von 1929 der Reichsregierung 1931 angeboten hatte.

Schlag und Gegenschlag

Zu diesem neuerlichen, vielleicht rettenden Beistand für Deutschland kam es nicht, denn diesmal gingen Kreugers Konkurrenten anders vor als 1929. Sie lancierten eine intensive Gerüchte-Kampagne, verbunden mit dem gigantischen Börsencoup, Kreuger-Aktien und Schuldverschreibung billig auf Termin anzubieten. Die genialen Gegenzüge des Streichholzkönigs, die hier nicht erklärt werden sollen, zwangen seine Kontrahenten in ihrer Panik mit gefälschten Depotscheinen zu operieren, da sie Kreugers Schuldverschreibungen verkauft hatten, die zu treuen Handen bei ihnen deponiert waren. Daraufhin strengte Kreuger einen Prozeß an, der Anfang März 1932 der Entscheidung zusteuerte. Kaum jemand zweifelt daran, daß er mit einem klaren Sieg des Schweden geendet, und ihm die finanzielle Oberhand beschert hätte. Große Gewinne standen bevor sowie die zu erwartenden exorbitanten Schadenersatzzahlungen seiner Gegner. Ivar Kreugers zum Greifen naher Sieg hätte sogar eine Erholung der Weltbörsen bedeuten können, verbunden mit einer schnelleren Stärkung der Konjunktur. Eine Kugel verhinderte all das.

Ein Tod zum richtigen Zeitpunkt

Am 12. März 1932 wurde Ivar Kreuger erschossen in seiner Pariser Wohnung aufgefunden. „Selbstmord wegen geschäftlichen Ruins“, lau-

tete die offizielle Lesart. Ivar Kreugers Bruder Torsten gab sich keinen Augenblick mit der Freitodversion zufrieden. Für ihn war klar, daß Ivar niemals, auch nicht bei den größten Problemen, im Alter von 52 Jahren aus dem Leben geschieden wäre, sondern sie gemeistert hätte wie gewohnt. Zudem waren sie bereits gemeistert, als Kreuger angeblich „Hand an sich legte". In einem Telefongespräch mit Torsten hatte Ivar einen Tag vor seinem Ableben seinem Bruder für eine angebotene Kredithilfe gedankt, sie jedoch abgelehnt weil er sie nicht brauchte.
Die wirtschaftliche Lage des Konzerns „Kreuger & Toll" war zur Zeit des Todes des Tycoons hervorragend wie dem Untersuchungsbericht vom Juni 1964 zu entnehmen ist. Weiter zu entnehmen ist ferner, daß bereits kurz nach Ende des Ersten Weltkrieges organisierte Kampagnen gegen Kreuger im Gange waren, durchgeführt von großen Finanzgruppen, interessanterweise aber auch von den Kommunisten, denen seine Bemühungen, Europa durch Anleihen an einzelne Staaten wirtschaftlich zu sanieren, offenbar gegen den Strich gingen.
Kreugers erfolgreiche Maßnahmen zum Transfer amerikanischen Kapitals für den Wiederaufbau der durch Krieg und Revolution zerrütteten europäischen Länder ist mit der Marshall-Hilfe nach dem Zweiten Weltkrieg verglichen worden. Sein „Selbstmord" war der Schlußstrich.

Selbstmord mit Nachhilfe

Fast drei Jahrzehnte später stellte sich die Selbstmordthese als eine der großen Lügen der an solchen nicht gerade armen Weltgeschichte heraus. Der Schriftsteller Jules Berman führte jahrelange Untersuchungen über Kreugers Tod durch, und übergab die Ergebnisse seiner Ermittlungen dem Chef der Stockholmer Kriminalpolizei. Sie wurden am 15. Mai 1950 in der Zeitschrift „Allt" auszugsweise veröffentlicht. Im Vorwort findet sich diese Passage: Am 20. Oktober 1949 schrieb einer der besten Polizeiberichterstatter Frankreichs, Georges Arqu,: „Ivar Kreuger hat keinen Selbstmord begangen, sondern ist von seinen Gegnern ermordet worden."
Weiters wurde erhoben, daß Kreugers „Selbstmord" niemals registriert worden war, obgleich jeder in Paris verübte Freitod in ein Sonderver-

zeichnis aufgenommen werden mußte. Alle Kreuger-Akten waren lange Zeit im Polizeiarchiv unauffindbar. Auf Bermans Frage an einen höheren Polizeioffizier, wieso Kreuger sich nicht unter den Selbstmördern befände, antwortete der Gefragte, daß Kreuger nie Selbstmord begangen habe.

Der Arzt Dr. Marcel Grille fand es seltsam, daß die Kugel den Körper nicht durchschlagen hatte und empfahl eine Obduktion. Diese würde jedoch, wie ihm mitgeteilt wurde, die Gefühle der Hinterbliebenen verletzen. Tatsächlich waren alle Verwandten sehr wohl für die Obduktion, die von der schwedischen Provinzialregierung schließlich im März 1932 angeordnet wurde als der Sarg in Stockholm eintraf. Trotzdem fand sie - offiziell - nicht statt. Vielleicht weil „einflußreiche Leute“ Regierungspräsident Edén ihre Aufwartung gemacht und darauf bestanden hatten, daß keine Obduktion vorgenommen würde, so der Beamte der Provinzialregierung Carl Malm in einer Bescheinigung. Fachleute äußerten später die Meinung, die Kugel sei deshalb nicht durch den Körper des sogenannten Selbstmörders hindurchgegangen, weil ein Schalldämpfer benutzt worden war, der bekanntlicherweise die Durchschlagskraft eines Geschoßes verringert. Kriminalkommissar Otto Wedel erklärte in Solna, Schweden, vor der Presse zu Kreugers Tod: „Wenn ein Mann Selbstmord begeht, erschlafft sein Griff und die Pistole entgleitet seiner Hand. Das kann bedeuten, daß Kreuger ermordet worden ist, und daß man ihm die Pistole später in die Hand gedrückt hat.“ Der Rechtshänder Ivar Kreuger hielt die „Selbstmordwaffe“ fest in seiner leblosen Hand, und zwar in der linken.

Der willkommene Tod des Mannes, der durch das simple Credo „habe eine einzige Sache, aber die ganz“ (in seinem Fall die Streichholzerzeugung) so vermögend und einflußreich geworden war, daß er wie die legendären Fugger Regierungen Kredite gewähren konnte, beendete jede deutsche Hoffnung auf finanzielle Entspannung. Deutschland war nun endgültig von jedem ausländischen Kredit ausgeschlossen. Die Tore der Macht, vor denen Hitler bereits ungeduldig scharrte, öffneten sich damit für den künftigen Diktator vielleicht ein weiteres Stück. All das weil drei Jahre vorher an einem einzigen Schwarzen (Frei)Tag die Wallstreet Kopf gestanden war.

Ivar Kreugers Tod ist ein wenig bekanntes Beispiel für ein mysteriöse Ableben entscheidender Persönlichkeiten. Andere, nicht weniger strittige Todesfälle haben weit mehr Staub aufgewirbelt.

Machtspiel mit Pulver und Blei

Eine unerwartete Enthüllung

„Mord ist jetzt die Losung."
Friedrich Schiller, Don Carlos

Von wem, glauben Sie, stammen diese radikalen Worte: „Ich trete heute so wenig wie jemals früher dafür ein, daß zwischen der schwarzen und weißen Rasse in irgendeiner Form soziale und politische Gleichheit herbeigeführt werde - ich trete heute so wenig wie jemals früher dafür ein, daß man Neger zu Wählern oder Geschworenen mache, sie für geeignet erkläre, Ämter zu führen oder weiße Frauen zu heiraten; es gibt eine physische Verschiedenheit zwischen der weißen und der schwarzen Rasse, die es, wie ich glaube, für immer ausschließen wird, daß die beiden Rassen auf dem Fuße sozialer und politischer Gleichheit miteinander leben. Und da sie nicht in Gleichheit leben können, aber doch zusammenbleiben, muß es über- und Unterordnungen geben, und ich trete ebenso wie jeder andere dafür ein, daß die übergeordnete Stellung der weißen Rasse zugesprochen werde..."
Na, wem würde man solche extremen Auswürfe zutrauen? Einem fanatischen Apartheit-Anhänger, dem Großen Drachen des Ku Klux Klan, Adolf Hitler? Grundsätzlich sicher ja. Ausgesprochen hat sie aber jemand anderer, nämlich der „Befreier der schwarzen Sklaven Amerikas" Abraham Lincoln während einer Wahlrede. Verblüffend, aber nicht verblüffender als anderes, das sich um sein Wirken und um das weiterer Schlüsselfiguren zu ranken scheint. Und noch mehr um deren Tod.

Ein Wirrkopf zur rechten Zeit

Das Szenario ist wohl jedem bekannt. Der hagere, großgewachsene Mann mit den eindrucksvollen Gesichtszügen, die von seinem charakteristischen Bart noch unterstrichen werden, sitzt in einem Schaukelstuhl in der Präsidentenloge des Ford-Theater von Washington. Er be-

obachtet die Aufführung der Komödie „Our American Cousin" konzentriert. Bei einer Pointe ist der Heiterkeitsausbruch des Publikums so laut, daß weder der Zuschauer im Schaukelstuhl noch seine Begleiter bemerken wie ein junger Mann mit einem Derringer in der Hand von hinten herantritt. In der Lachsalve geht der Schuß unter, mit dem der 26jährige Schauspieler John Wilkes Booth kurz nach zehn Uhr fünfzehn Abend den 56jährigen Abraham Lincoln, 16. Präsident der USA, am Karfreitag, den 14. April 1865 tödlich verwundet.
Noch während Lincoln zusammensackt, stürzt sich der anwesende Major Rathbone auf den Attentäter, kann ihn aber nicht festhalten, da Booth ihn mit einem Messer in den Arm sticht. Rathbone taumelt zurück, will nochmals zupacken, doch Booth schwingt sich auf die Logenbrüstung, die mit der amerikanischen Flagge geschmückt ist. Er springt auf die drei Meter tiefer gelegene Bühne. Dabei bleibt er mit einem seiner Sporen in der Flagge hängen, stürzt beim Aufkommen und bricht sich das Schienbein.
Trotzdem ruft er von der Bühne dem schreckgelähmten Publikum den Südstaatenspruch Virginias „Sic semper Tyrannis!" („So geschehe es allen Tyrannen!") zu, und entkommt hinkend durch die Kulissen und den Bühnenausgang. Draußen wartet das Pferd des Attentäters. Einem Mann, der es festhalten wil, stößt Booth das Messer in die Brust, schwingt sich in den Sattel und galoppiert davon. Es ist noch nicht zehn Uhr dreißig.
Abraham Lincoln, der Sieger des Bürgerkriegs, stirbt am nächsten Morgen um sieben Uhr 22 Minuten ohne das Bewußtsein wiedererlangt zu haben.
John Wilkes Booth und ein Gefährte namens David E. Herold werden schließlich in der Nacht vom 25. auf den 26. April in einem Tabaklagerschuppen in der Nähe von Port Royal, 125 Kilometer südlich von Washington aufgespürt. Die Soldaten umstellen den Unterschlupf und fordern die beiden auf herauszukommen, andernfalls würde Feuer gelegt. Herold kommt mit erhobenen Händen heraus. Booth weigert sich und droht, jeden umzulegen. Daraufhin wird das zuvor an den Wänden des Lagerschuppens aufgetürmte Reisig angesteckt. Durch das Lattenwerk sieht man Booth mit seinen Krücken verzweifelt hin- und herhinken. Schließlich schießt Sergeant Boston Corbett aus dreißig Meter Ent-

fernung aus seinem Karabiner mit der späteren Begründung er habe der Versuchung nicht widerstehen können, Abraham Lincolns Mörder zu richten. Man holt Booth heraus bevor die Flammen zu stark sind. Am nächsten Morgen macht der Attentäter seinen letzten Atemzug. Wie sich herausstellt, war er in Wirklichkeit nicht durch eine Gewehrkugel getötet sondern durch einen Genickschuß mit einer Pistole aus nächster Nähe hingerichtet worden. Die Pistolenmündung hatte sich beim Todesschuß so nahe befunden, daß Booth Hemd versengt wurde.
Was war also geschehen beziehungsweise, was glauben heute die meisten wenn man sie zu Lincolns Ermordung befragt?
Etwa dies: Ein fanatischer Verfechter der Sklaverei hatte, unter unmaßgeblicher Mithilfe anderer Wirrköpfe, den „ehrlichen Abraham", den „Sklavenbefreier", getötet. Ja, so kennen wir dieses und vergleichbare Kapitel der Geschichte: Wahnsinniger Einzeltäter ermordet weltweit geachteten Politiker von richtungsweisender humanistischer Gesinnung.

Vom Attentat zum Staatsstreich?

Nüchterne Historiker zeichnen ein etwas anderes Geschichtsbild, unter ihnen besonders hervorzuheben der 1926 geborene Gerhard Prause, Ressortleiter der „Zeit", Sachbuchautor, und Autor der Rätselserie „Tratschke fragt: Wer war's?".
Allein die Kostprobe aus Lincolns Wahlrede scheint zu zeigen, daß Schwarz/Weiß-Malerei zwar schöne Legenden schafft, aber mit der meist unschönen Realität in diesem wie in anderen Fällen wenig zu tun haben dürfte. Zusätzliche Ungereimtheiten verdüstern das bereits leicht eingetrübte Klischeebild noch mehr. Beispielsweise standen fast zeitgleich mit Booths tödlichem Auftritt zwei weitere Attentate auf Regierungsmitglieder auf dem Programm, was kaum bekannt ist.
In dieser denkwürdigen Nacht hatte einer von Booths Mitverschworenen, der bärenstarke aber schlichte Lewis Paine erfolglos versucht, Lincolns Außenminister William H. Seward umzubringen; jenen Seward, dem später der sensationelle Ankauf Alaskas von den Russen gelingen sollte. Paines Komplize war David E. Herold, der später gemeinsam mit Booths in dem Tabakschuppen gestellt wurde.

Herold sollte vor Sewards Villa Schmiere stehen, ergriff jedoch augenblicklich die Flucht als Paine im Haus verschwunden war. Nach einem völlig verpfuschten Mordversuch bei dem der Außenminister verwundet und Paine durch das Eingreifen von Sewards Sohn Augustus, eines Krankenpflegers und eines Schwarzen verletzt wurde, rannte der verhinderte Attentäter blutverschmiert aus dem Haus und sprang aufs Pferd. Als wollte er seine Beschränktheit demonstrieren, galoppierte Paine in die falsche Richtung davon. Seine Flucht währte nicht allzulange.
Das dritte geplante Attentat bekam nicht einmal die Chance zu mißlingen. George Atzerot, der den Vizepräsidenten Andrew Johnson töten sollte, betrank sich vorher dermaßen, daß er nicht einmal zum Versuch schreiten konnte. Booth war der einzig Erfolgreiche des Attentäter-Quartetts.
Die Frage, ob sich hinter dieser Koinzidenz möglicherweise ein Staatsstreich verbergen mag, wird von der Geschichtsschreibung nicht weiter verfolgt. Konsens herrscht in Fachkreisen allerdings darüber, daß die Version von der edlen Sklavenbefreiung in Bausch und Bogen ins Reich der Mythen verwiesen werden muß.

Vitale Interessen

Tatsächlich lag der Keim des Bürgerkrieges darin, daß Norden und Süden aufgrund ihrer unterschiedlichen Wirtschaftsstrukturen auseinander zu driften begannen. Der Norden wurde mehr und industrialisiert, während die Einnahmequelle des Südens die Baumwolle blieb. Zynisch ausgedrückt, erfüllten die schwarzen Sklaven die Funktion von Maschinen. Die Nachfrage nach der „Königin der Südstaaten", wie man die Baumwolle hymnisch nannte, stieg von Jahr zu Jahr. Damit stiegen auch die Gewinne. Das Kapital des Nordens steckte in der Industrie, das des Südens indirekt in der Sklaverei.
Wenig bekannt ist, daß der Handel mit Sklaven bereits 1807 - also mehr als ein halbes Jahrhundert vor dem Bürgerkrieg - durch ein Bundesgesetz verboten worden war. Als mit Louisiana, Florida, Texas, New Mexico, Arizona, Kalifornien, Utah, Nevada und einem Teil Colorados dermaßen riesige Gebiete zu Amerika kamen, daß sich die Gesamtfläche

der USA verdoppelte, erhob sich die Frage, ob in diesen neuen Territorien die Sklaverei zugelassen werden sollte. Der Süden war nicht nur vehement dafür, sondern er verlangte auch die Aufhebung des Sklavenhandelsverbotes von 1807. Diese Ausweitung der Sklaverei hätte zu einem Übergewicht des Südens geführt, welches den Norden schwer beeinträchtigt hätte.
Viele Jahre lang wurde die Auseinandersetzung mit juristischen Mitteln geführt. Die Südstaaten vertraten den schwer angreifbaren Standpunkt, Sklaverei oder Nicht-Sklaverei wäre die Sache jedes einzelnen Bundesstaates. Die Juristen des Südens fühlten sich sosehr im Einklang mit der Constitution (der Verfassung), daß sie sogar meinten, jeder einzelne Bundesstaat sei so selbständig, daß er sich aus freien Stücken aus dem Staatenverbund der USA lösen könne.

Der König kommt auf das Schachbrett

In der Zwischenzeit - man schrieb das Jahr 1858 - war der Holzfällersohn Abraham Lincoln von der jungen Republikanischen Partei als Präsidentschaftskandidat nominiert worden. Der damals wenig bekannte Anwalt Lincoln dachte ebensowenig an eine Gleichstellung von Schwarz und weiß, wie nahezu jedermann sonst in den Vereinigten Staaten. Man erinnere sich der Worte seiner eingangs zitierten Wahlkampfrede. Wie Lincoln sich für die unterdrückten Schwarzen einzusetzen gedachte, die ihn später als ihren Messias feiern sollten, hört sich so an: „Ich sehe aber nicht ein, daß deshalb, weil der Weiße übergeordnet sein soll, dem Neger alles verweigert werden müßte.“ Ein fanatischer Befürworter der Sklaverei war Lincoln allerdings nicht.
Am 6. November 1860 wurde der einundfünfzigjährige Jurist von einer Minderheit zum Präsidenten gewählt. Der Großteil der Stimmen zersplitterte sich auf mehrere andere Parteien. Aus dem Süden, dem Gebiet südlich der Flüsse Ohio und Potomac, erhielt Lincoln gar keine Stimmen. Dort herrschte nach der Wahl die Überzeugung, man hätte von einem Mann, der nur mit den Stimmen des Nordens gewählt worden war, nichts Gutes zu erwarten. Daher entschloß man sich, friedlich aus der Union auszutreten bevor Lincoln im Amt war. Den Anfang machte am

20. Dezember 1860 Süd Karolina, gefolgt von Mississippi, Florida, Alabama, Georgia, Louisiana und Texas. Diese Staaten nannten sich ab Februar 1881 „Konföderierte Staaten von Amerika“ und wählten den früheren Verteidigungsminister Jefferson Davis zu ihrem Präsidenten.
Das war zwar in der Verfassung nicht vorgesehen, widersprach ihr aber auch nicht. Daher erhob der Norden keinen Einspruch, als die „Konföderierten Staaten“ auf ihrem Territorium Zollstationen, Postämter, Geldprägeanstalten, Arsenale, Forts und andere Einrichtungen vereinnahmten. Lediglich das vor Charleston gelegene Fort Sumter konnte nicht sofort übernommen werden, da sich noch Bundestruppen darin befanden. Denen ging allerdings der Proviant aus. Dieser Stachel im Fleisch des Südens erwies sich jedoch als blutende Wunde mit verhängnisvollen, genau genommen sogar letalen Langzeitwirkungen.
Noch ehe das Fort ausgehungert war, sandte Lincoln eine Flottille aus, um „die tapferen hungernden Männer mit Brot zu versorgen.“ Keine Kriegshandlung, wie er betonte. Eine Falle um den Süden zu provozieren, wie manche rückblickend meinen. Tatsächlich wollten die Konföderierten den Entsatz von Fort Sumter nicht riskieren. Noch ehe die Schiffe des Nordens eintrafen, griffen die Südstaatler im Morgengrauen des 12. April an. Einen Tag später kapitulierte Fort Sumter.

Kriegstreiber, Diktator, Rassist?

Es gehört zu den Geschichtslegenden, Lincoln sei darüber so entsetzt gewesen, daß Amerikaner auf das Sternenbanner und auf Mitbürger schossen, daß nach dem Sturm auf Fort Sumter der Krieg unvermeidlich war. In Wirklichkeit hätte nach verbreiteter Ansicht die ganze Angelegenheit mit der Räumung des Forts - in allen militärischen Ehren natürlich - beendet sein können. In dem Fall würden sich heute vielleicht zwei große amerikanische Staaten den Kontinent teilen, durch Abkommen aller Art fest mit einander verflochten. Wahrscheinlich hätten sie sich in der Zwischenzeit ohnedies zu einem Staat zusammengeschlossen. Doch die Geschichte verlief anders.
Fundierte Theorien besagen, daß Lincoln den Krieg wollte und ihn in einer Weise begann, die mehr einem Diktator als dem Präsidenten der

Wiege der Demokratie entsprach. Ohne die Zustimmung des Kongresses einzuholen ordnete er die Blockade der Südstaaten-Häfen, die Anwerbung von 75.000 Freiwilligen sowie die Mobilisierung der Bundesarmee an.
Dieses eigenmächtige, „unamerikanische“ Vorgehen veranlaßte weitere Staaten, die in der Union verblieben waren, sich der Konföderation anzuschließen: Nord Karolina, Arkansas, Tennessee und Virginia. Auch nach dieser Verstärkung war der Süden nur halb so stark wie der Norden, zudem ohne Industrie. Nicht einmal die Tatsache, daß schwarze Sklaven in großer Zahl freiwillig(!) für ihre Besitzer in den Krieg zogen, konnte die Unterlegenheit wettmachen.
Trotzdem stand die Sache des Südens gar nicht zu schlecht, denn England und Frankreich zeigten, unter anderem weil sie Baumwolle brauchten, wenig Sympathie für ein vereinigtes Amerika.
Bereits im Mai 1862 erkannten europäische Mächte die Konföderierten als kriegführenden Staat an und - schlimmer noch für den Norden - bereiteten sich anscheinend sogar vor, zu Gunsten des Südens einzugreifen. Um eine solche Intervention zu verhindern, die die Spaltung in Nord und Süd wahrscheinlich für alle Zeiten besiegelt hätte, erließ Lincoln am 22. September 1862 den berühmten Befreiungserlaß „Emancipation Proclamation“, der alle Sklaven der Südstaaten ab 1. Januar 1863 für frei erklärte. Das tat Lincoln wenige Monate, nachdem er erklärt hatte, der Kongreß habe nicht das Recht, in irgend einem Staat die Sklaven zu befreien. Als der Unions-General Hunter am 9. Mai 1862 sämtliche Sklaven Georgias, Floridas und Süd Karolinas für frei erklärte, hatte der Präsident diesen Befehl wieder rückgängig gemacht.
Lincoln war jedoch ehrlich genug, Horace Greeley, dem Herausgeber der „New York Tribune“ auf diesbezügliche Vorhalte zu antworten: „Mein höchstes Ziel in diesem Kampf ist, die Union zu retten, und nicht die Sklaverei zu zerstören. Wenn ich die Union retten könnte, ohne einen einzigen Sklaven zu befreien, so würde ich es tun. Wenn ich sie retten könnten, indem ich alle Sklaven befreite, würde ich es tun.“ Letzteres verwirklichte er dann auch mit der Befreiungsdeklaration.
Die eindrucksvolle Erklärung änderte unmittelbar und auch in den nächsten Jahren wenig am Schicksal der Sklaven, die nach ihrer Befreiung oftmals in den Slums des Nordens ein weit elenderes Sklavendasein

führten als früher auf den Baumwollpflanzungen. Nach offizieller Lesart setzte Lincolns Befreiungserlaß die europäischen Mächte unter moralischen Druck. Einer kriegsführenden Partei, die für die Erhaltung der Sklaverei kämpfte, konnten sie nicht beistehen. Wer diese Haltung als heuchlerisch empfindet und nach Desillusionierung verlangt, dem kann geholfen werden.

Die Russen kommen

Es gibt Quellen, die hinter dem „moralischen Verhalten" handfeste Abschreckung in Form zweier russischer Flotten aus dem Baltikum entdeckt haben wollen, die im Herbst des Jahres 1863 auf der Bildfläche erschienen. Am 24. September ging eine Flotte unter dem Kommando von Admiral Liviski im Hafen von New York vor Anker und am 12. Oktober die russische Pazifikflotte unter Admiral Popov in San Franzisco. Diese unerwartete Wendung ließ die europäischen Mächte zögern, die damit begonnen haben sollen Truppenverbände nach Mexiko zu verbringen. Streitkräfte, deren Einsatzzweck sicherlich nicht die Erhaltung der Vereinigten Staaten war, sondern das genaue Gegenteil. Und nun erschienen die Russen.
Rußland war ein natürlicher Verbündeter der Union weil es ein vereinigtes Amerika als Stabilitätsgaranten ansah. Die britische Krone, die Polen gegen das Zarenreich unterstützte, hatte entgegengesetzte Vorstellungen. Eine Pattsituation. Gemeinhin wird der russische „Flottenbesuch" damit begründet, Rußland habe eine europäische Kriegserklärung an die Union unmittelbar erwartet und vorbeugend gehandelt. Es gibt aber auch Hinweise darauf, Lincoln habe Zar Nikolaus II. brieflich um diese Demonstration ersucht.

Greueltaten, Sieg und Niederlage

Nun wendete sich das Blatt. Die Union siegte schließlich nach weiteren eineinhalb Jahren Gemetzel. Die Kriegsführung in dieser monumentalen Auseinandersetzung brachte einen Rückfall in die Barbarei, wie er

erst wieder im Zweiten Weltkrieg auftreten sollte. Es kamen Handgranaten, Minen, erste Maschinengewehre und Raketen, Flammenwerfer, Explosivgeschoße, Panzerschiffe und Panzerzüge zum Einsatz. Attakken erfolgten aus der Luft mittels Ballon, und man war eifrig bemüht ein „Angriffsgas mit erstickender Wirkung" zu entwickeln.
Während wie alle Mittel der Technik zur Vernichtung des Gegners herangezogen wurden, fielen gleichzeitig sämtliche moralischen Schranken. Von einem „American Way of War" kann man nur mit Zynismus sprechen. Der Kampf wurde nicht länger gegen feindliche Soldaten geführt, sondern auch gegen die Bevölkerung. Ein Novum in dieser Epoche, ausgenommen die Ausrottungsmaßnahmen gegen die roten Ureinwohner Nordamerikas.
Den Indianern waren Vernichtungsfeldzüge nicht fremd. Sie hatten die Verteilung von choleraverseuchten Decken „gegen kalte Winter" hinter sich. Sie wußten, was dahinter steckte, wenn man ihnen Feuerwasser schenkte, und sie hatten die Folgen des offiziellen Aussetzens von Skalpprämien an der eigenen Haut erlebt. Aus Geldgier skalpierten die weißen Kolonisten auch Frauen und Kinder, was den „barbarischen Rothäuten" nie eingefallen war, nicht einmal, als ihnen die frühen Siedler Stahlmesser gaben, damit sie sich beim Skalpieren nicht länger mit den traditionellen scharfen Muscheln abmühen mußten. Im Sezessionskrieg hatten auch viele Nachkommen der weißen Siedler Ähnliches zu erdulden.
Der führende Vertreter dieser Taktik war der Unionsgeneral William T. Sherman, dem zu Ehren passenderweise ein Panzertyp benannt wurde. Sherman kämpfte mittels Terror gegen alles was sich im Feindesland auf zwei Beinen bewegte. In seinem berühmten mehrmonatigen Marsch verwüstete er Georgia sowie Nord- und Süd Karolina in einer Weise, die vielen als Vorgriff auf die monströse Politik der Verbrannten Erde erscheint. Ein kolportierter Ausspruch Shermans erübrigt weitere Beschreibungen seiner Vorgangsweise. Er soll gemeint haben, wenn er fertig wäre, würde selbst eine Brieftaube die „bestraften" Bundesstaaten nur überqueren können wenn sie Nahrung in einen Rucksack mit sich führte. Nahezu so wohnlich wie die Mondoberfläche präsentierten sich die betroffenen Landstriche auch hinterher. Daß die als Strafaktionen gedachten Vernichtungsorgien von Shermans Armee, die er selbst „Gottes

Werkzeug der Gerechtigkeit" nannte, auf die Hauptereignisse des Bürgerkrieges keinen wesentlichen Einfluß hatten, entspricht der üblichen Ironie des Schicksals.

Ob die Schlacht von Gettysburg tatsächlich den Ausschlag gab oder nicht, ist im Grunde ohne Bedeutung. Im letzten Kriegsjahr wäre dem immer überlegeneren Norden der Sieg mit ziemlicher Sicherheit auch anderswo zugefallen.

Als der amerikanische Bürgerkrieg am 9. April 1865 mit der Kapitulation von General Lee im Court House von Appomatox, Virginia, endete, war ein Großteil des nunmehr wiedervereinten Landes zerstört. Der Blutzoll an amerikanischem Leben war höher als er es in beiden Weltkriegen zusammen sein sollte, und das bei einer weit geringeren Bevölkerungsanzahl.

Dunkle Machenschaften

Der „große Krieg", wie er auch heute noch in Amerika genannt wird, hatte unvorstellbaren Haß auf beiden Seiten geschaffen. Lincoln war ein vernünftiger Mann. Er beschwor sein Kabinett, den niedergeworfenen Süden nicht als besetztes Gebiet zu behandeln oder gar irgendwelche Vergeltungsaktionen zu erwägen. Genau das war unmittelbar nach der Kapitulation sehr wohl gefordert worden, besonders heftig vom Kriegsminister Edwin M. Stanton.

Die Kabinettsitzung, in der Abraham Lincoln zur Versöhnung und zum Aufbau einer gemeinsamen Zukunft von Nord und Süd aufrief, fand am Vormittag des 14. April 1865 statt. Am späten Abend desselben Tages wurde Lincoln - zu dieser Zeit der beste Anwalt, den der Süden je hatte - von einem fanatischen Südstaatler erschossen. Ein ziemlicher Widerspruch, wie es scheint.

Vielleicht auch nicht, denn „Der schönste Mann der Stadt Washington", wie der Abkömmling der Schauspielerfamilie Booth genannt wurde, stammte nicht einmal aus dem Süden, sondern aus Maryland. Die Sklavenfrage hatte Booth nie interessiert oder in irgendeiner Weise betroffen. Der Historiker Theodore Roscoe äußert in seinem Buch „The Web of Conspiracy" (Das Netz der Verschwörung) die Meinung, Booth sei kein einzelgängerischer Wahnsinniger gewesen, sondern Geheimagent in einem landesweiten Verschwörernetz. Schauspieler, die dauernd herumreisen, waren dafür immer schon prädestiniert. Erinnern wir uns, daß insgesamt drei Attentate geplant waren, von denen nur das auf Lincoln gelang und mit Pauken und Trompeten in die Geschichtsbücher einging. Ob Einzelgänger oder Verschwörer, um einen amerikanischen Präsidenten töten zu können, muß man zuerst einmal einen Kordon von Sicherheitsleuten durchdringen. Natürlich nur, wenn einer vorhanden ist, was bei Lincoln - und auch bei anderen - nicht der Fall war.

Als Abraham Lincoln am Nachmittag des 14. April den bereits erwähnten Stanton bat, für den abendlichen Theaterbesuch den kräftigen und zuverlässigen Major Eckart, abzukommandieren, lehnte der Kriegsminister ab. Eckart sei leider unabkömmlich. Das war eine Lüge, denn der Major hatte lediglich dienstfrei. Stattdessen postierte Stanton den übelbeleumdeten Parker vor der Logentüre, der bereits mehrmals wegen Gehorsamsverweigerung und Trunkenheit in Dienst bestraft worden war. Der Trunkenbold war zum Zeitpunkt des Attentates fast erwartungsgemäß abwesend. Er hatte sich schon früher zunächst in den Zuschauerraum gesetzt, und dann in eine Kneipe begeben. Ein unglücklicher „Zufall" für den nichtsahnenden Präsidenten.

Glücklichere Zufälle häuften sich hingegen für die flüchtenden Attentäter. In Begleitung von Herold, der jenseits des Flusses Anacostia zu ihm gestoßen war, gelang es Booth, sein verletztes Bein medizinisch versorgen zu lassen. Im Verlauf der weiteren Flucht wurde ihnen noch einige Male geholfen, bis sie am Ende ihrer Reise angekommen waren, wo Herold festgenommen und Booth erschossen wurde. Die Frage ist nur, wie konnten sie überhaupt so weit kommen?

Unmittelbar nach dem Attentat übernahm der herbeigeeilte Kriegsminister Stanton in einem Zimmer der Pension, in die man den sterbenden Lincoln gebracht hatte, provisorisch die Regierung. Zehn Stunden lang war er nicht nur Kriegsminister, sondern auch Polizeichef, Oberrichter, Diktator. In dieser Mehrfachfunktion erließ er eine Reihe von Befehlen zur Dingfestmachung der Attentäter. Telegramm auf Telegramm ging an Polizeistationen, Truppenteile, Grenzposten, usw. Bahnhöfe wurden gesperrt, der Potomac von Kriegsschiffen kontrolliert, die sechs Ausfallsstraßen Washingtons hermetisch abgeriegelt. Bei aller Gründlichkeit be-

rücksichtigte Stanton die lange hölzerne Marinewerftbrücke über den Anacostia nicht, die ins untere Maryland führte, wo es bekanntlicherweise von konföderierten Partisanen wimmelte.
Als der Präsidentenmörder Booth kurz vor dreiundzwanzig Uhr auf die Brücke ritt, die normalerweise ab einundzwanzig Uhr gesperrt war, wurde er von einem Sergeanten namens Cobb angehalten. Booth nannte seinen richtigen Namen und durfte passieren. Kurz darauf kam David Herold und wurde ebenfalls durchgelassen. Minuten später erschien ein Stallmeister, der Herold wegen Pferdediebstahls verfolgte. Ihn wies Cobb zurück. Dieses selektive Fehlverhalten des Sergeanten wurde vom Kriegsministerium später milde als „unseliger, aber verzeihlicher Irrtum“ abgetan.
Auch sonst erinnert manches an andere Vertuschungskampagnen. So wurde beispielsweise das Tagebuch, das Booth während seiner Flucht zu führen begonnen hatte, an das Kriegsministerium übergeben. Bei dem Prozeß gegen die überlebenden Verschwörer Paine, Herold, Atzerot und fünf weitere wurde es nicht einmal erwähnt. Vier der Angeklagten kamen an den Galgen, obwohl eine davon, Mary Surrat, nachweislich unschuldig war.
Brigadegeneral Lafayette C. Baker, während des Bürgerkriegs Chef der Geheimpolizei, sagte einige Jahre später vor einem Untersuchungsausschuß des Kongresses aus, er habe das Tagebuch seinem unmittelbaren Vorgesetzten, Kriegsminister Stanton, ausgehändigt. Als er es zurükkbekam fehlten einige Blätter. Laut Datumseintrag waren achtzehn Seiten aus jenem Teil herausgeschnitten worden, in dem Booth die Ereignisse an den Tagen vor Lincolns Ermordung darstellte.
Fast ein Jahrhundert später, 1961, wurde in einem Antiquariat in Philadelphia ein Buch aus dem Besitz von Brigadegeneral Baker entdeckt. Auf dem Einbanddeckel findet sich ein handschriftlicher und von Baker unterzeichneter Eintrag, datiert vom 2. Mai 1868. Er beginnt mit den Zeilen: „Ich werde ständig verfolgt. Es sind Professionelle. Ich kann ihnen nicht entkommen.“ Wenig später war Baker tot. Das Gerücht, er sei vergiftet worden, kam unmittelbar danach auf.
Was haben wir also?: Ein geglücktes Attentat, dessen geschichtliche Bedeutung die Tatsache überdeckt, daß fast zeitgleich der Vizepräsident und der Außenminister des Ermordeten ins Jenseits hätten befördert

werden sollen. Und zwar - nach favorisierter Sichtweise - von verblendeten Einzeltätern, die eben manchmal in Rudeln auftreten. Kann man sich damit nicht befreunden, so bietet sich Kriegsminister Stanton aufgrund zahlreicher Indizien fast selbst als Drahtzieher an. Dies besonders, da nach Lincolns Tod die von Stanton verfochtene Unterdrückung des Südens voll einsetzte. Doch selbst das muß noch nicht die volle Wahrheit sein.
Wie Aufdecker aus einigen Hinweisen ableiten, mögen noch verborgenere Mitspieler mit von der Partie gewesen sein. Diskrete Schattengestalten, denen man in den Hallen der Macht seit Generationen zu begegnen scheint. Es wird vermutet, Lincoln mußte vom Schachbrett entfernt werden, weil er sich 1862 und 1863 standhaft weigerte, exorbitante Zinsen an europäische Geldgeber zu zahlen, und seinerseits verfassungsmäßig zulässige, zinsfreie US-Noten herausgab.
Izola Forrester, die Enkelin von John Wilkes Booth behauptet in ihrem Buch „One Mad Act", ihr Großvater sei vor dem Attentat in Kontakt mit unbekannten Europäern gestanden und habe wenigstens eine Reise nach Europa unternommen. Soweit so mysteriös. Aber das ist schon lange her, was geht's uns an? Wer weiß, möglicherweise geht's uns sehr wohl etwas an...

Ein altbekanntes Muster?

Das seltsame Phänomen, daß gefährdete Persönlichkeiten von höchster Bedeutung manchmal erstaunlich wenig gesichert werden, ist anscheinend keine Einzelerscheinung. Hat es da nicht ein Attentat gegeben, das wahrscheinlich zu verhindern gewesen wäre, und an das sich viele heute noch persönlich erinnern können? Ein Attentat, bei dem die Bewachung zu wünschen übrig ließ, und die minutiös festgelegte Fahrtroute im letzten Moment geändert wurde. Ein Attentat, bei dem die Bewachung generell nicht adäquat und die darauffolgende Untersuchung fehlerhaft war, um es elegant auszudrücken. Ein Attentat, das die Geschichte beeinflußte und dessen Begleitumstände bis heute ungeklärt sind. Mit einem Wort: das Attentat auf John Fitzgerald Kennedy, den 35. Präsidenten der Vereinigten Staaten, der am 22. November 1963 in Dal-

las von dem, keiner Gruppierung angehörenden Einzeltäter Lee Harvey Oswald ermordet wurde.
Der erstaunliche Oswald ließ sich für sein Jahrhundertattentat ein italienisches Mannlicher-Carcano-Gewehr mit dem damaligen Handelswert von nicht einmal dreizehn Dollar mit Postversand kommen und lud es mit Munition, die seit 1947 nicht mehr verwendet wurde. So ausgerüstet visierte er den mehr als sechzig Meter entfernten Präsidenten durch ein falsch eingestelltes Zielfernrohr, Kostenpunkt 1,50 Dollar, und durch einen riesigen dicht belaubten Baumwipfel, an. Schließlich feuerte er blitzschnell und mit tödlichem Erfolg drei Schüsse ab, wobei er vor jedem Repetieren unter Umständen sogar noch händisch nachladen mußte, da kein Ladestreifen gefunden wurde. So die bis heute gültige offizielle Darstellung.
Geschätzte mehr als eine halbe Million Seiten, die möglicherweise brisante Fakten enthalten, werden aus Gründen der „nationalen Sicherheit" bis zum Jahr 2029 unter Verschluß gehalten, „Freedom Of Information Act" hin oder her. Und wenn einzelne Dokumente freigegeben werden, handelt es sich nicht selten um Seiten, die zum Großteil oder zur Gänze schwarz abgedeckt sind, wie sie von aufgebrachten Bürgern immer wieder vor TV-Kameras gehalten werden.

Über ein Jahrhundert hinweg verbunden

Selbst konservative Historiker orten verblüffende Parallelen zwischen den Attentaten auf Lincoln und Kennedy. Alle meine Leser, die nicht nur an erklärlichen Schweinereien, sondern auch an unerklärlichen Phänomenen interessiert sind, mögen sich an einigen Synchronizitäten zwischen Lincoln und Kennedy delektieren, die zwar nichts mit Verschwörungen zu tun haben, aber auf eine phantastische Weise mehr als seltsam sind:
Lincoln wurde 1860 zum Präsidenten gewählt, Kennedy 1960.
Die Nachfolger beider Präsidenten hießen Johnson. Der Lincoln-Nachfolger Andrew Johnson wurde 1808 geboren, der Kennedy-Nachfolger Lyndon Johnson 1908.
Beide Präsidenten wurden in einem 47er-Jahr in den Kongreß gewählt und bewarben sich in einem 56er-Jahr um die Vizepräsidentschaft ihrer

Partei. Beide wurden im gleichen Monat eines 60er-Jahres nominiert, Lincoln am 6. November 1860, Kennedy am 8. November 1960.
Lincolns „Emancipations Proclamation“ zur Freilassung der Schwarzen datiert 1863, Kennedys „Civil Rights Message“ zu deren Gleichstellung 1963.
Beide Präsidenten hatten drei Kinder, von denen jeweils ein Sohn während ihrer Präsidentschaft starb: William Lincoln und Patrick Kennedy.
Bevor sie Präsidenten wurden, starb jedem eine Schwester.
Lincoln und Kennedy zitierten mit Vorliebe Shakespeare und die Bibel.
Beide benutzten gerne einen Schaukelstuhl, Lincoln sogar im Theater.
Lincoln und Kennedy ehelichten ihre jeweiligen Gattinnen als diese 24 Jahre alt waren.
Beide Präsidenten wurden an einem Freitag vor einem hohen Feiertag ermordet. Lincoln am Karfreitag vor Ostern, Kennedy vor dem Erntedankfest.
Beide durch Schüsse in den Kopf in Gegenwart ihrer Frauen, die neben ihnen saßen.
Der Sekretär Lincolns hieß Kennedy und riet ihm ab, ins Theater zu gehen, der Sekretär Kennedys hieß Lincoln und riet ihm ab, nach Dallas zu fahren.
Am Tag des Attentates sagte Lincoln zu seinem Leibwächter William H. Crook: „Ich glaube, es gibt Menschen, die mir das Leben nehmen möchten...Wenn es geschehen soll, so ist es unmöglich, das zu verhindern.“
Am Tag des Attentates sagte Kennedy zu seinem persönlichen Berater Kenneth O'Donnell: „Wenn einer den Präsidenten der USA erschießen wollte - schwer ist das nicht...und niemand kann etwas dagegen machen.“
Booth schoß in einem Theater auf Lincoln und wurde in einem Lager gestellt, Oswald schoß aus einem Lager auf Kennedy und wurde in einem Filmtheater gestellt.
Das Theater, in dem Lincoln ermordet wurde, hieß Ford-Theater, Kennedy wurde in einem Ford Lincoln getötet.
Die Namen Lincoln und Kennedy bestehen jeweils aus sieben Buchstaben, die Namen Andrew Johnson und Lyndon Johnson jeweils aus dreizehn Buchstaben, die Namen der Attentäter John Wilkes Booth und Lee Harvey Oswald jeweils aus fünfzehn Buchstaben. Booth wurde 1839

geboren, Oswald 1939. An diesen bizarren Parallelen ändert sich auch nichts, wenn Booth und Oswald jeweils nur vorgeschobene Figuren gewesen sein sollten.

Und zum Abschluß: Die Sekretärin von John F. Kennedy sammelte seit seinem Tode alle Souvenirs ihres verehrten Chefs derer sie habhaft werden konnte. Ihr Name ist - wir ahnten es bereits - Evelyn Lincoln.

Nach diesem Abstecher ins Phantastische wieder zurück in die Niederungen des Handfest-Irdischen.

Zum Abschuß freigegeben?

Die Vertuschung des 20. Jahrhunderts?

„Wenn Verrat gedeiht, wagt keiner,
ihn Verrat zu nennen.“
Sir John Harrington, “Epigrams”

In der ORF-Dokumentation von 2002 „Die Geheimnisse der Kennedys“ wird offen davon gesprochen, daß eine Verschwörung Kennedy ermordet hat.
Sie geht nicht soweit wie Oliver Stones Sensationsfilm „JFK“, der auf den Nachforschungen von Staatsanwalt Garrison basierte.
Besagter Film erschütterte 1991 die Nation fast ebenso wie das Attentat selbst und der die bei einer überwältigenden Mehrheit der Amerikaner die ohnehin bereits vorhanden gewesene Ansicht, Kennedy sei einer Verschwörung zum Opfer gefallen, zur Überzeugung werden ließ. Die durch Stones Filmwerk ausgelöste Kontroverse nahm schließlich solche Dimensionen an, daß Stone zwei renommierte Dokumentarfilmer beauftragte einen Dokumentarstreifen über die Hintergründe des Attentates herzustellen, der über den Film „JFK“ hinausging. Genau so lautete auch der Titel der Dokumentation, den die beiden Filmer Danny Schechter (4 Emmys) und Barbara Kopple (2 Oscars) 1992 präsentierten: „Beyond JFK - The Question of Conspiracy“ (Jenseits von JFK - Die Frage der Verschwörung).
Weit weniger Wellen als Stones Aufreger von 1991 schlug 1975 „Unternehmen Staatsgewalt“ (Executive Action [!]) mit Burt Lancaster und Robert Ryan, in dem Kennedy wegen „Landesverrates“ von einer Regierungsstelle liquidiert wird. Der Film, Regie David Miller, Drehbuch immerhin Dalton Trumbo, war völlig ernst gemeint. Dazu im Vorspann: „Es wird nicht behauptet, daß es so gewesen ist, aber es könnte so gewesen sein...“
1993 wurde das staunende Publikum anläßlich des 30-Jahre-Attentatsjubilsums mit weiteren Monstrositäten konfrontiert. So soll der Anzug

des toten Kennedy im Flugzeug nach Washington gewechselt worden sein und Oswalds Leicht geheim ausgegraben worden sein, verbunden mit der Vertauschung seines Kopfes, um einige der krassesten Beispiele zu nennen.
Derzeit sind geschätzte zwei- bis dreihundert Bücher zum Kennedy-Attentat auf dem Markt, die meisten davon mit dem Ziel, die Oswald-Einzelgängertheorie zu zerpflücken. Die meisten verweisen auf Mängel des Ende September 1964 vorgelegten 900seitigen Warren-Reports und der Aussageprotokolle vor der Kommission, die in sechsundzwanzig Ergänzungsbänden zusammengefaßt sind. So gut wie nicht erörtert wurde und wird im Zusammenhang mit dem Warren-Report, daß er nach Ansicht von Rechtsexperten, die sich den genauen Wortlaut vorgenommen haben, schon bei seiner In-Auftrag-Gabe durch Präsident Johnson keineswegs zur Information für die Öffentlichkeit gedacht war. Johnsons „Executive Order Nr. 11130" vom 29. November 1963 instruiert die Warren-Kommission explizit, daß ihre Erkenntnisse primär für den Präsidenten bestimmt sind. Das nur am Rande.
Damit nur zu einem schier unglaublichen Reigen aus Fehlern und Vertuschungen, wobei schwer zu sagen ist, welches Faktum in die eine oder in die andere Kategorie gehört.

Chronologie des Absonderlichen

Laut Warren-Bericht, plus der sechsundzwanzigbändigen Dokumentation der Aussagen, hatten um 12.30 Uhr Augenzeugen am Dealey Plaza Oswalds Schüsse aus dem fünften Stockwerk des dreiundsechzig Meter entfernten Schulbuchlagerhauses an der Elm-Street, dem Texas School Book Depository Building, wahrgenommen. Zwei Zeugen konnten eine ziemlich genau Täterbeschreibung geben, die eine Viertelstunde danach über den Polizeifunk ging. Genau fünfundvierzig Minuten später wurde in Dallas der Polizeibeamte J.D. Tippit auf offener Straße von einem Mann erschossen, auf den diese Täterbeschreibung mehr oder weniger paßte. Dieser Mann wurde beobachtet, wie er, ohne eine Eintrittskarte zu lösen, in einem Filmtheater verschwand. Dort wurde er, korrekter der 24jährige Lee Harvey Oswald, mit Gewalt festgenommen.

Ein Revolver wurde ihm abgenommen. Die Tatwaffe im Tippit-Mord, wie spätere Untersuchungen ergaben.
Bei den Verhören leugnete Oswald. Er wurde nur des Polizistenmordes beschuldigt, und zwölf Stunden lang verhört, worüber keine Protokolle existieren. Die Anklageschrift gegen Oswald im Falle Kennedys wurde erst gegen Mitternacht vom Leiter der Mordkommission Captain Will Fritz unterzeichnet.
Es gibt keine Fingerabdrücke Oswalds auf dem Mannlicher-Carcano-Kleinkaliber-Gewehr, das im Ursprungsland als humane Waffe gilt, „weil man damit nichts trifft". Oswald wurde am Tag seiner Verhaftung einem Nitrat-Test unterzogen, der bewies, daß er in den letzten 24 Stunden keine Waffe abgefeuert hatte. Diese Tatsache wurde zehn Monate lang unterschlagen.
Mit dem Gewehr selbst ist das auch so eine Sache, wie bereits angedeutet. Laut Jim Garrison gibt es stichhaltige Beweise dafür, daß der als Tatwerkzeug präsentierte zweitklassige italienische Schießprügel nicht die Waffe war, die kurz nach dem Attentat unter Bücherkisten verborgen in „Oswalds Versteck" gefunden wurde. Officer Seymour Weitzman, der bei der Untersuchung des Gebäudes teilgenommen hatte, war gelernter Maschinenschlosser und ehemaliger Besitzer eines Sportartikelgeschäftes. Er wurde daher als Waffenxperte von Captain Fritz zur Identifizierung der gefundenen Waffe mit Zieloptik herangezogen. Weitzman erkannte das Gewehr als 7.65er Mauser, eine deutsche Präzisionswaffe. Der gleichfalls anwesende Deputy Sheriff Roger Craig erinnerte sich, das Wort „Mauser" im Metall eingraviert gesehen zu haben. Deputy Sheriff Eugene Boone bezeichnete die Waffe in einer eidesstaatlichen Erklärung als Mauser. Noch um Mitternacht des Attentatstages gab Bezirksstaatsanwalt Henry Wade den Medien bekannt, man habe ein Mauser-Gewehr gefunden. Danach verschwand es auf Nimmerwiedersehen.
Im selben Raum wurden neben dem (vorerst deutschen) Gewehr drei Patronenhülsen gefunden, die zu einem italienischen Mannlicher-Carcano gehörten, der späteren Tatwaffe. Sie lagen fast parallel nebeneinander, genauso, wie sie beim Auswerfen, besser gesagt Herausschleudern, nicht zu liegen pflegen. Um noch eins draufzusetzen, entdeckte Jim Garrison Erstaunliches auf einem Film, den eine unabhängige Filmgesell-

schaft über die Vorgänge nach dem Mord gemacht hatte: Polizeibeamte bringen ein Gewehr über die Feuerleiter herunter, wobei sie es wie ein rohes Ei behandeln. Als sie unten angekommen sind, hält ein hochrangiger Polizeibeamter die Waffe kurz triumphierend in die Höhe. Davon gibt es eine Nahaufnahme mit der Bildlegende „Die Waffe des Attentäters“. Dieses Gewehr hatte jedoch - im Gegensatz zur verschwundenen Mauser wie auch zur offiziellen italienischen Tatwaffe - überhaupt kein Visier. Ein drittes Gewehr, das nie wieder auftauchte.
Das Visier des aktenkundigen Mannlicher-Carcano saß so schief zum Lauf, daß es erst von Technikern korrigiert werden mußte, ehe geübte Schützen den Versuch machen konnten, Oswalds Meisterschüsse nachzuvollziehen, welche Superleistung 120 Scharfschützen nicht zustande brachten.

Einzeltäter liquidiert anderen Einzeltäter

Am Sonntag, dem 24. November 1963 wurde Oswald um 11.21 Uhr im Kellergeschoß des Polizeipräsidiums vor den Augen von Millionen Fernsehzuschauern im Beisein zahlreicher Polizisten und Journalisten von dem 52jährigen, bis zum Hals in Mafiakontakten steckenden Barbesitzer Jack Ruby mit einem 38er Colt in den Unterleib geschossen, als er ins Kreisgefängnis gebracht werden sollte. Der des Kennedy-Mordes Beschuldigte wurde um 13.07 Uhr im Parkland-Krankenhaus für tot erklärt. Ruby, der aussagte, er habe in einem Anfall von Depression und Wut über das Attentat gehandelt und um „Mrs. Kennedy die Belastung zu ersparen, am Prozeß gegen Oswald teilzunehmen“, wurde zum Tode verurteilt. Dieses Urteil wurde in eine lebenslange Haftstrafe ungewandelt. Sie sollte allerdings nicht sehr lange dauern, da Ruby 1967 im Gefängnis von Dallas an Lungenkrebs starb, so die offizielle Version.
Ein vor Empörung durchgedrehter Einzelgänger (Ruby) hatte einen anderen, von abstrusen Politvorstellungen verwirrten Einzelgänger (Oswald), der eigentlich durch einen Polizeikordon gerade vor selbsternannten Rächern beschützt hätte werden sollen, in aller Öffentlichkeit gemeuchelt. Vier Jahre später raffte den „Rächer“ der Krebstod dahin.

Seltsam ist Rubys „natürlicher“ Tod unter anderem deswegen weil der Nachtclubbesitzer behauptete, er habe - angeregt von den 1963 im Fernsehen übertragenen Aussagen des Mafia-Killers Joseph Vallachi vor dem McCellan-Komitee gegen das organisierte Verbrechen - Oswald nur erschossen um die wahren Hintergründe des Kennedy-Mordes öffentlich aufdecken zu können. Ruby verlangte immer wieder, in Washington auszusagen weil er sich dort sicher glaubte. Als ihm diese öffentliche Anhörung nach Jahren endlich zugesagt wurde, verstarb er unmittelbar vorher.
Ein gut getimter Tod für den vor Empörung schäumenden „Rächer seines Präsidenten“, der bei seinem Amoklauf wenig Hindernisse vorfand. Ruby besaß nicht einmal den unbedingt nötigen Presseausweis ohne den jeder andere sofort abgewiesen worden wäre. Die Frage, wie ein Barbesitzer mit zweifelhaftem Ruf es doch schaffte in Oswalds Nähe zu gelangen, ist heute ebenso ungeklärt wie der seltsame Zufall, daß die Überstellung des Kennedy-Attentäters eine Stunde lang verzögert wurde. Nach Rubys Eintreffen im Keller hörten einige Zeugen einen vierfachen Hupton auf der Straße, der ihnen wie ein Signal erschien. Unmittelbar danach wurde Oswald von den Beamten gebracht.
Schon damals wurden in dem Zusammenhang Stimmen laut, hier könne nicht alles mit rechten Dingen zugehen. In diesen Chor stimmten jene ein, die es fast als Skandal empfanden, wie mit Kennedy unmittelbar nach dem Attentat verfahren wurde, wie die Untersuchung geführt wurde - und am meisten, was man ihnen später als Ergebnis der Warren-Kommission zumuten sollte.

Husch-Pfusch oder Vernebelung?

Aus Berichten, Erklärungen, fundierten Meinungen, Untersuchungen und diversesten Recherchen ergibt sich ein bizarres Prozedere:
Nach dem Attentat, bei dem auch der neben Kennedy sitzende Gouverneur von Texas John Connally verletzt wurde, rast der Fahrer zum Parkland-Hospital von Dallas. Die Verwundung des Präsidenten ist furchtbar: ein großer Teil des Hinterkopfes und fast ein Viertel des Gehirns sind weggerissen. Im Aufnahmeformular, unterschrieben von Dr. Robert

McClelland, ist von „massiven Kopf- und Gehirnverletzungen durch eine Schußwunde in der linken Schläfe“ die Rede (nach Ansicht und Berufserfahrung von Staatsanwalt Jim Garrison ist das die klassische Formulierung für eine Schußwunde, bei der die Kugel von vorne gekommen ist).
Eine Autopsie wäre Vorschrift, doch FBI-Beamte hindern den zuständigen Arzt mit Waffengewalt daran. Als der Coroner (Leichenbeschauer) von Dallas, der Gerichtspathologe Dr. Earl Rose, Secret Service-Männern verwehren will, Kennedys Körper an sich zu nehmen, kommt es fast zu einer Schlägerei. Und das, obwohl Rose laut Gesetz die Jurisdiktion über jeden in Dallas Ermordeten hat. Die Geheimdienstagenten und Kennedys Gefolge bemächtigen sich des Leichnams. Man legt ihn in einen Bronzesarg und bringt ihn zum Flugplatz, wo er vor den Augen seiner verstörten und blutbespritzten Witwe eilig in die Präsidentenmaschine verfrachtet wird.
Ein interessantes Detail am Rande ist der Umstand, daß der Secret Service Gouverneur Connallys Anzug mit den Einschußlöchern und allen weiteren Beweisen, die sich vielleicht darauf befinden konnten, in die Wäscherei schickt, damit er gereinigt und gebügelt wird, und dann die Präsidentenlimousine gründlich reinigt. Ein Anfall von Sauberkeitsdrang, der nicht zur Erhaltung wichtiger Blut-, Kugel- und Knochenspuren beitragen konnte.
Die Autopsie an Präsident Kennedy wird von Ärzten des Marinekrankenhauses Naval Medical Centre in Bethesda, Bundesstaat Maryland, vorgenommen, von denen kein einziger über gerichtsmedizinische Erfahrung verfügt. Einer der beteiligten Mediziner gibt später an, sie hätten den Schußkanal im Körper des Präsidenten nicht freigelegt - was für die Bestimmung des Schußwinkels von entscheidender Bedeutung gewesen wäre -, weil eine „hochrangige Persönlichkeit“, wahrscheinlich ein General, sie daran gehindert hatte.
Während der Autopsie werden fünfzehn bis zwanzig Fotos und Röntgenbilder gemacht und hinterher dem Secret Service-Agenten Roy H. Kelllermann übergeben. Laut Jim Garrison hat die Warren-Kommission kein einziges dieser Fotos und keine der Röntgenaufnahmen untersucht. Stattdessen ließ der Leiter der Obduktion, Commander James J. Humes für die Kommission Zeichnungen von den verschiedenen Autopsietei-

len anfertigen. Nicht einmal die Zeichner durften Fotos und Röntgenbilder sehen, sondern mußten nach mündlichen Angaben arbeiten. 1978 kam ein Kongreßausschuß zu dem Ergebnis, die Autopsie sei nicht fachgerecht durchgeführt worden.

Rendezvous der Inkompetenten und Behinderer

Weniger bekannte Einzelheiten der Kennedy-Autopsie und ihrer Begleitumstände verrät der ehemalige Chief Medical Examiner der City of New York, Dr. Michael M. Baden in seinem 1989 erschienenen Buch „Unnatural Death. Confessions of a Medical Examiner“ (Unnatürlicher Tod, Bekenntnisse eines medizinischen Untersuchungsbeamten).
Der Chefmediziner wurde 1977 vom Kongreß beauftragt, einem Komitee von acht Ärzten vorzustehen, die das Kennendy-Attentat untersuchen sollten. Die fast 700seitige Schlußdokumentation, die das Baden-Komitee im Juli 1979 vorlegte, war etwas vage gehalten. Sie ging allerdings von insgesamt vier Schüssen aus und resümierte, John. F. Kennedy sei „wahrscheinlich im Gefolge einer Verschwörung ermordet worden“, auch wenn der Ausschuß sich nicht in der Lage sah, den zweiten Schützen zu identifizieren oder das Ausmaß der Verschwörung festzulegen. Dr. Baden attestierte, Kennedys Autopsie sei exemplarisch für die verpfuschte Autopsie schlechthin; im Schnellverfahren von Inkompetenten durchgeführt, und das unter extrem behindernden Geheimhaltungsbedingungen.
Die Obduktion des Präsidenten war im Marinekrankenhaus in zwei Stunden durchgezogen worden. Dr. Baden nennt acht Stunden als Mindestdauer für eine komplizierte Autopsie, und kompliziert wäre die von Kennedy nach den üblichen Spielregeln in der Tat gewesen. Kritiker lehnen das Autopsieergebnis, das nach ihrer Kenntnis weitgehend auf Röntgenaufnahmen, laienhaften Fotos, nachträglichen Zeichnungen, unzureichenden Untersuchungen und Schlußfolgerungen basiert, kategorisch ab.
Dr. Cyril Wecht, ein Mediziner in Badens Untersuchungsgruppe vertrat von Haus aus die Ansicht, der Kennedy-Pathologe Commander James J. Humes sei völlig fehl am Platz gewesen (tatsächlich hatte Humes vor

Kennedy noch keine einzige Autopsie an einem Körper mit einer Schußwunde vorgenommen).
Der Humes bei der Obduktion als Assistent und Beobachter zugeteilte Colonel Pierre Finck kannte zwar als Leiter der Abteilung für ballistische Wunden am Armed Forces Institute of Pathology zahllose Berichte über US-Militärangehörige, die durch Feuerwaffen ums Leben gekommen waren, eine Autopsie hatte er jedoch noch niemals an einer Leiche mit Schußverletzungen durchgeführt. Ein schöner Helfer für einen überforderten Chefpathologen.
Wie Humes angab, hatte man ihm verklausuliert zu verstehen gegeben, er solle keine komplette Autopsie durchführen sondern lediglich die Kugel herausholen. Die Bedingungen waren nicht einmal dafür besonders ideal. Humes, der als simpler Commander das Gefühl nicht los wurde, keine Kontrolle über seinen eigenen Autopsieraum zu besitzen, fühlte sich durch im Wege stehende Generäle, Admiräle und Kabinettsmitglieder zusätzlich behindert.
Das Durcheinander steigerte sich noch, als das FBI dem zuständigen Fotografen wegen mangelnder Sicherheitsstufe den Autopsiefilm aus der Kamera riß und den Mann hinausschmiß. Der schnell herbeigeschaffte sicherheitsgecheckte FBI-Fotograf hatte noch niemals Aufnahmen bei einer Autopsie gemacht. Seine Erfahrung mit Schußverletzungen war Null, was die Fotos auch zeigten. Aus ihnen soll nicht einmal hervorgegangen sein, was Einschuß- und was Ausschußwunden waren.
Munition für Verschwörungsvermutungen war sicher - was auch Dr. Baden bewußt ist - die Tatsache, daß Commander Humes seine ursprünglichen Aufzeichnungen verbrannte. Nach eigener Aussage weil sich auf ihnen Flecken von Kennedys Blut befanden. Er hätte es für pietätlos gehalten, einen Bericht mit Kennedys Blut jemandem in die Hände zu geben. Sein neuerlicher Bericht war aus der Erinnerung verfaßt. Dabei unterliefen ihm Fehler, wie er fünfzehn Jahre später im Gespräch mit Dr. Baden freimütig zugab. Diese Erinnerungslücken führten dazu, daß die Warren-Kommission unter anderem falsche Zeichnungen der Schußbahn zur Grundlage ihrer Erkenntnisse machte. Darstellungen, auf denen die Schußbahn von oben nach unten führte, und nicht von unten nach oben, wie es in Humes verbrannten Aufzeichnungen vermerkt gewesen war.

Der Schlußbericht, den Humes nach einigen Gesprächen mit Dallas aus dem Gedächtnis in Nachtarbeit verfaßte, enthielt Fakten, die ihm nicht persönlich vorgelegen hatten sowie eine Reihe von Fehlern und Unterlassungen. Schußbahnen waren nicht untersucht, Kennedys Gehirn nicht in Sektionen zerteilt worden. Größe und Gewicht ganzer Körperteile waren falsch oder gar nicht angegeben. Der vehementeste Fehler war zweifellos, daß die Kopfwunde zehn Zentimeter tiefer plaziert wurde, als sie sich tatsächlich befand.

Das verschwundene Gehirn

Als ungeheuerliche Unterlassung empfinden manche Fachleute die Tatsache, daß Kennedy beerdigt werden konnte ohne daß bei irgendeiner Untersuchung sein Körper auch nur ein einziges Mal umgedreht und von beiden Seiten begutachtet worden wäre. In Dallas schien es niemand für notwendig erachtet zu haben, nach der Schußwunde am Rücken des Präsidenten zu sehen, während Humes in Bethesda sie wohl bemerkte, aber nicht mit der Verletzung an der Kehle des Präsidenten in Verbindung brachte. Kein Gerichtspathologe hatte jemals Gelegenheit, Hand an Kennedys Leiche zu legen. Auch Dr. Badens Untersuchungsteam mußte mit Fotos, Röntgenaufnahmen, Obduktionsprotokollen und Kleidungsstücken das Auslangen finden.
Muß man sich damit zufrieden geben?
Der rasante Fortschritt der Wissenschaft, speziell im medizinischen Bereich, erlaubt es in unseren Tagen, Fehler der Vergangenheit zu korrigieren, Ungereimtheiten auszuräumen und in vielen Fragen Klarheit zu gewinnen. High Tech-Methoden enthüllten die Lebensumstände der fünftausend Jahre alten Eisleiche „Ötzi“, wie auch deren Todesursache und Mageninhalt. DNS-Analysen ergaben 1999, daß Kaspar Hauser nicht wie vermutet ein Erbprinz der großherzöglichen Familie von Baden entstammte. Modernste Untersuchungen erhärteten der Verdacht, Napoleon Bonaparte sei vergiftet worden. Ähnliches wäre bei einem etwa vier Jahrzehnte zurückliegenden Fall kein Problem. Eine Untersuchung von Kennedys Gehirn könnte heute noch die virulente Frage klären, ob ihn eine Kugel von vorne getroffen hatte - wenn etwas zum

untersuchen da wäre. Kennedys Gehirn war konserviert und mit anderem Autopsiematerial seinem Sekretär übergeben worden. Als dieser die Hinterlassenschaft des Präsidenten 1966 dem Nationalarchiv zur Verfügung stellen wollte, fehlten sowohl das Gehirn als auch andere Gewebeteile.
Dr. Badens Kommission räumte wegen des fehlenden Gehirns ein, Kennedys Kopf könnte nicht wegen des Aufpralls eines vorne einschlagenden Geschoßes nach hinten geruckt sein sondern weil der Wagen beschleunigte. Tatzeugen sagten jedoch aus, Kennedys Ford Lincoln habe nicht beschleunigt. Er sei im Gegenteil langsamer geworden, ja geradezu stillgestanden.
Mit vorhandenem Präsidentengehirn hätten Dr. Badens Mediziner die 1963 unterlassene Untersuchung nachholen und exakt bestimmen können, wieviele Geschosse von wo aus abgefeuert wurden - aber leider war Kennedys Gehirn abwesend und ist bis zum heutigen Tage nicht wieder aufgetaucht. Dafür hat ein vorhandenes die größtmögliche Aufmerksamkeit erfahren.

„Zauberkugel“ und eine seltsame Kommission

Besagtes Wundergeschoß ist ein echter Leckerbissen. Es soll Kennedy und den neben ihm sitzenden John Connally getroffen haben, wobei es Kurven beschrieb, zwischen beiden Opfern hin- und herpendelte und zwischendurch kurz einmal anhielt. Solche Kapriolen konnte wohl nur eine Zauberkugel vollführen, die daher auch folgerichtig als „Magic Bullet“, Kommissions-Beweisstück Nr. 399, registriert ist.
Entdeckt wurde das magische Geschoß schließlich auf der Bahre von Gouverneur Connally im Parkland-Krankenhaus - kommoderweise wie hingelegt und fast intakt. Seltsamerweise fanden sich in Connallys Handgelenk mehr Splitter der Kugel, als an dem Geschoß fehlten.
Da die Regierung bereits zugegeben hatte, daß die erste Kugel den Präsidenten verfehlt hatte, wobei einer ihrer Splitter die Wange des Zuschauers James Tague traf, und die zweite für die Zertrümmerung von Kennedys Schädel verantwortlich war, mußte die dritte Kugel für die restlichen Verletzungen von Kennedy sowie von Connally herhalten.

Jahre später wurde bekannt, jedoch nicht zur Kenntnis genommen, daß bei der Autopsie eine weitere Kugel in Kennedys Leichnam gefunden worden war. Gouverneur Connally war von Anfang an überzeugt, von einem zweiten Geschoß getroffen worden zu sein. Er war und ist nicht der einzige, der die offizielle Lesart anzweifelte, oder Verwunderung über Stümpereien äußerte.
Der angesehene und für seine Diplomatie bekannte oberste medizinische Beamte New Yorks, Dr. Milton Helpern, meinte in einem Interview, man hätte Humes kompetente Ärzte zur Seite stellen sollen und nannte die Namen einiger Fachleute. Später wurde Helpern aus einem Bundesausbildungsprogramm für Pathologen herausgestrichen. Er führte das auf seine „undiplomatischen" Aussagen in besagtem Interview zurück. Nicht wenige finden es erstaunlich, daß offenbar keinem einzigen im Warren-Untersuchungsausschuß der naheliegende Gedanke gekommen war, ein Pathologe mit gerichtsmedizinischer Ausbildung könnte irgend etwas zur Klärung beitragen. Es gehörte auch kein Mediziner zur Kommission. Anscheinend waren sich die illustren Mitglieder der siebenköpfigen Kommission, die von dem 73jährigen Obersten Richter und ehemaligen Gouverneur und Staatsanwalt von Kalifornien Earl Warren geleitet wurde, des himmelhohen Unterschiedes zwischen einer herkömmlichen und einer gerichtsmedizinischen Autopsie nicht bewußt, wie auch nicht der grundlegenden Bedeutung des Umstandes, daß Commander Humes eine Einschußwunde nicht von einem Ausschuß unterscheiden konnte.

Erste Vermutungen

Die zahlreichen Unzulänglichkeiten der Kommission und ihres Berichtes riefen schon bald Kritiker auf den Plan, die in der Zwischenzeit Legion geworden sind. Bereits im Juni 1964 bildete sich in England auf Initiative und unter Führung des damals 92jährigen Philosophen und Atomwaffengegners Bertrand Russell ein Komitee bedeutender Intellektueller mit dem bezeichnenden Namen „Wer hat Kennedy getötet?". Der in England lebende Amerikaner Ralph Schoenman, einer der vier Direktoren der „Bertrand Russell Peace Foundation" lehnte die Warren-

Kommission mit der Begründung als parteiisch ab, ihre Mitglieder „seien zu sehr mit der Machtspitze der Regierung verbunden". Und er erinnerte in dem Zusammenhang an den berüchtigten „Roberts-Bericht". Ein nach dem Angriff der Japaner auf Pearl Harbor am 7. Dezember 1941 von Präsident Roosevelt einberufener Untersuchungsausschuß unter der Leitung von Richter Owen F. Roberts hatte damals einen Bericht vorgelegt, der auf Regierungslinie lag, und der großen Beifall fand. Später wurde bekannt, daß die Roberts-Kommission wesentliche Fakten zur Vorgeschichte des Angriffs auf Pearl Harbor unter den Teppich gekehrt hatte.

Die Zahl der Zweifler wuchs stetig und wächst immer noch. Mittlerweile hat sich ihnen auch der ehemalige Polizeichef von Dallas, Jesse E. Curry, angeschlossen, der nach dem Attentat den Polizeieinsatz leitete. Er wies darauf hin, daß die Zeugenaussagen über Oswalds Aufenthalt im Schulbuchlagerhaus einander völlig widersprachen.

Selbst Mitarbeiter am Warren-Bericht haben sich kritisch zu der Art seines Zustandekommens geäußert. Einer antworte freimütig auf die Frage, ob es vorgegebene Richtlinien gegeben habe: „Man wollte, wenn irgend möglich, die Spaltung des Landes in zwei Lager verhindern. Sogar viele Kennedy-Anhänger waren damals dafür, die amerikanische Öffentlichkeit zu beruhigen. Man verhehlte uns deshalb nicht, daß man froh sein würde, wenn unser Bericht die offizielle Version bestätigte."

Und auf die Frage, ob während der ganzen Untersuchung nie eine andere Möglichkeit als Oswalds alleinige Täterschaft ins Auge gefaßt worden sei, sagt er: „Wenn wir den über fünfhundert anderen Spuren nachgegangen wären, hätten unsere Ermittlungen eine Dimension angenommen, die weder zeitlich noch finanziell auf dem Programm stand. Sie hätte Millionen von Dollars verschlungen und sich vielleicht jahrelang hingezogen. Präsident Johnson aber wollte die ganze Affäre vor den Novemberwahlen 1964 geregelt wissen. Da Oswald nicht mehr widersprechen konnte, war er der ideale Sündenbock."

Andere Mitglieder der Warren-Kommission erklärten, das FBI und die CIA hätten wichtiges Material über Oswald zurückgehalten und der Kommission nicht zur Verfügung gestellt.

Zweifel und Fragwürdigkeiten

Es nimmt kaum wunder, daß es nicht bei Getuschel über geheime Drahtzieher oder bei bloßer Kritik an Unterlassungen, Fehlern und unleugbarem Pfusch bleiben konnte. Handfeste Argumente wurden aufgefahren, Beweise für die Verwicklung mächtiger Organisationen in das Attentat genannt. Beispielsweise vertritt der Autor David Lifton seinem Buch „Best Evidence" (Bestes Beweisstück) die Auffassung, Kennedys Leiche selbst wäre der beste Beweis für ein Komplott, da sie vor der Autopsie im Sinne der Oswald-These verändert worden sei.
Der Manipulationsvorwurf erstreckt sich mittlerweile auf nahezu alle Vorgänge im Umfeld des Attentates und der darauf folgenden Geschehnisse, das Massensterben der Zeugen und anderer Beteiligter noch gar nicht eingeschlossen. Manche Vorwürfe wurden bereits während des Warren-Untersuchung erhoben, andere im Lauf der Jahre formuliert. Einige springen geradezu ins Auge, andere bedürfen komplizierter Analysemethoden oder bluthundähnlicher Langzeitrecherchen. Eine Gemeinsamkeit haben sie jedoch nach Ansicht vieler kritischer Geister: sie alle erteilen der offiziellen Lesart eine klare Absage.
Beispielsweise sind die berühmten Fotos, auf denen Oswald mit dem Gewehr und der kommunistischen Zeitung „The Daily Worker", beziehungsweise mit der linken Zeitung „The Militant" posiert, in der Zwischenzeit mehrmals als Fälschung entlarvt worden. Unter anderem vom Fotosachverständigen des Warren-Untersuchungsausschusses, der ein nicht beachtetes Gegengutachten verfaßte. Untersuchungen haben ergeben, daß Oswalds Gesicht auf beiden Bildern identisch ist, nicht aber der dazugehörende Körper. Die zwei „Oswalds" sind nicht einmal gleich groß. Es gibt auf jedem Foto Schatten in verschiedene Richtungen und noch andere Ungereimtheiten. Trotzdem akzeptierte die Weltöffentlichkeit die „Beweiskraft" der Fotos.
Dieselbe Öffentlichkeit fand es ebenso wenig erstaunlich, daß Oswalds kurze „Flucht" in die UdSSR ihm keine Schwierigkeiten bei den amerikanischen Behörden eintrug. Gegen „den „Deserteur" Oswald, der sogar noch seine russische Frau in die USA mitbrachte, gab es niemals eine Anklage als Überläufer. Nicht einmal die Staatsbürgerschaft wurde ihm aberkannt, oder sein Paß mit dem in solchen Fällen obligaten Sperr-

vermerk versehen. Im Gegenteil: er wurde bei seiner Rückkehr mit offenen Armen repatriiert. Das nur am Rande.

Ein Hemd als schleißiger Beweis

Als gutes Beispiel für die fragwürdige Beweisführung führt Dr. Prause die im vierten Kapitel des Warren-Berichtes umfassend dargelegte Indizienkette um Oswalds Hemd an, von dem einige Fasern auf der Tatwaffe gefunden worden sein sollen. Allerdings konnte nur geschlußfolgert werden, da in diesen Tagen eine genaue Bestimmung wie heute noch nicht möglich war. Die Schlußfolgerungen stützten sich auf Aussagen von Zeugen, die Oswald nicht aus der Nähe gesehen hatten. Er selbst behaupte, das Hemd daheim gewechselt zu haben.
Interessanterweise wurden die einzigen zwei Zeugen nicht befragt, die Klarheit in die Hemdenfrage hätten bringen können. Es waren dies der Verwalter des Lagerhauses Roy Truly und der Motorradpolizist Marrion L. Baker. Die beiden waren nach den Schüssen im Lagerhaus nach oben gerannt und hatten Oswald getroffen, der eben in die Kantine gehen wollte. Baker hielt ihm den Revolver direkt vor den Körper und fragte Truly, ob er den Mann kenne. Als der Hausverwalter erwiderte, Oswald sei hier angestellt, ließ ihn der Polizist stehen, worauf sich Oswald in aller Ruhe eine Dose Cola aus der Kantine holte. Truly und Baker hätten mit ziemlicher Sicherheit aussagen können, welches Hemd Oswald trug - wenn man sie gefragt hätte.
Im Warren-Report ist vermerkt, man habe Oswald des Wechseln des Hemdes nicht geglaubt. Wenige Sätze später stößt man bereits auf die Tatsache, Oswald habe das inredestehende Hemd am Morgen des Mordtages getragen. De facto ist es fraglich, welches Hemd Oswald zum Tatzeitpunkt am Körper gehabt hatte.
Für Dr. Prause ist die Behandlung der „Hemdenfrage“ ein signifikantes Beispiel für die Methode - oder dem Stil, um nichts zu unterstellen -, im Warren-Report Indizien zu Beweisen mutieren zu lassen, und er findet es ebenso bedenklich, daß Indizien in der Regel als Beweise bezeichnet werden. Trotzdem schränkt er ein, die Unzulänglichkeiten der Methode, die Unsauberkeit des Stils und die Lücken der Beweisführung soll-

ten nicht berechtigten, den Warren-Bericht in Bausch und Bogen für falsch zu erklären. Einen endgültigen Beweis für Oswalds Täterschaft lieferte die Kommission allerdings nicht. Und sie konnte kein wirklich überzeugendes Motiv festmachen, warum Lee Harvey Oswald Präsident Kennedy überhaupt hätte ermorden sollen. Andere hätten mit Sicherheit Motive zuhauf gehabt.
Seit rund vier Jahrzehnten wird versucht, Indizien dafür auf den Tisch zu legen, wobei viele Aufdecker unerschütterlich überzeugt sind, keine Indizien sondern handfeste Beweise ans Licht gezerrt zu haben. So manche Argumentationskette beginnt unmittelbar nach dem Ereignis, und zwar mit Zeugenaussagen, denen offenbar kein Gewicht beigemessen wurde.

„Es war ganz anders..."

Viele Zeugen beschworen, an dem denkwürdigen Novembertag des Jahres 1963 den Knall eines vierten Schusses gehört, in der Baumgruppe auf dem später zu Berühmtheit gelangten Grashügel Mündungsfeuer und Rauch gesehen und Männer mit FBI-Marken bemerkt zu haben, von denen das FBI nichts wußte. Hunderte Menschen liefen zum Ort der Schüsse - zum Grashügel, nicht zum Schulbuchlagerhaus. Einige Tatzeugen, die zwischen dem Grashügel und dem getroffenen Präsidenten standen, warfen sich sogar zu Boden weil sie sich in der Schußlinie wähnten.
Staatsanwalt Garrison zeigte sich besonders ergrimmt darüber, daß die Anwälte und Rechtsberater der Warren-Kommission Joseph A. Ball und David Belin bei den Verhören die Zeugen nicht weiter nach den von ihnen beobachteten Aktivitäten auf dem Grashügel befragten. Männer, die sich als Secret Service Agenten auswiesen wurden auf und beim Grashügel gestellt obgleich sich nach offizieller Darstellung außer bei der Wagenkolonne kein einziger Secret Service-Mann am Tatort befunden hatte.
Eine Lehrerin und ein Polizist waren sogar einem Mann nachgelaufen, der von dem Parkplatz zu einem Auto gerannt und eilig davongefahren war. Diesen Vorfall hatte der Weichensteller Lee Bowers jr. von seinem

Logenplatz im Glasturm fünf Meter über dem Rangierbahnhof ebenfalls beobachtet.
Ein Zeuge sah einen Gewehrträger wegrennen, der die Waffe mit geübten Griffen zerlegte, in einem Gewehrkoffer verstaute und davonfuhr.
Ein weiterer Zeuge, der den Gewehrmann auf dem Grashügel ebenfalls gesehen hatte, erregte sich fast dreißig Jahre später bei einem Interview immer noch heftig darüber, daß die Polizei sich geweigert hatte, seine Aussage zur Kenntnis zu nehmen. Er meinte, man habe sich mit ihm nicht befassen wollen, weil er taub war. Vielleicht aber auch aus anderen Gründen.
Der Student Arnold Rowland blickte vor dem Eintreffen von Kennedys Wagenkolonne zufällig zum Schulbuchlagerhaus hinauf und bemerkte an dem Fenster ganz recht im fünften Stock, hinter dem zu dieser Zeit Oswald schon hätte lauern müssen, einen älteren dunkelhäutigen Mann.
Am entgegengesetzten Ende des Gebäudes sah er hinter dem Fenster ganz links einen Mann mit einem Gewehr stehen, der die Waffe in militärischer Weise vor dem Körper hielt. Rowland dachte, es sei ein sichernder Secret Service-Agent. Als der Student am nächsten Tag dem FBI von dem dunkelhäutigen Mann berichtete legte man ihm nahe, die Sache zu vergessen.
Carolyn Walther, die im benachbarten Dal-Tex-Gebäude arbeitete, hatte Rowlands Gewehrmann gleichfalls bemerkt. Nach ihrer Aussage war er hellhaarig. Hinter ihm stand ein zweiter Mann. Ein Gewehrmodell wie seines hatte sie noch niemals gesehen. Auch Carolyn Walther wurde von der Warren-Kommission nicht als Zeugin geladen.
Der sechzehnjährige Amos Euins sah sogar den Schützen im ganz rechten Fenster des fünften Stockes während der Tat und beschrieb ihn als älteren Schwarzen. Weder der hellhaarige Gewehrmann im linken noch der dunkelhäutige Schütze im rechten Fenster ähnelten dem jungen dunkelhaarigen Weißen Lee Harvey Oswald im Geringsten.
Gleichlautende Aussagen machten auch Insassen des fünften Stocks im Bezirksgefängnis in der Houston Street. Sie hatten von ihren Fenstern den weit besten Blick auf den nicht allzuweit entfernten und in gleicher Höhe befindlichen fünften Stock des Schulbuchlagerhauses gehabt.
Mehrere Zeugen wollen deutlich gesehen haben, daß die Kugel Kennedy in die Stirne getroffen hat.

Die Kennedy-Berater Kenneth O'Donnell und Dave Powers sollen dem ehemalige Kongreß-Sprecher Tip O'Neil gestanden haben, das FBI habe sie überredet, ihre Zeugenaussagen, der Todesschuß sei vom Grashügel gekommen, zu ändern.
All diesen nicht konformen Zeugenaussagen wurde beim Warren-Report keine Bedeutung zugemessen. Manche der Zeugen wurden gar nicht erst angehört und wenn ja, fanden ihre Aussagen nicht Eingang in den Report oder in die 26bändige Dokumentation. Damit hatten sie keinen Einfluß auf die abschließende Einzeltäter-Erklärung der Kommission. Eine spätere Befragungen der Nicht-Angehörten oder Ignorierten waren in vielen Fällen nicht mehr möglich, da eine Epidemie unter den Zeugen zu wüten begann. Wissen kann offenbar ungesund sein.
An die vierzig von ihnen erlagen seltsamen Unfällen, tückischen Krankheiten oder begingen spontan Selbstmord. Einer wurde originellerweise in seinem eigenen Hinterhof irrtümlich für ein Reh gehalten und erschossen, wie Jim Marrs beim „JFK-Verschwörungskongreß" in Dallas 1991 zur Erheiterung der Zuschauer ausführte.

Massenfahrt ins Jenseits

Der Bahnwärter Lee Bowers jr. starb als er mit seinem Wagen bei hoher Geschwindigkeit gegen einen Bahnpfeiler krachte.
Die Polizeikarriere von Deputy Sheriff Roger Craig, der die ursprüngliche Tatwaffe als „Mauser" erkannt hatte und dem seltsame „Amtshandlungen" nach dem Attentat aufgefallen waren, wurde abrupt beendet. Als auf ihn geschossen wurde, zog er einige Zeit nach New Orleans. Craig erzählte Jim Garrison, die Behörden hätten ihn regelrecht vertrieben. Wieder nach Dallas zurückgekehrt, wurde sein Wagen in die Luft gesprengt. Obwohl Craig sich darin befand, überlebte er. Nicht lange, denn schon bald wurde er daheim erschossen aufgefunden.
Deputy Sheriff Buddy Walthers, der auf der Daley Plaza beobachte wie ein unbekannter Zivilist mit einem Funkempfänger-Ohrstöpsel eine Kugel aufhob, wurde später ermordet. Die aufgehobene Kugel tauchte nie wieder auf. Es verschwand übrigens auch eine Kaliber 0.45-Patronenhülse, die laut Jim Garrison am Ort des Attentats auf der Straße gefun-

den wurde und ein Indiz dafür gewesen wäre, daß eine Handfeuerwaffe auf Kennedy abgefeuert worden war.
James Worrell sagte der Warren-Kommission, er hätte einen vierten Schuß gehört. 1966 starb er bei der Kollision seines Motorrades mit einem PKW. Richard Carr, der Worrells Aussage bestätigte, überlebte ein Messerattentat und den fehlgeschlagenen Versuch, seinen Wagen in die Luft zu sprengen um Haaresbreite.
Warren Reynolds, der einen Schützen auf der Jefferson Street laufen gesehen hatte, zögerte zuerst, ihn als Oswald zu identifizieren. Kurz darauf wurde er im Dunkel einer Tiefgarage in den Kopf geschossen. Nach seinen Genesung stand es für Reynolds fest, daß der rennende Mann Oswald gewesen war.
Nicht nur Zeugen raffte es dahin oder schadete ihrer Gesundheit. Ein gewisses Nahverhältnis zu den Akteuren im Kennedy-Fall, mitunter lediglich zu lauter Unglauben an der offiziellen Version, scheint ausgereicht zu haben, um das Interesse des Sensenmannes zu wecken.
Hale Boggs, ein Kongreßmann aus Louisiana und Mitglied der Warren-Kommission, widersprach der originellen Zauberkugel-Theorie und verdächtigte Bundesbehörden unsauberer Vorgangsweisen. Kurz danach verschwand sein Privatflugzeug auf Nimmerwiedersehen in den eisigen Weiten von Alaska.
Der weißrussische Antikommunist mit CIA-Verbindungen und Oswald-Freund George D. Mohrenschildt vertrat die Ansicht, Oswald sei unschuldig. Stunden bevor Mohrenschildt von dem Attentats-Untersuchungsbeamten Gaeton Fonzi befragt werden konnte, steckte er sich einen Gewehrlauf in den Mund und trat von der Bühne des Geschehens ab.
Der CIA-Verbindungsmann mit Mafia-Kontakten David Ferrie war Oswalds Vorgesetzter bei der New Orleans Civil Air Patrol gewesen und auch sonst mehrfach verwickelt. Jim Garrison konnte ihn bei seinen späteren Ermittlungen nicht in den Zeugenstand bekommen, da Ferrie vorher einem zweifelhaften „Gehirnblutgerinsel" erlag.
Dr. Mary Sherman, die das Pech hatte, mit Ferrie befreundet gewesen zu sein, wurde in ihrem Bett erschossen und verbrannt. Der Gerichtsmediziner Dr. Nicholaus Chetta, der die Obduktion an Ferrie und Sherman vorgenommen hatte, fiel einem Herzanfall zum Opfer.

Zur selben Zeit machten unbekannte Täter auch das Erscheinen des ebenfalls von Garrison gesuchten Ferrie-Freundes Alladio Del Valle vor Gericht unmöglich. Man fand seine Leiche in Miami. Ein Machetenhieb hatte ihm den Schädel gespaltet, begleitet von einem großkalibrigen Schußkanal durch den Körper. Sicher ist sicher.
Der im Zusammenhang mit Kuba bereits erwähnte Mafioso John Roselli äußerte gegenüber dem Journalisten Jack Anderson, die CIA habe den Präsidenten getötet. In den 1970er-Jahren sollte er vor dem „House Select Committee on Assassitnations" über den Kennedy-Mord aussagen. Dazu kam es nicht, denn Rosellis Einzelteile wurden zerhackt in einem Metallfaß entdeckt, das in der Bucht von Miami vor der Küste von Florida im Wasser trieb.
Bis heute hält sich die Behauptung, die offiziellen Autopsiefotos seien gefälscht. Die echten soll Lieutenant William Pitzer an sich genommen haben. Pitzer erzählte herum, Uniformierte hätten ihm eingeschärft, er habe nichts zu wissen und ihn dabei geprügelt. Wenig später beging er mit einer 45er Selbstmord. Vergleichbar mit Ivar Kreuger hielt auch Pitzer die Waffe unnatürlicherweise im Tod in der Hand, und ebenfalls in der falschen. Im Gegensatz zu Kreuger war Pitzer Linkshänder, seine kalte rechte Hand jedoch umklammerte die Pistole.
Ein makaber-pikantes Gegenstück ist der Selbstmord des früheren CIA-Agenten Gary Underhill. Der Rechtshänder Underhill vertraute Freunden an, die CIA sei in das Kennedy-Attentat verwickelt und schoß sich bald darauf in die linke Schädelseite.
Zu dieser Sterbewelle stellte ein Versicherungsfachmann eine mathematische Studie an wie sie bei Lebensversicherungen üblich ist. Danach hätte 1963 die Wahrscheinlichkeit, daß sich nur drei Jahre später alle genannten Personen, von denen die meisten noch jung waren, unter der Erde befinden würden 1:100.000 Billiarden betragen.
Mit den Jahren und durch den Schrumpfungsprozeß des Vorrates an Zeugen wurde es immer schwieriger, entscheidenden Fragen nach der Zahl der Kugeln und der Richtung aus denen sie gekommen waren, auf den Grund zu gehen. Schwierig, aber nicht unmöglich.

Das Karussell der Schüsse

Richard N. Billings, der das offizielle Protokoll über die Arbeit des von Dr. Baden geleiteten Komitees führte, veröffentlichte 1981 gemeinsam mit Robert G. Blakey, dem Chefberater des Committee on Assassinations (Komitee für Attentate) das Buch „The Plot to Kill the President" (Die Verschwörung um den Präsidenten zu ermorden), in dem er von zwei Schützen beim Kennedy-Attentat spricht. Außer auf seine Erfahrung mit dem organisierten Verbrechen und mit kriminellen Komplotten jeder Art und Größenordnung, beruft sich Blakey auf einen akustischen Beweis.

Auf Blakeys Anweisung wurde ein bislang stiefmütterlich behandeltes Beweisstück genauer untersucht: das Protokollband eines der Polizisten der Motorradeskorte von Dallas, das durch einen technischen Defekt die ganze Zeit mitgelaufen war. Da man darauf nur Rauschen hörte, war es jahrelang unbeachtet herumgelegen.

Als führende Tonexperten - darunter das berühmte Team, das sich mit den Nixon-Bändern befaßt hatte - es mit modernster Computertechnik analysierten, verwandelten sich bislang unidentifizierbare Nebengeräusche plötzlich in Schüsse. Zur Berücksichtigung der lokalen Akustik hatten die Experten an einem Herbstmorgen des Jahres 1978 am Tatort Kontrollschüsse abgefeuert. Die Untersuchung kam mit an Sicherheit grenzender Wahrscheinlichkeit zu dem Schluß, auf dem Band seien vier Schüsse festgehalten, der vierte mit wenigstens siebzigprozentiger Sicherheit. Mehr noch, aufgrund der festgestellten „Schall-Vektoren" (Schallwellenmuster, die Richtungsbestimmungen erlauben) dürften die Schüsse aus unterschiedlichen Richtungen gekommen sein. Drei von hinten oben, wahrscheinlich aus dem Fenster des Schulbuchlagers, und ein vierter aus unmittelbarer Nähe, von rechts vorne. Dort befand sich ein großer, von einem Holzzaun umgebener Parkplatz mit einer Baumgruppe in einer Ecke.

Für viele Aufdecker ist der 8mm-Dokumentarfilm, den der Attentatszeuge Abraham Zapruder aufgenommen hat, ein ganz besonderer Lekkerbissen. Und das nicht nur weil er der Öffentlichkeit über fünf Jahre lang vorenthalten wurde. Seine Einzelbilder 313, 314 und 315, die in Momentaufnahmen zeigen, wie Kennedys Kopf zurückgeworfen wird

und gleichzeitig Blut und Gehirnmasse wie ein Geysir hervorschießen, sind beim Warren-Bericht leider durcheinander geraten. Laut FBI-Chef J. Edgar Hoover „ein unabsichtlicher Fehler bei der Kopie." Das FBI hatte der Warren-Kommision eine Kopie überlassen bei der just die entscheidenden Einzelbilder unglücklicherweise vertauscht wurden, wodurch der Eindruck entstehen mußte, Kennedy sei von hinten getroffen worden.
Bei dem Prozeß im Januar 1969, den Jim Garrison gegen Clay Shaw anstrengte, den einzigen Mann, den er im Dunstkreis der Verschwörung dingfest gemacht zu haben glaubte, wurde erstmals der komplette, „unbearbeitete" Zapruder-Film öffentlich vorgeführt. Danach zu seiner Meinung befragt, sagte Dr. John Nichols, außerordentlicher Professor für Pathologie und Experte für Gerichtsmedizin: „Nachdem ich mir die Dias, Fotos und Zapruders Film angesehen habe, bin ich zu dem Schluß gelangt, daß sie einen von vorne kommenden Schuß zeigen." Professor Nichols führte weiter aus, der Präsident sei von mehreren Kugeln getroffen worden wobei die von hinten abgefeuerten aus unterschiedlichen Richtungen stammten.
Darüber hinaus ist der Film auch ein unbestechlicher Zeitnehmer, da Filme nun mal mit einer bestimmten Geschwindigkeit ablaufen. Die des Zapruder-Films beweist, daß Oswald maximal 5,6 Sekunden Zeit zum feuern hatte. Das schließt selbst bei den ihm zugestandenen Superfähigkeiten einen vierten Schuß aus. Daher wohl der Eiertanz mit der Zauberkugel um einen vierten Schuß auszuschließen.
Für viele sind dieser und andere Eiertänze nichts anderes als Puzzlesteine einer Verschwörung, die den Mord ausführte, unmittelbar danach für Vernebelung sowie für einen „passenden Täter" sorgte und die bis heute die Wahrheit blockiert. Werfen wir also einen Blick auf einige dieser Puzzlesteine, die dennoch an die Öffentlichkeit gedrungen sind.

Ein schattenhaftes Marionettenspiel

Der ehemalige FBI-Agent William S. Walter hatte am 17. November 1963 Nachtdienst im Büro der FBI-Niederlassung in New Orleans als ein Telex aus dem Fernschreiber kam. Darin stand unter anderem: „Büro (FBI) kam zu dem Schluß, daß militante revolutionäre Gruppe versuchen könnte, Präsident Kennedy bei geplanter Reise nach Dallas, Texas, am 22/23. November 1963 zu ermorden.“ Walter informierte sogleich die fünf zuständigen örtlichen FBI-Agenten. Damit hielt er seine Pflicht für erledigt.

Unmittelbar nach dem Attentat lief Walter in sein Büro und sah in den Akten nach ob das Telex abgelegt war. Er fand das Telex und ein später eingetroffenes Duplikat. Der Agent schrieb den Text ab. Kurz darauf sah er nochmals nach. Siehe da, Telex und Duplikat waren aus den Akten verschwunden. Wie sich herausstellte, hatte das FBI niemanden über das brisante Telegramm informiert, nicht einmal den Secret Service, der für die Sicherheit des Präsidenten zuständig war.

Staatsanwalt Jim Garrison ist überzeugt, daß eine Weiterleitung der Meldung die Änderung der Fahrtroute des Präsidentenkonvois als Falle entlarvt hätte. In dem Fall wäre die Fahrt wahrscheinlich in letzter Minute abgesagt worden. Wenn sie doch stattgefunden hätte, dann nicht ohne genau Untersuchung der Örtlichkeiten. Zweifellos wäre peinlich darauf geachtet worden, daß es entlang der neuen Fahrtstrecke keine offenen Fenster gab. Mit ziemlicher Sicherheit hätte man die schützende Plexiglaskuppel nicht von der Präsidenten-Limousine abgenommen.

Tatsache jedoch ist: Das Telegramm blieb ohne Folgen. Die Wagenkolonne wich von ihrer vorgesehenen Tour ab und fuhr zwischen Häusern mit offenen Fenstern, um deren Kontrolle sich offenbar niemand Gedanken gemacht hatte. Schüsse fielen. Ohne von einer Kunststoffkuppel aufgehalten oder abgelenkt zu werden, trafen sie den jungen, hoffnungsvollen Präsidenten der USA während er im wahrsten Wortsinn im Freien seinen Anhängern zuwinkte. Was danach vor sich ging, erscheint vielen Amerikanern heute weniger als Chaos, Inkompetenz oder Übereifer, sondern eher wie ein weiteres Glied einer unsichtbaren Kette, die für sie auch einen Namen hat. Er lautet: Komplott.

Unter diesen Gesichtspunkt könnte die Reinigung von Gouverneur Connallys Anzug und die des Präsidentenwagens durch den Secret Service eine andere Dimension bekommen.

Zahlreiche Verdächtige - darunter auch solche, die unmittelbar nach dem Attentat aus dem Schulbuchlagerhaus rannten - waren von der Polizei laufengelassen worden. Es erfolgte nicht einmal der Versuch, die

Inhaber eines Kombi ausfindig zu machen, dessen drei Insassen aus dem Buchlager stürmten, hineinsprangen und dann gegen eine Einbahn davonrasten, obwohl dieser Vorfall dem Chef der Mordkommission gemeldet wurde.

Einige Zeugenaussagen waren in den offiziellen Berichten so verändert worden, daß sie den gegenteiligen Sinn ergaben. Darüber beklagten sich Betroffene bei Jim Garrison. Der unbeirrbare Staatsanwalt will auch ermittelt haben, daß die Beweiskette beim Tippit-Mordes eher eine Reihe von Löchern als eine Kette gewesen wäre. Viele Zeugen identifizierten Oswald nicht als den Mann, der den jungen Polizisten Tippit kaltblütig ermordete (eine Tat, die ihm laut Warren-Bericht leicht fiel, hatte er doch vorher den Präsidenten der Vereinigten Staaten getötet). Manche Zeugen sprachen sogar von zwei Polizistenmördern, keiner davon Oswald. Verwertet wurden jedoch nur ins Bild passende Aussagen, die nicht selten suggestiv zustande gekommen sein sollen. Abgesehen davon ergaben Auswertungen, daß Oswald zur Zeit des Tippit-Mordes höchst wahrscheinlich gar nicht am Tatort gewesen sein konnte.

Bei der Autopsie wurden vier Kugeln aus Tippits Leiche herausgeholt, die unerwarteterweise zwei verschiedenen Munitionssorten angehörten. Die Mordkommission von Dallas schickte nur ein Geschoß an das FBI-Labor in Washington D.C. mit Vermerk, es sei die einzig gefundene Kugel. Die paßte zur allgemeinen Verblüffung allerdings nicht zu Oswalds Revolver. Dasselbe galt für die mühsam beschafften drei weiteren Geschoße. Ohne die Beweiskette Kennedy-Tippit fällt laut Staatsanwalt Garrison die Oswald-Version ein weiteres Mal in sich zusammen. Es kommt noch dicker.

Mehrere Oswalds

Jim Garisson gelang es, einem „zweiten Oswald" auf die Spur zu kommen. Einem Mann, der Oswald nach Zeugenaussagen ähnelte, oder nicht ähnelte, seine Größe hatte, oder nicht hatte. Auf jeden Fall hinterließ dieses Phantom unübersehbare Spuren von schwer zu überbietender Unvorsichtigkeit.

Beispielsweise erschien besagter „Oswald“ Mitte September in Begleitung einer Frau mit Kopftuch (merke: Russinnen tragen Kopftücher, und Oswalds Frau Marina war Russin) im Mexikanischen Konsulat in New Orleans. Dort fiel er erwartungsgemäß auf, als er sich in verschwörerischer Weise bei der Frau am Schalter erkundigte, wie man eine Schußwaffe am besten über die Grenze in die USA bringen könne.
Anfang November 1963 bewarb sich ein junger Mann unter dem Namen Lee Oswald beim Southland Hotel um den Parkwächterjob. Dabei erkundigte er sich auffällig ob man von diesem Gebäude einen guten Blick auf die Innenstadt von Dallas habe.
Bei der Autohandlung Downtown Mercury, die genau gegenüber dem Ort des bevorstehenden Attentates lag, erschien ein junger Mann, der Interesse an einem roten Mercury Comet zeigte. Während der Probefahrt raste er wie ein Amok laufenden Rennfahrer. Als er danach erfuhr, daß für den nagelneuen Wagen zwei bis dreihundert Dollar Anzahlung zu leisten wären, zeigte er sich überrascht und betroffen. Zwei Verkäufer hörten ihn sagen: „Vielleicht muß ich nach Rußland zurück, um mir einen Wagen kaufen zu können“. Dann meinte er, er werde in einige Wochen wiederkommen, wenn er flüssig sei. Als Name gab er Lee Oswald an, den Namen eines Mannes, der gar nicht autofahren konnte.
Verständlicherweise merkten sich die Verkäufer diese Schmierenkomödie. Mit Sicherheit identifizieren konnten sie den Betreffenden trotzdem nicht als Oswald. Frank Pizzo, der Besitzer des Autohauses erinnerte sich der Größe des Kunden (sie war fast zwanzig Zentimeter geringer als die des Attentäters Oswald). Bei der Befragung durch den Rechtsberater der Warren-Kommission Albert Jenner fand Pizzo Oswald nicht unter anderen Männern heraus. Als ihm ein Foto von Oswald allein vorgelegt wurde, quälte sich Pizzo herum. Schließlich meinte er: „Na, ja, ich bin mir nicht sicher...Aber wenn ich mich eindeutig äußern muß, würde ich sagen, daß er es nicht ist.“
Garrison eruierte eine Reihe weiterer Possenspiele ähnlichen Zuschnittes. Gewicht bekommen diese grotesken Episoden durch den bereits angedeuteten Umstand, daß nach dem Attentat FBI-Beamte den Zeugen in den Mund legten, es habe sich bei vergleichbaren Auftritten um Oswald gehandelt auch wenn diese es bestritten. Die Warren-Kommission überging diesen Aspekt der Affäre zumeist. Im Falle der Probefahrt fin-

det sich lediglich der Hinweis, man habe den Zwischenfall beim Mercury-Händler untersucht, um festzustellen, ob Oswald nicht doch des Fahrens mächtig war. Dazu merkt Jim Garrison an, es wäre sinnvoller gewesen, die seltsame Schrumpfung von Oswald unter die Lupe zu nehmen.

Lee Harvey Oswald war offenbar überhaupt ein mehr als erstaunliches menschliches Wesen. In mehrer Hinsicht. Er war ein Zauberer, der mit einem unpräzisen Gewehr in einer unmöglichen Zeitspanne (weniger als sechs Sekunden) drei ultrapräzise Schüsse abgab, die bei zwei Männern insgesamt acht Verletzungen hervorriefen. Und er war ein Supersportler, der nach der außergewöhnlichen Tat das Gewehr sorgsam unter Kistenstapeln versteckte und vier Stockwerke hinunterraste um sich eine Cola zu holen, wobei er nicht außer Atem war. Dazu hätte er sich mit Lichtgeschwindigkeit bewegen müssen, merkte Jim Garrison zynisch an.

Oswald war offenbar auch ein veritabler Hellseher, denn bekanntlicherweise wäre Kennedys Wagenkolonne nach dem offiziellen Fahrplan gar nicht an dem Schulbuchlager vorbeigekommen. Die Vorstellung, Oswald hätte die Streckenänderung der Wagenkolonne auf irgendeine Weise bewerkstelligen können, ist so absurd, daß sie nicht einmal erwähnt wird. Eine derartige Macht spricht Bezirksstaatsanwalt Garrison sogar der Mafia ab, weswegen er noch mächtigere Drahtzieher vermutete. Und das nicht ohne Grund.

Jim Garrison zeigte seinem Assistenten Frank Klein die Titelseite der Dallas Morning News vom 22. November 1963. Sie wurde zu fast fünf Sechstel von einer graphische Darstellung der vorgesehenen Fahrtroute beim Kennedy-Besuch eingenommen. Laut dieses Plans sollte die Präsidentenparade nicht von der Main Street abbiegen, wie es später geschehen war. Ohne die unerwartete Richtungsänderung hätte Oswald bis zum Sankt Nimmerleinstag warten können - sofern er tatsächlich hinter dem Fenster des Schulbuchgebäudes seiner Chance entgegengefiebert hatte. Da der Präsident der Vereinigten Staaten jedoch buchstäblich im letzten Moment umgeleitet wurde, wobei seine Kolonne eine 120Grad-Linkskurve beschreiben mußte, die eine Verringerung der Geschwindigkeit auf knapp über zwanzig Stundenkilometer erforderte, fuhr Kennedy direkt in die Arme des oder der Attentäter.

Was von dem gelegentlich ins Feld geführten Argument zu halten ist, Oswald hätte für den Fall der Fälle ein (zweitklassiges) Gewehr an seine Arbeitsstelle mitgenommen und guten Mutes darauf vertraut, daß ihm eine günstige Fügung des Schicksals das Objekt seines Hasses vor den Lauf befördern würde, bleibt der Urteilskraft jedes einzelnen überlassen.
Die Warren-Kommission mußte sich mit all dem nicht herumschlagen. Ihr wurde nämlich eine alternative Titelseite vorgelegt die keine Fahrtroute zeigt sondern nur eine große graue Fläche. Trotz dieser Seltsamkeit wurde sie zu den Beweisstücken genommen.
In Jim Garrisons Buch „Wer erschoß John F. Kennedy?" findet sich Garrisons Antwort auf die Frage Kleins, wie man es nennen soll, wenn derartiges als offizielles Beweisstück akzeptiert wird. Sie lautet: „So etwas nennt man einen Staatsstreich."

Das Imperium schlägt zurück

Garrison beschreibt in dem Buch, daß seine Aktivitäten nicht ohne Reaktionen „von oben" blieben. Zuerst kamen Bestechungsversuche. Man bot ihm ein Richteramt an wenn er die Untersuchung einstellte. Als er sich weigerte, geriet er selbst ins Kreuzfeuer. Er wurde Zielscheibe von Medienkampagnen. Journalisten beschuldigten ihn der Verschwendung von Steuergeldern in der beachtlichen Höhe von achttausend Dollar. Behörden stellte ihm Fallen. Darunter auch der Versuch, ihn in der Herrentoilette eines Flughafens als Homosexuellen zu „ertappen". Schieres Glück und sein Mißtrauen ersparten ihm die Kreuzigung als Erreger öffentlichen Ärgernisses, oder die weit schlimmere Anklage als Sextäter. Es blieb nicht bei solchen Perfidien.
Am 30. Juni 1971 wurde Garrison aus heiterem Himmel von Bundesagenten unter Einsatzleitung der Steuerfahndung verhaftet weil er angeblich Schmiergelder von einer Spielhalle angenommen hatte. Bei dieser Amtshandlung waren die Bürgersteige und die Auffahrten zu mehreren Häusern der Umgebung von Funkwagen besetzt. Es wimmelte von Agenten, die in Walkie-talkies sprachen. Eine Großaktion als sei Garrison Staatsfeind Nummer eins. Der Beschuldigte wurde, von Be-

amten flankiert wie ein Massenmörder abgeführt, was von den Nachbarn ebenso registriert wurde wie der Begleitzirkus. Da Jim Garrison gegen Spielhallenbesitzer, die Schmiergelder zahlten, energischer vorging, als jeder Bezirksstaatsanwalt vor ihm, ergrimmte ihn das Groteske dieses Vorwurfs besonders. Beim Monate später erfolgenden Prozeß verteidigte Garrison sich selbst wobei es ihm gelang, glaubhaft zu machen, daß Machenschaften gegen seine Person im Gange waren. Schließlich wurde er freigesprochen. Seine Wiederwahl zum Staatsanwalt ging allerdings in die Binsen.
Carl Oglesby, der Begründer und Direktor des Assassination Information Bureau (Büro zur Information über Attentate), der in 1970er-Jahren das Interesse des Kongresses für eine Untersuchung des Kennedy-Attentates weckte, meinte zu diesem Attentat und indirekt auch zum Zustand der Welt: „Eine geheime Macht, die wir nur schwach erkennen können und der wir kaum Widerstand zu leisten wissen, scheint Schlüsselpositionen der Regierung, die für das integre Verhalten der Nachrichtendienste entscheidend sind, in Besitz genommen und manipuliert zu haben.“ Parallelen bei anderen Attentaten könnten ihm recht geben...

Genug der endlosen Geschichte der stets vorhandenen Einzeltäter, die vielleicht sogar den Amokläufer von Erfurt einschließen könnte sofern man bereit ist, diesbezügliche Verschwörungstheorien zu glauben, die im Internet kursieren. Ich glaube die bisherigen Fälle zeigen hinlänglich, wie der Hase zu laufen scheint...

Die im Dunkeln sieht man nicht

Kurskorrekturen

„Seit den Tagen eines Weishaupt
ist diese weltweite Verschwörung
mit dem Ziel einer Überwältigung
unserer Zivilisation und der Konstruktion
einer Gesellschaft auf der Grundlage
verhinderter Weiterentwicklung und
unmöglicher Gleichheit ständig im
Wachsen begriffen..."
Winston Churchil

Interessanterweise warten die gängigen Verschwörungstheorien (von der Mafia über den militärisch-industriellen Komplex oder die Exilkubaner bis zur CIA) kaum mit Thesen auf, die das wohl älteste aller Motive für Mord und Totschlag mit aller Konsequenz berücksichtigen und die über die Partikaluarinteressen von texanischen Ölbaronen hinausgehen. Stichwort „Geld regiert die Welt".

Einige Analytiker haben sich auch mit diesem stiefmütterlich behandelten Aspekt befaßt und glauben ein größeres Bild entdeckt zu haben. Unter ihnen der amerikanische Ingenieur, Jurist und Wirtschaftswissenschaftler William F. Engdahl, der seit Jahren über internationale Wirtschaftsbeziehungen publiziert, und der schon einmal zu Worte kam. Er und verwandte Geister vertreten die Überzeugung, daß Kennedys Ermordung Interessen diente, mit denen verglichen sogar die Mafia nur ein kleines Licht sein dürfte, das eben erst aufgeflammt ist. Die Konsequenzen solcher Überlegungen, die eine weitere Parallele zwischen Lincoln und Kennedy andeuten, wären fürwahr umfassend - und erschreckend.

Zum besseren Verständnis ist ein Blick auf die wirtschaftliche Entwicklung Amerikas und der Welt in den Jahren vor und nach dem Attentat erforderlich.

Als Kennedy von - wieviel auch immer - Schüssen tödlich getroffen wurde, trat es bereits offen zu Tage, daß die Auswirkungen des Bretton Wood-Abkommens von 1944 für die Vereinigten Staaten von Amerika immer negativere Effekte mit sich brachten. Schon Ende der fünfziger Jahre hatten sich die ungeheuren Vorteile, die das Bretton Wood-System den USA als dem einzigen Reservewährungsland der Welt einräumte, in Nachteile verwandelt. Mit dem Erstarken der europäischen Wirtschaft, die den veralteten amerikanischen Industriestrukturen nicht nur Konkurrenz machte, sondern ihnen überlegen zu werden begann, zeigte sich, welche Fehler den Unterhändlern 1944 in Bretton Wood bei der Konstruktion der Bedingungen des internationalen Währungssystems für die Nachkriegszeit unterlaufen waren.
Der gravierendste war wohl die Einrichtung eines Goldumtauschstandards, demzufolge die Mitgliedsländer ihre Währungen nicht direkt mit dem Goldpreis koppelten, sondern mit dem Dollar. Der Dollarwert wiederum war an das vorhandene Währungsgold zu einem festen Goldpreis von 35 Dollar pro Feinunze gebunden. Diesen Goldpreis hatte Präsident F. D. Roosevelt 1934 am Höhepunkt der amerikanischen Wirtschaftskrise festgelegt. Dazwischen lagen immerhin der Zweite Weltkrieg und der europäische Wiederaufbau, Vorgänge, von denen der Goldpreis kaum unbeeinflußt bleiben konnte.
Solange die Vereinigten Staaten von Amerika die unangefochten stärkste Wirtschaftsmacht waren, machte sich der unbewegliche Goldpreis nicht bemerkbar. Schließlich besaß Amerika den weitaus größten Teil des Währungsgoldes der Welt. Das Dilemma begann, als seit 1957 erstmals mehr Dollar von den USA ins Ausland flossen, als umgekehrt. Der Dollarabfluß allein wäre zu verkraften gewesen, nicht aber das damit verbundene Abschmelzen der amerikanischen Goldreserven, das ab 1958 einsetzte. Im Jahrzehnt nach dem Krieg saugte der europäische Wideraufbau und der hohe Ölpreis so gut wie jeden freien Dollar auf. 1959 erreichten die auf dem Weltmarkt als Verbindlichkeiten zirkulierenden Dollars mit 20 Milliarden den Wert der verbliebenen Goldreserven der USA.
Investitionen im Ausland waren weit profitabler als daheim in „Good Old America“. Wenn man einem Regierungsbericht an den Kongreß aus diesen Tagen glauben kann, erzielte man von 1962 bis 1965 im Ausland

zwischen 12 und 14 Prozent an Zinsen, während in den USA nur die Hälfte zu erwarten war. Die Profite blieben daher in Europa liegen. Daraus entstand der sogenannte „Eurodollarmarkt". Man nahm sogar in Übersee Geld auf um es weiterzuverleihen obgleich es für die USA und den Rest der Welt besser gewesen wäre, die Dollarmilliarden zu angemessenen Zinsraten in den Ausbau der heimischen Infrastruktur und in die technische Erneuerung der amerikanischen Produktionsstätten zu investieren.

Als die Pfundkrise 1967 das gesamte Bretton Wood-System mit sich in den Abgrund zu reißen drohte waren die Auslandsschulden der USA bereits auf 36 Milliarden Dollar gewachsen. Dem gegenüber standen aber nur noch Goldreserven von 12 Milliarden Dollar. Das Kartenhaus an Dollarscheinen schwankte bereits im ersten Windhauch, der Einsturz schien bevorzustehen. Besagter Entwicklung war sich John F. Kennedy von Anfang an voll bewußt.

In seinem ersten Bericht zur Lage der Nation warnte er im Januar 1961: „Seit 1958 hat sich die Schere zwischen Dollarmenge, die wir im Ausland ausgeben oder dort investieren, und der Dollarmenge, die wir von dort zurückbekommen, wesentlich erweitert. Das Defizit unserer Zahlungsbilanz hat sich in den letzten drei Jahren um fast 11 Milliarden Dollar erhöht. Dollarinhaber im Ausland sind dazu übergegangen, ihre Dollars in Gold einzulösen. Das ist in einem solchen Umfang geschehen, daß wir einen Goldabfluß aus unseren Reserven von fast fünf Milliarden Dollar verzeichnen."

Kennedy dachte offenbar daran, das Problem in Angriff zu nehmen. Am 18. Juli 1963 schlug er dem Kongreß eine Reihe von Maßnahmen vor, welche die unheilvolle Entwicklung der Zahlungsbilanz umkehren sollten, darunter Exportförderungen für amerikanische Industrieprodukte und eine Zinsausgleichsteuer auf Auslandsguthaben amerikanischer Bürger. Er sollte die Verabschiedung dieses Gesetzes nicht mehr erleben.

Als es nach seiner Ermordung im Jahr 1964 die Kammern passierte war es um einen kleinen, scheinbar bedeutungslosen Zusatz erweitert worden, der Kanada aus dem Geltungsbereich des Gesetzes ausklammerte. Wie vorauszusehen, flossen weiter riesige Dollarströme ungehindert über diese „kanadische Geldschleuse" ins Ausland. Eine Reihe von

Fachleuten ist überzeugt, daß es mit einem lebenden Kennedy dieses Hintertürchen nicht gegeben hätte.
Die wachsende Schwäche der US-Wirtschaft war zum Amtsantritt von John F. Kennedy so evident, daß der Präsident kurz vor seiner Ermordung nicht nur monetäre Schritte zum Wiedererstarken der amerikanischen Kapitalausstattung setzen wollte, sondern auch daranging, massive Maßnahmen zur Modernisierung der Produktion zu initiieren. Schon vorher hatte er mit dem Apollo-Raumfahrtprogramm technisch orientierten Optimismus und Investitionsfreude geweckt, und die NASA gegründet. Was seither mit dem Raumfahrtprogramm geschehen ist, weiß man. Explodierende Sozialkosten und Rauschgiftgesellschaft haben eine neue Richtung vorgegeben. Zyniker ätzten dazu: Wer will schon ins Weltall, wenn er mit einem Joint genauso gut dorthin kommt?
Kennedys Nachfolger Lyndon B. Johnson kam aus einer texanischen Kleinstadt. Er galt als Mann, der mit der internationalen Wirtschaft und mit den Geheimnissen der Währung nicht gerade vertraut war. Seine erste Amtshandlung bestand auf Anraten seiner Berater darin, Kennedys Modernisierungsprogramm ersatzlos zu streichen. Wie manche Aufdecker meinen, glaubte Johnson, oder wurde ihm empfohlen, die Probleme der US-Wirtschaft statt dessen durch die Eskalation eines bisher kleinen Konfliktes im fernen Vietnam zu lösen, verbunden mit dem Nebeneffekt, dem Rest der Welt den Herren zu zeigen.
Beachtung verdienen in dem Zusammenhang die seltsamen Züge, die der „offenen Aggression" vom August 1964 im Golf von Tonkin anzuhaften scheinen. Einem Vorfall, der von der inoffiziellen Anwesenheit von amerikanischen Militärberatern (Advisors) zu offiziellen Bombardements führte, womit der Vietnamkrieg ausgelöst war.
Während sich der amerikanische Zerstörer „Maddox" auf einer Routinepatrouille in internationalen Gewässern vor der Küste Nordvietnams befand, sah er sich aus heiterem Himmel einem nicht provozierten Angriff ausgesetzt. Das erklärte Washington der aufgebrachten Öffentlichkeit. Jim Garrison bemerkte später dazu, daß der Angriff bei näherer Betrachtung wohl von einem unsichtbaren Schiff durchgeführt wurde, mittels eines unsichtbaren Torpedos, das noch dazu danebengegangen sein mußte. Dabei bezog er sich speziell auf Howard Zinns "A Peoples's History of the United States" (New York 1980). Allen publizierten

und dokumentierten Richtigstellungen zum Trotz ist dieser anscheinend nicht existente Zwischenfall ebenso unerschütterlicher Bestandteil der offiziellen Berichterstattung wie die Version vom friedlichen Passagierschiff „Lusitania“ und andere Verdrehungen.
Nach einem weiteren, ebenso nebulosen Zwischenfall informierte Präsident Johnson die US-Bürger, wiederholte feindliche Aktionen gegen Schiffe der Vereinigten Staaten auf Hoher See und im Golf von Tonkin hätten ihn gezwungen, die militärischen Streitkräfte der Vereinigten Staaten anzuweisen, mit geeigneten Mitteln zurückzuschlagen. Die Kongreßführer beider Parteien, so fuhr er fort, hätten ihm zugesichert eine Resolution zu erlassen, die eindeutig klarstellt, daß unsere Regierung in ihrer Entschlossenheit vereinigt ist, alle notwendigen Maßnahmen zu ergreifen um die Freiheit in Südostasien zu unterstützen und den Frieden zu verteidigen. Derselbe Johnson, der laut dem US-Journalisten Jonathan Vankin als Vizepräsident J. F. Kennedy permanent zu einem verstärkten Militärengagement in Vietnam gedrängt hatte obgleich er durch hohe Militärs zuverlässig wissen mußte welches Desaster zu erwarten war.
Zwei Tage nach Kennedys Heimkehr aus Dallas in einem Sarg verkehrte Johnson mit dem „National Security Action Memorandum 273“ Kennedys Deeskalationspolitik ins Gegenteil. Kennedys Absicht, den Rükkzug aus Vietnam mit dem Zurückbeordern von 1000 der 16.500 US-Militärberater bis Weihnachten 1963 symbolisch einzuläuten, wurde durch Flächenbombardements ersetzt. Die Folgen sind Geschichte.
Jim Garrison kommentierte diesen nationalen Sinneswandel unmißverständlich: „So konnte man Präsident Kennedys Außenpolitik zurüknehmen ohne sich den offiziellen Erfordernissen eines Amtswechsels zu unterziehen, wie sie das Gesetz oder die Verfassung vorschreiben. Genau das ist die Definition eines Staatstreichs.“
Ob ein solcher tatsächlich vorliegt, darüber streitet man heute wie damals. Nicht bestritten wird, daß sich neben dem Vietnam-Schock auch noch anderes Unerfreuliches in der Wiege des amerikanischen Traums auszubreiten begann, das ebenso unerwartet kam wie die Niederlage gegen kleinwüchsige Asiaten in schwarzen Pyjamas. Alles kein Zufall, so geht die Mär.

Gerechte neue Welt

Am 20. August 1964 unterzeichnete derselbe Johnson, der dem berühmten CBS-Kommentator Walter Cronkite 1969 andeuten sollte „...es (das Kennedy-Attentat) könnte ein Komplott gewesen sein“ und der danach auf den Sender soviel Druck ausübte, daß das Interview aus Gründen nationaler Sicherheit gestrichen wurde, das „Gesetz zur Chancengleichheit“. Anfang der 1960er-Jahre hatte die demokratische Administration mit der „Great Society“ und mit den „Civil Rights Acts“ das Engagement des Zentralstaates für soziale Sicherheit und gegen ethnische Diskriminierung zu erweitern begonnen. „Affirmative acts“ sorgen seit dieser Zeit dafür, daß bei gleicher Qualifikation Minderheiten den Vorzug erhalten müssen. Mittels des sogenannten „bussing“ werden Schulkinder hin- und hertransportiert um Klassen vorurteilsfrei zu durchmischen, und anderes mehr.
Obwohl von der Zielsetzung her ein positives Unterfangen, schuf die gesellschaftliche Neuorientierung nach Ansicht zahlreicher Fachleute zwar weiterhin keine echte Gerechtigkeit, wohl aber langfristig unvorstellbare Schulden und neues Elend. Chancengleichheit kostet nun einmal Geld, und zwar nicht wenig. Dabei hatte sich relativ schnell gezeigt, daß gut gemeint in der Tat das Gegenteil von gut sein kann, wie ein Sprichwort sagt.
Sozialoffensiven zogen Unterprivilegierte massenweise in die Städte und ließen Ghettos entstehen, in denen sich ein Durchschnittsamerikaner des Jahres 1960 auf einen anderen Planeten versetzt vorkäme. Und in ein Irrenhaus, wenn er beispielsweise von dem Fall einer 50 jährigen Polizistin erfahren würde, die jahrelang nicht befördert wurde weil eine Quotenregelung in ihrer Stadt vorschrieb, Schwarze und Latinos müßten zwei Drittel der Beamten stellen, und zwar ungeachtet ihrer Leistung.
Es mutet wie ein makaberer Treppenwitz der Geschichte an, daß es sich bei der besagten Stadt um Dallas handelt wo möglicherweise mit einem Attentat der Grundstein für diese und andere Entwicklungen gelegt wurde. Die Straße, die sich vom Dealey Plaza in Dallas ins heutige Amerika der Gewalt, der Slums, der Drogen und der immer weiter aufklaffenden Schere zwischen Reich und Arm erstreckt, führt vorbei an Viet-

nam. Vorbei an der Ermordung von Martin Luther Kings und Robert Kennedy, ohne die Nixon schwerlich Präsident geworden wäre, usw.
Der Politikwissenschaftler Bradley Klein meinte 1988 anläßlich des fünfundzwanzigsten Jahrestages der Kennedy-Ermordung in einem Interview: „Es war eine andere Welt vor Dallas. Eine Welt, in der Menschen Ersparnisse hatten und der Verdienst eines Mannes eine vierköpfige Familie erhalten konnte. Daraus ist heute etwas Häßliches geworden."

Paranoiker der Sonderklasse sind überzeugt, daß nur ein toter Kennedy derartige Veränderungen bewirken konnte. Manche Sozialgesetze waren so radikal, daß ein lebender Kennedy sie wahrscheinlich niemals durchgebracht hätte. Sein Andenken durch ihre Ablehnung zu schmähen wagte man dann doch wohl nicht. Von dieser Überlegung ausgehend, vermuten Verschwörungsfreunde noch machtvollere Verschwörer als CIA oder Mafia. Was könnte, so fragen sie sich, „Global Players" der sinistren Sorte mehr in die Hände spielen, als ein System, das Leistung abwertet und gleichzeitig „unerwünschte Vermögensbildung" verhindert indem es jenen das Geld abknöpft, die es erarbeitet haben, um es anderen zu geben, die nichts produzieren? Sicher, sicher, das ist eine zynische Analyse, die jeder human denkende Mensch - zu denen ich mich zähle - zurückweisen müßte. Das Morbide daran ist nur, das sie so einen unangenehmen „Touch Of Reality" hat. Ob einem das nun gefällt oder nicht.

Die Jahre seit dem Zweiten Weltkrieg, in denen sich die Menschheit mehrfach verdoppelt hat, zeigen überdeutlich, daß zwischen humanistischen Idealen und der ordinären Wirklichkeit Welten liegen.

Der in den 1960er-Jahren so idealistisch getrommelte „Krieg gegen Armut und Unwissenheit" hat in Amerika jene Massenuniversitäten entstehen lassen, die derzeit auch in Europa die Ausbildungssysteme zunehmend unfinanzierbar zu machen beginnen, und die unter großen Protestgeschrei wieder zurückgestutzt werden müssen. Unter anderem auch deswegen weil sie einen nicht geringen Prozentsatz an Graduierten hervorbringen, die ihre Laufbahn voraussichtlich als Arbeitslose beginnen. Nach der Mondlandung von 1969 ging es mit der NASA ebenso bergab wie mit der Ausbildung an den Nicht-Eliten-Schulen. Aktuelle Umfragen zeigen, daß nicht einmal die Hälfte der heutigen US-Bürger weiß, daß sich die Erde einmal im Jahr um die Sonne bewegt, oder, daß nur jeder vierte mit dem Begriff Ozonloch etwas anfangen kann. Bei Anbruch des Jahres 2001 waren kolportierte zwei von drei Amerikanern funktionelle Analphabeten.

In den Tagen des 1960er/1970er-Umbruchs erblickte auch der Trend, Manager emotional zu sensibilisieren, das Licht der Welt. So mancher Entscheidungsträger legte mehr Wert auf das Erschließen der eigenen Empfindsamkeit oder das Ergründen der Defekte seiner Mitmenschen als auf Know how in seinem Fachgebiet.

In der Zwischenzeit ist in den USA und anderswo der anfangs zaghafte Ruf nach einer staatlichen Hochbegabtenförderung immer unüberhörbarer geworden. Diesem Ansinnen wird in Sonntagsreden gerne zugestimmt. Die Umsetzung schleppt sich allerdings dahin während Nivellierungen nach unten zügig voranzuschreiten scheinen. Eine Diskrepanz, die immer mehr Menschen merkwürdig anmutet. Manche werden langsam mißtrauisch und flüstern von einer „Verschwörung gegen die Zivilisation". Auch dazu kann es wohl nur eine Empfehlung geben: selber urteilen.

Engdahl und einige besonders engagierte Autoren interpretieren die Hintergründe des Geschehen sinngemäß etwa so: Der Profit eines Weltuntergangs dürfte wohl mit Null zu beziffern sein. Selbst konventionelle Auseinandersetzungen zwischen hochgerüsteten Industriestaaten würden einen oder beide Kontrahenten in die Steinzeit befördern. Doch auch ohne militärische Exzesse kann sich eine Nation bis über die Halskrause verschulden - durch Sozialprogramme, verbunden mit gewissen Begleitmaßnahmen.

Damit sind wir wieder im Reich der kreativen Finanztransaktionen, denen Kennedy Zügel anzulegen im Begriff gewesen war. Sie saßen noch gar nicht richtig, da wurden sie bereits wieder abgestreift. Am 15. August 1971 zog, so William Engdahl, Nixon endgültig den Stöpsel aus der Wanne der Weltwirtschaft. Kennedy hatte getrachtet, ihn dort zu fixieren indem er die Konvertibilität des Dollars in Gold bewahrte. Acht Jahre nach seinem Tod war der Stöpsel weg. Dollarscheine konnten nun nicht länger in Währungsgold umgetauscht werden, wie es mehr als hundert Jahre heilige Tradition gewesen war. Ein solches Glücksspiel, meint Engdahl, hatte die Welt noch nie erlebt. Statt mit stabilen Wech-

selkursen die Voraussetzungen für langfristige Wirtschaftsvereinbarungen zu legen, wurde der Weltmarkt ab dem 15. August 1971 zu einem Tummelplatz üppigster Währungsspekulationen, die in unseren Tagen bereits fester Bestandteil der Weltwirtschaft geworden sind.
Da wir sozusagen in der Gegenwart angekommen sind, vorerst einmal genug des Kennedy-Attentates. Wir werden ihm in einem noch viel bizarreren Umfeld wieder begegnen.
Festzuhalten ist, daß immer wieder Attentäter für ihr blutiges Tun Idealbedingungen vorgefunden haben, die eigentlich nur mit „offizieller Unterstützung“ geschaffen worden sein konnten. Immer wieder wurden zweifelhafte Schuldige präsentiert. Immer wieder starben Zeugen und Mitwisser wie die Fliegen. Damit wollen wir mit aller Zurückhaltung einen vorsichtigen Blick auf ein Attentat am Beginn des dritten Jahrtausends werfen, das - wenn man den offiziellen Statements glauben will - die Welt von Grund auf verändert hat.

Ein Tag im September

„Es gibt nichts Faszinierenderes auf der Welt, als das, was sich im Schatten der Schwerter abspielt!“
Rudyard Kipling

Daß man in den U.S.A nach der Zerstörung des World Trade Centers am 11.09.01 gegen „die Bösen“ im fremden wie im eigenen Land hart zur Sache geht, wundert keinen wirklich, auch wenn man sich manche US-Maßnahmen in unseren Breiten (noch!) nicht vorstellen kann. Beispielsweise die kolportierte de-facto-Abschaffung des Demonstrationsrechtes oder die Forderung, alle arabischstämmige Bürger hätten Sonderausweise mit sich zu führen und sollten auf reinen Verdacht hin inhaftiert oder ausgewiesen werden können. Selbst mit der Wiedereinführung der Folter kann man sich jenseits des Atlantiks befreunden.
Man hört von Fällen wie dem eines Mannes, der sich weigerte, bei einem Postamt in Chicago die seit dem 11. September sehr populären Patrioten-Briefmarken mit der amerikanischen Flagge und dem Slogan „United We Stand“ zu kaufen, worauf er festgenommen wurde.

Aus deutschen Landen meldete das Fernsehen erstaunlicherweise, daß Lehrer wegen „Anti-Amerikanismus" suspendiert würden weil sie den Schülern Tatsachen berichteten, beispielsweise, daß die USA mit ihren UNO-Beiträgen säumig ist. Und - demokratischer noch! -: die Vorgesetzten der geschaßten Lehrer bekannten sich voll dazu und meinten, Lehrer hätten auf Regierungslinie zu sein. Dessen ungeachtet erscheint es legitim, einige der Gerüchte, die seither unausrottbar herumschwirren völlig wertfrei unter die Lupe zu nehmen und auszugsweise zu zitieren. Was natürlich nicht heißen soll, daß man auch nur eines davon glaubt. Manche, wie beispielsweise das Gerücht, das WTC wäre aufgrund seiner exotischen Bauweise in einem so desolaten Zustand gewesen, daß es in nicht allzu langer Zeit abgerissen oder generalsaniert hätte werden müssen, sind auch zu grotesk, selbst wenn sie im Fernsehen erwähnt wurden.
Geopolitisch denkende Paranoiker argumentieren, Zentralasien, also auch Afghanistan, wäre nicht nur wegen seiner Öllager von Bedeutung. Noch wichtiger sei die strategische Bedeutung. Wenn Washington dieses Gebiet kontrollieren würde, dann hätte die NATO ihren Einkreisungs-Ring von Militärstützpunkten an Schlüsselstellen wie die baltischen Staaten, der Balkan, die Türkei und die zentralasiatischen Republiken der ehemaligen Sowjetunion um Rußland herum geschlossen, das diesen Ring wie eine Schlinge um den Hals empfinden müßte.
Bereits am 18. Oktober 2001 veröffentlichte die seriöse „Frankfurter Allgemeine Zeitung", der man keinerlei Verschwörungsmanie nachsagen kann, unter dem Titel „Amerika braucht Feinde" ein ungeschminktes Interview mit dem berühmten US-Schriftsteller Gore Vidal, der darin unter anderem folgende beachtliche Aussagen machte:
„Wir mögen eigentlich keine Kriege. Das amerikanische Volk wollte nicht gegen Hitler kämpfen. Die amerikanische Rechte wollte es. Großbritannien stand vor dem Ruin, Frankreich hatte sich bereits im Mai 1940 ergeben.
In meinem Buch ‚Das goldene Zeitalter' können Sie nachlesen, welche Stimmung damals in Washington herrschte.
Achtzig Prozent der Amerikaner waren Isolationisten. Die amerikanische Bevölkerung will keine Kriege. Die Führung der Vereinigten Staaten, die Eigentümer dieses Landes, müssen jedoch Kriege führen, sonst

bekommen sie nicht das nötige Geld für das Pentagon, Summen, die dann an Boeing und Lockheed weitergereicht werden. Es ist also sehr wichtig, daß wir Feinde haben. Deshalb erschaffen wir immer wieder neue.

Das amerikanische Volk weiß dagegen nicht einmal, wo die entsprechenden Länder auf der Landkarte liegen. Wir haben ja kein öffentliches Bildungssystem, der Durchschnittsamerikaner hat fast überhaupt keine Bildung. Die Angehörigen der Upper Class sind natürlich besser ausgebildet, aber sie sind auch mit Propaganda vollgepumpt. Deshalb stekken wir in all diesen Schwierigkeiten, und das Volk weiß gar nicht, wie sehr es hinters Licht geführt wird."

FAZ: „Sie haben mehrfach darauf hingewiesen, daß die Vereinigten Staaten ihre Hauptfeinde - Saddam Hussein, nun Usama Bin Ladin - sehr persönlich angreifen, diese Feinde aber selbst mit Hilfe des CIA in den achtziger Jahren aufgebaut haben.

Gore Vidal: „Die Vereinigten Staaten neigen dazu, ausländische Individuen zu dämonisieren... Dies ist unsere Spezialität. Nur weil wir unsere Gegner dämonisieren, können wir all diese Kriege führen - seit 1945 sind es rund dreihundert. Seit Pearl Harbour hat uns kein Staat überfallen. Wir haben gegen andere Länder immer als erste losgeschlagen. Und wir hatten immer eine Entschuldigung dafür parat. Diese Länder beherbergten Terroristen oder sie schickten sich an, die freie Welt zu verlassen und kommunistisch zu werden. Mit solchen Begründungen hat Clinton eine Aspirinfabrik im Sudan bombardiert."

FAZ: „Die indische Schriftstellerin Arundhati Roy hat in dieser Zeitung geschrieben, daß die Vereinigten Staaten nicht verstanden haben, wie viel Wut und Ärger sich in der Welt gegen den Westen aufgestaut haben - Millionen Menschen seien seit 1945 durch US-Interventionen getötet. Warum gibt es in Amerika keinen Widerstand gegen solche Interventionen?"

Gore Vidal: „Ich sage Ihnen den Grund: Wir haben keine repräsentative Regierung. Das Volk ist nicht vertreten. Und wir haben keine politischen Parteien. Wir haben ein Ein-Parteien-System mit zwei rechten Flügeln, einer nennt sich Republikaner, der andere Demokraten. Aber beide werden von den großen Unternehmen finanziert. Die Republikaner stehen viel weiter rechts, sind reicher und vertreten die Kriegsinter-

essen wahrscheinlich etwas stärker als die Demokraten. Aber das ist der einzige feine Unterschied, den man ausmachen kann.
Jeder Abgeordnete wird bezahlt, denn die Kosten für Fernsehauftritte vor den Wahlen sind enorm. Die besser aussehenden Rechtsanwälte werden üblicherweise in den Senat oder ins Repräsentantenhaus geschickt. Das Volk hat aber überhaupt keine Verbindungen zu ihnen.
Natürlich gibt es Ausnahmen, vor allem in den kleineren Staaten, in denen die Kosten nicht so hoch sind. Aber ein kalifornischer Senator vertritt im allgemeinen Aerospace, den Krieg, Marschflugkörper und Atomwaffen. Jetzt gehen in Kalifornien wegen Energiemangel die Lichter aus."
FAZ: „Sie treten seit Jahren als Mahner auf. Warum hört Ihnen niemand zu?"
Gore Vidal: „Wir haben in Amerika eine Viertelmilliarde Menschen, von denen mehr als die Hälfte funktionale Analphabeten sind. Was ich schreibe, dringt nur zu den wenigen durch, die dann die vielen erreichen können. Nur ein Prozent der Amerikaner liest überhaupt Bücher.
FAZ: „Welche Perspektive sehen Sie für die Zukunft? Wie kann es besser werden?"
Gore Vidal: „Ich glaube, daß die Vereinigten Staaten definitiv ein Polizeistaat geworden sind. Daran kann man nichts mehr ändern, dazu sind zu viele Gesetze geschaffen worden, zum Beispiel Clintons Anti-Terror-Gesetz, das es erlaubt, die Armee gegen das eigene Volk einzusetzen - ein grober Verstoß gegen die gesamte Verfassungstradition und ihr Herzstück, die Bill of Rights. Das Schlimmste, was passieren kann, geschieht gerade..."
Der bekannte US-Autor Noam Chomsky macht sich in seinem Buch „The Attack. Hintergründe und Folgen" auch so seine Gedanken. Auf der Rückseite eines anderes Buches von ihm, und zwar „War Against People. Menschenrechte und Schurkenstaaten" finden sich sogar die folgenden ketzerischen Zeilen: Schurkenstaaten sind die USA und ihre Verbündeten, und die Menschenrechte sind ihr Vorwand, Gegenspieler und Opfer." Damit führt er die kritischen Gedankengänge weiter, die seit Jahren über die US-Politik äußert und die er 1992 in seinem Bestseller „What Uncle Sam really wants" besonders umfassend auf den Punkt gebracht hatte.

Damit wieder zur Gerüchtebörse um den 11. September.
Beispielsweise soll dem SPD-Geheimdienstexperten Andreas von Bülow laut folgendem Artikel in der Wochenzeitung Zur Zeit, Nr. 10/2002 - 8.-14-3. 2002, einiges spanisch vorkommen:
In Zusammenhang mit den Anschlägen vom 11. September machte sich Andreas von Bülow so seinen Gedanken und zeigte Ungereimtheiten auf: „60 entscheidende Minuten lang ließen Militär und Geheimdienste die Abfangjäger am Boden. 48 Stunden später jedoch präsentiert das FBI eine Liste von Selbstmordattentätern. Innerhalb von zehn Tagen stellt sich heraus, daß sieben dieser Leute noch leben. Ja, ja, und warum hat der FBI-Chef zu keiner Unstimmigkeit Stellung genommen? Woher diese Liste kam, warum sie falsch war? Wenn ich leitender Staatsanwalt in so einer Ermittlung wäre, würde ich regelmäßig vor die Öffentlichkeit treten und Auskunft darüber geben, welche Spur hinfällig ist und welche nicht... Eine Regierung, die in den Krieg zieht, muß in einem Verfahren zunächst feststellen, wer der Angreifer ist, der Feind. Hierfür ist sie beweispflichtig. Nach eigenem Eingestehen hat sie bis heute keine gerichtsverwertbaren Beweise vorlegen können."
Zur Behauptung, der mutmaßliche Anführer der Attentate in den USA, Mohammed Atta, sei noch am Morgen des 11. September von Portland nach Boston geflogen, um dort in die Maschine einzusteigen, die ins World Trade Center raste, meinte von Bülow: „Wenn dieser Atta der entscheidende Mann bei der Aktion war, ist es doch seltsam, daß er das Risiko eingegangen ist, äußerst knapp vorher erst mit einem anderen Flugzeug nach Boston zu fliegen. Hätte diese Maschine ein paar Minuten Verspätung gehabt, wäre er nicht im Flugzeug gewesen, das entführt worden ist. Warum sollte ein raffinierter Attentäter das tun? Man kann bei CCN übrigens nachlesen, daß keiner dieser Namen auf den offiziellen Passagierlisten stand. Keiner hat eines der vier Check-in-Verfahren durchlaufen. Und warum hat keiner der bedrohten Piloten über den Steuerknüppel den vereinbarten Signal-Code 7700 an die Bodenstation eingegeben? Außerdem: Die brand- und stoßsicher gebauten Flugschreiber und Stimmenaufzeichnungsgeräte aus dem Cockpit enthalten keinerlei auswertbare Daten."
Über die Attentäter sagte der Geheimdienstexperte: „Sie zahlten mit Kreditkarten auf ihren Namen, sie meldeten sich bei ihren Fluglehrern

mit Klarnamen. Sie hinterlassen Mietwagen mit arabischen Fluganleitungen für Jumbojets. Sie nehmen auf dem Weg in den Selbstmord Testamente und Abschiedsbriefe mit, die dem FBI in die Hände fallen weil sie falsch adressiert waren. Da wurden Spuren wie bei einer Schnitzeljagd gelegt, denen man ja folgen soll! Es gibt auch die Theorie eines britischen Flugzeugingenieurs: Danach ist den Piloten die Steuerung der Flugzeuge möglicherweise von außen aus der Hand genommen worden. Die Amerikaner hätten in den 70er Jahren einen Methode entwickelt, um entführte Maschinen durch einen Eingriff in die Computersteuerung zu retten. Diese Technik sei hier mißbraucht worden. Das ist eine Theorie..."

Von Bülow führt ferner noch an: „In der Woche vor dem Attentat haben sich die Umsätze im Wertpapierhandel bei den Fluglinien American Airlines, United Airlines und Versicherungen um 1.200 Prozent gesteigert. Es ging um etwa 15 Milliarden Dollar. Einige Leute müssen da etwas gewußt haben..."

Der Autor Wolfgang Eggert schreibt in seinem 2001 erschienen Buch "Out of the blue? Spuren des Terrors in Amerika" unter anderem:
Rückblickend kann man heute feststellen: Die Täter bestachen vor und während ihrer „Mission" durch eine perfektionistische Planung, Koordination und Ausführung. Aber - hier finden wir einen scheinbar unvereinbaren Gegensatz - die so offenkundig um Anonymität bemühte Organisation ließ scheinbar fahrlässig eine erstaunliche Menge von Hinweisen zurück. Ins Auge springende Spuren, welche der Polizei im Nachhinein die Arbeit geradezu kinderleicht machen sollten. Und welche jene islamistische Fährte legen sollten, die bis heute die Medien und Ermittler in Atem hält. So flogen die vermeintlichen Terroristen unter ihren arabischen Klarnamen, was bei einem Inlandsflug ermangels Ausweiskontrolle gar nicht einmal nötig gewesen wäre. Und selbst wenn es ein Gesetz vorgeschrieben hätte, so sollte erwartet werden, daß die Verdächtigen dann gefälschte Pässe benutzten. Allein schon um ihre Herkunft zu verwischen, denn bekanntlich wollte ja keine Organisation und erst recht kein Staat etwas mit diesem imageschädigenden Himmelfahrtskommando zu tun haben. Statt dessen aber zog es der Troß (oder jemand, der hinter ihm stand) lieber vor, „offen" zu fliegen und darüber

hinaus noch seine Tickets en bloc auf einer „unsauberen“ Kreditkarte zu buchen. Womit die betreffenden Personen dann im nachhinein aktenkundig werden konnten.
Als ob es darum ginge, die Behörden auch ganz sicher auf die „richtige“ Fährt zu führen, plazierte man dann einen Caravan am Flughafen Bosten, fertig bestückt mit den nötigen Beweisstücken: arabische Paßunterlagen, ein arabisches Flughandbuch, der Name einer Flugschule in Florida. Wohin die Behörden die Spur der publicitysüchtigen Terroristen dann weiterverfolgen konnte. Denn, was für ein Zufall, einige der Verdächtigen hatten in der Nähe von Miami - und nicht etwa in ihrer nahöstlichen Heimat - tatsächlich kurz vor dem Anschlag Flugstunden genommen. Und als ob das noch nicht reichen würde, meldete die Presse, daß in den Miet(!)-Autos der angeblichen Attentäter neben Koranbüchern Bilder des saudischen Dissidenten Osama bin Laden gefunden worden seien. Damit aber immer noch nicht genug: Folgt man dem Verständnis der Boulevardpresse und einiger leichtgläubiger Ermittlungsbeamten, dann ließ das Terrorkommando am Flughafen Taschen zurück, die Abschiedsbriefe enthielten. Dazu detaillierte Entführungsanweisungen und - wie es sich für Muslime, die Böses im Schilde führen, zu gehören scheint - religiöse Vorbereitungszeremonien. Jeder Terrorist soll die verräterischen Papiere erhalten und quasi als Andenken in seinem Gepäck verstaut haben, wohl für das spätere „Check Out“.
Die Fährte ist klar angelegt. So klar, daß es stutzig machen muß. Auch weil es ganz direkte Widersprüche gibt. Nur ein Beispiel: Die Journalistin und Anwältin Barbara Olsen, konservative Kommentatorin bei CNN, zählt zu den Opfern der auf das Pentagon gestürzten Maschine. Sie konnte vor dem Absturz zwei mal mit ihrem Mann Ted telefonieren, einem hohen Justizbeamten der Bush-Regierung. Sie teilte ihm unter anderem mit, daß das Flugzeug auf das Pentagon zusteuere. Sie äußerte sich aber nicht über die Nationalität oder Hautfarbe der Entführer. Das erscheint merkwürdig. Was wäre die normale Reaktion einer weißen Journalistin, einer geschulten Beobachterin aus konservativem Umfeld, wenn Farbige, Araber oder fremdsprachige Menschen ihr Flugzeug gekidnappt haben und sie ein Notfall-Telefonat führt? Würde sie diese wichtige Nachricht nicht mit einem Wort erwähnen? Sollte man daraus nicht den Schluß ziehen, daß es sich bei den Terroristen um akzentfrei

sprechende Weiße gehandelt haben muß? Dieser Zusammenhang potenziert sich vor dem Hintergrund, daß neben Barbara Olsen auch andere Passagiere des betreffenden Flugzeugs Angehörige antelefonierten. Und auch sie konnten eine Spezifizierung der Täter an Äußerlichkeiten nicht vornehmen.

Dem Magazin für internationale Politik, Kultur und Entwicklung SÜDWIND Nr. 4 vom April 2002 (seriöser geht es kaum) kann man unter anderem entnehmen:
Ebenso strategielos nimmt sich das Verteidigungsbudget für 2003 aus, das nun dem Kongreß vorliegt. Es sieht mit 379 Mrd. US-Dollar die kräftigste Steigerung seit der Amtszeit Ronald Reagans vor - 48 Mrd. mehr, und das nach einer Erhöhung um 33,5 Mrd. Dollar im laufenden Jahr - und scheint dem Gießkannenprinzip zu folgen.
Der Krieg gegen den Terror sei bloß ein Vorwand für diese gewaltige Aufrüstung, ätzte der US-Ökonom Paul Krugman: „Wir Nicht-Verteidigungsexperten sind etwas verblüfft, warum eine Attacke von Verrükkten mit Teppichmessern rechtfertigt, 15 Mrd. Dollar für 70 Tonnen schwere Artilleriegeschütze auszugeben oder drei verschiedene fortgeschrittene Kampfflugzeugtypen zu entwickeln."
Immerhin hat das bereits nach dem 11. September geöffnete staatliche Füllhorn dazu beigetragen, eine Rezession im vierten Quartal zu verhindern. Die Rüstungsindustrie wird auf Kosten der US-Steuerzahlerinnen und letztlich der ganzen Welt bedient, und auch die Ölbranche, prominent vertreten in dieser Administration, kann mit dem Anti-Terror-Krieg zufrieden sein - ihre Interessen decken sich mit der neuen US-Militärpräsenz in Zentralasien.
Und an anderer Stelle:
„Ein Narr, wer in der Wertegemeinschaft die Menschenrechte vom Erdöl trennt", meint der Hamburger Völkerrechtler Norman Paech in einer Analyse des NATO-Statuts von 1999, das Interventionen bei der „Unterbrechung der Zufuhr lebenswichtiger Ressourcen" vorsieht.
Und auch beim „Krieg gegen den Terror" ist das Erdöl nicht weit: Die Schachzüge der USA seit dem 11. September fügen sich fast perfekt in eine Strategie zur Kontrolle der bislang noch kaum erschlossenen Erdöl- und Erdgasressourcen im und um das Kaspische Meer, nach den Öl-

und Gasfeldern am Golf wahrscheinlich größten Lagerstätten der Welt. Mit dem Aufbau einer auf Dauer angelegten militärischen Präsenz in Zentralasien - in Usbekistan, Tadschikistan und Kirgisistan; mit Kasachstan wird verhandelt - und dem Sturz des Taliban-Regimes sind die USA diesem Ziel um einiges näher gekommen.

Im Buch „Trümmer für den Feldherrn - Hinter den Anschläge vom 11. September 2001“, das im Oktober 2001 erschienen ist, liest man beispielsweise dies:
Zumindest, so wollen wir festhalten, zeigte sich die Wirtschaft der USA seit geraumer Zeit bereits reges Interesse an Afghanistan. 1995 beschlossen die Staaten Turkmenistan, Afghanistan, Pakistan und Usbekistan den Bau einer Gaspipeline, die vom Kaspischen Meer bis Indien führen sollte. Nutznießer war das Energie-Konsortium Unocal (United Oil of California) und die saudiarabische Delta Oil, die zusammen 85% der Aktien hielte. Außerdem waren im kleinen Umfang beteiligt Turkmenrusgas aus Turkmenistan, die Crescent Group aus Pakistan, die russischen Gazprom, die Hyundai Engineering & Construction Company von Süd Korea sowie Inpex und Itochu aus Japan. Die Aufgabe des Konsortiums bestand darin, besagtes Projekt zu prüfen und sich an seinem Bau zu beteiligen, so geschah es 1997. Doch am 8. Dezember 1998 zog sich Unocal von dem Projekt zurück da die afghanische Regierung für das Unternehmen ein zu großes Risiko darstellte. Gleichzeitig übte Unocal jedoch auch Druck auf das CentGas-Konsortium aus, weil man fürchtete diese würden das geplatzte Projekt übernehmen und zwar solange, bis eine neue Regierung in Afghanistan an der Macht sei. Die Delta Oil übernahm jetzt das Ruder und die Gespräche um das Projekt wurden auf Wunsch von Turkmenistan, Pakistan und Afghanistan 1999 wieder aufgenommen. Aber den Bau begann man nicht, der Westen hatte schnell klar gemacht Investitionen von ihnen seien nicht zu erwarten. Die USA verhängte dann Sanktionen gegen Afghanistan, in dem man US-Firmen verbot in den 90% des von den Taliban kontrollierten Landes zu investieren.
Am 14. November 1999 folgte die UNO dem amerikanischen Vorbild. Gleichzeitig wurden aus Pakistan mehrmals Berichte verlautbart, daß Uncoal immer noch ein wichtiger Faktor im Projekt sei. Die Firma be-

stritt jedoch immer wieder noch Interesse an der Pipeline zu besitzen. Neben diesem Projekt verfolgte Unocal noch ein weiteres, die Central Asia Oil Pipeline. Dieses sollte eine 1000 Meilen lange Verbindung zwischen Chardzou in Turkmenistan und der Pakistanischen Küste herstellen. Auch diesmal lag in der 1000 Meilen langen Pipeline, die eine Millionen Barrel täglich von den westsibirischen Ölfeldern zum Meer transportieren sollte, Afghanistan im Weg. Dieses Projekt umfaßt ein Investitionsvolumen von zwei Milliarden US-Dollar.
Ausgerechnet die Staaten, welche von beiden Projekten profitieren, Saudi-Arabien, Pakistan, Rußland, Japan, USA und auch Südkorea, gehören der Anti-Terror-Koalition an. Unocal war ein offizieller Sponsor der Wahlkampagne von George W. Bush. Genauso wie die Firma Lokkheed, welche die F-15 und F-16 Kampfflugzeuge herstellt die Afghanistan bombardieren, ebenso erlangte sie einen gigantischen Rüstungsauftrag für ein neues Kampfflugzeug im Wert von 140 Milliarden Dollar.
Und in den „ergänzenden Anmerkungen zum Buch durch die Redaktion des Verlages" liest man:
Die beiden nachfolgenden Texte wurden uns per Mail ohne Kommentar weitergeleitet. Wir sind der Meinung, daß Sie sich über die nachfolgenden Berichte eine Meinung bilden sollten und wir diese Ihnen keinesfalls vorenthalten wollten (hier der erste der genannten Berichte):
Michael C. Ruppert, ehem. Polizeibeamter in Los Angeles, schreibt im Onlinemagazin „From The Wilderness" unter www.copvcia.com: Afghanistan lieferte bis vor kurzem 75% des Welt-Rohopiums, mit dem sich u.a. der CIA finanziert.
Dieser war maßgeblich am Bau der Labors zur Heroin-Produktion beteiligt. Den Bauern wurden 300 Dollar/Kilo gegeben, während der Stoff beim Großhändler 10.000 Dollar/Kilo erbringt. Solche Handelsspannen gibt es nirgends sonst.
Besonders daran interessiert ist auch Tony Blair in Fortsetzung der Tradition der Ostindischen Gesellschaft der Britischen Krone, die den Mohnhandel mit China kontrollierte. Deswegen stellt Andreas v. Bülow, ehem. Bundesforschungsminister, in seinem Buch „Im Namen des Staates", München 1999, fest: „Bei 75% aller großen Fälle stoßen die Drogenfahnder auf die schützende Hand der Geheimdienste." Im Jahre 2000

jedoch ließ die Taliban-Regierung die gesamte Heroinernte vernichten und stieg aus dem Drogengeschäft aus. Die von der CIA unterstützte „Nordallianz“ hat hingegen zugesichert, den Opium-Anbau wieder aufzunehmen, wenn sie an die Macht kommt. Die Reingewinne aus dem Drogengeschäft bewegen sich jährlich im Billionen-Dollar-Bereich. (Zitate Ende)

Einen Trip in Ehren kann niemand verwehren

Wissen Sie, wieviele „Rauschgiftkranke“ (so der Terminus, seit sogar „Drogenkonsument“ als zu diskriminierend empfunden wird) es 1945 in den Vereinigten Staaten gab, in einer Nation mit damals bereits über 200 Millionen Bürgern? Der US-Journalist Jonathan Vankin gibt die Antwort: Gezählte 20.000, eine vernachlässigbare Größe. Vor dem Krieg war die Zahl zehnmal so hoch gewesen, aber in dem Sicherheitsnetz, das die USA gegen das Eindringen von Spionen und Saboteuren um ihr Land zogen, fingen sich auch Rauschgiftschmuggler.
Die geringe Zahl von 20.000 Süchtigen wäre durch Maßnahmen leicht zum Verschwinden zu bringen gewesen, die im Vergleich zum immer noch tobenden „Krieg gegen die Drogen“ mehr als milde angemutet hätten. Da in diesen fernen Tagen Alkohol und Drogen meist nicht von Jugendlichen oder gar Kids, sondern von Erwachsenen konsumiert wurden, sind Fachleute überzeugt, daß damals die Chance für ein wenigstens drogenfreies Amerika größer war je zuvor. Der Moment verstrich. Manche meinen, er wurde nicht nur verstreichen gelassen, sondern es wurde sogar der Grundstein für eine völlig andere Entwicklun gelegt.
Nach immer wieder verbreiteter Ansicht waren Drogen der Lebenssaft, der ab 1965, ausgehend von den USA, nach und in jeder größeren Stadt des Westens Hippiezentren und Wohngemeinschaften von befreiender Spontaneität ohne Gebär- und sonstige Zwänge entstehen ließ. Allerdings brachte diese Gegenkultur nicht ausschließlich die Abkehr von Repression und Aggression mit sich, sondern auch Bandenkriege, steigende Gewalt, Prostitution und Mord.

Zwischen 1992 und 1995 ist laut einer Studie des US-Gesundheitsministeriums der Drogenkonsum von Zwölf- bis Siebzehnjährigen um achtundsiebzig Prozent angestiegen. Die Zahl der Kinder und Jugendlichen, die mindestens einmal im Monat Kokain nehmen, erhöhte sich sogar um 166 Prozent! 1997 mußte laut Zeitungsmeldungen Thomas Constantine von der US-Drogenpolizei zugeben, daß der Kampf gegen das Rauschgift immer aussichtsloser wird. Allein im US-Bundesstaat Ohio waren siebzig Prozent aller straffällig gewordenen Jugendlichen unter einundzwanzig Jahren rauschgiftsüchtig.
Wie flächendeckend die Entwicklung fortschreitet, kann man den Medien entnehmen, die laufend Horrorzahlen melden, beispielsweise, daß auch in Europa das Einstiegsalter für Alkoholiker auf 8 Jahre, und für Beginner einer „Drogenkarriere“ auf 10 Jahre abgesunken ist, und weiter heruntergeht. Wie etwa das Nachrichtenmagazin FOCUS meldete, schlägt auch Deutschlands Drogenpolizei immer wieder Alarm weil die Mode- und Partydroge Ecstasy, deren Folgen tödlich sein können, rasant im Vormarsch ist. Jugendliche werfen Ecstasy- und oft noch gefährlichere Tabletten ein, um beim Discobesuch das Abtanzen bis zum nächsten Morgen „durchhalten zu können“, oder um bei der Fete „gut drauf zu sein“. In einem einzigen Jahr ist die Zahl der Erstkonsumenten offiziell um 65 Prozent gestiegen. Die Dunkelziffer dürfte weit höher liegen, wofür nach Ansicht der Polizei allein die Berge an beschlagnahmten Tabletten ein Indiz sind.
Eine Lehrerin in Metz im deutschen Lothringen dürfte ein Aha-Erlebnis der besonderen Art gehabt haben als sie erfuhr, warum eine ganze Berufsschulklasse vor ihren Augen in Schlaf versunken war. Die Teenager hatten nämlich Beruhigungsmittel genommen, weil ihr Haschischdealer an dem Tag nicht lieferte.

Junkies mit Schnuller

Wo könnte dieser Bericht aus einer großen Monatszeitschrift wohl spielen?: Das acht Monate alte Baby schwebt in einem schlafähnlichen Dämmerzustand in der Fruchtblase, wie die Eltern und ein Arzt auf dem Ultraschallmonitor sehen. Der Herztonmesser schreibt eine schwache

Zitterlinie auf den Papierstreifen. Der Mediziner weiß, was die Kurve klar und deutlich aussagt: der Embryo ist vollgepumpt mit Heroin und einer Palette weiterer harter Drogen.
Während die Eltern des Rauschgiftbabys mit gläsernem Blick auf den Monitor starren, bekommt ihr Nachwuchs via Nabelschnur nahezu ungefiltert einen Cocktail aus Heroin, Kokain und Rohypnol-Tabletten zugeführt, den sie sich vor der Schwangerschaftsuntersuchung noch reingezogen haben. „Schadet der Ultraschall dem Kind nicht?" lallt der Vater bizarrerweise und fällt dabei fast vom Sessel. Der Mediziner ist frustriert. Er weiß, daß der Herztonmesser in einigen Stunden wilde Zick-Zack-Kurven auf das Papier malen wird, die ersten Anzeichen von Entzugserscheinungen. „Bunte Herztonkurve" nennt sich das Entzugsmartyrium des Ungeborenen schönfärberisch.
Der Entzug selbst kann auf dem Monitor deutlich verfolgt werden. Der winzige Körper beginnt unter schweren Krämpfen zu zittern, zu strampeln, sich zu drehen und winden. „Beruhigung" tritt erst ein, wenn er von der Plazenta mit neuem „Stoff" versorgt wird. Das klassische Erscheinungsbild schwerer Rauschgiftsucht. Im Mutterleib!
Spätestens jetzt dürfte klar sein: Solches kann sich nur einer der Hochburgen des Drogenkonsums in den USA ereignet haben. Weit gefehlt. Szenen wie diese gehören sogar in Wien zum Alltag am Allgemeinen Krankenhaus und in anderen Einrichtungen. Mittlerweile haben sich einige Wiener Kinderkliniken und Geburtsstationen auf den Entzug bei Neugeborenen spezialisiert.
Wenn es auf der „Insel der Seligen", dem schönen Österreich, schon so zugeht, wie dann erst in den USA?
Entsprechend.
Dort hat das Drogenproblem laut Expertenaussagen bereits unvorstellbare Ausmaße angenommen. In den größeren amerikanischen Krankenhäusern finden die Ärzte bereits bei rund einem Drittel aller Neugeborenen illegale Substanzen im Harn. Für die im Mutterbauch süchtig gewordenen Embryos gibt es bereits eigene Crack-, Speed-, oder Ice-Stationen, die „nachgerüstet" werden müssen, wenn eine neue Droge unter die Jugendlichen kommt.
Um sich auch nur die geringste Vorstellung zu machen, welche Lawine auf die Zivilisation zurollt - und um Verteidigern des Drogenkonsums

etwas zum Nachdenken zu geben - muß man sich klar machen, was es heißt, süchtig geboren zu werden.
Die dadurch verursachten Schäden sind meist irreparabel und entstehen schon bei der Zeugung. Amerikanische Studien zeigen, daß Kokain schon bei der Befruchtung über den Samen in das Ei gelangt. Ein nicht genau bestimmbarer Prozentsatz von Drogenbabys stirbt vor der Geburt weil die Leibesfrucht durch die rauschgiftbedingte starke Chromosomenschädigung selbst abgeht oder weil die Mütter abtreiben. Drogen-Kinder, die das Licht der Welt erblicken, werden meist mit einem verkleinerten Kopf- und Hirnbereich (Mikrozephalus) geboren, was verminderte Intelligenz oder geistige Behinderung bedeutet. Es treten grauenhafte äußerliche Entstellungen wie „verschobene (dismorphe) Gesichtszüge“ auf. Dazu kommen Leber- und Nierenschäden sowie solche im Genitalbereich, Skelett-Anomalien und andere Defekte. Die Entzugskrämpfe im Mutterleib verursachen beim Fötus geplatzte Blutgefäße und innere Blutungen. Untergewichtigkeit ist die Regel. Es wurden schon Drogen-Säuglinge mit 900 Gramm auf die Welt gebracht.
Etwa vierundzwanzig Stunden nach der Geburt beginnt für diese Neugeborenen ihre persönliche, aber nicht selbst gewählte Drogenhölle. Die kleinen Körper verlangen nach Stoff. Entzugserscheinungen mit Krämpfen und unerträglichen Schmerzen setzen ein. Die rauschgiftsüchtigen Babys winden sich mit schrillen Schmerzensschreien im Inkubator. In den ersten Stunden müssen sie künstlich beatmet und ernährt werden.
Erst Tage später sind erste Schlückchen aus der Flasche möglich. „In diesem Zustand müssen Barbiturate zur Beruhigung verabreicht werden, sonst würden die kleinen Opfer die ersten Wochen kaum überleben“, erklärte ein Arzt auf einer Neugeborenenstation. Nach einem unbeschreiblichen Entzugsmartyrium von sechs bis acht Wochen sind viele Drogensäuglinge zwar „clean“. Von ihren Defekten und Entstellungen können sie natürlich nicht befreit werden. Meist landen sie in staatlicher Obhut.
Fast alle Drogenbabys kommen ungewollt und vor allem unerwartet, da Frauen bei jahrelangem Heroinkonsum keinen Eisprung mehr bekommen. Manchmal passiert „es“ dann zur größten Überraschung dennoch. Die Vorstellung, Schwangerschaft würde Frauen zum Abbruch ihrer

Drogenkarriere bringen, ist eine Schimäre. Studien belegen, daß die Rückfallquote der Frauen um die 95 Prozent beträgt. Fast alle der untersuchten Mütter nahmen trotz guter Vorsätze in der Schwangerschaft weiter harte Drogen. Schon wenige Tage nach der Geburt steigern fast alle Mütter den Drogenbedarf weil sie von ihren Mutterpflichten überfordert werden. Hand in Hand damit geht die bekannte „Wochenbettdepression", die bei Rauschgiftsüchtigen besonders stark ausgeprägt ist. Süchtigen Müttern kann der Mutterinstinkt durch die regelmäßige Einnahme von Drogen abhanden kommen. Sozialarbeiter kennen Fälle, in denen Säuglinge oft mehrere Tage allein in ihren vollen Windel liegen und sich die Seele herausschreien weil ihre Mutter „Stoff" besorgen muß.
„Gesellschaftliche Fortschritte" solcher Art wären für unseren hypothetischen Zeitreisenden aus den 1960er-Jahren ein weiterer Grund um an seinem Verstand zu zweifeln - oder an dem der Menschheit. Und sie würden ihn sicher zu der naheliegenden Frage animieren: „Wie konnte das geschehen?" Mit Absicht, so argumentieren nicht wenige Journalisten, Autoren und Fachleute.

Wie Ratten im Labyrinth

Vor, im, und seit dem zweiten Weltkrieg sollen geheime CIA-Projekte zur Bewußtseinskontrolle im Gange gewesen sein. Manche befürchten sogar, sie sind es immer noch. Bei diesen Programmen soll alles zum Einsatz gekommen sein, was die Wissenschaft zu bieten hat: von Drogen über das Einpflanzen von Gehirnimplantaten bis zu telepathischer Fernsteuerung. Ein Ziel dieser sinistren Vorgänge war, so wird behauptet, eine tiefgreifende Gesellschaftsveränderung durch Drogenkonsum, verbunden mit einer „Umwertung der Werte". Als Durchführungsorgan der vermuteten gezielten Gesellschaftsveränderung wird die CIA unter Allen Dulles, dem Bruder des Außenministers John Foster Dulles, geortet. Allen Dulles wiederum soll zu all dem von Richard Helms animiert worden sein, der später selbst CIA-Direktor wurde.
Die fraglichen Bewußtseinsveränderungsprogramme trugen neckische Namen wie „Artichoke" (angeblich weil CIA-Chef Allen Dulles diese

Frucht schätzte), „MK-ULTRA“ (abgeleitet vom alliierten Sabotageprogramm ULTRA im Zweiten Weltkrieg hinter den deutschen Linien), „MK-DELTA“, „Bluebird“, „Chatter“, etc. Sie sollen unter Einbeziehung des „National Institute for Mental Health NIMH“ in Bethseda, Maryland, der legendären Drogenhochburg Harvard-Universität in Cambridge, Massachusetts, sowie der Haight-Ashbury-Klinik im gleichnamigen Stadtteil von San Francisco, Kalifornien, stattgefunden und so manches in die Wege geleitet haben, von dem wir heute umgeben sind und nicht wissen, wieso.

In den Mauern der von staatlichen Stellen wie von Rocksängern und anderen Vertretern der Gegenkultur finanzierten Haight-Ashbury-Klinik entstand das erste Ghetto süchtiger weißer Jugendlicher in den USA. Darüber hinaus sollen dort angeblich auch Charles Manson und seine Mädchen wie Laborratten konditioniert worden sein, um nach ihrer Entlassung zu zeigen, wie sie gut sie funktionieren.

Häftlinge sollen Drogen erhalten haben und aufgefordert worden sein, ihre Mitgefangenen mit Rauschgift zu versorgen. So behandelte Häftlinge sollen in immer größerer Zahl freigelassen und im Rahmen des Unterprojektes „contact“ mit Harvard-Studenten in sogenannten „buddy systems“ zusammengebracht worden sein - sozusagen die nächste Stufe nach Massenversuchen in den frühen 1950er-Jahren. Journalisten wie der für Recherchen über geheime Aktivitäten mit dem Pulitzerpreis ausgezeichnete Tim Weiner behaupten, die CIA hätte etwa die Hälfte des LSD das in den 1960er-Jahren an amerikanischen Universitäten konsumiert wurde, direkt oder indirekt vorfinanziert. 1953 soll der damalige CIA-Chef Allen Dulles – bekanntlich der Bruder des amerikanischen Außenministers John Foster Dulles – zu Projektbeginn bei Sandoz in der Schweiz hundert Millionen LSD-Trips bestellt haben. Diese Menge überforderte sogar diesen Pharmagiganten, so daß in den USA nachgekauft werden mußte.

Die psychedelische Lawine rollte somit an. Sie rollt, so klagen nicht wenige, immer noch - vom Massen-LSD-Trip der 1960er-Gegenkultur bis zu Rave-Parties der Neunziger, bei denen massenweise Drogen konsumiert werden, was laut öffentlicher Kritik von hilflosen Behörden ebenso apathisch wie bekämpfungsunwillig zur Kenntnis genommen wird.

Bezeichnend empfinden manche in dem Zusammenhang die statistisch belegte Tatsache, daß die Wahlbeteiligung im selben Maße abnimmt wie der Drogenkonsum steigt. Die Wechselwirkung ist unbestreitbar - und vielleicht gewollt, wie manche vermuten. Mehr darüber in meinen Büchern „Jenseits des Vorstellbaren“ und „Geheime Bünde & Verschwörungen“ (siehe meine Homepage www.farkas.at.)

Roboter-Attentäter

Neben den, aus welchen Gründen auch immer gewünschten Veränderungen der Gesellschaft durch Veränderung der Hirne - um es salopp auszudrücken - soll es noch andere Zielsetzungen gegeben haben. Nach Ansicht von Journalisten, die besagte Programme Jahrzehnte später ans Tageslicht brachten, waren sie auch dazu gedacht, den perfekten Agenten zu schaffen. Geschichtliche Vorbilder sind bekannt. Beispielsweise die persisch-syrischen Assassinen (korrekter Hashishim), die im elften bis dreizehnten Jahrhundert zwischen Teheran und Kaspischem Meer für den jeweiligen, in der Festung Alamut im Elbrusgebirge residierenden „Alten vom Berge“ wie menschliche Roboter Mord- und sonstige Aufträge ausführten. Daß sie dabei in der Regel ums Leben kamen, störte die Assassinen nicht sonderlich, da sie mit Rauschgift abgefüllt waren. Der Sprachstamm bedeutet im Arabischen Haschischesser, und im Englischen und Französischen naheliegenderweise Attentäter (assassin).Dieser Geheimkult ist aus den Ismaeliten hervorgegangen und soll laut Ansicht einiger Historiker nach seiner Vernichtung durch die Mongolen von den Templern weitergetragen worden sein, die tatsächlich einige Assassinen-Symbole übernahmen. Die Assassinen sollen einen Anteil am schlußendlichen Niedergang der einstmals in Bagdad in höchster Blüte stehenden Renaissance der Wissenschaften des antiken Griechenland - Aristoteles galt als großes Vorbild und als „erster Lehrer“ - gehabt und die Hinwendung zum Fundamentalismus gefördert haben. Das altgriechische Ideal, das im Abendland Jahrhunderte lang vom dunklen Mittelalter verschlungen war, trat damals in der Welt des Islams den Rückzug an, möglicherweise nicht ganz ohne Nachhilfe durch geheime Mächte.

In seinem 1976 erschienenen Buch „The Control of Candy Jones" führt der Autor Donald Bain aus wie ein Pin Up Girl durch solche Methoden als Kurier für die CIA programmiert wurde. Ihr „Kontrollor" könnte ein Psychiater namens William Joseph Jennings Bryan gewesen sein, das vermutete der Journalist Walter Bowart. Derselbe Bryan, der bei dem John Frankenheimer-Film „Botschafter der Angst" (The Manchurian Candidate) Fachberater war. In dem Streifen, der auf dem Buch von Richard Condon aus dem Jahr 1959 basiert, fällt ein GI im Koreakrieg in die Hände des kommunistischen Gegners. In Gefangenschaft wird er durch Gehirnwäsche zum willenlosen Attentäter konditioniert. Sein Programmierer selbst spricht nicht von Gehirnwäsche, sondern, davon, das Gehirn seines Opfers chemisch geputzt zu haben. Ein passender Vergleich. „Nur" ein Film. Trotzdem zweifeln manche die Herzattacke an, die den Berater Dr. Bryan im Alter von fünfzig Jahren überraschend dahinraffte.

Offiziell lief das MK-ULTRA-Programm von 1953 bis 1964, bis 1973 jedoch noch weiter unter dem Namen MK-SEARCH. Es ist trotz aller Bemühungen ruchbar und sowohl von der Unterhaltungsindustrie aufgegriffen worden (beispielsweise 1997 in Richard Donners Verschwörungsmarathon „Fletchers Visionen/Conspiracy Theory", in welchem Film MK ULTRA als geheimes Gehirnwäscheprogramm wörtlich genannt wird). Der für den 11. Juni 2002 in Programmzeitschriften angekündigte ZDF-Report „Die dressierten Killer. MK Ultra - Das Geheimprogramm der CIA" wurde ohne Angabe von Gründen durch einen anderen, nicht aktuellen und wohl auch nicht verfänglichen Bericht über „Väter bei der Geburt" ersetzt.

Seit 1974 werden die Behörden durch das Gesetz zum freien Informationszugang „Freedom Of Information Act FOIA" gezwungen, Unterlagen über die ihnen vorgeworfenen Bewußtseinsveränderungsprogramme wenigstens teilweise herauszurücken. Ein Teilsieg, wie beklagt wird, da nicht wenige Dokumente aus Gründen der Staatssicherheit mit schwarzen Stellen unkenntlich gemacht wurden. Außerdem brannte unglücklicherweise das eine oder andere Archiv aus ehe es seinen Inhalt freigeben konnte. Pech eben. Nicht zu vergessen die vom damaligen CIA-Direktor Richard Helms angeordnete Vernichtung eines Großteils der MK-ULTRA Dokumente wegen eines „überbordenden Papierproblems"; eine an sich illegale Aktion, wie der Autor John Marks anmerkt. Kurzum: Es konnte nur auf einen Bruchteil des ursprünglichen Materials zugegriffen werden, das überdies entkeimt, zensiert und nicht vollständig herausgerückt wurde. Aus dem Jahr 1975 findet sich ein Regierungsdokument, in dem gefordert wird, „MK-Ultra" streng geheim zu halten, da es als gesetzwidrig einzustufen sei.

Zur allgemeinen Verblüffung gestanden CIA und andere Stellen ein, es habe Ansätze zu bewußtseinsverändernden Aktivitäten gegeben, erklärten aber im selben Atemzug, die Versuche seien alle fehlgeschlagen. Die erstaunliche Bereitwilligkeit, eigene Agenten und Mitarbeiter als inkompetente Stümper zu bezeichnen stieß auf Mißtrauen. Nicht alle wurden von dieser freiwilligen Selbsterniedrigung überzeugt. Die meisten Aufdecker hielten CIA-Agenten keineswegs für Vollflaschen und argumentierten, daß diverse Geheimprogramme (etwa das Organisieren von Staatsstreichen in anderen Ländern) wie geschmiert abgelaufen sind. Auch werden lebhafte Zweifel daran geäußert, daß einer Organisation mit fast unbegrenzten Mitteln nicht gelungen sein soll, was Sekten immer wieder zustande bringen: Unterwerfung vom Erdulden extremer Sexpraktiken sowie die Bereitschaft zum Mord und zu anderen Bluttaten für den jeweiligen Guru, Selbstmord eingeschlossen.

Als die (wenigen) bekannt gewordenen Umtriebe zu heftigen Reaktionen der Öffentlichkeit führten, verbot der Kongreß im Jahr 1977 jede weitere Forschung und alle Experimente in Richtung Bewußtseinsveränderung. Später enthüllte der frühere CIA-Agent Victor Marchetti und zeitweilige Stellvertreter von CIA-Chef Helms, die Programme wären seit dem Verbot lediglich besser geheimgehalten worden. Kurz vor seinem Tode vertraute der CIA-Veteran Miles Copeland in einem Interview mit dem Autor John Marks („The Search for the Manchurian Candidate") einem Journalisten an, daß „die Kongreß-Subkomitees, die mit der Sache befaßt waren, nur den Hauch eines Schimmers erspäht hatten." Was auch für anderes gelten könnte...

Kiss the Boys Goodbye

1990 veröffentlichte der Spionagefachmann William Stevenson gemeinsam mit seiner Frau Monika Jensen-Stevenson, einer früheren Reporterin und Produzentin der TV-Sendung „60 Minutes", ein Buch dem mit beziehungsvollen Titel „Kiss the Boys Goodbye". Darin wird dokumentiert, die CIA und das Militär hätten nach dem Ende des Vietnamkrieges Bemühungen zur Rückholung in Vietnam verbliebener amerikanischer Kriegsgefangener zu unterdrücken versucht. Die Rettung der Verschollenen (Missing in Action) fand anscheinend primär in heroischen Filmen durch John Rambo, Chuck Norris und andere Einzelkämpfer statt.

Wie nachzulesen ist, soll der Grund dafür, warum die Regierung so wenig Interesse an den in Dschungellagern vegetierenden US-Boys zeigte, schlicht und einfach der gewesen sein, daß manche Soldaten daheim zuviel über die großangelegten Drogenoperationen hätten aussagen können, die im „goldenen Dreieck" von der CIA betrieben wurden. Beispielsweise soll die angebliche „CIA-Luftlinie", die legendäre „Air America", Rohopium aus und nach Laos geflogen haben um den illegalen Krieg in Laos zu finanzieren, ohne den Kongreß behelligen zu müssen. Nicht unbeträchtliche Mengen von Heroin, hergestellt in CIA-Anlagen, sollen an GIs in Südostasien verkauft worden. Das versuchte ein regionales Drogenproblem, und nach der Heimkehr der gestonten Armeeangehörigen auch in den USA.

Der Autor James Mills verbrachte fünf Jahre damit dem internationalen Drogenhandel für sein Buch „The Underground Empire" bluthundartig nachzuspüren. Er bemerkt dazu: „Man muß kein CIA-Hasser sein, um bei einer Wanderung rund um die Welt und bei der Betrachtung eines wesentlichen Drogenkartells nach dem anderen, mit Erstaunen die Häufigkeit zur Kenntnis zu nehmen, mit der man auf die frischen Spuren amerikanischer Geheimagenten stößt."

Kein Kommentar meinerseits zu dem Kommentar von Autor Mills, wie auch zu all den anderen ungeheuerlichen Behauptungen, die in Amerika seit Jahren für Kontroversen sorgen. Vielleicht ist es das Beste, einfach die Worte des ehemaligen Direktors des „Belastungslabors der US-Armee" Dr. Wayne Evans zur Kenntnis zu nehmen, der 1961 erklärte:

„Es sollte bekannt sein, daß die Welt, wie sie in fünfzehn Jahren existieren wird, heute bereits in den Forschungslabors vorhanden ist.“

Alpträume für jeden Geschmack

„Wenn Wahlen etwas bewirken könnten,
wären sie selbstverständlich verboten.“
Böses Volkssprichwort

Manche wollen sich nicht mit der Frage quälen, ob all das und andere Horrorszenarien tatsächlich offiziell geplant sein können. Für sie ist es schlichtweg unvorstellbar, daß in Demokratien mit den eigenen Bürgern dermaßen umgesprungen wird. Frohnaturen, die nicht einmal bei den täglichen Medienberichten dann und wann ein Gefühl bedrohlicher Unwirklichkeit beschleicht, müssen sich die Frage gefallen lassen: Noch immer nicht desillusioniert genug?
Ein kurzer Blick auf andere Vorgänge jenseits aller Skrupel dürfte so manches hehre Weltbild erschüttern - und umfassendere Zusammenhänge von noch erschreckenderer Abgründigkeit erahnen lassen.
Der Reiz der amerikanisch-kanadischen Kult- und Erfolgsserie Akte X (X-Files) liegt zweifellos in der permanenten Frage, wo die Realität aufhört und die Fiktion beginnt. Manches darin behandelte mutet jedoch dermaßen monströs an, daß man es dem Bereich der Dichtung zuordnet, wie da wäre: Menschenversuche in den USA, geheime Lager, in denen an Kranken herumexperimentiert wird, eingeschleuste „Fachleute“ aus Nazi-KZs oder aus japanischen Folterlagern, Bespitzelung und Terror, das kann doch nur erstunken und erlogen sein. Wirklich?
Anfang der 1990er-Jahre ging durch die Medien, die US-Energieministerin Hazel O'Leary hätte aufgedeckt, Krankenhauspatienten und Häftlingen sei ohne deren Wissen oder gegen ihren Willen Plutonium gespritzt worden. Behinderten Kindern wäre radioaktive Milch, Neugeborenen mit Atembeschwerden Chrom 50 und schwangeren Frauen sowie alten Menschen radioaktive Eisenpräparate verabreicht worden. Und das angeblich im Rahmen einer Studie der Harvard-Universität,

deren Name im Zusammenhang mit MK-ULTRA und geheimen Drogenprogrammen bereits gefallen ist.
An der Vanderbildt-Universität sollen Hunderte werdende Mütter radioaktiv bestrahlt worden sein. Das - wohl nicht unerwartete - Ergebnis: Kinder, die von den Testmüttern hinter geboren wurden, erkrankten häufiger an Krebs.
In Boston wurde nach Berichten Hirntumorpatienten Uran-235 verabreicht um in Erfahrung zu bringen, ab wann Strahlenbelastungen schlagend werden. In Kooperation mit der Harvard-Universität (schon wieder) soll das renommierte Massachussets Institute of Technology MIT geistig behinderten Kindern zum Frühstück radioaktiv verseuchte Cornflakes serviert haben um zu erforschen, wie der Stoffwechsel auf radioaktiv verseuchtes Kalzium und Eisen reagiert.
Diese Vorgänge hat der in den 1950er-Jahren sehr bekannte Radiologe Joseph Hamilton angeprangert. Er warnte vor „den nicht absehbaren Folgen für die ahnungslosen Opfer der Atomforschung“ und soll laut einem Zeitungsbericht wörtlich geschrieben haben: „Es besteht kein Zweifel, daß diese Experimente ein bißchen an Buchenwald erinnern.“ (Buchenwald war ein deutsches KZ.)
Psychisch Kranke sollen in den USA Jod 131 bekommen haben damit man Auswirkungen auf die Schilddrüse beobachten konnte. Insgesamt rund zweihunderttausend Soldaten hätten - nicht anders als in der UdSSR - als Versuchskaninchen bei Nuklearversuchen herhalten oder Drogen zu sich nehmen müssen; letzteres, damit man in der Praxis erfuhr, wie schnell Drogen bestausgebildete GIs kampfunfähig machen. Großflächiges Freisetzen von Radioaktivität über einigen Bundesstaaten der Vereinigten Staaten um die Wirkung von Radioaktivität auf die Bevölkerung zu testen sei ebensowenig eine erfundene Horrorstory wie das Versprühen von Bakterien in U-Bahnstationen oder von Schiffen der Marine in Küstengebieten. 1987 gestand das US-Verteidigungsministerium die Freisetzung von Biowaffen an 127 Stellen der Vereinigten Staaten.
Ein in Washington veröffentlichter umfassender Regierungsreport nennt erschreckende Zahlen an Menschenversuchen, die in die Zehntausende gehen sollen. Laut Zeitungsberichten soll der Abgeordnete Edward Markey einem Untersuchungsausschuß erklärt haben: „Ich habe diese Tatsachen erstmals 1986 veröffentlicht. Damals stießen sie auf taube Ohren.“

Ich verhehle nicht, daß ich bei aller Abgebrühtheit selbst erschüttert war als ich diese makaberen Einzelheiten aus Presseveröffentlichungen zusammentrug. Nicht einmal der Ausweg tröstlicher Selbsttäuschung, es könnte sich um irregeleitete Wissenschaftler gehandelt haben, die neue Schutzmethoden oder Medikamente entwickeln wollten und dabei über die Schnur geschlagen haben, scheint einem zu bleiben. Worum es augenscheinlich ging, war das Studium und die Entwicklung neuer Waffen mit stillschweigender Duldung bestimmter Stellen der US-Regierung, und unter dem Popanz „nationale Sicherheit", mit dem anscheinend alles zu legitimieren ist.

Die Fairness, die in Britannien beheimatet ist, gebietet es, nicht unerwähnt zu lassen, daß auch England vergleichbare Leichen im Keller haben soll.

Im Sommer 1995 berichtete ein unabhängiges TV-Team, Wissenschaftler hätten sich in den 1950er-Jahren, nicht lange nach dem ersten britischen Atomtest im australischen Maralinga, auf drastische Weise an die Erforschung der Auswirkungen von Radioaktivität auf den menschlichen Organismus gemacht. Als unheilbar geltende Krebspatienten seien am ganzen Körper mit Plutonium bestrahlt worden, wobei das Dahinsiechen der Betreffenden minutiös dokumentiert wurde. Hochschwangeren Londonerinnen hätte man unmittelbar vor der Geburt radioaktive Natriumlösungen in die Plazenta injiziert. Über gesundheitliche Gefahren sollen die Frauen ebensowenig in Kenntnis gesetzt worden sein, wie beispielsweise die indischen Einwanderer in Coventry, die nach Meldungen 1972 zwecks nicht näher erklärter Tests verstrahlte Chapatti-Brotfladen verabreicht bekamen.

Laut einer Publikation des Vereins „Campaign for Nuclear Disarmament" soll eine sinistre englische Testreihe in den frühen 1950er-Jahren begonnen haben und immer noch laufen, bei der „freiwilligen" Armeeangehörigen in den Forschungszentren Aldermaston und Harwell hochgiftiges Strontium 85 und Barium 133 in die Blutbahn gespritzt wurde. Ferner mußten sie, so heißt es, Jod 132 und Niobium 92 inhalieren und andere Tests über sich ergehen lassen.

1994 kam es wegen erster Verdachtsmomente zu einer Anfrage an das englische Parlament. Verteidigungsminister Portillo dementierte entschieden. Medien berichten, daß zwei Jahre später in den USA Doku-

mente freigegeben wurden, die genau die erhobenen Vorwürfe beweisen sollen.
Angesichts solcher Enthüllungen ätzten besonders zynische Kommentoren, es sei nur logisch, die in den eigenen Labors entstandenen Kampfstoffe am besten unter realistischen Bedingungen zu testen - also daheim.

Harte Zeiten für Feind und Freund

Wie es scheint, werden mittlerweile immer hemmungsloser Kampfmittel eingesetzt, die für Feind und Freund schädlich sind. Und zwar - das ist das Erschreckende - auch von westlichen Demokratien im Kampf um humanitäre Werte oder Aufrechterhaltung der Demokratie. Man denke etwa an das kolportierte Golfkriegssyndrom, das im Kosovo-Krieg von 1999 auch in Europa Einzug gehalten haben könnte.
Es gibt Veröffentlichungen, die davon sprechen, daß bis zu 80.000 der im Golfkrieg zur Befreiung des Irak eingesetzten multinationalen Soldaten an diesem vielfältigen Krankheitsbild mit teils schweren Beeinträchtigungen und Schäden leiden sollen. Doch nicht „nur" sie, sondern auch zahlreiche nahe Familienangehörige und sogar die nächste Generation soll betroffen sein. Aus Untersuchungen an 1.200 erkrankten Veteranen soll hervorgegangen sein, 77% der Ehefrauen, 25% der vor dem Krieg geborenen und 68% der nach dem Krieg geborenen Kinder seien betroffen gewesen. Verblüffenderweise gaben amerikanische Stellen unumwunden den Einsatz von panzerbrechenden Urangeschoßen sowohl am Golf als auch in Jugoslawien zu.
Die deutsche TV-Sendung „Monitor", die unter anderem die amerikanische „Brutkastenlüge" als professionell hergestellte und in Szene gesetzte „Werbung" für den Golfkrieg" enthüllt hatte, widmete der Uranmunition einen ausführlichen Beitrag. Besagte Geschoße werden mit abgereichertem, leicht radioaktivem Uran ummantelt. Das bietet viele „Vorteile": wegen der immensen Dichte von Uran (1,7 mal dichter als Blei) sind sie extrem schwer und damit durchschlagskräftig, zudem brennen sie nach dem Aufprall ab, was jedem Panzer und seiner Besatzung augenblicklich den Garaus macht. Weniger günstig ist die extre-

me Giftigkeit des verwendeten Urans, das ein Abfallprodukt bei der Produktion von Atombrennstäben und Atombomben ist. Wenn es beim Auftreffen abbrennt wird eine hochtoxische und radioaktive Wolke freigesetzt. Vor Ort besteht die Gefahr der Verseuchung des Bodens und damit der Nahrungskette. Darüber hinaus kann der radioaktive Staub mit Personen oder Materialien überall hin verschleppt werden.
Während des Golfkrieges sollen insgesamt etwa 300.000 Kilogramm dieses Stoffes über dem Irak abgeworfen worden sein. Wieviel es im Kosovo sind, weiß niemand genau, da Uranmunition wochenlang aus den Bordwaffen hunderter NATO-Jets verschossen wurde, bei denen 600 Schuß in der Minute keine Seltenheit sind. Nicht sehr erfreulich, bedenkt man, daß dieses Uran eine Halbwertszeit von läppischen 4,5 Millionen Jahren hat. Daß die Ächtung dieser Waffensysteme durch das UN-Tribunal für Menschenrechte ihre Verwendung nicht verhindern konnte, spricht für sich.
Obwohl auch westliche Staaten anscheinend gelegentlich verstohlen an ihren eigenen Bürgern herumexperimentieren, so stehen die demokratischen Spielregeln großangelegten Massenversuchen dennoch im Weg. Da kann es schon verlockend sein nach entsprechenden Arbeiten undemokratischer Gegner die Hand auszustrecken - und nach den dazugehörigen Fachleuten. Derartige Experten wachsen nicht auf Bäumen, aber zu einem bestimmten Zeitpunkt war eine Reihe einschlägiger Profis arbeitslos geworden weil ihre Arbeitgeber zu existieren aufgehört hatten. Bei so einer einmaligen Gelegenheit muß man einfach zugreifen...

Paperclip-Nazis und Japaner

Wie schon vor längerer Zeit aufgedeckt wurde, ist eine Reihe früherer Nazi-Wissenschaftler wie beispielsweise der Kriegsverbrecher Professor Arthur Rudolf, der Massenhinrichtungen angeordnet hatte, geheim in die USA gebracht worden indem man die Akten, in denen sie als „hochbelastet“ aufschienen, mit einer Büroklammer (paperclip) zur „Weißwaschung“ kennzeichnete. Danach sprach nichts mehr dagegen, daß beispielsweise Ärzte gute US-Bürger werden konnten, die Häftlin-

ge oder Kriegsgefangene in Unterdruckkammern gesetzt und akribisch festgehalten hatten, wie den Betreffenden durch Dekompression das Blut aus Mund, Ohren und Nasen schäumte oder ihnen die Augäpfel platzten und die andere Unglückliche mit Meskalin, Morphium, etc. vollgepumpt hatten.
Laut dem Journalisten David Guyatt sollen unter der Leitung von Dr. Hubertus Strughold vierunddreißig reingewaschene NS-Wissenschaftler und Mediziner mit ausdrücklicher Erlaubnis von Mitgliedern des US-Generalstabes Arbeitsverträge erhalten und ihre Tätigkeit in der Randolph Luftwaffenbasis, San Antonio, Texas, begonnen haben. Der bekannteste der damals importierten Forscher ist Wernher von Braun, Vater der legendären Saturn V und des Apollo-Programms, das Amerikaner als erste Menschen auf den Mond beförderte. Über die sogenannte „Paperclip-Affäre" wurde ausführlich publiziert.
Nicht viel aber doch publiziert wurde über dunkle Vorgänge in dem Zusammenhang, von denen beispielsweise die „Affäre Dominici", korrekter „Projekt 63", ein bezeichnendes Licht auf die Vorgänge hinter der Weltbühne wirft. Besessen von dem Wunsch, die Kenntnisse der Nazi-Raketenwissenschaftler nicht in die Hände der UdSSR fallen zu lassen, sollen die USA und England besagtes „Projekt 63" gestartet haben um alle „Wissenden" entweder zu entführen oder, wenn das nicht möglich war, zu liquidieren. Eines der bekanntesten Opfer soll der britische Wissenschaftler Jack Drummond gewesen sein, der nach dem Krieg Nazi-Wissenschaftler im Zuge der „Operation Paperclip" befragt hatte.
Drummond und seine gesamte Familie wurde am 5. August 1952 beim Campieren in Frankreich ermordet. Verantwortlich für die Tat wurde ein analphabetischer Bauer namens Gaston Dominici gemacht. Nach einem, wie es heißt, erpreßten Geständnis wurde er zum Tode verurteilt, das Urteil aber nachher in Haft umgewandelt. Über den Vorfall gab es 1972 den französischen Film „Die Affäre Dominici" mit Jean Gabin in der Titelrolle. Vier Jahre nach der Ermordung von Drummond wurde seine frühere Sekretärin June Marshall ebenfalls in Frankreich ermordet. Der Täter blieb unbekannt.
Ebenfalls keine erfundene X-Akte ist die Geschichte der „Einheit 731", die fatal an die Paperclip-Affäre erinnert. Die komplette Bezeichnung lautete „Wasserversorgungseinheit zur Vermeidung von Epidemien".

Bekannter ist die Einheit nach ihrem Kommandanten, dem späteren Generalleutnant Shiro Ishii als „Ishii-Corps".
Wie die amerikanischen Autoren Jonathan Vankin und John Whalen, aber auch andere Quellen anführen, entfaltete das „Ishii-Corps" seine Tätigkeit in Beiyinye, Mukden und andernorts. Ab 1939 konzentrierte sie sich in einem sechs Quadratkilometer großem Areal mit Labors, Administrationsgebäuden, Baracken, einem Gefängnis für „Testobjekte" und einem Autopsiegebäude beim mandschurischen Dorf Pingfan. Die Mandschurei im Nordosten Chinas war seit 1905 in japanische und russische Einflußsphären geteilt. 1934 etablierten die Japaner das Marionettenkaiserreich „Mandschukuo". Vor dem Eintritt des Reichs der Sonne in den Zweiten Weltkrieg beschränkte das Ishii-Corps seine experimentellen Aktivitäten auf Koreaner, Russen und Chinesen, die den Japanern in die Hände fielen.
Nach Pearl Harbor wurde der Reigen der Versuchspersonen um amerikanische, australische und englische Kriegsgefangene erweitert, die in steigender Anzahl in Ishiis Einflußbereich transportiert wurden, oder durch den Dschungel dorthin marschieren mußten. Im Lager angekommen, sollen sie von ärztlichem Personal mit medizinischen Gesichtsmasken in Empfang genommen worden sein. Dieses „Begrüßungskomitee" sprühte den Neuankömmlingen undefinierbare Flüssigkeiten in die Gesichter, rammte den Unglücklichen gläserne Teströhren in den Anus und injizierten ihnen mysteriöse Substanzen. Viele der Kriegsgefangenen überlebten diese Einführungsprozeduren nicht, was niemanden zu überraschen schien.
Mit den toten Körpern wurde nicht nach den Grundsätzen zur Seuchenkontrolle verfahren. Obwohl die übliche Vorgangsweise zur Seucheneindämmung unter diesen Umständen besonders zwingend gewesen wäre, wurden die Leichen von den japanischen Militärärzten statt dessen jedes mal gründlich seziert. Eine unorthodoxe Routineprozedur in einer „Wasserversorgungseinheit zur Epidemienvermeidung", nicht aber im Rahmen eines gigantischen Programms zur biologischen Kriegsführung, bei dem Menschenversuche in großem Stil zur Tagesordnung gehören. Allein in den Labors in Pingfan sollen monatlich beachtliche acht Tonnen toxischer Kampfmittel hergestellt worden sein. Angeschlossen war auch eine „Flohfarm", deren hüpfende Insassen auf

die Verbreitung von Kommandant Ishiis Lieblingskrankheit spezialisiert waren: der Beulenpest. Einheit 731 belegte einige chinesische Städte mit „Flohbomben“, wodurch Krankheitswellen ausgelöst wurden.
Tausende von westlichen Kriegsgefangenen sollen mit Tetanus, Pest, Milzbrand, Botulismus, Meningitis, Tuberkulose und einem Sortiment weiterer Horrorkrankheiten infiziert worden sein. Mit asiatischer Gelassenheit und dem Fanatismus wahrer „mad scientists“ hätten die Experimentatoren minutiös die Krankheitsverläufe der menschlichen Versuchskaninchen bis zu deren Tod dokumentiert. Es wird berichtet, Gefangene, die unter extremen Durchfall litten, hätten bis zum Zusammenbrechen um das Lager herumspringen müssen. Andere mußten bei vierzig Grad minus nackt stehen, damit die zerstörerische Wirkung extremer Kälte auf den menschlichen Organismus studiert werden konnte. Noch eine Reihe weiterer Bestialitäten werden kolportiert, die sich durchaus mit dem Exzessen messen können, welche die deutschen Verbündeten der Japaner um dieselbe Zeit im Osten vollführten. Darunter Vivisektion von Gefangenen, Starkstromfolterungen oder Organbeschaffung ohne viel Federlesens (es wird berichtet, Gefangene seien kurzerhand ergriffen, festgehalten und ihnen mit einer Axt der Schädel gespaltet worden, wenn Ishii ein frisches Gehirn benötigte).
Trotz dieser Ungeheuerlichkeiten entgingen Shiro Ishii und seine Mannen den von den Amerikanern nach Kriegsende generell mit großer Härte gegen japanische Kriegsverbrecher durchgeführten Tokyo-Prozessen. Sie dürften ebenso privilegiert gewesen sein wie eine Reihe ihrer nicht weniger unmenschlichen NS-Pendants, die sich niemals vor dem Nürnberger Tribunal verantworten mußten.
Nach ausführlichen Gesprächen mit Ishii und seinem Team sollen zwei US-Wissenschaftler, die in Fort Detrick in der biologischen Kriegsführung tätig waren, Persönlichkeiten der Generalität und des Kriegsministeriums aufmerksam gemacht haben, daß Amerika solche Forschungsergebnisse „aufgrund moralischer Skrupel in Verbindung mit Menschenversuchen“ niemals selbst hätte erzielen können. Zur Zeit des beginnenden Kalten Krieges waren detaillierte Ergebnisse von Menschenversuchen für die USA sehr wertvoll. Da man befürchtete, die UdSSR könnte sich Ishiis unschätzbare Arbeit unter den Nagel rei-

ßen, soll den Anklägern bei den Tokyo-Prozessen in Bezug auf „Einheit 731" Zurückhaltung nahegelegt worden sein.
Zur freudigen Überraschung von Ishii und seinen Mit-Experimentatoren wurde den Schlächtern der „Einheit 731" Straffreiheit angeboten wenn sie ihre Erkenntnisse mit den amerikanischen Wissenschaftlern teilten. In der Tat konnte sich Ishii ungeschoren ins Privatleben zurükkziehen. Gerüchteweise soll er als wohlbestallter Pensionist der US-Regierung bei einer biologischen Kriegsführung in Korea zur Hand gegangen sein. Ob diese Horrorberichte über- oder untertrieben sein mögen, muß ein Fragezeichen bleiben. Tatsache hingegen ist, daß ein Kapitel des Buches von Peter Williams und David Wallace aus dem Jahr 1989 „Unit 731: The Japanese Army's Secret of Secrets" nicht in der amerikanischen Ausgabe enthalten ist, sondern nur in England, Kanada, Australien und Neu Seeland. Es handelt sich um das Kapitel mit dem Titel „Koreakrieg". Darin werden die widersprüchlichen Beweise für die Behauptung diskutiert, die USA hätten Ishiis Techniken gegen Nord-Korea und China angewendet. Die Autoren beziehen sich auf die Entdeckungen der „International Scientific Commission for the Facts Concerning Bacterial Warfare" in Korea and China (ISC), eine als seriös geltende Quelle. Das ISC fand heraus, daß eine Reihe koreanischer und chinesischer Regionen von unerklärlichen Ausbrüchen an Beulenpest und anderen untypischen Krankheiten heimgesucht worden war.
Ein chinesischer Seuchenexperte äußerte dem ISC gegenüber, seine Untersuchungsergebnisse würden erklären „warum die Amerikaner die japanischen Bakterien-Kriegsverbrecher bewußt geschützt haben". Nach den Unterlagen des ISC gäbe es Hinweise darauf, daß im Koreakrieg die altbekannten Ishii-Flohbomben zum Einsatz gekommen wären. Desgleichen wurden angeblich pestinfizierte Feldmäuse aus Flugzeugen abgeworfen - ebenfalls eine Technik aus vergangenen Tagen, erfunden und in die Praxis umgesetzt von „Einheit 731." Auch auf den wieder abgebrochenen Versuch, choleratragende Muscheln aus Flugzeugen in nordkoreanische Wasserreservoire zu praktizieren, will das ISC möglicherweise gestoßen sein.
Solche Behauptungen zirkulieren seit den 1950er-Jahren, und wurden entweder beiseite geschoben oder als kommunistische Propaganda bezeichnet.

Laut dem Militärarzt Dr. Murray Sanders, der die ganze Angelegenheit an die Öffentlichkeit brachte, soll Shiro Ishii in dem späteren CIA-Stützpunkt Fort Detrick, Maryland, Vorträge gehalten haben. In genau der Militärinstitution, die von Geheimnissen und Gerüchten nur so umweht ist. Angeblich haben dort US-Wissenschaftler geheimste Versuche mit Erregern aller Art durchgeführt. Unter anderem soll von Fort Detrick aus AIDS seinen Siegeszug angetreten haben (wovon noch die Rede sein wird).
Viele von Ishiis Mitarbeitern machten später glänzende Karrieren, wobei die des Arztes, der für die Kälteexperimente zuständig war, wohl die makaberste ist. Er soll mit Fischereigesellschaften als „Einfrierspezialist" zusammengearbeitet haben. Ishii selbst starb friedvoll, jedoch bis zuletzt ohne Reue im Jahr 1959.
Bis 1987 wurde amerikanischen und britischen Kriegsveteranen, die Ishiis Aktivitäten überlebt hatten und seither unter diversesten Gesundheitsstörungen litten, offiziell mitgeteilt, es gäbe keinen Beweis für dort angestellte medizinische Versuche welcher Art auch immer. Erst 1993 bekam die Mauer des Schweigens um Ishii und sein Team erste Risse als US Verteidigungsminister William Perry unter öffentlichem Druck die Freigabe der Unterlagen über biologische Experimente im Zweiten Weltkrieg ankündigte. In der Zwischenzeit gibt es sogar TV-Dokumentationen über die Untaten der „Einheit 731"-Teams und über die Nicht-Verfolgung von Ishiis Folterknechten.
So, das waren wieder einige schwer verdauliche Brocken. Zu schwer verdaulich für manche, die sich nicht damit abfinden wollen, daß menschliche Organisationen - ob kleinwinzig oder weltumspannend - unter bestimmten Rahmenbedingungen einfach die Verkommenheit des Homo sapiens in ihren Aktionen widerspiegeln. Nicht mehr und nicht weniger. Dessenungeachtet kann es sich lohnen, nach größeren Zusammenhängen Ausschau zu halten.

Der Schritt über die Grenze

Noch einmal kurz zurück zu sinistren Geheimprogrammen, von denen nicht wenige mit den Buchstaben MK begonnen haben. Im Jahr 1953 sollen die CIA, die US-Navy und das US-Army Chemical Corps narkohypnotische Experimente an nicht ganz freiwilligen Opfern gestartet haben. Diese wurden unter Gefangenen, Ausländern, Patienten von geistigen Heilanstalten, ethnischen Minderheiten sowie unter jenen ausgesucht, die man als „sexuelle Abweichler" ansah, aber auch an Militärpersonal. Letzteren Personen erklärte man, sie würden an harmlosen Versuchen teilnehmen, beispielsweise der Erprobung von „neuer Sommerbekleidung".

Wie es heißt, soll derartiges nicht selten unter Mitwirkung der bereits erwähnten, via Büroklammer ins Land geschmuggelten Achsen-Wissenschaftler vor sich gegangen sein. Diese Experten sollen ihre Tätigkeit unter anderem im Edgewood Arsenal, an der Army Intelligence Basis in Fort Holabird, beide im Bundesstaat Maryland, und an anderen diskreten Orten entfaltet haben. Dokumentationen wie die Produktion der Yorkshire Television von David Wright „Horrortrip nach Edegewood" oder eine Spiegel-TV-Dokumentation zeigten einige der unfreiwilligen Opfer von Menschenversuchen der US-Armee. Als zusätzlichen Schnörkel vermerkt der amerikanische Autor Jim Keith die Auswahl der „Paperclip-Nazis" sei vom ehemaligen Chef der Wissenschaftssektion der Gestapo Werner Osenberg getroffen worden, der nunmehr in US-Diensten stand. Möglicherweise erklärt das die unenglische Schreibweise der betreffenden Programme MK-ULTRA, MK-DELTA, usw. M*K* ist nämlich die Abkürzung von Mind *K*ontrol anstatt Mind *C*ontrol wie man es im angelsächsischen Sprachraum normalerweise schreiben würde.

Heute herrscht die weitverbreitete Ansicht, die Import-Nazis seien nicht nur an den genannten Umtrieben beteiligt gewesen, sondern müßten als die wahren Väter der US-Raumfahrt wie auch des amerikanischen militärisch-industriellen Komplexes angesehen werden. Darüber hinaus gibt es die Vermutung, sie wären im Verbund mit CIA, FBI, NSA (National Security Agency, der geheimnisumwittertste aller Geheimdienste) und noch mysteriöseren Stellen, die nicht einmal einen Namen besitzen, bei einem weit größerem Projekt Pate gestanden - und das in Allianz mit „Fremden" im strikten Wortsinn.

Um dieses Puzzle zusammensetzen zu können brauchen wir allerdings noch eine gehörige Ladung Steinchen. Die scheinen vordergründig aus einer gänzlich anderen Lade zu stammen als die bisher zusammenge-

tragenen, aber dem muß nicht so sein. Viel mehr könnte sich eine „Verschwörungsdimension" eröffnen, die bis in die eisige Schwärze des Alls reicht. Und die für uns oder für kommende Generationen von Bedeutung sein kann wenn die Zeit gekommen ist.
Damit auf zu haarsträubenden Erkenntnissen - und hinein in eine mögliche Zukunft, in der kein Stein auf dem anderen bleiben wird...

TEIL II
NICHT VON UNSERER ERDE

Im Niemandsland

Fremde im eigenen Kopf

„Was ist Wahrheit?“
Pontius Pilatus

Die folgende Geschichte ist tatsächlichen Fällen nachempfunden.

Die Erinnerung trifft die junge Frau wie ein Blitz aus heiterem Himmel. Eben ist sie noch halb abwesend vor dem TV-Apparat gesessen – im nächsten Moment befindet sie sich an einem anderen Ort. Überall helles Licht, so hell, daß sie die geschwungenen Metallwände des runden Raumes wie durch einen leuchtenden Nebel wahrnimmt. In diesem Nebel bewegen sich schattenhafte Gestalten. Sie beugen sich über sie. Ihr wird klar, daß sie nackt ist und ausgestreckt auf einer kalten Metallfläche liegt. Ein Tisch. Eine der Gestalten beugt sich tiefer, wird größer und größer. Eine zartgliedrige Hand mit langen Fingern erscheint in ihrem Gesichtsfeld. In dieser Hand ein blitzender Gegenstand. Lang und schmal mit einem unheimlichen Zahnkranz an der Spitze. Summend beginnen sich die scharfen Zacken zu drehen, verschwimmen durch die Geschwindigkeit, werden zu einem summenden Rad, das näher, immer näher kommt...
Mit einem Aufschrei zuckt die junge Frau hoch. Sie ist wieder daheim. Der Fernseher läuft. Nichts hat sich verändert. Nichts - nur sie selbst.
Von dem Moment an wird sie immer wieder von dieser Erinnerung überfallen. Niemals berührt das grausige Instrument ihren Körper, denn weiter geht der Alptraum nicht. Am Tag und in der Nacht. Besonders in den

Nächten. Sie kann kaum schlafen, ißt wenig, wird immer reizbarer. Ihre Kolleginnen in dem Drive Inn-Lokal am Interstate Highway 66 werfen einander bezeichnende Blicke zu, lachen und tuscheln. Sie verwechselt Bestellungen, verschüttet Getränke. Kunden beschimpfen sie. Zehn Tage nach dem ersten Erinnerungsblitz feuert sie der Manager mit dem Bemerken, Kandidaten für die Klappsmühle sollten lieber einen Psychiater aufsuchen anstatt Gästen das Essen in den Wagen zu kippen. Diesen „Rat" wird sie befolgen.

Von einer Freundin mit Drogenproblemen kennt sie den Namen eines Therapeuten. Sie vereinbart einen Termin. Mit den Dollars in der Tasche, die sie für ihren Anteil an der Hochzeitsreise gespart hatte, aus der dann - wie aus der Hochzeit - nichts geworden war, fährt sie in die Stadt.

Der Therapeut hört sich die Geschichte an. Fragen beantwortet er mit dem Hinweis, erst müsse man der Sache auf den Grund gehen. Durch Hypnose. Sie fühlt sich bei dem Gedanken nicht ganz wohl, stimmt aber zu. Die Hypnose beginnt. Der Therapeut ist ein erfahrener Mann. Schnell hat sich bei der jungen Frau der hypnoide Zustand aufgebaut, in dem er sie behutsam zu dem Punkt in ihrer Vergangenheit führt als Horror seinen Anfang genommen hat.

Sie liegt im Bett. Der Schlaf ist ganz nahe. Da wird es gleißend hell um sie. Sie kann nichts tun, nicht einmal schreien. In der fast materiell wirkenden Helligkeit bewegen sich schlanke Figuren. Eine unsichtbare Kraft läßt sie aufwärts schweben. Die Bettdecke gleitet zu Boden. Wie eine Rauchfahne treibt sie schwerelos zum geschlossenen Fenster, dringt ohne Widerstand zu verspüren durch die Scheibe und wird dann zart aber unwiderstehlich noch oben gezogen. Hinauf zu dem scheibenförmigen Etwas, von dem das helle Leuchten ausgeht. Plötzlich ist sie im Inneren. Der bekannte Alptraum setzt ein.

Sie liegt. Die Wesen umringen sie. Eines von ihnen handhabt das unheimliche Instrument. Es hängt an einem undurchsichtigen Schlauch, den sie vorher nicht wahrgenommen hatte. Diesmal berührt das summende Ding mit den rotierenden Zähnen ihren Körper, ihren Unterbauch. Schmerzen, Schmerzen, doch sie ist wehrlos. Irgend etwas strömt durch den flammenden Kreis der Pein in ihren Körper, strömt und strömt...

Mit einem Mal ist sie wieder im Behandlungszimmer des Psychiaters. Er hat sie zurückgeholt bevor sie kollabieren konnte. Sie ist kalkweiß,

schweißüberströmt. Heftiges Zittern erschüttert sie und Tränen schießen aus ihren Augen. Jetzt weiß sie, was ihr widerfahren ist. Sie wurde in ein UFO entführt. Und sie weiß, wie sie sich helfen kann. Hat sie nicht gelesen, daß es Gruppen von Menschen gibt, die ebenfalls entführt wurden. Gruppen, in denen man einander versteht und hilft. Gruppen, die Menschen vor Verzweiflungstaten bewahren und sogar in ein einigermaßen normales Leben zurückführen konnten.
Sie sagt dies dem Therapeuten. Er stimmt zu, das sei ein guter Weg, vielleicht der beste. Und er meint, daß sie in einem solchen Umfeld lernen könnte mit dieser Erfahrung umzugehen. Möglicherweise würde sogar der immer noch verborgene Teil der Erfahrung an die Oberfläche kommen und sukzessive verarbeitet werden können. Sie geht voll der Hoffnung.
Eine der Gruppen, von denen sie gelesen hat, wohnt am Rand einer nahen Stadt in einem kleinen Haus. Vielleicht kann sie sich der Gemeinschaft anschließen, anschließen. Sie besorgt sich die Telefonnummer. Das erste Gespräch weckt Zuversicht. Sie ist willkommen und hat von Anfang an das Gefühl, als wäre sie zu ihrer Familie zurückgekehrt. Der gegenseitige Erfahrungsaustausch läßt sie innerlich Ruhe finden. Die Erlebnisse kommen zwar wieder, aber nicht so häufig und nicht mehr so schrecklich. Ja, sie scheinen sogar zu verblassen. Bis etwas Ungeheuerliches geschieht:
Eines Nachts ist sie wieder in dem Raumschiff. Schon einige Zeit lang sind die Wiederholungen mehr Traum als Schreckensvision. In dieser Nacht aber kommt der Horror wieder, und zwar in völlig unerwarteter, neuer Gestalt. Sie liegt auf dem Tisch, da beginnen sich die schattenhaften Gestalten zu verändern. Sie bekommen menschliche Formen, tragen Uniformen, ärztliche Kleidung und Gesichtsmasken. Was sich nun über sie beugt, sieht nicht aus wie ein Außerirdischer, sondern wie ein Arzt mit einem unbekannten Gerät in der Hand. Die menschliche Hand senkt sich, das Instrument erwacht zu schrecklichem Eigenleben. Der Schrei, mit dem die junge Frau diesmal hoch zuckt läßt die anderen Gruppenmitglieder herbeieilen. Ihr neues Familienmitglied starrt sie mit großen Augen an, aus denen eine einzige Frage spricht: Was ist wirklich geschehen?

Menschen an unsichtbaren Drähten

Gehirnmanipulation ist nicht so neu, wie viele glauben. Bereits 1932 entwickelte Dr. Walter Hess die Technik der Elektrodenimplantation zur Stimulierung bestimmter Gehirnbereiche. In den 1960er-Jahren schwärmten Bio-Ingenieure von einer Verbindung von Mensch und Maschine via Mikroimplantaten und von der Hochrüstung des Organismus mit elektronisch-mechanischen Bauteilen. Dessen bemächtigte sich umgehend die Science Fiction und schuf den Begriff „Cyborg" (kybernetischer Organismus), der das Endstadium all dessen darstellt: die Verbindung von Mensch und Maschine. „Robocop" wäre ein klassischer Cyborg. Noch gibt es keine Roboterkörper mit menschlichen Gehirnen oder Köpfen, aber der Weg dahin ist bereits ebenso beschritten wie der zum ferngesteuerten Chip-Träger.
So entwickelten Forscher der „Powered Limbs Unit" des West Hendon-Krankenhauses nahe London schon in den 1970er-Jahren implantierbare Elektroden, korrekter gesagt Transmitter, die durch einen Resonanz-Stromkreis von jeglicher außerkörperlichen Energieversorgung unabhängig sind. Diese faszinierenden Winzlinge wurden „Emgor" genannt und sind in der Lage von außen kommende Signale aufzunehmen, die im Körper des Implantierten ohne sein Zutun Reaktionen auslösen. Solche Dinge könnten, Betonung liegt auf könnten, bei einer Weiterentwicklung den Implantaten ähnlich werden, die aus UFO-Entführungsopfern herausgeholt werden. Unsere Wissenschaft bemüht sich jedenfalls, sie zu entwickeln: zur Behebung von Behinderungen, zur Verbesserung des Menschen in Richtung auf „Prothesengott", wie es der Wissenschaftler und Science Fiction Autor-Arthur C. Clarke einmal ausdrückte - und für andere, weniger publik gemachte Zwecke.
Zu letzteren gehört die Perfektionierung des Übermittelns von Signalen aller Art an Implantate, die in der betreffenden Person das Kommando übernehmen.
Der Empfänger der Signale muß gar nicht wissen, daß er mit solchen Transmittern versehen wurde, weil ihm nämlich eine Alternativerinnerung für die Zeit der Operation eingesetzt wurde.
Es gibt nicht erst seit gestern Hypnosemethoden zur Erzeugung sogenannter Schirm-Erinnerungen, die bestimmte Erinnerungen überdecken

beziehungsweise Pseudoerinnerungen schaffen. Wie kolportiert wird, hat beispielsweise ein Dr. Ewen Cameron an Techniken zur Auslöschung von Erinnerungen und zur Einpflanzung künstlicher Persönlichkeiten gearbeitet, und zwar mit Nicht-Freiwilligen. Finanziert soll das Projekt von der CIA worden sein. Als diese Aktivitäten durch den Freedom of Information Act FOIA ruchbar wurden, zwang die öffentliche Empörung Dr. Cameron dazu „in Schande" zurückzutreten.
All diese Methoden sind im Prinzip schon lange bekannt. Ihre Vervollkommnung begann um die zweite Hälfte des zwanzigsten Jahrhunderts und soll immer noch weiter betrieben werden. Im Kalten Krieg ermöglichten sie unter anderem sogenannte „schlafende Agenten", von denen seit dem 11. September 2001 wieder verstärkt die Rede ist. Diese „Schläfer" ruhen so lange bis sie den Einsatzbefehl erhalten. Die Unterhaltungsindustrie wußte diese Themenbereicherung immer schon zu schätzen. Im bereits erwähnten Roman und Film „Botschafter der Angst/The Manchurian Candidate" oder in dem Streifen „Telefon" aus den 1970er-Jahren mit Charles Bronson spielen solche Methoden eine Schlüsselrolle. Denkbarerweise wird sich in der Zukunft auch die Freizeitindustrie der grenzenlosen Möglichkeiten solcher Techniken bedienen. Derzeit geschieht das nur in Filmen wie „Total Recall" mit Arnold Schwarzenegger. Zurück zur beunruhigenden Realität.
Besagte Techniken sind nicht nur bestens geeignet, unwissende Zeitbomben zu schaffen, sondern auch dazu, bestimmte Ereignisse im wahrsten Wortsinn dem Vergessen anheimfallen zu lassen. Wenn nicht einmal jene, die an einem heiklen Einsatz teilgenommen haben, sich daran erinnern können weil ihnen für den entsprechenden Zeitraum eine „Ersatzerinnerung" eingepflanzt wurde, ist Geheimhaltung kein leerer Begriff. Laut einiger Journalisten soll die CIA schon länger in der Lage sein, Personen via Funk zu hypnotisieren und gezielt Erinnerungsteile auszulöschen. Man nennt diese Methode, mit der sich der bei UFO-Entführungen beobachtete Effekt der „verlorenen Zeit" (Missing Time) erzielen ließe, RHIC-EDOM (Radio Hypnotic Intracerebral Control-Electronic Dissolution of Memory). Bei solchen orwellschen Methoden spielen, wie könnte es anders sein, auch Implantate eine wesentliche Rolle.
Die höchste Form der Gedächtnismanipulationen wären Schirm-Erinnerungen innerhalb von Schirm-Erinnerungen. Der Sinn einer solchen

„Doppel-Verhüllung“ bestünde darin, die wahren Umstände selbst dann noch zu verschleiern wenn die Programmierung des Vergessens durch nicht vorhersehbare Umstände (z.B. Schlüsselreize von außen) kurz zusammenbricht. Mit anderen Worten: ein Reserveschutzmechanismus, der unheilige aber von durchaus irdischen Instanzen durchgeführte Experimente an nichtsahnenden Bürgern vertuschen und Außerirdischen in die Schuhe schieben soll, sofern sie solche tragen.
Fakt ist jedenfalls, daß mit MK-Methoden jene Effekte erzeugt werden könnten, die bei UFO-Entführungen typisch sind. Nimmt man darüber hinaus das Gemunkel ernst, es sei heute tatsächlich möglich, Motoren durch elektromagnetische Strahlungen zum Absterben zu bringen, scheint die Sachlage klar.
Leider nicht. Man darf sich nicht verleiten lassen, das Kind mit dem Bade auszugießen. Es kann nämlich auch genau umgekehrt sein, wie gar nicht so wenige Insider vermuten. Sie meinen, die irdischen Erinnerungen sollen im Notfall den nichtirdischen die Glaubwürdigkeit nehmen weil auffliegende CIA-Machenschaften kaum noch sonderlich überraschen. Wie Umfragen zeigen, ist der Durchschnittsamerikaner von Regierungsverschwörungen aller Art überzeugt, und rechnet ohnedies mit dem Schlimmsten. Es gibt in den USA laufend konkrete Anfragen an „verdächtigte“ Behörden. So sah sich nach der Premiere von „Akte X: Der Film“ die amerikanische Krisenorganisation FEMA (Federal Emergency Management Agency) genötigt, öffentlich zu erklären, sie sei nicht damit beschäftigt, die Erde auf die Übernahme durch Außerirdische vorzubereiten. Die amerikanischen Bürger zweifeln mittlerweile in immer größerer Zahl an solchen Dementis. Die ultimate Verschwörung - das steht für sie mittlerweile fest - ist die UFO-Verschwörung. Und zwar in ihrer „klassischen Form“, soll heißen: es existieren Kontakte zwischen Regierungsstellen und Aliens, oder man weiß im Pentagon zu mindest, daß unsere Erde seit langem besucht wird.
Selbst in deutschen Landen scheint die Zurückhaltung gegenüber der Vorstellung extraterrestrischer Besucher immer mehr zu fallen. So machte das Bild der Wissenschaft, das man wohl nicht zu den UFO-Zeitschriften zählen kann, in seiner Februar 2002-Ausgabe die Tatsache daß laut aktueller EMNID-Umfragen 49,7 Prozent der Deutschen an Außer-

irdische glauben zur Titelbildheadline und zum Inhalt eines umfangreichen, sehr offenen Artikels.
Was ist von all dem zu halten? Wer könnte recht haben? Selbst die vorsichtigste Meinungsbildung erfordert einen großen Schritt: das Befassen mit dem extraterrestrischen Aspekt.
Natürlich wird sich kaum wirklich klären lassen, ob kleine Graue in Flugscheiben durchs All zischen, oder ob getarnte Außerirdische unter uns weilen und die Welt lenken (wovon der US-Regisseur John Carpenter überzeugt war und darum den Film „Sie leben" drehte), eines aber vielleicht doch: die Frage, ob in diesem Bereich etwas vertuscht wird oder nicht.
Keine Sorge, ich habe nicht vor, die ebenso komplexe wie diffuse UFOlogie zu entrollen sondern richte den Scheinwerfer primär auf jene Fakten, die für eine seit Jahrzehnten stattfindende UFO-Vertuschung sprechen könnten. Vitale Tatsachen im komprimierten Zeitablauf sollen mögliche Vertuschungs- und Desinformationskampagnen aus dem blubbernden Informationsbrei herausholen. Eines scheint aber auf jeden Fall zweifelsfrei festzustehen:

Entführungsopfer *sind* normale Menschen

Anfang der 1980er-Jahre, lange vor der groß angelegten Abductions-Diskussion, haben sich ernsthafte Wissenschaftler mit der Frage auseinandergesetzt, ob Entführungsopfer normale Menschen sind.
Beispielsweise erklärte die Psychologin Dr. Slater 1984: "Wenn die berichteten Entführungen Phantasieprodukte wären, die auf dem basieren, was wir über Geisteskrankheiten wissen, so könnten sie nur von pathologischen Lügnern, paranoiden Schizophrenen, heftig gestörten und außergewöhnlich seltenen hysterischen Charakteren stammen."
Im selben Jahr fand ein Experimentum crucis (allesentscheidendes Experiment) zur Klärung genau dieser Frage statt.
Die drei UFO-Forscher Ted Bloecher, Dr. Aphrodite Clarmar und der bekannte Budd Hopkins wählten aus ihren Fällen fünf Männer und vier Frauen für eine gründliche psychologische Untersuchung aus. Die Personen kamen aus den unterschiedlichsten Sozialschichten und Berufs-

gruppen. Abgesehen von ihren Entführungserlebnissen gab es absolut keine Gemeinsamkeit.
Nun sollte herausgefunden werden, ob sich bei einem oder bei allen der Ausgesuchten mentale Prozesse nachweisen ließen, die für die Erfindung sehr ähnlicher Stories verantwortlich sein konnten. Man bat einen voll akkreditierten professionellen Psychologen, der keine Kenntnis davon hatte, daß die Personen irgend etwas mit UFOs zu tun hatten, deren Persönlichkeit zu untersuchen. Dem Psychologen wurde nur gesagt, daß alle Personen etwas gemeinsam hatten, und, daß sie auf emotionale und psychologische Stabilität hin untersucht werden sollten. Dabei kamen psychologische Standardtests wie *Rorschach, TAT, Wechsler-Erwachsenen- Intelligenzskala, Minnesota Multiphasic Personality-Inventory* sowie *projektive Zeichnungen* zum Einsatz.
Das Ergebnis, das von anderen Psychologen bestätigt wurde, war völlig überraschend: Alle neun getesteten Personen erwiesen sich als völlig normale, nicht-psychotische Persönlichkeiten. Der untersuchende Psychologe fiel aus allen Wolken, als ihm einige Tage nach dem Test eröffnet wurde, er hätte neun Personen untersucht, die behaupteten an Bord von UFOs gewesen zu sein.
Er wußte nichts von UFO-Entführungen und machte sich erst dann mit den diesbezüglichen Berichten seiner Probanden vertraut. Danach stellte er fest: "Obwohl psychologische Tests nichts dazu tun können, die Glaubwürdigkeit eines UFO-Entführungsberichtes zu überprüfen, muß andererseits festgehalten werden, daß die Testergebnisse nicht unvereinbar mit der Möglichkeit sind, daß sich die berichteten Entführungen tatsächlich ereignet haben."
In das selbe Horn stieß auch Richard Hall mit der Feststellung, daß man nur die (unliebsame) Wahl hat, UFO-Entführungen als ein neues, außerordentlich verbreitetes psychologisches Phänomen anzusehen, das unerklärlicherweise bis vor kurzem völlig unentdeckt geblieben war, oder anzunehmen, daß die Entführten reale Erlebnisse schildern. Nach der Hexenjagd auf Professor John Mack und seiner darauffolgenden Rehabilitierung, wird zähneknirschend zugegeben, daß an den Abductionen mehr dran sein muß, als Beschwichtigern, Wegrationalisierern und anderen lieb ist, die eine leicht inquisitorische "Seriosität" auf ihre Fahnen geschrieben haben.

Vom Himmel hoch...

UFOs - unidentifizierte Flugobjekte, denn mehr sagt die Bezeichnung nicht - können viel sein: Beispielsweise vermag St. Elmsfeuer ein normales Flugzeug in vielfarbige, oszillierende Leuchterscheinungen zu verwandeln. Bei bestimmten Lichtverhältnissen können sogar Mövenflügel wie blitzende Scheiben aussehen. Die Venus wiederum wirkt bei bestimmten atmosphärischen Bedingungen, speziell bei stark unterschiedlichen Temperaturschichten wie eine glühende Kugel, die noch dazu seltsame Bahnen beschreiben kann. Darum ist der Abendstern auch ein beliebtes „UFO-Erklärungsobjekt."

Kometen, Meteore, Kugelblitze (über die man noch dazu extrem wenig weiß), Satelliten, Ballone, Wolken, Plasmoide, Corona-Entladungen und ähnliches können solide, leuchtende Objekte vorspiegeln. Bekannt ist das Beispiel von Ballonen in großer Höhe, die durch die Strahlen der sinkenden Sonne den Eindruck einer riesigen Flugscheibe in rasender Geschwindigkeit erzeugen. Was der Betrachter für den Feuerschweif eines UFOs hält, ist de facto nur der Wirbel von Staub und Eiskristallen hinter dem Ballon, der das Sonnenlicht reflektiert.

Die erwähnten Plasmoide sind nichts anderes als ionisiertes Gas mit einem eigenen elektromagnetischen Feld, das die Elektronen beschleunigt, die gleichzeitig mit Molekülen in der Umgebung kollidieren. Diese Effekte bewirken, daß Plasmoide in zahlreichen Farben leuchtend dahingleiten oder aufsteigen und dabei beeindruckend pulsieren.

Sehr gerne angeführt werden Temperatur-Inversionen, also verschiedene Luftschichten mit unterschiedlichen Temperaturen. Sie sind in der Lage, Lichtstrahlen abzulenken, zu verzerren und Fata Morganas zu erzeugen. Man kennt fliegende Städte und andere Gebilde, die einfach dadurch hervorgerufen werden, daß eine Temperaturschicht irgend etwas in den Himmel projiziert. So wird ein Schiff zu einem langen dunklen Flugobjekt mit leuchtenden Fenstern. Eine Autokolonne, die nächtens einen Hügel hinaufkriecht, präsentiert sich als Formation von leuchtenden Flugscheiben, dabei prallen lediglich die Scheinwerfer von einer anderen, Meilen entfernten Temperatur-Inversion ab.

Da auch Radarstrahlen durch Temperaturinversionsschichten gebeugt werden können, kommt es immer wieder vor, daß weit entfernte Flugzeuge als UFOs in unmittelbarer Nähe auf den Radarschirmen erscheinen. Das erklärt die seltsamen Fälle, in denen Radarbeobachter unbekannte Flugobjekte registrieren, diese aber optisch nicht wahrnehmbar sind.

Den wohl verblüffendsten Inversionseffekt beschrieb ein amerikanischer Luftfahrtfachmann in einem Buch am Beispiel eines „UFO-Films". Der Streifen zeigt eine klassische Fliegende Untertasse in aller Deutlichkeit: eine glänzende Flugscheibe mit einem Kranz von Bullaugen um den Außenring. Strahlendes Sonnenlicht wird von der geschwungenen und eindeutig metallischen Oberseite reflektiert, während der riesige Diskus durch Wolkenschichten schräg nach unten rast, trotz seiner atemberaubenden Geschwindigkeit ununterbrochen von der Kamera verfolgt. Plötzlich ereignet sich eine seltsame Verwandlung: Noch immer im Sonnenlicht blitzend, beginnt sich das gekrümmte Metall der „Fliegenden Untertasse" zu verformen. Die Diskusgestalt verschwindet von hinten nach vorne. Heckflügel werden sichtbar, gefolgt von einer zigarrenförmigen Flugzeugzelle. Innerhalb weniger Momente hat sich die „Fliegende Untertasse" aufgelöst. An ihrer Stelle rast ein Kampfflugzeug gängigen Typs im strahlenden Sonnenschein erdwärts.

Der mehr als erstaunliche Effekt wurde durch das Zusammenspiel einiger Naturphänomene bewirkt. Die Maschine hatte ihren Sturzflug in zwölftausend Meter Höhe in einem Temperaturbereich von etwa minus vierzig Grad Celsius begonnen. Beim steilen Abwärtsflug an der Grenze zur Schallgeschwindigkeit durchquerte der Düsenjäger eine Temperaturinversionsschicht mit feuchter und wesentlich wärmerer Luft. Das Metall der Flugzeugzelle war kalt. All diese Faktoren gemeinsam können eine sphärische Kondensationsschockwelle bewirken. Diese Welle reflektiert Licht genauso wie festes Metall. Der Gesamteindruck kann durchaus der einer niederstürzenden Flugscheibe sein, wobei kleine Irregularitäten für die zusätzlichen Ausschmückungen (beispielsweise „Fenster") verantwortlich sind.

All die genannten und noch einige andere Phänomene können in vielen Farben leuchten, wie eine Kugel, eine Scheibe, ein Torpedo, eine Zigarre und vieles andere aussehen. Sie sind sehr beeindruckend. Es stimmt schon: UFOs können die natürlichste Sache der Welt sein - allerdings nicht alle!

Einen Pferdefuß haben natürliche Erklärungen nämlich: Sie treffen nur auf einen relativ kleinen, genau definierten und eingegrenzten - kurzum einen bekannten - Teilbereich zu. Und nicht einmal auf den zu hundert Prozent.

UFOs? Deckel drauf!

Nimmt man die Aussagen zahlreicher Angehöriger und Ex-Mitarbeiter von US-Organisationen aller Art (von völlig harmlosen Wettermännern bis zu ehemaligen Agenten geheimster Geheimdienste) unter die Lupe, verbindet sie mit einem Substrat aus dem unglaublichen Wust an Veröffentlichungen, würzt das Ganze mit oft unscheinbaren Meldungen und Berichten, rührt alles gut durch und versucht, etwas Genießbares daraus zu bereiten, so erhält man möglicherweise das Gericht „UFO-Verschwörung a la carte".Die Zutaten verbergen sich in einer faszinierenden Chronologie, die unmittelbar nach dem Zweiten Weltkrieg ihren Anfang nimmt.

Offiziell hat alles mit der Kenneth Arnold-Sichtung begonnen. Sie ist so bekannt, daß ein paar Worte genügen. Am 24. Juni 1947 sah der Amerikaner Kenneth Arnold hinter dem Steuerknüppel seiner Privatmaschine vom Typ Piper Club über dem Mount Rainier nahe den Cascade Mountains, Washington, neun diskusförmige metallische Objekte. Sie bewegten sich in der Luft wie Tassen, die man durch geschicktes Werfen über eine Wasserfläche springen läßt. Das regte ihn an, die Objekte „Fliegende Untertassen" zu nennen. Da Arnold nicht nur ein respektierter Geschäftsmann sondern auch Hilfssheriff und ein erfahrener Bergflugrettungspilot war, gab es keinen großen Zweifel an seiner Glaubwürdigkeit.

Ehemalige Mitarbeiter des Air Intelligence Centers an der Wright Patterson Luftwaffenbasis in Dayton, Ohio, sagten aus, es hätte schon vor Arnolds Sichtung helle Panik über rätselhafte Flugkörper geherrscht, die militärische Anlagen regegelrecht bedrängten (auch wenn das in offiziellen Statements bestritten wurde). Interessanterweise befand sich in der Wright Patterson Luftwaffenbasis angeblich der ominöse „Hangar 18" mit UFO-Wracks, einschließlich toter Besatzungsmitglieder, von

dem immer wieder die Rede ist. Insgesamt vierunddreißig Alienleichen sollen beim UFO-Crash in Aztec, New Mexico, sowie bei drei weiteren Abstürzen geborgen worden sein. Bei Anfragen erhält man die offizielle Routineantwort, besagter Hangar habe nie existiert. Dessenungeachtet zitierte ein TV-Kommentator und Reporter einen Kadetten der Civil Air Patrol, der 1965 bei einem Training in der Wright Patterson Airbase genau diesen nicht existenten Hangar gesehen haben will.
Am 24. Oktober desselben Jahres enthüllte der Nachrichtensender „Earth News“, der Pressesprecher von Senator und Präsidentschaftskandidat Barry Goldwater hätte bestätigt, daß Senator Goldwater einmal der Zutritt zum Hangar 18 verwehrt worden sei. Weiter im Zeitablauf.
Am 28. Juni 1947 schwirrten UFOs über der Maxwell Luftwaffenbasis in Montgomery, Alabama, herum. Am nächsten Tag sogar über White Sands, dem ersten amerikanischen Raketenversuchsgelände zweihundert Meilen südlich von Los Alamos nahe Alamogordo in New Mexico, genau in der Mitte des US-Atomwaffenterritoriums. Dort, wo Wernher von Braun ab 1946 Testflüge mit V2-Raketen aus dem ehemaligen Nazi-Deutschland durchführte, und wo etwa zur selben Zeit mit geheimen Experimenten zur Bewußtseinskontrolle (Mind Kontrol nach der seltsam unenglischen Schreibweise) begonnen worden sein soll.
Richtig aufgescheucht wurde man durch eine Reihe von Sichtungen am 8. Juli 1947 über der Muroc Luftwaffenbasis (heute Edwards Luftwaffenbasis), dem supergeheimen Testzentrum in der Mohavewüste in Südkalifornien. Das führte zur Etablierung des berühmten Projektes Sign.
Der Chef des Luftzeugkommandos General Nathan Twining schrieb dem kommandierenden General der Armee, die Luftwaffe hätte festgestellt das Phänomen sei real, die Objekte wären diskusförmig, groß wie Flugzeuge und kontrolliert. Am 22. Januar 1948 wurde das „UFO-Erforschungsprogramm Sign“ offiziell aus der Wiege gehoben. Es erhielt eine A2-Klassifikation und wurde der Jurisdiktion der Nachrichteneinheit des Luftzeugkommandos von Wright Field, heute Wright Patterson Luftwaffenbasis, übertragen. Später in Air Technical Intelligence Centre ATIC umbenannt, bestand die Aufgabe darin, Informationen über Sichtungen und Phänomene zu sammeln, die als Bedrohung für die nationale Sicherheit angesehen werden konnten. Das Material war zu ver-

gleichen, einzuschätzen und an interessierte Regierungsstellen weiterzuleiten.
Nach dem mysteriösen Tod des Piloten Captain Thomas F. Mantell, der am 7. Januar 1948 ein UFO verfolgt hatte und dabei über der Goodman Luftwaffenbasis in Kentucky „abgeschossen worden sein soll" sowie als Folge der spektakulären Sichtung von Eastern Airline Captain Clarence S. Chiles und seinem Co-Piloten John. B. Whitted am 24. Juli nahe Montgomery in Alabama, sandte die Sign-Projektgruppe noch im Juli einen gründlichen Situationsbericht, der die gesamte Bandbreite des Phänomens rund um den Globus und auch in früheren Zeiten darstellte, an Generalstabschef Hoyt F. Vandenberg. Die Sign-Analyse war als Top Secret klassifiziert, ebenso umfassend wie fundiert und kam zu dem Schluß, es handle sich um Flugkörper außerirdischen Ursprungs.
Zur Verblüffung aller Betroffenen wies der General die Studie mit dem Hinweis zur Archivierung zurück, es ermangle ihr an Beweisen. Für die Ersteller der Analyse war das ein mehr als deutlicher Wink mit dem Zaunpfahl, woher der Wind wehte in und in welche Richtung sie ihr Mäntelchen zu hängen hätten.
Die Furcht, sich Vandenbergs Ärger noch mehr zuzuziehen führte zu einer völlig neuen „Politik" in Sachen UFO. Nun gingen die Sign-Mitarbeiter dazu über, alle einschlägigen Sichtungen und Berichte von vorne herein als Einbildungen, Lügen, Täuschungen, Schwindel, Schabernack, Falschidentifikationen, Halluzinationen und dergleichen anzusehen. Darüber hinaus mußten sie mit dem FBI zusammenarbeiten und in Polizeiakten über Kriminelle und subversive Elemente wühlen, um die Verläßlichkeit von UFO-Zeugen einer Nagelprobe zu unterziehen. Es dauerte nicht lange, dann wurde die zurückgewiesene Sign-Analyse verbrannt. Am 12. Februar 1949 erfolgte eine Umbenennung von „Project Sign" (Zeichen) in „Project Grudge" (Groll).
Die vormaligen Sign-Mitarbeiter sahen sich unter der neuen Bezeichnung mit der undankbaren Aufgabe betraut, ihre Nachforschungen von den UFOs auf die UFO-Zeugen zu richten, verbunden mit der ungeschriebenen Direktive, zu beweisen, UFOs würden nicht existierten. Kein leichtes Unterfangen. Trotz dieser Grundhaltung kam man nicht umhin, um die dreiundzwanzig Prozent der Berichte als unerklärlich einzustufen. Das schien General Vandenberg nicht zufriedenstellend.

Als diese Einschätzung durchsickerte, gab die Luftwaffe am 27. Dezember 1949 die offizielle Beendigung des Projektes bekannt.
Sichtungen aller Art führten zu offenen Diskussionen in der Öffentlichkeit und zu verborgener Unruhe bei Regierungsstellen. Richtig panisch wurde man auf höchster Ebene aber durch die Fort Monmouth-Sichtungen, denn diesmal waren alle UFO-Zeugen hochrangige Militärs. Nur Stunden danach forderte der Direktor des Nachrichtendienstes der Luftwaffe Generalmajor C. P. Cabell Spezialisten von ATIC an, und zwar flott.
Wenig später wurden ein T 33-Pilot und ein Luftwaffenmajor, die versucht hatten, ein UFO abzuschießen, von den beiden ATIC-Mitarbeitern Oberstleutnant Rosengarten und Generalleutnant Jerry Cummings eingehend befragt. Bereits am nächsten Tag erstatteten Rosengarten und Cummings Generalmajor Cabell im Pentagon Bericht. Das Gespräch soll laut Aussagen aufgezeichnet worden sein, war aber anscheinend so heiklen Inhalts, daß das Band wenig später zerstört wurde. Offenbar hatte die Unterhaltung Generalmajor Cabell so sehr von der Realität des UFO-Phänomens überzeugt, daß er ATIC anwies, ein neues UFO-Programm zu initiieren.
Da Generalleutnant Cummings aktiver Dienst nicht mehr lange dauerte, wurde Air Force Captain Edward J. Ruppelt im Januar 1951 ATIC als Leiter von „Project Grudge" zugeteilt, welche Tätigkeit er drei Jahre lang engagiert, aber von „höheren Mächten" nicht eben unterstützt, ausfüllen sollte. Ruppelt wußte nicht einmal, daß der ihm als wissenschaftlicher Chefberater zugeteilte spätere UFO-Papst und Astronomieprofessor J. Allen Hynek damals ein UFO-Skeptiker mit der ausgeprägten Neigung war, alle Sichtungen als Naturerscheinungen zu entlarven.
Lange Zeit waren Ruppelt UFOs herzlich egal gewesen. Zwei Berichte aus dem für Höhenaufnahmen perfekt eingerichteten White Sands-Versuchsgelände sollten jedoch im Juni 1950 seine Einstellung radikal ändern. Zwei Kameras hatten aus verschiedenen Positionen UFOs mit mehr als hundert Meter Durchmesser aufgenommen, die mit Geschwindigkeiten von über 3000 Stundenkilometern dahingerast waren. Diese harten Fakten hatten aus dem UFO-Saulus Ruppelt einen UFO-Paulus gemacht. Als er 1951 bestellt wurde, nahm er seine Aufgabe daher absolut ernst.

Im April 1952 zeichnete sich eine weitere UFO-Welle ab, worauf „Project Grudge“ in „Project Blue Book“ umbenannt wurde. Bereits im Juni desselben Jahres stand das neue Projekt in voller Blüte. Zahllose Berichte strömten aus allen Teilen der USA herein und wuchsen lawinenartig an. Jeden Monat waren es doppelt bis dreimal soviel wie im vorhergegangenen. Die Entwicklung berechtigte zu den größten Hoffnungen. Die Behinderungspolitik mit dem Namen „Grudge“ schien endgültig der Vergangenheit anzugehören. Allerdings nur bis zu dem Tag an dem ein hoher Militär angeblich ein UFO sah.
Wie der englische Autor W. A. Harbinson schreibt, soll über dem Haus des Chefs des Luftwaffengeheimdienstes Generalmajor John A. Samford vor den Augen von Dutzenden seiner Gäste ein UFO geräuschlos senkrecht in den Nachthimmel gestiegen sein. Daraufhin beorderte der General Ruppelt zu einem Geheimtreffen nach Washington, bei dem laut Ruppelts Aussage neben Samford Mitglieder seines Stabes, Offiziere des Marinegeheimdienstes und einige CIA-Mitarbeiter anwesend waren. Es war das erste Mal, daß sich die CIA offiziell in die UFO-Frage einmischte.

CIA und UFO-Invasionen

Danach begann Captain Ruppelts Bewegungs- und Entscheidungsfreiheit bei seinem Projekt stetig abzunehmen. Zum ersten Crash ihm und jenen, die ihm seiner Meinung nach Knüppel vor die Füße warfen, sollte es durch die legendäre UFO-Invasion Washingtons Nr. 1 kommen. Ruppelt war nicht vor Ort als die US-Hauptstadt von unbekannten Flugobjekten das erste Mal regelrecht überrannt wurde. Er erfuhr erst durch die Zeitung davon, aber die Folgewirkungen bekam er dennoch voll ab. Direkt vom Flughafen, wo er aus Dayton, Ohio, angekommen war, eilte Ruppelt ins Pentagon. Dort informierten ihn ein Major Dewey Fournet und ein Geheimdienstoffizier der Bolling Luftwaffenbasis namens Oberst Bower darüber, daß in der vorhergegangenen Nacht der gesperrte Luftkorridor um das Weiße Haus mit Abfangjägern regelrecht gefüllt gewesen war, die erfolglos auf Horden von UFOs Jagd gemacht hätten. UFOs rings um Washington, die auf diversen Radarschirmen erkennbar

gewesen waren und die keine wie immer geartete Naturerscheinung gewesen sein konnten. Eine regelrechte Invasion mit vorhergehendem Aufmarsch, wie die folgende Chronologie zeigt.
Am Nachmittag des 15. Juni 1952waren zahlreiche runde, scheibenförmige, glänzende Objekte überall aus dem Bundesstaat Virginia gemeldet worden. In den darauffolgenden Tagen häuften sich die Sichtungen derartig, daß klar wurde: hier baut sich eine extreme Massierung von UFOs auf. In Massachussets, New Jersey und Maryland stiegen Nacht für Nacht Abfangjäger auf, konnten die rasend schnellen und unorthodox manövrierenden Objekte aber nicht stellen. Am 1. Juli begannen sie langsam an die Hauptstadt heranzurücken.
In der Nacht zum 19. Juli waren sie da. Es kam zur ersten der beiden legendären UFO-Invasion von Washington. Hinterher lautete die offizielle Stellungnahme der Air Force „Kein Kommentar."
Captain Ruppelt setzte Himmel und Hölle in Bewegung, um Näheres in Erfahrung zu bringen. Seine Nachforschungen schienen vom ersten Moment an von geradezu grotesken Behinderungen gekennzeichnet. Ruppelt wollte alle Orte aufsuchen, von denen aus die UFOs beobachtet worden waren aber schaffte es fast nicht einmal, das Pentagon zu verlassen. Er forderte ein Auto bei der Transportabteilung an, bekam jedoch keines. Dann ging er in die Finanzabteilung, weil er ein Taxi mieten wollte. Abgelehnt.
Als er dezent daran erinnert wurde, er sollte eigentlich schon wieder zur Wright Patterson Luftwaffenbasis unterwegs sein und er nach dem bisher Erlebten nicht mehr ausschloß, man könnte ihn als AWOL (Absent Without Leave, abwesend ohne Erlaubnis) betrachten und ihm einen Strick daraus drehen, machte er sich angewidert auf den Weg zurück zur Air Force Base in Ohio.
Am 26. Juli 1952 erfolgte die zweite Washington-UFO-Invasion. Gegen halb elf Uhr Nacht erblickten die Radaroperateure auf ihren Bildschirmen wieder jene Punkte, die sie bereits vor einer Woche in Panik versetzt hatten. Diesmal befand sich Washington in einem echten Belagerungszustand. Die unbekannten Flugkörper waren in einem riesigen Bogen um die Hauptstadt „aufmarschiert", der sich von Virginia bis zur Andrews Luftwaffenbasis in Maryland erstreckte. Washington war eingekreist. Chaos herrschte.

Die Mächtigen fühlten sich mehr als ohnmächtig und die Medien schäumten. Wütende Reporter und Fotografen waren aus den Radarräumen gedrängt worden als die Abfangjäger ihr sinnloses Spiel ein zweites Mal aufnahmen. Fachleute waren sich auch diesmal einig, daß es sich um solide Objekte handelte, die unbeweglich schweben oder ansatzlos mit Geschwindigkeiten von über zehntausend Stundenkilometern davonrasen konnten.
Es wird berichtet, Präsident Harry S. Truman sei zu Tode erschrocken gewesen als er aus dem Fenster blickte und UFOs in großer Zahl um das Weiße Haus herumzischen sah. Obwohl das nicht bestätigt und schon gar nicht an die große Glocke gehängt wurde, soll der Präsident über seinen Luftberater Brigadegeneral Landry bei Nachrichtendiensten Aufklärung verlangt haben, was zum Teufel eigentlich los war. Ruppelt nahm einen solchen Anruf in Empfang, konnte aber auch keine Erhellung bieten.
Blue Book-Mitarbeiter bekundeten später, die Vorgänge nach den beiden Washington-Invasionen hätten sie in Bezug auf die Haltung der Luftwaffe zu den UFOs mehr als bedenklich gestimmt. Im Zuge der Blue Book-Recherchen, die über ein Jahr in Anspruch nahmen, schien sich eine klare Beschwichtigungspolitik zu zeigen. So präsentierte das Personal des Towers der Andrews Luftwaffenbasis plötzlich eine veränderte Version ihrer ursprünglichen Aussagen.
In der fraglichen Nacht hatten die Mannen im Tower mit überschlagender Stimme etwas von einer riesige feurig-orangeroten Kugel in die Funkapparate geschrieen. Später erklärten sie, sich über einen Stern so aufgeregt zu haben. Abgesehen davon, daß solche Spezialisten nicht beim Anblick eines Sterns durchzudrehen pflegen, fand Captain Ruppelt anhand astronomischer Karten sogar heraus, daß in dieser Nacht kein heller Stern dort geleuchtet haben konnte, wo die flammende Kugel gemeldet wurde. Ruppelt kam durch mehrere Indizien zu der Ansicht, die Operateure seien mit sanftem Druck „überredet" worden, ihre Erstaussagen zu korrigieren.
Im Zuge Nachforschungen ereignete sich eine Reihe ähnlicher Meinungsänderungen. Hochqualifizierte Fachleute erklärten ursprünglich Rätselhaftes später auf eine „natürliche Weise", die manchen von ihnen insgeheim peinlich gewesen sein dürfte. Wer stellt sich schon gerne hin

und läßt sich höhnisch fragen, ob Temperaturinversionen in der Luft ansatzlos anhalten und den eigenen Kurs wieder zurückrasen können?
Was immer den Mitarbeitern von „Project Blue Book" auch aufgetischt wurde, für sie hatten nach wie vor weder Sterne, noch Wetterinversionen, Luftspiegelungen, Lichtbrechungen, Wolken aus Eiskristallen, Fata Morganas oder ähnlich bekannte Phänomene zweimal den Himmel über Washington in Besitz genommen, sondern UFOs.
In seinem Buch „The Report on Unidentified Flying Objects" schrieb Ruppelt später, ein ungenannt bleibender Wissenschaftler eines aus Sicherheitsgründen ebenfalls nicht genannten Dienstes, hätte ihm Tage vor der Washingtoner UFO-Invasion folgendes anvertraut: „Innerhalb der nächsten Tage werdet ihr den Großvater aller UFO-Sichtungen haben. Entweder über Washington oder New York, wahrscheinlich im Raum Washington." Wer beim Eintreffen einer solchen Vorhersage nicht unwillkürlich an eine geheime Kooperation zwischen Regierungsstellen und was auch immer denkt, muß ein glücklicher Mensch sein.
Am 29. Juli fand im Pentagon eine große Pressekonferenz unter Leitung von Generalmajor John A. Samford statt, dem Chef des Luftwaffengeheimdienstes. Dabei wurden die Sichtungen als Temperatur-Inversionen erklärt. Von allem anderen abgesehen, ergaben Nachforschungen, daß in dieser Nacht die für Inversionen erforderlichen meteorologischen Bedingungen fehlten.
Von dem Zeitpunkt an war Ruppelt sowohl davon überzeugt, Piloten und andere Zeugen würden dazu bewogen, natürliche Erklärungen zu präsentieren oder überhaupt den Mund zu halten, als auch davon, daß „Blue Book" eine Menge an Informationen vorenthalten wurde. Auch gelangte er langsam zu der Ansicht, daß auch die CIA mit im Spiel war - allerdings war ihm unklar, welche Rolle der Geheimdienst spielte.
In dem Zusammenhang schien die bedrohliche Figur von General Hoyt Vandenberg eine zusätzlich sinistre Dimension zu bekommen. Vandenberg hatte die ambitionierte Sign-Studie verhöhnt und schließlich vernichten lassen. Auch für die Beerdigung des Hoffnungsprojektes „Sign" dürfte er die Weichen gestellt haben.
Der General hatte die Sign-Mitarbeiter als verrückt bezeichnet, das Projekt mit dem beleidigenden Titel „Grudge" (Groll) ins Leben gerufen und seriöse UFO-Nachforschungen nicht eben gefördert. Völlig klar

war dennoch nicht wie weit Vandenberg die Luftwaffe oder die CIA beeinflußte. Tatsache jedenfalls war, daß General Vandenberg von Juni 1946 bis Mai 1947 Leiter der CIA-Vorläuferorganisation Intelligence Group gewesen war, wie auch, daß Vandenbergs Onkel Vorsitzender des gerüchteumwehten Foreign Relations Comitee gewesen war, der zweitstärksten Körperschaft im Senat. Aus diesem Umfeld, wurde vermutet, kam der stärkste Druck zur UFO-Vertuschung.

Das Robertson-Panel

So überraschte es bei ATIC auch kaum jemanden als bekannt wurde, die CIA und einige hochrangige Militärs, darunter die Generale Vandenberg und Samford, würden gegen alle Einwände einen Ausschuß ins Leben rufen, der die Blue Book-Daten „analysieren" sollte. Noch geringer war die Überraschung über den vorgesehenen Leiter dieser Gruppe: Dr. H. P. Robertson, Direktor der Weapons System Evaluation Group (Waffensystem-Einschätzungsgruppe) im Büro des Verteidigungsministers; ein CIA-Mitarbeiter mit hoher Geheimhaltungsstufe. Das berüchtigte „Robertson Panel" soll vom 14. bis 17. Januar 1953 unter größter Geheimhaltung in Washington getagt haben. Die Mitglieder waren Physiker unterschiedlicher Disziplinen mit den gemeinsamen Schwerpunkten Atomforschung und Waffenentwicklung sowie drei hochrangige CIA-Repräsentanten. Die Unterlagen, die dem Komitee von ATIC zur Verfügung gestellt wurden, waren sehr umfangreich, detailgenau, sorgsam recherchiert, und - gelinde gesagt - sensationell.
An den ersten zwei Tagen präsentierte Captain Ruppelt den Spezialisten des Panels die Blue Book-Erkenntnisse persönlich. Er betonte zur Einführung, daß lediglich zehn Prozent der landesweiten UFO-Sichtungen an das Blue Book-Projekt weitergeleitet würden. Dann legte er anhand der Unterlagen dar, daß sich unter den zig-tausenden Berichten Jahr für Jahr Hunderte UFO-Meldungen befanden, denen eindeutig keine bekannten Ursachen zugrunde lagen. Der Umstand, daß zahlreiche Sichtungen über Fabriken, Militäreinrichtungen, Raketenbasen, Versuchsgeländen, Atomanlagen, Häfen und ähnlich sensiblen Ört-

lichkeiten stattfanden war ebenso beunruhigend wie die gemessenen Fluggeschwindigkeiten von bis zu 80.000 Stundenkilometern.
Ruppelt und Major Dewey Fournet hatten die Flugmanöver der UFOs analysiert und waren zu der, im Report niederlegten Schlußfolgerung gekommen, UFOs würden „intelligent kontrolliert von Wesen, deren Gehirne den unseren ebenbürtig oder weit überlegen seien." Der nächste Schritt der Studie war die Frage des Ursprungs der Objekte. Dazu erklärte Major Fournet, daß diese Maschinen kaum im Geheimen auf Erden hergestellt worden sein können, und daher aus dem Weltraum kommen dürften.
Von all dem anscheinend völlig ungerührt, und unter zarter Führung des CIA, wie später eingestanden wurde, verfaßte das Gremium einen extrem negativen Bericht. Er stand im krassen Gegensatz zu den Unterlagen von „Project Blue Book" und scheint in letzter Konsequenz zur Beendigung aller weiteren ernsthaften Untersuchungen geführt zu haben. Diese Entwicklung kam nicht gänzlich unerwartet. Schließlich lautete der Tenor der Robertson-Studie, die Beweise wären nicht substantiell, und das permanente Befassen mit einem solchen Phänomen würde das ordnungsgemäße Funktionieren des Staates gefährden. Zu viele Berichte könnten Militärkanäle blockieren, Massenhysterie auslösen und die Identifikation feindlicher Flugkörper erschweren beziehungsweise dazu führen, daß Angreifer ignoriert würden.
Kurzum, das wirkliche Problem waren offenbar nicht die UFOs sondern die UFO-Berichte.
Das Robertson-Panel legte seinen Bericht der CIA, hohen Luftwaffenoffizieren und dem Pentagon vor. Ruppelt und allen anderen Blue Book-Mitarbeitern verweigerte man den Bericht. Sodann wurden Ruppelt und Captain Garland ins CIA-Hauptquartier beordert wo man ihnen eröffnete, das Robertson-Team hätte eine Erweiterung des Blue Book-Mitarbeiterstabes empfohlen sowie ein Ende jeglicher Geheimhaltung. Diese Schalmeientöne gaben Captain Ruppelt neuen Schwung. Aber nicht lange. Wie sich herausstellen sollte, hatte das Robertson-Panel in Wirklichkeit eine verstärkte Geheimhaltung angeraten, verbunden mit subtiler Lächerlichmachung von UFO-Zeugen und des gesamten Phänomens überhaupt. Sorgsam vorbereitet und methodisch exekutiert.

Tarnen und Täuschen

Als erster Schritt wurde empfohlen, die beiden großen privaten UFO-Forschungsorganisationen Aereal Pheomena Research Organization APRO und die Civilian Saucer Intelligence CSI zu observieren. Parallel dazu sollten die UFOs durch großangelegte Meinungsmache jeglichen Nimbus entkleidet werden. Dies sollte von zwei Seiten in Angriff genommen werden: durch Information und Entlarvung. Erstere sollte es den Menschen leichter machen, natürliche Objekte als Nicht-UFOs zu identifizieren, letztere das öffentliche Interesse an den „Schwindel-UFOs" sukzessive verringern. All das scheint exzellent gelungen zu sein, wovon seriöse UFO-Forscher (auch aus der wissenschaftlichen Gemeinde) mittlerweile überzeugt sind, die sich bei öffentlichen Auftritten nur selten der Lächerlichkeit entziehen können.

Konträr zu dem, was Ruppelt mitgeteilt worden war, beabsichtigte man keineswegs, UFO-Berichte aus der Geheimhaltung entlassen, sondern ging daran, die Geheimhaltung noch enger zu ziehen. Von nun an sollte nicht-militärisches Personal keinen Zugang mehr zu UFO-Akten erhalten, was auch bis zum Freedom Of Information Act der Fall war. Doch selbst die durch den FOIA bewirkte Offenlegung ist, wie wir wissen, alles andere als eine hundertprozentige.

Daß man mit dieser Abschottungstaktik so lange Erfolg haben konnte ist zu nicht geringem Teil auf den Robertson-Bericht zurückzuführen, der immer wieder als objektive Studie unparteiischer Wissenschaftler, die den UFOs jede Seriosität absprachen, ins Treffen geführt wurde.

Schon bald gaben sich Ruppelts Mitarbeiter keiner Illusion mehr hin. Anscheinend bedurfte es gewisser Naivität zu glauben, die CIA würde nicht lügen und die Luftwaffe würde nicht versuchen „Project Blue Book" abzuwürgen. Bei ATIC wurde man mehr und mehr nervös. Ruppelt stieß bei seinen Bemühungen, das Projekt zu erweitert, auf immer stärkeren Widerstand von Seiten des Pentagon. Schließlich ersuchte er frustriert im Dezember 1952 um Versetzung, stimmte aber zu, solange zu bleiben bis ein Nachfolger eintraf. Dieser traf niemals ein. Auch gab es keinen Ersatz als Lieutenant Flues zum Alaska Air Command transferiert wurde. Im Februar 1953 verließ Ruppelt eine drastisch verkleinerte Blue Book-Mannschaft, vorerst auf Zeit.

Bei seiner Rückkehr aus Denver im Juli bestand das Team nur noch aus ihm selbst und zwei Assistenten. Alle anderen Mitarbeiter waren von der Air Force versetzt und nicht nachbesetzt worden. „Project Blue Book" existierte nur noch auf dem Papier. Nun verließ Ruppelt im August 1953 das Projekt für immer. Er trat einen Job als Forschungsingenieur für die Northrop Aircraft Company an, und verfaßte sein berühmtes Buch „Report on Unidentified Flying Objects", in dem er die Luftwaffe heftig attackierte und seinen Standpunkt zur nichtirdischen Natur der UFOs deutlich machte.

Wehe dem, der spricht

In dem Monat von Ruppelts endgültigem Abgang gab das Pentagon die Air Force Regulation 200-2 heraus. AFR 200-2 ordnete schlicht und einfach an, UFO-Berichte dürften nur dann an die Medien weitergegeben werden, wenn die Sichtung eindeutig als natürliches Phänomen erklärt worden war. In Ergänzung zur vorhergehenden Regulation 200-5, verfügte AFR 200-2 nun die Klassifizierung aller Sichtung als „restricted". Im Dezember setzte der Stab der Streitkräfte mit der Joint-Army-Navy-Air- Force-Publication (JANAP) 146 noch eins drauf. Damit fiel jede Informationsweitergabe unter die gesetzliche Regelung gegen Spionage, was mit einer Haft von einem bis zehn Jahren oder mit einer hohen Geldstrafe geahndet werden konnte. JANAP 146 bedrohte nicht nur Militärpersonal mit Kriminalisierung, sondern jeden, der wußte, daß diese Vorschrift existierte, einschließlich Piloten privater Air Lines. Es kann nicht wunder nehmen, daß JANAP 146 den Informationsfluß an die Öffentlichkeit so gut wie stoppte.
Diese Vorgangsweise wurde nicht nur als willkürlich, sondern auch als extrem widersprüchlich empfunden. Wenn die CIA und andere Behörden im Bezug auf UFOs in Sorge um die nationale Sicherheit sind, warum tun sie alles um zu verhindern, daß so viele Bürger als möglich den Himmel beobachten? - das fragten sich manche irritiert. Hinter vorgehaltener Hand wurde die Meinung geäußert, der wahre Grund für die UFO-Geheimhaltung sei nicht der Wunsch, der Sache unter Ausschluß der Öffentlichkeit nachspüren zu können, sondern vielmehr der Um-

stand, daß man ohnedies genau wußte, womit man es zu tun hatte. Man vermutete ein geheimes „wahres UFO-Projekt“ (was immer das auch sein mochte), das nunmehr in aller Stille unbehelligt weiterlaufen konnte.
Dieser Vermutungen wurden durch Gerüchte über verheimlichte UFO-Landungen auf Militärstützpunkten genährt. Zu solchen Landungen soll es am 18. Mai 1954 auf der Canon Air Force Basis in New Mexico, am 9. September auf der Deerwood Nike Raketenbasis und am 12. Juni 1965 auf der Blaine Air Force Basis gekommen sein, um einige der hartnäckigsten Behauptungen aus diesen Tagen zu nennen.

Ein Netz für UFOs

Im Herbst 1952 fanden ausgedehnte NATO-Marinemanöver mit dem Codenamen „Operation Mainbrace“ vor der europäischen Küste statt. Diese militärische Großveranstaltung wurde immer wieder von UFOs heimgesucht, worüber es reichlich Unterlagen gibt. Es kam sogar zu einigen Katz-und-Maus-Spielchen zwischen NATO-Kampfflugzeugen und UFOs, die weder gestellt noch sonstwie beeinflußt gezogen werden konnten.
Captain Ruppelt untersuchte den Berg an Berichten, Funkmeldung, Fotos, etc. über diesen Vorfall. Sein fachmännisches Urteil lautete: alle Objekte fallen in die Kategorie unbekannt. Diese Menge an unbestreitbarem Material feuerte seinen Enthusiasmus wieder an. Ruppelts neue Begeisterung soll zum gegenteiligen Resultat geführt haben, nämlich zur Liquidierung des effektivsten UFO-Erfassungssystems, das die Erde je gesehen hatte und je sehen sollte. Davon sind Eingeweihte mittlerweile überzeugt.
Längere Zeit schon hatten Ruppelt und der damalige ATIC-Chef General William M. Garland überlegt, wie man konkrete UFO-Informationen am effektivsten erhalten könnte. Schließlich entwickelten sie den Plan für ein Netz von Beobachtungsstationen im Norden des US-Bundesstaates New Mexico, einer Region, in der regelmäßig mehr UFOs gemeldet wurden als im übrigen Amerika zusammengenommen. Diese Beobachtungsposten sollten mit allen nur denkbaren Gerätschaften ausgerüstet sein und mit-

einander in Verbindung stehen, so daß ein gesichtetes UFO nahtlos verfolgt werden konnte. Mehr noch, durch Kreuzmessung und Peilungen von zwei Stationen wäre es relativ einfach gewesen, Höhe und Geschwindigkeit des Objektes exakt zu bestimmen. Darüber hinaus hätten Temperatur, Strahlung, Radioaktivität und andere Emissionen des UFOs gemessen werden können, sowie die Störung, die es im Erdmagnetfeld verursachte. Über dieses erste wissenschaftlich durchgestylte und geradezu narrensichere UFO-Erforschungssystem, das der Air Force von Ruppelt und Garland Herz gelegt wurde, ist fast nichts an die Öffentlichkeit gedrungen. Es wird primär vom englischen Autor W. A. Harbinson erwähnt. Vereinzelt äußern sich Ex-CIA-Mitarbeiter darüber. Sie bringen zum Ausdruck, die Air Force hätte die Sache kalt abgeschossen nachdem die Pläne im Dezember 1952 zur Billigung nach Washington gegangen waren. Auch hier ist heute noch vieles in einen Schleier gehüllt. Unbestreitbares Faktum ist, daß im darauffolgenden Jahr das Robertson-Panel das Licht der Welt erblickte. Nicht eben zum Nutzen seriöser UFO-Forschung, wie die heute verbreitete Meinung lautet.

„Project Blue Book“ mit seinen letzten drei Mitarbeitern wurde Ende 1953 der unerfahrenen 402d Air Intelligence Service Squadron unterstellt. Ein Gnadentod, meinten manche zynisch.

Einige der aus dem Projekt Entfernten beklagten später, sie wären von den Behörden regelrecht verfolgt worden - von „normaler Schikane“ bis zu Verleumdung, Anklagen aus nichtigen Anlässen oder zur unverhohlenen Aufforderung, den Dienst zu quittieren. Dabei soll einiges an gutem Ruf eingebüßt, sollen Familien zerstört und Menschen aus der Bahn geworfen worden sein.

Ruppelts Tod durch Herzschlag wird von manchen als nicht hundertprozentig natürlich angesehen. Donald E. Keyhoe glaubte, daß Ruppelt durch den Streß getötet wurde, dem er dadurch ausgesetzt war, daß er permanent gezwungen wurde, UFOs wider besseres Wissen als Hirngespinste zu bezeichnen. „“Irgendetwas“ hatte ihn sogar veranlaßt, 1959, drei Jahre nach dem Erscheinen seines Buches eine überarbeitete Version herauszubringen, in der er wie ein klassischer Ketzer widerrief und das UFO-Phänomen als nicht existent erklärte.

Für viele ist dieser unerwartete Schwenk nicht weniger dramatisch, als würde ein tief gläubiger Christ plötzlich dem Glauben abschwören und

Satanist werden. Diesen Lügen und psychischen Verbiegungen war Captain Ruppelts Herz offenbar einmal nicht länger gewachsen. Weniger als ein Jahr nach der Buchneufassung stellte es seinen Dienst ein.

Condon macht Schluß mit lästigen UFOs

Während der verstrichenen Zeit und noch weitere Jahre lang, hatte sich die wissenschaftliche Gemeinde nicht in die UFO-Kontroverse eingeschaltet. Nachdem 1965 eine besonders große UFO-Sichtungswelle über Texas das öffentliche Interesse wie auch das der Medien wieder aufflammen ließ, wurde die Air Force vehement beschuldigt, in Sachen UFO eine Verschleierungspolitik zu betreiben. Daraufhin schlug Dr. J. Allen Hynek, der dem Robertson-Ausschuß als Konsulent der Air Force angehört hatte, die Bildung eines weiteren Ausschusses vor, der diesmal ausschließlich aus zivilen Wissenschaftlern bestehen sollte. Die Luftwaffe stimmte zu und übertrug dieses Programm dem Public Information Office. Das führte zur Bildung eines Ad hoc-Komitees zur Überprüfung von Projekt Blue Book. Es wurde von Dr. Brian O'Brian geleitet und traf sich im Februar 1966 genau einen Tag lang.
Mit Ausnahme des 1997 zu früh verstorbenen berühmten Astrophysikers Dr. Carl Sagan, gehörten alle Mitglieder dem Scientifc Advisory Board der Air Force an. Nach einer Analyse der Robertson-Studie kam man zu dem Schluß, UFOs würden die nationale Sicherheit nicht gefährden, wohl aber eine gründliche Erforschung rechtfertigen. Man empfahl der Air Force, Verträge mit einigen ausgesuchten Universitäten abzuschließen, die Teams zu eben dieser Erforschung bilden sollten.
Am 20. März 1966 erfolgten einige dramatische UFO-Sichtungen vor zahlreichen Zeugen in einer sumpfigen Gegend. Bei einer Pressekonferenz erklärte Dr. Hynek den durcheinanderschreienden Journalisten, es habe sich um leuchtendes Sumpfgas gehandelt. Das brachte die Presse auf die Palme. Zahlreiche Artikel beschuldigten die Air Force nun rundheraus der UFO-Vertuschung. Eine unabhängige seriöse wissenschaftliche Untersuchung wurde lauthals verlangt. Der Aufschrei

war so laut, daß der damalige Führer der Republikaner und spätere US-Präsident Gerald Ford und der demokratische Kongreßabgeordnete von Michigan Weston E. Vivian offizielle Kongreßhearings verlangten.
Am 5. April 1966 kam es zum ersten offiziellen Kongreßhearing der Geschichte in Sachen UFO. All das sollte zu einer Studie führen, die nach Ansicht vieler die größte UFO-Vertuschung von allen war: der Condon-Report.
Eine Gallup-Umfrage vom Mai 1966 ergab, daß 96 Prozent der US-Bürger über die Existenz von UFOs Bescheid wußten. Neun Millionen Amerikaner gaben an, selbst eines gesehen zu haben. Im selben Monat verkündete die ins Eck gedrängte Luftwaffe die Zusammenarbeit mit Wissenschaftlern zur Lösung der UFO-Frage. Am 5. Oktober 1966 gab man bekannt, die Universität von Colorado wäre zur Etablierung einer UFO-Forschungsgruppe bereit. Die Leitung würde der renommierte Physiker und frühere Chef des National Bureau of Standards Edward U. Condon übernehmen.
Bereits der Start des Projektes schien wenig überzeugend, da Condon mehrmals öffentlich erklärte, nichts von UFOs oder Außerirdischen zu halten. Wovon er sehr wohl etwas hielt, waren die bisherigen UFO-Untersuchungen der Air Force, die nach Condons unverhohlener Meinung durchwegs gute Arbeit geleistet hatte. Er äußerte Mißfallen über den allgemein zu geringen Wissensstand über natürliche Phänomene, der seiner Meinung nach hinter den meisten UFO-Meldungen steckte. Sein erklärtes Ziel war es, den Mangel zu beheben und auf diese Weise UFO-Sichtungen zu reduzieren.
Als Condon am 25. Januar 1967 der Regierung in einem Bericht empfahl die ganze Sache fallenzulassen, da nichts daran sei, hatte sich in der enttäuschten Öffentlichkeit ohnedies bereits die Ansicht breitgemacht, Condon sei nur an zwei Schwerpunkten interessiert: an natürlichen Erklärungen, und am psychologischen Aspekt des UFO-Phänomens. Es trat immer deutlicher zutage, daß die Condon-Untersuchung sich stark auf dubiose Kontaktberichte nicht selten gestörter Personen konzentrierte, während Sichtungen von Piloten, Militärpersonal und anderen ernsthaften Zeugen in den Hintergrund gedrängt wurden.
All das wurde im Februar 1968 öffentlich bekannt als Dr. James E. McDonald den Inhalt eines peinlichen Memorandums präsentierte. Es

war im August 1966 vom Dekan der Universität von Colorado und späteren Condon-Projektkoordinator Robert Low an die Administration der Universität gegangen und hatte zum Ausdruck gebracht, UFOs besäßen keine physikalische Realität. Weiters wurde darin empfohlen, den Condon-Ausschuß aus „nicht UFO-Gläubigen“ zusammenzusetzen und die Grundlage für eine umfassende UFO-Ablehnung durch Betonung des psychologischen Hintergrundes (des Phänomens wie auch der Zeugen) zu schaffen.
„Der Trick besteht darin“, so schrieb Low sinngemäß, „das Projekt so zu betreiben, daß es in der Öffentlichkeit als völlig objektiv erscheint während gleichzeitig bei der wissenschaftlichen Gemeinde der Eindruck entsteht, nicht von UFO-Glauben angesteckte Wissenschaftler täten ihr Bestes, um objektiv zu sein, aber leider war nicht einer einzigen Fliegenden Untertasse auf die Spur zu kommen.“ Diese Enthüllung ließ das Condon-Komitee beinahe platzen. Einige Mitarbeiter wurden gefeuert. NICAP stellte jegliche Unterstützung ein.
Es kam zu einem weiteren Kongreßhearing am 29. Juli 1968. Obwohl den wissenschaftlichen Teilnehmern von offener Kritik am Condon-Ausschuß abgeraten wurde, klang sie dennoch durch. Und die Fachleute (darunter Dr. Carl Sagan) empfahlen die Fortsetzung wissenschaftlicher Untersuchungen des UFO-Phänomens.
Unbeeindruckt von allen Turbulenzen , dafür aber versehen mit dem Siegel der Billigung der National Academy of Science NAS, wurde der Condon-Report im Januar 1969 veröffentlicht. Kaltschnäuzig präsentierte er die Schlußfolgerung, nichts von wissenschaftlichem Wert sei aus dem Studium von UFOs zu gewinnen, weitere Forschung wäre daher nicht gerechtfertigt - „Project Blue Book“ sei daher zu beenden.
Der Bericht räumte den erklärten Sichtungen den größten Raum ein und bagatellisierte die ungeklärten. Entgegen allen Gepflogenheiten wurde die Zusammenfassung nicht ans Ende des Berichtes gesetzt sondern an den Anfang. Da sie negativ gehalten war und wenig anderes enthielt als die während der achtzehn Monate dauernden Arbeit des Gremiums ohnehin permanent öffentlich geäußerten UFO-Ablehnungen, verstärkte dies den (gewünschten?) Anti-UFO-Gesamteindruck zusätzlich.
Zahlreiche Kritiker beschuldigten die Air Force, das Condon-Komitee lediglich ins Leben gerufen zu haben, um der UFO-Diskussion ein für

alle mal den Garaus zu machen. Was anscheinend auch gelang obgleich sich in der Condon-Studie ein paar Passagen finden lassen, die das UFO-Phänomen anerkennen, beispielsweise ein Abschnitt über Astronautensichtungen, verfaßt vom wissenschaftlichen Leiter der Studie Franklin D. Roach.

Am 17. Dezember 1969 verlautbarte der Secretary of the Air Force Robert C. Seamans die offizielle Beendigung der zweiundzwanzig Jahre langen UFO-Erforschung durch die Luftwaffe.

Die Blue Book-Akten wurden zur ewigen Ruhe in die Maxwell Air Force Basis in Montgomery, Alabama, verbracht. Nach und nach wurden die Blue Book-Berichte Nr. 1-12 sowie Nr. 14 freigeben. Fragen nach Bericht Nr. 13 wurden von der Luftwaffe mit dem originellen Hinweis beantwortet, man habe aus Gründen des Aberglaubens keinen Bericht Nr. 13 angefertigt. Militärbedienstete sagten jedoch aus, sie hätten sehr wohl einen Bericht Nr. 13 zu Gesicht bekommen. Der sei allerdings als Top Secret eingestuft gewesen.

Tatsächlich verringerte sich in nicht allzu langer Zeit das öffentliche Interesse an den UFOs. Die Mitgliedschaft von NICAP sank von 12000 auf 4000. Der Aereal Phenomenon Research Organization APRO ging es ähnlich. Major Donald E. Keyhoe, der auch die APRO zwölf Jahre geleitet hatte, mußte diese Tätigkeit beenden.

Viel später wurde durch Geheimdienstdokumente, die durch den 1974 erzwungenen Freedom of Information Act FOIA (U.S. Code 5 USC, Section 552) ans Tageslicht kamen, enthüllt, daß Projekt Blue Book von Haus aus eher als Filter, denn als echtes Forschungsprogramm gedacht gewesen sein dürfte. Geheimagenten innerhalb des Projektes sollen besorgniserregende UFO-Berichte an eine Stelle im Gefüge des Air Defence Command ADC weitergeleitet haben, wo ein viel geheimeres UFO-Projekt im Gange war. Offenbar wurde ebenfalls, daß sich die Luftwaffe mit dem Ende von „Project Blue Book“ zwar offiziell von der UFO-Forschung zurückgezogen hatte, nicht aber de facto, da geheime Projekte weitergelaufen sein sollen. Anfang der 1980er-Jahre wurde das durch das Versehen eines USAF-Pressesprechers sogar bestätigt.

Ein Maulkorb für Major Keyhoe

Die zivile, aber effektive und durchaus anerkannte Organisation mit der Abkürzung NICAP für „National Investigations Comittee on Aerial Phenomena“, ist bereits zur Sprache gekommen, wie auch, daß ihr eine Reihe von ernstzunehmenden und einflußreichen Persönlichkeiten angehörten. Gegründet wurde NICAP 1956 von dem früheren Marinephysiker Thomas Townsend Brown. Die Leitung lag viele Jahre lang beim schon erwähnten Major Donald E. Keyhoe (i.R.) vom US-Marine-Korps. Eine Zeit lang gehörte der Ex-CIA-Chef Vizeadmiral Roscoe Hillenkoetter NICAPs Board of Governors an. Er machte in dieser Zeit einige aufsehenerregende Aussagen hinsichtlich der Realität des UFO-Phänomens. Hillenkoetter hielt UFOs für unbekannte Objekte unter intelligenter Kontrolle. Und er war überzeugt, die Air Force würde UFO-Sichtungen zensieren. Der Vizeadmiral sandte sogar ein Statement dieses Inhalts mit Datum 22. August 1961 an den amerikanischen Kongreß. Im darauffolgenden Jahr verließ er NICAP völlig unerwartet. Das fügte dem Prestige der Organisation großen Schaden zu, und frustrierte Keyhoe, der überzeugt war, man habe Hillenkoetter diesen Schritt nahegelegt. Klarheit dürfte auch hier ein schöner Traum bleiben.
Zu denken geben mag vielleicht der Umstand, daß General Hillenkoetter, auf den wir im Zusammenhang mit „Majestic 12“ abermals stoßen werden, auch bei den (MK-)Bewußtseinsveränderungsprogrammen „Bluebird“ (später umbenannt in „Artichoke“) und „Chatter“ (später umbenannt in „Castigate“, zu Deutsch Züchtigung) eine maßgebliche Rolle gespielt haben soll.
Der jeder Spinnerei abholde Ex-Militär Keyhoe war schon vor seiner Arbeit bei NICAP im Zuge seiner Tätigkeit für die amerikanischen Streitkräfte zu der sachlichen Schlußfolgerung gelangt, Außerirdische würden uns seit geraumer Zeit heim- und auch besuchen; und, diverse Regierungsstellen würden das bewußt vertuschen. Eine Überzeugung, die sich bei ihm in den folgenden Jahren weiter verfestigen sollte.
Major Keyhoe berichtete, Captain Ruppelt habe ihm einmal geklagt, sein Team hätte Anweisung Sichtungen zu verbergen. Wenn ein unwiderlegbarer Bericht hereinkäme, sollten schnelle Erklärungen gegeben werden, die die Sache herunterspielten und den Zeugen unglaub-

würdig machten. Sogar vor einer Diskreditierung der eigenen Piloten sei nicht Halt zu machen.
Bereits im Jahr 1950 hatte Keyhoe durch seine öffentliche Behauptung Aufsehen erregt, die Behörden würden UFO-Informationen zurückhalten. Er war durch die guten Beziehungen, die er als Luftfahrtspezialist zu höheren Stellen hatte, bereits frühzeitig zu dieser Ansicht gekommen. Jahre später freigegebene Dokumente zeigen, daß Major Keyhoe als Sicherheitsrisiko angesehen und von CIA und FBI überwacht wurde.
Keyhoe wußte auch nicht, daß er mit dem Board-Member Colonel Joseph Bryan III. Jahre lang ein Kuckucksei an Bord hatte. Besagter Bryan war nämlich Gründer des CIA-Stabes für psychologische Kriegsführung. Und Bryan war es auch. Der im Dezember 1969 die Absetzung von Major Keyhoe als Leiter von NICAP veranlaßte. Bryans Verbindung zur CIA sollte erst 1977 ans Tageslicht kommen. Todd Zechel (Ted Zachary), ein früherer Mitarbeiter der National Security Agency NSA erklärte, alle vier Direktoren der CIA seien damit befaßt gewesen, UFO-Daten sowohl zu sammeln als auch zu unterdrücken, auch sollen mehrere verdeckte CIA-Agenten bei NICAP eingeschmuggelt worden sein, wo sie Schlüsselpositionen erlangten. Keyhoes Nachfolger waren alle mehr oder weniger deutlich mit der CIA verbandelt.
Vielleicht nicht ganz unerwartet wurde NICAP immer ineffektiver. Von Problemen geschüttelt, gab die einstmalige Vorzeige-Organisation ihren Geist auf. NICAPs Unterlagen wurden 1973 dem neu gegründeten Center for UFO Studies CUFOS von Dr. J. Allen Hynek in Evanston, Illinois, überantwortet. CUFOS gilt für eine Zahl von UFO-Forschern bis zum heutigen Tage als Organisation, die sich es sich angelegen sein läßt, die Bemühungen anderer Forscher in Zweifel zu ziehen.
Eine Episode aus Keyhoes Amtszeit illustriert, wie der Hase lief. Sie wird wie folgt kolportiert:
Am 22. Januar 1958 sollte Major Keyhoe in der CBS-TV-Show "Armstrong Circle Theater Show" sprechen. Unmittelbar vor der Sendung wurde sein Script von der Zensur so umgearbeitet, daß es das genaue Gegenteil seiner Ergebnisse ausgesagt hätte. In seiner Frustration hielt sich Keyhoe nicht an den vorgeschriebenen Text. Mitten in seinen Ausführungen wandte sich an seine Zuhörer mit den Worten: „Nun werde ich etwas enthüllen, das niemals zuvor enthüllt wurde. In den letzten

sechs Monaten habe ich mit einem Kongreßausschuß gearbeitet, der die offizielle UFO-Geheimhaltung untersucht..." An diesem Punkt wurde die Sendung unterbrochen, und zwar aus Gründen der nationalen Sicherheit, wie der CBS-Direktor Herbert A. Carlborg NICAP gegenüber später zugegeben haben soll.

Die zweite, nicht mehr gesendete Hälfte von Keyhoes Satz soll gelautet haben: „...Wenn alle Beweise, die diesem Ausschuß vorliegen, in öffentlichen Anhörungen zur Sprache kommen, ist es als erwiesen anzusehen, daß UFOs Maschinen sind, die von intelligenten Wesen gesteuert werden."

Noch eins drauf setzt die Tatsache, daß der New Yorker Verleger Henry Holt & Co. vor der Herausgabe von Major Keyhoes berühmtem Buch „Flying Saucers from Outer Space/Der Weltraum rückt uns näher" auf seine Anfrage an das amerikanische Verteidigungsministerium bezüglich der Seriosität von Major Keyhoe und seiner Arbeit einen erstaunlichen Brief erhielt.

Er ist vom 26. Januar 1953 datiert, bescheinigt Keyhoe ebenso wie seinen Nachforschungen absolute Echtheit, weist als Keyhoes Quellen unter anderem den Technischen Luftwaffen-Geheimdienst aus, und schließt mit dem interessanten Satz zum UFO-Phänomen: „...then the only remaining explanation is the interplanetary answer.../dann ist die einzige verbleibende Erklärung die interplanetarische Antwort." Ein Faksimile des Briefes ist im erwähnten Buch abgebildet. Es erübrigt sich fast zu erwähnen, daß dieser und andere Briefe hinterher dementiert wurden.

Nimmt man gewisse Vorgänge zur Kenntnis, die mit UFOs in Verbindung gebracht werden, so scheint es fast verständlich, daß man der Öffentlichkeit eine solche Wahrheit vorenthalten will.

Die dunkelste Seite des UFO-Phänomens

NICAP befaßte sich aus naheliegenden Gründen auch ebenso intensiv, wie erfolglos mit der Aufklärung der sogenannten „Cattle Mutilations" (Rinder-Verstümmelungen). Über dieses unheimliche Gemetzel wird seit langem berichtet und publiziert. Auch ich habe mich in meinen Bü-

chern „Neue Unerklärliche Phänomene“, „Jenseits des Vorstellbaren“ und „Rätselhafte Wirklichkeiten“ ausführlich damit auseinandergesetzt (mehr auf meiner Homepage. www.farkas.at). Trotzdem eine kurze, zusammenfassende Übersicht:
Am 25. Mai 2000 wurde in dem Gebiet von Monte Vista, rund 25 Kilometer nordwestlich von Alamosa im US-Bundesstaat Colorado ein schrecklich verstümmeltes totes Kalb gefunden. Am selben Tag fanden Camper westlich des kleinen Ortes Chama in New Mexico, nahe der Grenze zu Colorado, zwei grauenhaft zugerichtete Kühe. Einem der Tiere fehlte der Kopf, dem anderen die Zuge. Außerdem wurden in der Nähe die vier Beine eines Elchs gefunden - von Kopf, Hals oder Torso keine Spur. Auch an mehreren der darauf folgenden Tage wurden Tierverstümmelungen (und UFO-Sichtungen) gemeldet.
Am strahlenden Sommermorgen des 5. August 1999 begann der US-Rancher Milo Hauck das Tagewerk auf seiner Farm in Menno, Bundesstaat Süd Dakota, wie üblich mit einem Blick auf sein Vieh. An diesem Tag auch mit einem Schock. Einer seiner Preisbullen, 800 Kilogramm schwer, lag in einer seltsamem Haltung auf dem feuchten Untergrund. Er war tot und auf grausame Weise verstümmelt. Die Genitalien und das Rektum waren mit einem ovalen, beziehungsweise runden, rasiermesserscharfen Schnitt entfernt worden. Blut gab es keines. Ebensowenig auch nur die zartesten Spuren. Gänzlich unheimlich wurde die Sache durch den Umstand, daß eine Länge Stacheldraht des Weidezauns sich unter dem Kadaver befand, der ein Stück in dem weichen Boden eingesunken war. Das riesige Tier war offensichtlich aus großer Höhe heruntergefallen.
Am 10. März 1989 wurden fünf verstümmelte Kuhleichen fein säuberlich in einer Reihe liegend auf der Wyatt-Ranch in Hampstead County, Arkansas, entdeckt. Alle Tiere waren trächtig gewesen. Neben einer der Kühe lag die Gebärmutter inklusive Kalb.
Das sind nur einige wenige Fälle in einer langen Reihe von Tierverstümmlungen, die weit ins Dunkel der Vergangenheit zurück reichen und für die immer mehr Amerikaner die eigene Regierung oder Außerirdische verantwortlich machen. Manche von ihnen vermuten eine Allianz von Menschen und Nicht-Menschen.
Ins Rollen gebracht hat die Lawine der Fall des verstümmelten Wallachs „Snippy“, der 1967 auf dem Gebiet der Harry King-Farm nahe Alamo-

sa im San Luis Tal in Süd-Colorado gefunden wurde (Alamosa liegt an der Grenze zu Colorado, nur knapp 65 Kilometer von Chama entfernt). Das Lieblingspferd einer Mrs. Berle Lewis befand sich nicht „nur“ in der bekannten Verfassung sondern es war auch - was nicht soviel beachtet wurde - radioaktiv verstrahlt. Auch andere Umstände wiesen auf Tierverstümmler mit modernster, um nicht zu sagen hypermoderner Ausrüstung hin.

Hauptsächlich in den USA, aber auch in Kanada, Mexiko, Puerto Rico, Brasilien, Panama, Kenia, auf den kanarischen Inseln, auf Kuba, den Orkney- und Shetland-Inseln, Puerto Rico, der Dominikanischen Republik, Panama, in Australien, Japan und in mehreren europäischen Ländern werden seit Jahrzehnten zig-tausende verstümmelte Tierleichen aufgefunden. Hauptsächlich Rinder, daher die Bezeichnung. Es wird vermutet, sie seien deswegen die Hauptzielgruppe weil Rinder-Hämoglobin in Bezug auf Aminosäuren und Sauerstoffanteil dem menschlichen extrem ähnlich ist, und unbegrenzt gelagert werden kann. Es sollen Versuche im Gange sein, es für unsere Blutbänke tauglich zu machen. Ein „Rinder-Ersatzblut“ mit der Bezeichnung Hämopure befindet sich nach wissenschaftlichen Berichten bereits im Teststadium. Neben Rindern bleiben auch Hühner, Schweine, Rehe, Lamas, Schafe, Ziegen und anderes Getier nicht verschont.

Die Kadaver weisen generell dasselbe Strickmuster auf. Sie wurden mit chirurgischer Präzision zerlegt, wobei die Entfernung des Gehirns, von Darmteilen, Genitalien, Augen, der Zunge, Hautpartien und oder anderen Organen mit superheißen Instrumenten erfolgt sein mußte. Blut fehlt zur Gänze. Manche Schnitte wurden zwischen den Zellen durchgeführt, für unsere Medizin ein Ding der Unmöglichkeit.

Es gibt niemals Spuren irgendwelcher Art neben oder unter den Tieren, nicht einmal bei Schneelage. Sie befinden sich oft inmitten von Kreisen aus abgestorbenem Gras. Die Kadaver liegen nicht nur auf Weiden herum, sondern neben Häusern, Farmen und militärischen Anlagen (nicht selten Raketensilos), auf Highways und an den unmöglichsten Orten. Manchmal werden sie in Brunnen hineingestopft. Man entdeckt sie mit Stahlkabeln an den höchsten Punkten von Tafelbergen oder in Baumwipfeln befestigt. Die Verstümmelungen haben sich niemals am Fundort ereignet. Manche Tiere wurden unter Wasser seziert, andere haben

keinen heilen Knochen im Leibe, als wären sie aus großer Höhe heruntergestürzt. Tatsächlich fiel einmal eine halbe Kuh aus heiterem Himmel zur Erde, wie der Autor Michael Harrison in seinem Buch „Vanishings“ berichtet.
Obwohl die Rinder, Kühe oder andere Vertreter der Fauna tot sind, gehen die Rätsel aktiv weiter. Der Verwesungsprozeß verstümmelter Tiere läuft langsamer ab als normal. Gras in der Umgebung stellt das Wachstum ein. Dafür mutieren Tiere, die mit den späteren Opfern die Weide geteilt haben nach der Verstümmelung ihrer „Kollegen“ zu Mißgeburten (einem Rind wuchsen die Klauen so stark, daß sie sich einrollten, bei einem anderen beulte sich die Stirne aus). Blätter in der Nähe verwelkten. Fliegen, die auf einem verstümmelten Kalb gesessen waren, starben und blieben an Bäumen kleben. Man identifizierte sie als in der Natur nicht vorkommende Laborfliegen. Manche der animalischen Opfer waren radioaktiv wie Snippy. Angesichts der Tatsachen, grenzen die behördlichen Erklärungen ans Lächerliche. „Raubtierfraß“ hieß es offiziell. Bussarde, Hyänen und sonstige Aasfresser hätten sich an den toten Wiederkäuern gütlich getan. Nicht einmal Schmeißfliegen wurden als Täter ausgeschlossen, obgleich sie von all den bezichtigen Tieren wohl die größten Probleme haben dürften, Rinderleichen mit Kabeln in Baumkronen anzubinden oder in Brunnenschächte hineinzuquetschen. Bäume nahe den Fundorten waren geknickt, Zäune flachgewalzt. Viele erinnert das an Anflugschneisen, allerdings für Flugapparate, wie wir sie nicht besitzen. Obgleich die Behörden in dieser Frage vornehme Zurückhaltung üben, gelang es dem englischen Autor Timothy Good, einen geheimen FBI-Akt aus dem Jahr 1976 zu erhalten. Darin findet sich der Bericht des Offiziers der State Police of New Mexico Gabriel Valdez, der neben einer verstümmelten Kuh drei kreisrunde, vierzig Zentimeter durchmessende tiefe Eindrücke im Erdreich festgestellt hatte. Das Gras um die Abdrücke war verbrannt, die Radioaktivität unnatürlich erhöht. Die Abdrücke bildeten ein Dreieck. Zusammen betrachtet, sprach alles mit großer Wahrscheinlichkeit für die Landung eines Flugobjektes.
1992 meldeten Bewohner der nördlich von Schottland in der Nordsee gelegenen Orkney-Inseln zahlreiche UFO-Erscheinungen. Wenige Tage später machte man auf den Orkneys einen grausigen Fund: Mehr als

dreißig kopflose Seehundleichen lagen eines Morgens auf einem Sandstrand. Spuren gab es keine. Die von den Behörden durchgeführte Untersuchung ergab, daß die Köpfe der unglücklichen Heuler mit chirurgischer Präzision abgetrennt worden waren.
Im Sommer 1997 ging eine regelrechte Welle von Tierverstümmlungen über die englische Grafschaft Yorkshire, wobei laut Zeugenaussagen zahlreiche der auf die bekannte Weise verstümmelten Vierbeiner "vom Himmel gefallen sind"(!). Dazu gab es UFO-Sichtungen zuhauf.
Vieles deutet auf eine morbide Verbindung von den Cattle Mutilations zu den sogenannten „Human Mutilations" hin. Die seit mehr als einem Jahrzehnt auftretenden Verstümmelungen von Menschen decken sich nämlich fast hundertprozentig mit denen der Tieren.
Den Betreffenden sind Augen, Ohren, Zunge und andere Organe offenbar unter Einsatz von High-Tech-Lasern entfernt worden, wofür die bei großer Hitze verkohlten (kauterisierten) Wundränder sprechen. Manche Körper weisen haarscharfe Schnittwunden oder symmetrische Löcher auf. Die Toten haben keinen Tropfen Blut mehr in sich. Auch wenn Tod schon Tage vorher eingetreten ist, zeigen sich keine Anzeichen von Verwesung. Besonders haarsträubend ist der Umstand, daß manche Unglückliche während des Großteils der monströsen Prozedur am Leben gewesen sein dürften, wie Mediziner anhand verschiedener Merkmale konstatierten.
Obwohl die Beamten, die die Obduktionen der menschlichen Opfer vornehmen, in der Regel nichts von den Tierverstümmelungen wußten, ähneln ihre Berichte in fast allen Punkten frappierend jenen über die verstümmelter Tiere.
Der Gedanke an eine Organ-Mafia wurde geäußert, mußte aber verworfen werden. Unfreiwillige Organspender ähneln nämlich mehr zerfetzten, ausgeweideten Kadavern, als den mit höchster Präzision zerteilten Opfern. Auch würden Organ-Mafiosi an der Entleerung des gesamten Blutes scheitern. Weil die Gefäße nach Entnahme von etwa einem Drittel der Gesamtblutmenge kollabieren müßte unablässig Salzlösung nachgefüllt werden um auch den Rest des Blutes absaugen zu können. Ein langwieriger Vorgang, den die unbekannten Täter auf eine uns unbekannte Weise kompensiert haben, da in einigen Verstümmelungsfällen erwiesenermaßen nur wenig Zeit zur Verfügung stand.

Die aktuellen Fälle von „Human Mutilations" erinnern viele UFO-Forscher an den Fall von Sergeant Jonathan P. Louette, dessen Überreste im Jahr 1956 (als von Organtransplantation noch lange nicht die Rede war) in vergleichbarer Verfassung auf dem US-Raketenversuchsgelände White Sands in New Mexico gefunden wurden.
Damit wollen wir uns wieder der Tierverstümmeldung zuwenden, deren ausführliche Erforschung Licht auf das Gesamtphänomen werfen dürfte. Ein Tip: Eine ausführliche Chronologie dieses morbiden Geschehens findet sich in meinem Buch „Neue Unerklärliche Phänomene", Michaels-Verlag, ISBN 3-89539-073-9, siehe auch meine Homepage www.farkas.at.

Aus dem Schlachthaus in die Hallen der Macht

„Meine Herren, eine andere und
höhere Form des Lebens, als wir Menschen
es darstellen, beherrscht diese Welt!"
Eric Frank Russell, „Sinister Barrier"

Im März 1983 erhielt die unabhängige Filmproduzentin Linda Moulton Howe vom amerikanischen Fernsehsender Home Box Office HBO den Auftrag zur Erstellung einer UFO-Dokumentation. Howe, eine ausgebildete Kommunikationswissenschaftlerin der Stanford Universität im Bundesstaat Connecticut, hatte sich von Anfang ihrer Film- und TV-Karriere an auf Dokumentationen wissenschaftlichen Inhalts konzentriert mit den Schwerpunkten Medizin und Umwelt.
Sie erhielt für ihre Arbeit zahlreiche nationale und internationale Preise, darunter drei Emmies. Einen davon für ihren Fernsehdokumentarfilm zur grassieren Viehverstümmelung „A Strange Harvest/Eine sonderbare Ernte" aus dem Jahr 1980, den sie damals noch als Direktorin für Spezialprojekte an der CBS-Station in Denver, Colorado, produziert hatte. Es war die erste Dokumentation, die sich mit den Cattle Mutilations befaßte.
1989 veröffentlichte Linda Moulton Howe das Buch: „An Alien Harvest: Further Evidence Linking Animal Mutilations and Human Ab-

ductions to Alien Life Forms/Eine fremdartige Ernte: Weitere Beweise, die Tierverstümmelungen und menschliche Entführungen mit fremden Lebensformen in Verbindung bringen".

Parallel zu ihrer Erforschung des Verstümmelungsphänomens widmete sich Howe ebenso seriös und eingehend dem damit offenbar in Zusammenhang stehenden UFO-Phänomen. Heute ist sie eine anerkannte internationale Kapazität auf beiden Gebieten: Cattle Mutilations und UFOs.

Linda Howe arbeitete mit dem Pathologen und Hämatologen Dr. John Altshuler in Denver zusammen, der ausführliche mikroskopische und andere Untersuchungen am Gewebe zahlreicher verstümmelter Tiere aus verschiedenen Teilen des Landes und aus anderen Ländern, beispielsweise Kanada, durchführte. Dabei stellte sich eindeutig heraus, daß mit großer Hitze an den Tieren gearbeitet sein mußte, anders wären Zellveränderungen und Kochspuren der Blutreste nicht zu erklären. Diese Diagnose wurde vom Oregon State Diagnostic Laboratory bestätigt.

Im Mai 1980 ging die Arbeit für die Dokumentation „A Strange Harvest" in die Endrunde. Damals filmte Lindas Team in Colorado Springs ein verstümmeltes Pferd, das mehr als zwanzig Tage nach seinem Auffinden immer noch auf der Weide lag. Obwohl das Wetter recht warm war, gab es seltsamerweise keine Maden. Als in die Flanke des Tieres geschnitten wurde, zeigte sich rotes Muskelgewebe. Linda frage einen Tierarzt, ob dieser gute Erhaltungszustand normal sei. Er verneinte. Normalerweise hätte der Verwesungsprozeß in vollen Gange sein müssen.

In Rahmen ihrer Dokumentation „Alien Life Form" interviewte die TV-Journalistin mehrere Farmer, die Außerirdische bei der Entführung von Rindern beobachtet haben wollten. 1980 hatte ein Rancher in Waco, Texas, zwei kleinwüchsige Kreaturen mit großen schräggestellten Augen gesehen, die ein Kalb trugen. Von Panik ergriffen rannte er davon. Als er sich drei Tage später ein Herz faßte und in Begleitung von Frau und Sohn den Ort des Geschehens aufsuchte, fand er den Kadaver des Kalbes. Es war auf die bekannte Weise verstümmelt worden. Ein älteres Paar aus Missouri berichtete, sie hätten 1983 durch Feldstecher beobachtet, wie nichtmenschliche Wesen eine bewegungslose Kuh über eine Rampe in ein gelandetes Raumschiff schweben ließen. Das UFO hatte eine spiegelnde Oberfläche, die es schwer sichtbar machte weil es die

Umgebung reflektierte. Deutlicher wurde es erst, als es lautlos in den Himmel raste.
Diese Beschreibung erinnerte Howe und andere Experten an den bekannten Regressionsbericht von Judy Doraty aus Houston, Texas.
Die junge Frau hatte im Mai 1973 bei einer nächtlichen Autofahrt ein helles Licht nahe der Bundesstraße bemerkt. Daraufhin hielt sie an, stieg aus, und sah ein braunes und ein weißes Kalb in einem gleißenden Lichtkegel nach oben schweben. Dann traf das Licht sie und hüllte ihr Bewußtsein ein. Als sie zu sich kam, war sie im Raumschiff, wo sie Unheimliches erleben sollte.
Die psychischen Nachwirkungen des Vorfalls belasteten Judy so schwer, daß sie sich 1980 von Dr. Leo Sprinkle von der Universität von Wyoming in Hypnose rückführen ließ. In den Aufzeichnungen von der Regressionsbehandlung finden sich folgende interessante Passagen:
Dr. Sprinkle (Dr.S.): „Können Sie beschreiben, was Sie gesehen haben?"
Judy Doraty (JD.): „Ich schaue nach oben... Ich kann sehen wie ein Tier hinaufgeschafft wird (ins Raumschiff)... Es kommt in eine Art Kammer. Mir wird schlecht beim Zuschauen, wie einzelne Teile entfernt werden... das geht ganz schnell... dann kann ich sehen, wie das Kalb wieder hinuntergesenkt wird. Es liegt am Boden und bewegt sich nicht."
Dr.S.: „Wie wurden die Schnitte durchgeführt?"
JD.: „Mit Instrumenten...Es gibt Messer mit seltsamen Griffen, Nadeln, Sonden... Ich kann das alles fühlen, aber nicht wirklich sehen... Ich bin an zwei Plätzen gleichzeitig... Ich erkenne, was im Raumschiff geschieht, aber gleichzeitig stehe ich auf der Straße."
Dr.S.: „Konzentrieren Sie sich auf das Innere des Schiffes."
JD.: „Zwei kleine Gestalten."
Dr.S.: „Wie sehen sie aus?"
JD.: „Ihre Hände sind wie Klauen... Sie haben große hypnotische Augen, aber sie blinzeln nicht... Ich kann keinen Mund sehen... Sie sprechen, aber nicht mit dem Mund... Sie sagen, es sei nicht vorgesehen gewesen, daß ich da wäre... Sie senden mir, daß es notwendig ist, daß sie das tun und daß es zum Wohl der Menschheit wäre, und daß sie sich um uns kümmern."
Als Linda Moulton Howe am Auftrag von 1983 arbeitete stand sie in Kontakt mit Peter Gersten, dem Leiter der amerikanischen Bürgeriniti-

ative „Bürger gegen UFO-Geheimhaltung." Durch ihn hatte sie von einer UFO-Landung im Coyote-Canyon-Atomwaffenarsenal erfahren. Die dazu im August 1982 verfaßten Berichte stammten von Master Sergeant Richard Doty, Leiter des lokalen Luftwaffenbüros für besondere Nachforschungen Air Force Office of Special Investigations AFOSI (ein Luftwaffengeheimdienst), District 17, in der Kirtland Luftwaffenbasis in Albuquerque, New Mexico.

Doty hatte Gersten von einer (damals noch) supergeheimen Gruppe erzählt, die seit langem Daten über Außerirdische und deren Vorgehensweisen sammeln würde. Es gäbe Verbindungen mit den Fremden. Außerirdische Hochtechnologie sei US-Behörden übergeben worden. Das machte die Journalistin neugierig. Sie versuchte mit Doty in Kontakt zu kommen, was im April 1983 zu einer ersten Begegnung in seinem Büro führte. Eine Reihe weiterer Gespräch folgte. Bei einem davon soll Spezialagent Doty zu Linda gesagt haben: „Ihre Dokumentation über die Rinderverstümmelungen hat einige Leute im Washington gehörig aufgeregt. Sie wollen nicht, daß die Verstümmelungen mit UFOs in Verbindung gebracht werden."

Bei einem Treffen hatte der Mastersergeant einen braunen Umschlag aus einer Schreibtischschublade geholt. Während er ihn öffnete und ein Dokument entnahm, bemerkt er: „Meine Vorgesetzen haben mir aufgetragen, Ihnen das zu zeigen. Sie können das lesen, Notizen dürfen Sie sich aber keine machen."

Das Dokument datierte vom 18. November 1952 und beinhaltete Amtseinweisungen für den neugewählten Präsidenten der Vereinigten Staaten von Amerika. Thema: „Unidentifizierte und identifizierte fremde Luftfahrzeuge."

Es war reines Dynamit, denn es handelte von einer supergeheimen UFO-Untersuchungsgruppe, deren Existenz oder Nicht-Existenz auch heute noch lebhaft diskutiert wird. Der TV-Journalistin wurde näheres Material versprochen, das sie aber niemals erhalten sollte. Informierte wissen bereits, daß hier von der Gruppe mit dem Kürzel „MJ-12" für „Majestic 12" oder „Majic 12" die Rede sein dürfte. Jene Gruppierung, die nach dem umstrittenen Roswell-Zwischenfall ins Leben gerufen worden sein soll und deren Existenz verbissen bestritten wird. Möglicherweise hat ein junger Wiener diesen Dementis unwissend ein Ende gesetzt (davon berichte ich nach ein paar erklärenden Worten zur Vorgeschichte von MJ 12).

Die Wurzeln des Mythos

Wie bereits gesagt, werde ich mich dem Roswell-Zwischenfall nicht ausführlich widmen. Das haben andere schon auf zig-tausenden von Seiten getan. Der nämliche UFO-Absturz gehört heute schon fast zum Allgemeinwissen. Dennoch sind ein paar Worte angebracht:
Am 8. Juli 1947 verlautbarte das Informationsbüro des Armeeflugplatzes in Roswell, New Mexico, durch den Presseoffizier Leutnant Walter Haut auf Order von Basiskommandant William Blanchard, die Überreste einer „Fliegenden Scheibe" seien auf einer Schaffarm 32 Kilometer südöstlich von der kleinen Ansiedlung Corona, 120 Kilometer nordwestlich von Roswell, geborgen worden (angeblich nicht nur das UFO, sondern auch vier außerirdische Leichen, bezeichnet als Extra Terrestrial Biological Entities EEBs; außerirdische biologische Einheiten).
Die ursprüngliche Nachricht ging gegen Mittag örtlicher Zeitzone über die Fernschreiber. Noch am Nachmittag desselben Tages wurde sie zurückgenommen, zu spät um zu verhindern, daß die Originalmeldung in die Nachtausgaben vieler Zeitungen kam. 24 Stunden später wurde sie durch General Roger Ramey, Fort Worth, Texas, dementiert. Mittlerweile lautete die Überschrift der Lokalzeitung „Roswell Daily Record", die noch am 8. Juli getitelt hatte „RAAF (Roswell Army Air Field) birgt fliegende Untertasse auf einer Ranch in der Roswell Region" am 9. Juli „General Ramey leert Untertasse aus." Im nunmehr leicht ironisch gehaltenen Artikel war plötzlich vom Absturz eines Wetterballons die Rede (später ist der Wetterballon zu einem Aufklärungsballon von Typ Mogul mutiert und in unseren Tage zu einem modifizierten Fugo-Ballon).
Das Militär riegelte die Absturzstelle (des damals noch Wetterballons) hermetisch ab. Irgend etwas wurde geborgen, um niemals wieder vor den Augen der Öffentlichkeit aufzutauchen.
Jahrzehnte später meinte Haut gegenüber dem englischen Magazin „THE X FACTOR", es habe eine Vertuschung gegeben. Er bestätigte

den Inhalt der von im gebrachten ersten Meldung, wobei er hinfügte, möglicherweise sei auch ein Ballon heruntergekracht, mit der abgestürzten Untertasse habe das nichts zu tun. Und er ergänzte, den meisten Leuten sei nicht klar, daß man in diesen Tagen keine Fragen gestellt, sondern Befehle ausgeführt hätte.
In der Zwischenzeit sagen immer mehr Personen aus, damals sei etwas anderes beiseite geschafft worden, worüber ihnen der Mund mit manchmal ziemlich handfesten Drohungen auf Jahrzehnte verschlossen wurde. Zu ihnen zählen unter anderen der geplagte Rancher Marc Brazel, der „was auch immer" entdeckte, Major Jesse Marcel von der 509. Bombergruppe (damals die einzige Atombombenstaffel der Welt), der die Trümmer von „was auch immer" aufsammelte, hochrangige Offiziere, die 1947 Aussagen zurücknehmen und das Gegenteil behaupten mußten, und Wissenschaftler und Beamte, die „was auch immer" untersuchten und zum Transport ins Hauptquartier der Eight Air Force, in Wright Field (später Wright Patterson Air Force Base) fertigmachten.
Viel Beachtung fand die Erklärung des Leichenbestatters Glenn Dennis, der für das Ballard Beerdigungsunternehmen arbeitete, das auch die Roswell-Luftwaffenbasis betreute. Dennis waren seltsame Aktivitäten auf dem Stützpunkt aufgefallen. Man hatte sich bei ihm erkundigt wie man mit „kleinen Körpern" umgehen müsse, und nach Minisärgen gefragt. Bei seinem nächsten Besuch wurde er aus dem Krankenhaus der Basis hinausgeworfen. Eine ihm bekannte Krankenschwester will kleine humanoide graubraune Leichen mit Schlitzen anstelle von Nase, Mund und Ohren, großen Augen und vier langen Fingern ohne Daumen, gesehen haben, die im Krankenhaus der Luftwaffenbasis von zwei Ärzten obduziert worden sein sollen (wahrscheinlich mutierte Liliputaner, die mit dem Wetterballon abgestürzt waren, höhnten zynische UFO-Forscher). Ehe die Krankenschwester auf Nimmerwiedersehen nach England verschwand, wo sie nach Postvermerken verstorben ist beziehungsweise nach anderen Meldungen bei einem Flugzeugabsturz ums Leben kam, machte sie so genaue Angaben über die autopsierten Wesen, daß Dennis in der Lage war, recht genaue Zeichnungen von ihnen anzufertigen. Sie ähneln den mittlerweile wohlbekannten „kleinen Grauen."
Bis dato sind über dreihundert glaubwürdige Zeugen an die Öffentlichkeit gegangen, sowohl Militärs, die dezidiert aussagen, man hätte sie da-

mals zur Geheimhaltung verpflichtet und ihnen befohlen, Erklärungen gegen besseres Wissen abzugeben, als auch Privatpersonen, die erst ein halbes Leben später zu sprechen wagten. Wenn all das jeder Grundlage entbehrt, wäre es wohl nicht notwendig gewesen, beispielsweise Glenn Dennis für Jahrzehnte mit der Drohung mundtot zu machen, seine Knochen würden aus dem Sand gefischt werden wenn er sich nicht um seine eigenen Sachen kümmerte.

Faktum ist jedenfalls, daß am 26. Juli 1947, wenige Wochen nachdem offiziell kein UFO abgestürzt war, das National Security Council NSC, der Nationale Sicherheitsrat, einberufen wurde - und zwar das erste Mal seit dem Bestehen der Vereinigten Staaten von Amerika in Friedenszeiten. Der Nationale Sicherheitsrat setzt sich aus dem Präsidenten, dem Vize-Präsidenten, dem Verteidigungsminister und dem Leiter des Büros für Katastrophenschutz Office for Emergency Protection OEP zusammen. Das NSC rief in diesen Tagen jedenfalls eine beachtliche Anzahl von Organisationen ins Leben, die Geheimaufgaben innerhalb und außerhalb der USA übernehmen sollten. Die bekannteste davon ist die CIA. Durch das Gesetz zum freien Informationszugang FOIA soll ein Dokument ans Tageslicht gekommen sein, in dem die CIA vom NSC folgende Weisung erhielt: „Der CIA-Direktor soll ein Programm entwerfen und ausführen, das sowohl wissenschaftliche als auch nachrichtentechnische Aktivitäten zur Lösung des Problems der sofortigen positiven Erkennung von unbekannten Objekten beinhaltet."

1978, fast genau dreißig Jahre nach dem offiziellen „Ballonabsturz", ging Geheimdienstoberst Jesse Marcel als der erste Zeuge an die Öffentlichkeit. Er sagte aus, damals sei sehr wohl ein UFO vom Himmel gefallen. Das erregte die Aufmerksamkeit des Bestsellerautors Charles Berlitz. Gemeinsam mit dem Studienrat und UFO-Forscher William Moore ging Berlitz der Sache nach. In den zwei Jahren vor dem Erscheinen des Weltbesellers von Berlitz und Moore „Der Roswell-Zwischenfall" machten sie weitere Zeugen ausfindig. Ende 1980 trat William Moore in einer Radiosendung auf. Dabei erhielt er einen außergewöhnlichen Anruf. Ein Mann erklärte, über wichtige Informationen zu verfügen. Er war bereit, sie Moore zugänglich zu machen, weil dieser „...die einzige Person ist, die ich über dieses Thema sprechen gehört habe, die zu wissen scheint, wovon sie redet."

Moore traf sich mit dem Anrufer. Dieser gab sich als ranghoher Regierungsbeamter zu erkennen, der über den Autor Informationen an die Öffentlichkeit bringen wollte. In den folgenden Monaten verschaffte der geheimnisvolle Informant Moore Kontakt zu neun weiteren Geheimdienstlern, unter ihnen Master Sergeant Richard Doty.
Aufgrund der Brisanz und Gefährlichkeit dieser Aufdeckarbeit, verlieh Moore den Geheimdienstbeamten Decknahmen aus der Vogelwelt. Der Hauptinformant wurde zum Falken (Falcon) und Doty zum Sperling (Sparrow). In dieser Zeit hatte Moore Freundschaft mit dem Hollywood-Filmproduzenten Jaime Shandera geschlossen, der eine Dokumentation über Roswell plante, und von dem auch die Idee der Vogel-Codenamen stammte. Durch diese „Vogelfamilie" wurde schließlich die Existenz der geheimen Gruppe „Majestic 12/Majic 12" (MJ-12) enthüllt, die nicht nur seit 1947 UFO-Abstürze untersuchen, sondern seit 1964 in direktem Kontakt mit Außerirdischen stehen soll.
Am 11. Dezember 1984 scheint sich für Shandera unerwartet erfüllt zu haben, worauf Linda Moulton Howe vor über einem Jahr vergeblich gehofft hatte. Dem Filmproduzenten wurde ein unentwickelter 35mm-Kodakfilm übersandt. Kein Absender, der Poststempel wies Albuquerque als Aufgabeort aus. Auf dem Schwarzweißnegativ befanden sich die Reproduktionen der mittlerweile weltberühmten „Majestic 12-Papers"; die Einweisungsbriefingpapiere an Präsident Eisenhower, ausgestellt am 18. November 1952. Acht Seiten Welterschütterndes. Möglicherweise. Seite eins enthält Informationen die Nationale Sicherheit betreffend, Seite zwei eine Liste zwölf bedeutender Wissenschaftler, Militärs und Geheimdienstmitarbeiter. Ab Seite drei geht es um den Corona/Roswell-UFO-Absturz. Die letzte Seite ist ein Memorandum vom 24. September 1947, in welchem Präsident Truman Verteidigungsminister Forrestal anweist, „Operation Majestic 12" in Angriff zu nehmen.
Über die Echtheit der Papiere, die nur auf Film vorliegen, werden nach wie vor verbissene Kontroversen ausgetragen. Ohne Stellung zu nehmen, und statt dessen die Fakten für sich selbst sprechen zu lassen, soll ein interessantes Argument der Echtheits-Befürworter nicht unerwähnt bleiben: Wenn es eine Fälschung ist, so kann sie - was kaum bestritten wird - nur von hoch- und höchstrangigen Stellen angefertigt worden

sein, wobei sich die Frage erhebt: wozu das Ganze? Einer UFO-Vertuschung dient es jedenfalls nicht. Damit zur Sache.
„Majestic 12“ soll am 24. September 1947 vom US-Präsidenten auf Anraten von Verteidigungsminister Forrestal und Dr. Bush aus gegebenem Anlaß (der Roswell-Zwischenfall?) gegründet worden sein. Die Bedeutung der Gruppe muß von absoluter Einmaligkeit sein, da die Aktivitäten von MJ-12 offenbar sogar über der Constitution stehen und unabhängig von der jeweiligen Präsidentschaft fortgeführt werden. Der jeweilige Präsident sei darüber nur zu informieren. Im vorliegenden Fall Dwight D. „Ike“ Eisenhower. Alles getreu dem oft gebrauchten, zynischen Sprichwort: Präsidenten kommen und gehen, Geheimdienste bleiben. Kennedy war Gerüchten nach nicht über MJ-12 eingeweiht. Als er davon erfuhr, und nicht mitspielen sondern die Öffentlichkeit darüber informieren wollte, soll er in Dallas davon „abgebracht“ worden sein. Eine weitere Theorie zum Kennedy-Attentat, die sich in keiner Weise mit den bisher angedeuteten spießen muß.

Das „majestätische Dutzend“

Zwölf Militärs, Spitzenwissenschaftler und Geheimdienstler sollen die supergeheimen UFO-Aktivitäten der US-Regierung koordiniert haben (da keiner von ihnen mehr am Leben ist, erhebt sich die Frage, ob es Nachfolger gibt). Hier sind die ursprünglichen Zwölf (MJ-1 bis MJ-12) in der Reihenfolge, in der sie im Einweisungspapier angeführt sind (lediglich in Klammern um Informationen zur Person erweitert. Im Einweisungspapier stehen nur die Namen).
Admiral Roscoe H. Hillenkoetter (Kommandeur des Nachrichtendienstes für den pazifischen Kriegsschauplatz im Zweiten Weltkrieg. 1947-1950 erster Direktor der Central Intelligence. Längere Zeit Member im NICAP Board of Directors. Seine verblüffenden öffentlichen Statements zu UFOs wurden schon erwähnt.)
Dr. Vannevar Bush (Professor am MIT, Fachrichtung Elektronik. Leiter des Office of Scientific Research and Development OSDR, einer Dachorganisation, die sich um die technischen Entwicklungen im Zweiten Weltkrieg kümmerte. Wissenschaftlicher Berater des Präsidenten.

Gründete 1941 den „Forschungsrat für die nationalen Verteidigung", und 1943 das „Büro für wissenschaftliche Forschung und Entwicklung" welches das Manhattan-Projekt zur Entwicklung der amerikanischen Atombombe beaufsichtigte.)

Verteidigungsminister James V. Forrestal (Nach seinem Selbstmord im Jahr 1949 durch General Walter B. Smith ersetzt.)

General Nathan F. Twining (Stabschef im Zweiten Weltkrieg. Leiter der 20. Einheit der US Air Force, die die Atombomben über Japan abgeworfen hat. Kommandierender General des Technischen Nachrichtendienstes der Luftwaffe [AMC, später ATIC] mit Sitz in der Wright Patterson Luftwaffenbasis in Dayton, Ohio. Wie William Moore herausfand, begab sich General Twining einen Tag nach dem Roswell-Absturz vom 8. Juli 1947 nicht, wie offiziell verkündet, an die Westküste, sondern nach New Mexico, wo er sich bis 10. Juli aufhielt.)

General Hoyt S. Vandenberg (Zuerst Leiter der militärischen Geheimdienstorganisation G2, anschließend Second Director of Central Intelligence DCI. Ab 1948 Stabschef der amerikanischen Luftwaffe. Vermutete CIA-und andere Kontakte.)

Dr. Detlev Bronk (International bekannter Elektroniker, Physiologe, Physiker und früher Biophysiker. Vorsitzender des Nationalen Forschungsrates, Präsident der Nationalen Akademie der Wissenschaften, und medizinischer Berater der Atomenergiekommission.)

Dr. Jerome Hunsacker (Flugzeugkonstrukteur vom Massachusetts Institute of Technology MIT. Vorsitzender des Nationalen Beratungskomitees für Luftfahrtangelegenheiten.)

Konteradmiral Sidney M. Souers (Erster CIA-Direktor von Januar bis Juni 1946. Ab September 1947 Executivsekretär des Nationalen Sicherheitsrates NSC.)

Gordon Gray (Anwalt und Geschäftsmann. Spielte im Zweiten Weltkrieg bei Geheimdienstoperationen eine wesentliche Rolle. Unter anderem Sicherheitsberater und Leiter des CIA-Psychological Strategic Board/ Psychologischer Strategieausschuß. Staatssekretär des Heeres.)

Dr. Donald Menzel (Spitzenastronom, Leiter des Observatoriums der Harvard-Universität. An verschiedenen Top secret-Projekten beteiligt. Kapazität auf dem Gebiet der Kryptographie (Ver- und Entschlüsselung). Dreißig Jahre lang(!) war er ein hochrangiger geheimer Berater der National Security Agency NSA mit Top Secret Ultra Sicherheitsstufe, was nicht einmal seiner Frau bekannt war. Ein enger Freund von Dr. Bronk und Dr. Edward Condon. Dr. Menzels Mitgliedschaft scheint besonders interessant. Er zählte stets zu den eingefleischtesten UFO-Gegnern und Entlarvern (debunker), in seiner Jugend als Astronom in Princeton hatte er aber unter einem Pseudonym Science Fiction-Stories verfaßt. Dr. Menzel war nie müde geworden, UFOs in Publikationen, Büchern, Vorträgen usw. als Einbildung, Plasmoide und diverseste andere Naturerscheinungen abzutun. Er scheute sich nicht, Zeugenberichte solange umzuinterpretieren, bis sie nur noch Natürliches beschrieben. Viele vermuten daher, daß Menzels UFO-Skepsis als Desinformation betrachtet werden muß, die er als MJ-12-Mitglied betrieb. Sein auf mehreren Ebenen geführtes Doppelleben mag dafür sprechen. Unter dem Gesichtspunkt könnten auch die Attacken von Dr. Menzels Nachfolger und UFO-Zerfleischer Phil Klass gegen die Echtheit der „Majestic 12"-Dokumente neu verstanden werden.)

General Robert M. Montague (Kommandant der Einrichtungen der Atomenergiekommission in der Sandia-Base, New Mexico Testgelände für Waffenneuentwicklungen. Zur Zeit des Roswell-Absturzes Kommandant von Fort Bliss im New Mexico. Er führte ein geheimes Regierungsprojekt nahe Albuquerque, über das selbst heute noch nichts bekannt ist.)

Dr. Lloyd V. Berkner (Geophysiker. Stellvertreter von Dr. Bush im Forschungs- und Entwicklungsrat, Mitbegründer der Forschungsgruppe für Waffensysteme. Späteres Mitglied des CIA-finanzierten Robertson-Panels.)

Eines steht außer Zweifel: diese Männer waren die Creme der Creme in ihren Bereichen. Wer immer damals in der Regierung ein Zwölferkonsortium zur UFO-Behandlung ins Leben gerufen hätte, würde mit ziemlicher Sicherheit diese Persönlichkeiten rekrutiert haben.

Führen wir uns nach der Vorstellung des majestätischen Dutzends nun das legendäre Einweisungspapier an Präsident Eisenhower in seiner ganzen epischen Breite und möglichen historischen Dimension zu Gemüte. Hier ist es:

Eine Stafette von Präsident zu Präsident

Top Secret Eyes Only

Thema: Operation Majestic-12
Vorläufiger Einführungsbericht für den neugewählten Präsidenten Eisenhower
Dokument erstellt am 18. November 1952
Einweisungsoffizier: Admiral Roscoe H. Hillenkoetter (MJ-1)
Anmerkung: Dieses Dokument wurde als vorläufige Einweisung erstellt. Es soll als Einführung in ein vollständiges Operationsbriefing verstanden werden, das folgen wird.
OPERATION MAJESTIC-12 ist eine TOP SECRET Forschungs-, Entwicklungs- und Nachrichtendienst-Operation, die nur dem Präsidenten der Vereinigten Staaten direkt untersteht. Operationen des Projektes wurden unter Kontrolle der Majestic-12(Majic-12)-Gruppe durchgeführt, die durch einen besonderen geheimen Regierungsbefehl von Präsident Truman am 24. September 1947 auf Empfehlung von Dr. Vannevar Bush und Minister James V. Forrestal eingerichtet wurde. Zu Mitgliedern der Majestic 12-Gruppe wurden ernannt:
(Es folgen die bereits angeführten Namen.)
Der Tod von Minister Forrestal am 22. Mai 1949 schuf eine Vakanz, die bis 1. August 1950 unbesetzt blieb, an dem General Walter B. Smith zum ständigen Ersatz bestimmt wurde.
Am 24. Juni 1947 beobachtete ein Zivilpilot auf dem Flug über dem Kaskadengebirge im Staate Washington neun fliegende diskusförmige Objekte, die mit hoher Geschwindigkeit in einer Formation flogen. Obwohl das nicht die erste bekannte Sichtung derartiger Objekte war, ist es die erste, die auf ein breites Interesse der Medien stieß. Es folgten Hunderte Berichte von Sichtungen ähnlicher Objekte. Viele davon stammten von äußerst glaubwürdigen militärischen und zivilen Quellen. Diese Berichte führten zu eigenständigen Versuchen verschiedener militärischer Einrichtungen, im Interesse der Nationalverteidigung die Natur und Absicht dieser Objekte herauszufinden. Eine Reihe Zeugen wurden interviewt und es gab verschiedene erfolglose Versuche, gemeldete Scheiben im Flug durch Flugzeuge abzufangen.

Die Reaktion der Öffentlichkeit grenzte zeitweise an Hysterie. Trotz aller genannten Bemühungen wurde wenig Substantielles über diese Objekte in Erfahrung gebracht bis ein lokaler Rancher meldete, eines davon wäre in einem entlegenen Teil von New Mexico abgestürzt, etwa 120 Kilometer nordwestlich der Roswell-Heeres- und Luftwaffenbasis (heute Walker Field).

Am 7. Juli 1947 begann eine geheime Operation mit der Bergung des Wracks des Objektes zum Zwecke wissenschaftlicher Untersuchungen. Im Verlauf dieser Bergungsoperation entdeckte die Luftaufklärung vier kleine humanoide Wesen, die offenbar vor der Explosion des Objektes aus diesem hinausgeschleudert worden waren. Sie waren etwa drei Kilometer östlich der Absturzstelle auf die Erde gefallen. Alle vier waren tot und durch Parasitenbefall schwer in Mitleidenschaft gezogen, wie auch durch den Umstand, daß sie vor ihrer Entdeckung etwa eine Woche lang den Elementen ausgesetzt gewesen waren. Ein spezielles Wissenschaftlerteam befaßte sich mit der Bergung und mit eingehenden Untersuchungen der Körper.

Das Wrack des Schiffes wurde ebenfalls abtransportiert und an verschiedene Orte gebracht. Zivile und militärische Zeugen in der Gegend wurden eingewiesen, und Nachrichtenreportern eine wirksame Coverstory mitgegeben, der zufolge das Objekt ein fehlgeleiteter Wetterballon war. Eine geheime Untersuchung, die General Twining und Dr. Bush auf direkte Anweisung des Präsidenten in die Wege leiteten, führte zu der ersten, vorläufigen Schlußfolgerung (vom 19. September 1947), daß es sich bei der Scheibe höchstwahrscheinlich um einen Kurzstrecken-Aufklärer handelte. Diese Folgerung zog man aus der Schiffsgröße und dem augenscheinlichen Fehlen identifizierbarer Nahrungsvorräte.

Eine Untersuchung der vier toten Insassen wurde von Dr. Bronk arrangiert. Es war die abschließende Meinung dieser Gruppe, daß ungeachtet des menschenähnlichen Aussehens der Kreaturen, die biologischen und evolutionären Prozesse, die zu ihrer Entwicklung führten, offenbar völlig verschieden von denen sind, die beim Homo sapiens beobachtet oder postuliert werden. Dr. Bronks Team schlug den Begriff „Extratrerrestrische Biologische Entitäten“, kurz „EEBs“, als Standardbezeichnung für diese Wesen vor solange man sich nicht auf eine genauere Bezeichnung einigen konnte.

Da es ziemlich sicher ist, daß diese Schiffe nicht von einem Land dieser Erde stammen können, mutmaßte man über ihre Herkunft und darüber, wie sie hieher gekommen sind. Der Mars wurde als Ursprungsort in Betracht gezogen obwohl einige Wissenschaftler, besonders Dr. Menzel, es für wahrscheinlicher halten, daß wir es hier mit Wesen aus einem anderen Sonnensystem zu tun haben.
Zahlreiche Beispiele von etwas, das eine Art Schrift darzustellen scheint, wurden im Wrack gefunden. Versuche, sie zu entziffern, blieben bisher größtenteils erfolglos.
Gleichermaßen erfolglos blieben die Versuche, die Antriebsmethode oder die Natur der Methode der Energieübertragung und die Energiequelle zu bestimmen. Die Forschung auf diesem Gebiet wurde erschwert durch das völlige Fehlen identifizierbarer, Flügel, Propeller, Düsen oder anderer orthodoxer Antriebs- und Steuerungssysteme sowie das völlige Fehlen von Drähten, Röhren oder ähnlicher erkennbarer elektronischer Komponenten. Es wird angenommen, daß die Antriebseinheit durch die Explosion, die den Absturz herbeiführte, völlig zerstört wurde.
Der Bedarf nach so vielen weiterführenden Informationen wie möglich über diese Schiffe, über die Charakteristiken ihres Auftretens und über ihre Intentionen, führten zur Einrichtung des US-Luftwaffenprojektes „Sign“ im Dezember 1947/Januar 1948.
Zur Wahrung der Geheimhaltung war die Verbindung von „Sign“ zu „Majestic 12“ auf zwei Personen in der nachrichtendienstlichen Abteilung des Air Material Command beschränkt, deren Aufgabe darin bestand, bestimmte Informationen weiterzugeben.
„Sign“ entwickelte sich 1948/1949 zu „Grudge.“ Das Projekt wird derzeit unter dem Codenamen „Blue Book“ fortgeführt, mit einer Verbindung, die nur durch den Luftwaffenoffizier besteht, der ihm („Grudge“) vorsteht.
Am 6. Dezember 1950 stürzte ein zweites Objekt, wahrscheinlich von gleicher Herkunft, mit hoher Geschwindigkeit in der El Indio-Guerrero-Region an der texanisch-mexikanischen Grenze ab, nachdem seine lange Flugbahn in der Atmosphäre verfolgt werden konnte. Als ein Suchtrupp die Absturzstelle erreichte, war das Objekt bereits völlig ausgebrannt. Soviel Material wie möglich wurde geborgen und zu weiteren Untersuchungen auf das Gelände der Atomenergiekommission nach

Sandia, New Mexico, gebracht. Auswirkungen für die nationale Sicherheit sind in erster Linie dadurch gegeben, daß die Motive und grundsätzlichen Absichten dieser Besucher noch völlig unbekannt sind. Hinzu kommt ein auffälliges Ansteigen der Aufklärungsflüge dieser Schiffe in der Zeit von Mai bis Herbst dieses Jahres (1952), die zu einer ernsten Sorge führten, daß neue Schritte bevorstehen könnten.
Aus diesen Gründen, aber auch aus offensichtlichen internationalen und technologischen Beweggründen und der dringenden Notwendigkeit, eine öffentliche Panik um jeden Preis zu verhindern, bleibt die Majestic 12-Gruppe einmütig bei der Auffassung, daß strengste Sicherheitsvorkehrungen auch und ohne Unterbrechungen von neuen Administrationen fortgesetzt werden.
(Ende der bekannten Majestic 12-Einweisungspapiere).

Wie sieht es mit Beweisen aus?

Als beim kanadischen Verkehrsministerium die ersten UFO-Meldungen eintrafen, war man verständlicherweise höchst interessiert, ob der große Bruder USA ähnliche Vorkommnisse feststellte, und wenn ja, was amerikanische Stellen davon hielten und wie sie damit umgingen.
Im Zuge diskreter Nachforschungen brachte der Militärattaché der kanadischen Botschaft in Washington Erstaunliches in Erfahrung, was er in einem Memorandum niederlegte. Darin wird festgehalten, die (UFO) Angelegenheit unterläge in den USA der höchsten aller Geheimhaltungsstufen, höher noch als die der Wasserstoffbombe. Fliegende Untertassen würden existieren. Näheres sei unbekannt, würde aber von einer „kleinen Gruppe“ unter Leitung des wissenschaftlichen Beraters der US-Regierung Doktor Vannevar Bush intensiv untersucht. Das betreffende kanadische Dokument wurde 1969 offiziell freigegeben, ist somit amtlich. Die namentlich nicht erwähnte Kommission muß vor 1950 - also von Präsident Truman - eingesetzt worden sein. Und sie war so geheim, daß sie in keinem offiziell freigegebenen Dokument der USA genannt wird.
Das einzige bis Dato in einem Archiv aufgefundene Dokument mit einem Hinweis auf MJ-12 wurde von William Moore ausgegraben. Einem

Hinweis von Mastersergeant Richard Doty folgend, fand er in der Box 341 der US-Air Force-Akten im Nationalarchiv von Washington die Kohlepapierkopie eines Memorandums vom Sekretär des US-Präsidenten Nathan Cutler an den möglichen MJ-12-Angehörigen und zeitweiligen ATIC-Chef General Nathan F. Twining. Darin geht es um die Verlegung einer Besprechung des National Security Council NCS/MJ12-Special Studies-Projektes, angesetzt für den 16. Juli 1954. Es trägt sämtliche offiziellen Stempel und Archivnummern des Nationalarchivs.

In den Twining-Akten der Kongreßbibliothek von Washington existiert eine Einladung des Präsidenten an den General für den 16.7.1954, 9.oo Uhr, zu einer „Außerordentlichen Zusammenkunft des NSC". Dieser Umstand wird gegen die Ansicht ins Treffen geführt, Doty hätte das Dokument unter die Luftwaffenakten gemischt, und es dann von Moore finden lassen.

Am 29. 11. 1983 soll der damalige Leiter des renommierten „Washington Institutes of Technology" mit einem eigenem Büro im Pentagon, Professor Dr. Robert I. Sarbacher, dem UFO-Forscher William Steinmann die Involvierung von Dr. Bush und anderer Spitzenwissenschaftler in die Untersuchung geborgener „Fliegender Untertassen" und ihrer Insassen brieflich bestätigt haben. Am 30. 8. 1987, vierzehn Jahre nach dem Tod von Dr. Bush, interviewte Steinmann Dr. Eric A. Walker, der eine Zeit lang Vizedirektor des von Dr. Bush geleiteten Research and Development Board des Pentagon gewesen war. Bei dem Telefoninterview kam es zu folgenden Fragen und Antworten:

Steinmann: „Haben Sie jemals von der MJ-12-Gruppe und der „Operation Majestic 12" gehört? Ich beziehe mich dabei auf das mir vorliegende Briefingpapier an Präsident Eisenhower vom 8.11.1952.

Dr. Walker: „Ja, ich weiß von MJ-12. Ich kenne sie seit vier Jahrzehnten."

Der „MJ-12-Spürhund"

Die „Majestic 12-Frage" ist eine der umstrittensten im Rahmen der UFO-Forschung überhaupt. Wie beweist man die Echtheit eines Dokumentes von dem es nur eine Fotografie gibt? Keine leichte Sache, wert der Kombinationsgabe eines Sherlock Holmes, kombiniert mit der Zähigkeit eines kanadischen „Mountain Police Man“, die bekanntlich niemals aufgeben. Genau diese Kombination scheint der Nuklearphysiker und UFO-Forscher Stanton T. Friedman zu repräsentieren, der von zahlreichen Universitäten regelmäßig zu Vorträgen eingeladen wird. Heute lebt er in Kanada, wo er sich primär wissenschaftlichen Umweltfragen widmet.

An die zwölf Jahre lang versuchte Stanton T. Friedman der MJ12-Gretchenfrage „echt oder gefälscht“ mit kriminalistischem Spürsinn auf den Grund zu gehen. Er begann bei den zwei Datumsangaben in den Dokumenten. Das erste (nicht bewiesene) Datum ist der 24. 9. 1947 als Gründungstag von „Operation Majestic 12“ nach ausgiebigen Gesprächen von Präsident Harry S. Truman mit Verteidigungsminister Forrestal und Dr. Bush. Völlig unstrittig ist das zweite Datum, zu mindest als Termin der Amtseinweisung des neugewählten US-Präsidenten Dwight D. „Ike“ Eisenhower. Nicht ganz von so leicht historisch nachvollziehbar ist die Behauptung, es habe an dem Tag ein Briefing Eisenhowers in Fragen der Nationalen Sicherheit gegeben, an dem auch General Twining teilnahm.

Nach wochenlangen Studien in der „Harry S. Truman Library“, in der „Dwight D. Eisenhower Library“, in der Kongreßbibliothek und im Nationalarchiv, konnte Friedmann in den Dokumenten der Präsidentschaft Trumans ein aufschlußreiches Schreiben eruieren. Dieses „Truman-Memorandum“ belegte, daß am 24. 9. 1947 tatsächlich ein Treffen zwischen Truman, Dr. Bush und Forrestal stattgefunden hatte. Ein Hinweis darauf, was damals besprochen wurde, fand sich in dem Archiv nicht, was wiederum bedeuten dürfte, daß es dabei um Hochsicherheitsfragen gegangen ist, die auch heute noch geheim gehalten werden. Aus den Akten von Forrestal und Dr. Bush geht hervor, daß sie sich eine halbe Stunde vor dem Treffen mit dem Präsidenten zusammengesetzt haben, um etwas für Eisenhower vorzubereiten.

Der Einwand, das als „Special Classified Executive Order“ Nr. 092447 (TS/EO, was Top Secret/Eyes Only bedeutet) bezeichnete Truman-Memorandum vom 24. 9. 1947 wiese eine unmögliche Nummer auf, zieht nicht. Es stimmt, daß diese Regierungsbefehle, die seit der Lincoln-Administration durchnumeriert werden, im September 1990 erst bei der Nummer 12814 angelangt waren, so daß es klarerweise eine Nummer 092447 nicht geben kann. Was es aber schon geben kann ist ein Datum in amerikanischer Schreibweise, die den 24. September 1947 so schreibt: September 24, 1947, in Ziffern 092447.

Was immer bei dem Meeting besprochen wurde scheint Außenminister Forrestal so mitgenommen zu haben, daß er eine Stunde später einen Waffenschein beantragte. Er verfiel in Depressionen und mußte als Minister zurücktreten. Am 22. Mai 1949 sprang er (mit Nachhilfe, wie manche vermuteten) aus dem achtzehnten Stock des Behtesda Hospitals.

Als nächsten Schritt machte sich Friedman an die Verifizierung (oder Falsifizierung) der Urheberschaft des „Eisenhower Briefing-Dokumentes“. Um klarzustellen, ob der als Einweisungsoffizier (briefing officer) aufscheinende Admiral tatsächlich der Verfasser des Dokumentes ist, legte er das Dokument zusammen mit zwanzig von Hillenkoetter verfaßten Briefen und Memoranden dem renommierten Sprachwissenschafter Professor Dr. Roger W. Wescott von der Drew-Universität vor. Der Experte erklärte dazu in seinem Gutachten, es gäbe keinen Grund, im Briefing-Memorandum vom 18. 11. 1952 eine Fälschung zu sehen. Auch der Schreibmaschinentyp, das Format, die äußere Form des Dokumentes und die Standardschreibweisen entsprachen den in der Truman-Ära gängigen Gepflogenheiten. Gerade die von Skeptikern angeführte, für Amerika unübliche Schreibweise des Datums, nämlich 18. November 1952, spricht für Hillenkoetters Urheberschaft. Er hatte sich diese Art der Datierung vor dem Zweiten Weltkrieg in seiner Tätigkeit als Marineattaché in Frankreich angewöhnt.

Ich möchte dem Leser den Argumentationsreigen ersparen, der sich um Trumans-Unterschrift auf dem Memorandum vom 24. September 1947, wie auch um eine Reihe anderer Details entfaltet hat. Nach Ansicht vieler Experten sind die Fälschungs-Argumente weniger stichhaltig als Argumente für die Echtheit.

In einem Interview, das Stanton T. Friedman 1997 der englischen Zeitschrift „THE X FACTOR“ gab, bekräftigte er nochmals seine sachliche Überzeugung der Echtheit der gesamten acht Seiten MJ-12-Dokumente, umfassend das „Eisenhower-Briefing-Paper“, das „Truman-Forre-

stal-Memo“ und das „Cutler-Twining-Memo.“ Friedman erwähnte in dem Zusammenhang, daß er von einem fanatischen Gegner tausend Dollar kassiert hatte weil er ein Argument des Betreffenden über „nicht richtige“ Schreibmaschinentypen auf einem Dokument klar widerlegen konnte.
Ein erstaunliches, geradezu „anachronistisches“ Dokument verdient noch Aufmerksamkeit. Dabei handelt es sich um ein im Sommer 1999 aufgetauchtes Memorandum von Franklin D. Roosevelt an den Stabschef der Armee (Chief of Staff of the Army), also an George Marshall, datierend auf den 27. Februar 1942. In diesem, fünf Jahre vor dem Roswell-Absturz verfaßten Memo ist die Rede von „Atomgeheimnissen, die aus der Studie von ‚am Himmel fliegenden Systemen' erlernt wurden“ und davon, daß der damalige Wissenschaftsberater des Präsidenten, Dr. Vannevar Bush, der den wir aus den MJ-12-Papieren als Leiter der Gruppe (MJ-1) kennen, „mit dem Projekt ohne weitere Verschiebung fortfahren solle.“

Der anonyme Kanonier

Im März 2000 erhielt der amerikanische UFO-Forscher und Veteran der US-Luftwaffe George A. Filer eine unverlangte E-Mail von einem Mann, der ihm Namen und E-Mail-Adresse eines Zeugen mitteilte, der angeblich in den berühmten Roswell-Zwischenfall verwickelt gewesen war.
Filer nahm Kontakt zu dem neuen Zeugen auf, der anonym zu bleiben wünschte, jedoch einigen zuverlässigen Untersuchern namentlich bekannt ist. Der Zeuge legte Fachkenntnisse aus dem militärischen Bereich an den Tag und war mit sämtlichen Details gut vertraut, über die er berichtete, einschließlich des im Roswell-Fall eine wesentliche Rolle spielenden Flugzeugtyps B-29 und der damit verbundenen Prozeduren. Hatte der neue Zeuge Wesentliches zu berichten? Wie es scheint, hatte er. Hier seine Schilderung:
„Ich war von 1947 bis Frühjahr 1950 auf Roswell. Zu jener Zeit war ich ein Kanonier in der 393ten Bomberschwadron, 509te Bomberstaffel, und Mitglied von Captain Frederick Ewings B-29, dessen Kampfgruppe die Nummer 44-7301 (Straight Flush) auf dem Schwanz trug.

Am Mittwoch, dem 9. Juli 1947, hatte unsere Gruppe einen Behälter zur Carswell Army Air Force Basis, Fort Worth, Texas, zu transportieren, wofür sie eine Stunde und 55 Minuten benötigte. Die Mission und das Transportgut waren geheim. Die Kiste wurde in den vorderen Bombenschacht gehievt, und bewaffnete Wachen waren ständig mit dabei. Ich schätze, der Behälter war etwa 4 mal 2 mal 2 Meter groß.

Der Bordingenieur und ich unterhielten uns vor dem Flug über das Frachtgewicht und die heikle Balance der Maschine, denn sie hatten ihm keine genauen Angaben über das Gewicht der Kiste gegeben. Er bemerkte lachend: ‚Solange es nicht mehr als 5000 Pfund sind, sollte es keine Probleme mit unserem Schwerpunkt geben.' Unser Bombardier, ein Artillerieunteroffizier, führte eine genau Sicherheitsüberprüfung der Gurte durch, die die Frachtplattform an Ort und Stelle hielten damit nichts versehentlich abgeworfen werden konnte. Ich sah einen Major und einen Technical Sergeant beim Bombenschacht sitzen. Sie waren während des gesamten Fluges dort und flogen nicht mit uns zurück.

Wir wußten, daß wir in Fort Worth landen und dort vielleicht die neuen B-36 Bomber sehen würden. Jemand machte eine Bemerkung über die seltsame Fracht, und scherzte, man würde wohl hier die Möbel des Generals transportieren. Es hatte außerdem seit einigen Tagen Gerüchte über den Absturz eines Raumschiffes gegeben, uns war aber nur mitgeteilt worden, daß das hier eine geheime Fracht sei und wir uns davon fernhalten sollten. Wir flogen in einer Höhe von etwa 2600 Metern ohne Druckausgleich. Die Gurte waren so befestigt, daß das Frachtgut sich nicht lösen konnte.

Der Heckschütze, der Corporal Tail Gunner, und ich konnten bei der Entsicherung der Bombenschachtklappen nach der Landung einen Blick auf den Behälter werfen, als wir die Verschlüsse der Bombenluke entfernten. Die Kiste war mit einer Plane abgedeckt, als sie abgeladen wurde, und dann auf einem Anhänger nach Carswell transportiert wurde. Schon seit einigen Tagen hatte es Gerüchte über den Absturz eines Raumschiffs gegeben, aber uns wurde nur gesagt, daß es sich um geheim eingestuftes Frachtgut handele und daß wir ihm fernbleiben sollten.

Auf dem Rückweg unterhielt ich mich mit dem Stabsoffizier Warrant Officer Landry über ein kleineres Problem mit einem Propeller. Wir hatten die Curtiss Electric's und waren ein wenig in Sorge, daß einer von

ihnen ein bißchen zu schnell liefe. Major Jessie Marcel flog mit uns zurück und ich unterhielt mich ein wenig auch mit ihm. Er interessierte sich auch für die Crewmitglieder und meinte, daß die Schützen an Bord gute Beobachter sein müssen wenn man sich auf langen Flügen befände. Er fragte, ob ich Interesse hätte, an Bord von B-36-Maschinen zu kommen (damals die fortschrittlichsten Bomber der Air Force).
Uns wurde wiederholt eingeschärft, nicht über diesen Flug zu sprechen, nicht einmal zu unseren Ehefrauen. So behielt ich es auch für mich, bis 1988 Bücher zum Thema herauskamen. Bis zum heutigen Tag bin ich mit einem anderen Mitglied unserer Crew in Kontakt, die meisten anderen sind nicht mehr am Leben. Major Ewing starb 1952 beim Absturz einer B-47 in Florida.
So ungefähr drei bis sechs Monate später, begannen unsere Frauen untereinander über eine Sache vom Reinigungspersonal zu reden, die sie von den Ehefrauen der Männer gehört hatten, die diese Arbeiten auf der Basis verrichteten. Einer dieser Männer war 1947 ein Nachbar von uns. Ich nehme an, daß er ein Bäcker war weil er immer so früh am Morgen zur Arbeit ging, so gegen 01.30 morgens. Ich sah ihn später ein- oder zweimal an der Haltestelle stehen, als ich von einem Flug heimkehrte, denn sie besaßen kein Auto. Durch das Gemunkel der Frauen hörten wir, daß er einen Körper gesehen hatte. Sie zogen bald ans andere Ende der Stadt um, aber gelegentlich traf ich ihn und fragte ihn einmal, was er da draußen gesehen habe. Er war über diese Frage sofort aufgeregt und aufgebracht und erwiderte: ‚Das hast du nicht zu wissen. Du wirst das gar nicht wissen wollen.' Nachdem, was die Frauen so klatschten, soll er einen der Körper der Crew des Raumschiffabsturzes gesehen haben.
Später wurde ich Pilot und war dann im Strategischen Luftwaffenkommando SAC (Strategic Air Command) Ausbilder. Fliegen ist immer mein Leben gewesen. Während ich im SAC war hatte unsere Besatzung auf der March Air Force Base zwei unheimliche Erfahrungen mit etwas, das offiziell gar nicht da war."
Unterzeichnet, ein B-29-Kanonier, Roswell
Regierungsstellen behaupten, daß das, was nach Fort Worth gebracht worden war, ein nicht-geheimer MOGUL-Ballon gewesen sein soll, den sie regelmäßig von den White Sands Proving Grounds starten ließen. Der Kanonier bezeugt jedoch, mehrere Wachen beim Bombenschacht

gesehen zu haben. Nicht einmal Atombomben wurden damals mit Wachen beim Bombenschacht transportiert und sicherlich auch nicht mit Wachen im Range eines Majors. Der Bericht des Kanoniers deckt sich mit bzw. ergänzt die anderen Zeugen-Darstellungen zum Roswell-Fall.

Zeuge Hermann Oberth

Am 30. April 2000 verstarb im Alter von 88 Jahren der Physiker Dr. Martin Schilling. Er hatte im Dritten Reich an Wernher von Brauns V-2-Programm mitgearbeitet und gehörte zu den „Paperclip"-Wissenschaftlern, die nach dem Zweiten Weltkrieg nach Fort Bliss, USA, gebracht worden waren, um an geheimen Projekten zu arbeiten. Diese Arbeit setzten sie später im berühmten Marshall-Raumflugzentrum in Huntsville, Alabama, fort. Dr. Martin Schilling wurde schließlich Vize-Präsident der Raytheon-Company, die auch auf Area 51 tätig ist, und die im Zusammenhang mit dem ominösen HAARP-Projekt eine tragende Rolle spielt, von dem noch ausführlich die Rede sein wird. Er ging 1977 in Pension.

Der australische UFO-Forscher John W. Auchettl berichtete im Zusammenhang mit dem Tod des Physikers von einem Vorfall, der ihm 1981 von einem Raytheon-Kollegen Dr. Schillings zugetragen wurde. Damals hatte der Lehrer von Werner von Braun und „Vater der Raumfahrt" Hermann Oberth (1894-1989) in der Presse geäußert, UFOs seien real. Ein anderer Mitarbeiter des Raytheon-Konzerns hatte sich darüber lustig gemacht und hielt Oberth sogar für verrückt. Dr. Schilling war anwesend, als jener Mitarbeiter die abfällige Bemerkung über den Raketenpionier äußerte. Der Physiker soll sich daraufhin langsam umgedreht, den Mann durchdringend angesehen und in scharfem Tonfall gesagt haben: „Oberth verrückt? Sie wissen nicht, was er weiß oder was wir wissen. Er täuscht sich nicht! Oberth sagte nie etwas, das irrational oder theoretisch falsch war. Warum hören Sie nicht zu!"

Der Hacker aus Wien

Von der Öffentlichkeit wenig beachtet und von den Medien, die darüber am Rande berichteten, in seiner Bedeutung nicht erkannt, ereignete sich Ende Mai 2002 eine Sensation: Der siebzehnjähriger Internet-Surfer Markus H. könnte von seiner kleinen Wohnung im zehnten Wiener Gemeindebezirk Favoriten aus via Laptop unbeabsichtigt auf das Geheimnis der Geheimnisse gestoßen sein und dadurch die seit Jahren in der UFO-Gemeinde am hitzigsten diskutierte Frage beantworten.
Bei seinem Streifzug durch das Netz, der ihn völlig unerwartet zu geheimen Seiten des Pentagon führte, erschienen zu seiner eigenen grenzenlosen Verblüffung plötzlich seitenweise Dokumente auf seinem Monitor. Sie waren offensichtlich streng geheim und behandelten unter anderem jüngste Verträge zwischen US-Präsident Bush und Rußlands Staatschef Putin. Gekennzeichnet waren sie mit der höchsten militärischen Sicherheitsstufe. Sie lautete - man lese und staune -: „Majestic 12“! Mehr noch: Auf der Kopfzeile des Dokumentes standen die wohlbekannten Zeilen „Top Secret/Majic/Eyes Only“ usw., wir kennen das schon, darunter prangte das Siegel der US-Army und unter diesem die erstaunlichen Worte „Majestic 12 Group . Mai 2002“.
Diese Episode unterscheidet sich von ähnlichen Hacker-Erzählungen dadurch, daß laut Zeitungsberichten nur wenige Minuten nach dem Erscheinen der Dokumente das FBI aus Washington in der Gemeindewohnung in Favoriten anrief. Ein FBI Mann fragte den verwirrten Markus, wie er zu den vertraulichen Dokumenten gekommen wäre. Nun wurde dem jungen Mann die Sache unheimlich. Er verständigte die Wiener Polizei. Gegen Mitternacht erschienen zwei Uniformierte bei ihm, begleitet von einem Staatspolizisten in Zivil. Als letzterer im Zuge der ausführlichen Befragung erfuhr, daß Markus auf geheimes Material gestoßen war, wurde der österreichische Heeresnachrichtendienst eingeschaltet. Bei einem darauffolgenden Interview der Wiener KRONEN ZEITUNG wird offenbar, daß in den Pentagon-Dokumenten auch von einem mysteriösen Projekt „Blaues Buch“ die Rede war, das Insidern wohlbekannt ist.
„Blue Book“- und „Majestic 12“-Dokumente im Jahr 2002, da kann man nur sagen: „Schau, schau!“ Solche Lücken scheint es allerdings auch schon früher gegeben zu haben.

Löcher in der Vertuschung?

In der Februarausgabe 1995 des größten und seriösesten US-UFO-Magazins „UFO“ bezeugten John Regehr und Lee Graham, zwei Ingenieure der Aerojet-Corporation, die Rüstungstechnologie für das Pentagon produziert, die Echtheit der Majestic-Dokumente. Sie hatten die Dokumente bereits 1985 von William Moore erhalten, waren aber damals als Mitarbeiter der Rüstungsindustrie Geheimnisträger mit hoher Sicherheitsstufe. Bei ihrer Anstellung hatten sie eine Sicherheitsvereinbarung unterzeichnen müssen, die sie unter anderem verpflichtete jede „tatsächliche oder mögliche Verletzung der militärischen Geheimhaltung“ sofort der zuständigen Dienstelle im Pentagon zu melden. Davon gibt es keine Ausnahme. Da die Dokumente, die Graham von Moore erhalten hatte, mit „Top Secret/Eyes Only“ klassifiziert und niemals offiziell freigegeben wurden, waren Regher und Graham verpflichtet gewesen, den Tatbestand der zuständigen Dienststelle, dem Defensive Investigative Service DIS zu melden. Was sie pflichtschuldigst unter Weitleitung der Dokumente getan hatten.
Wie in mindestens einer Fachpublikation nachzulesen ist, erhielt Graham am 24. Mai 1990 unter dem Aktenzeichen 89311-DKI-3408-1W9 mit ziemlicher Verspätung folgende verblüffende Antwort auf ihre Meldung von 1985: „Anbei Kopien aller freizugebenden Dokumente in Ihrer Akte beim DIS“. Die Anlage waren die Majestic 12-Dokumente, nunmehr mit dem Stempel „declassified“ (freigegeben) versehen. Graham und Regher konnten das fast nicht glauben. Zur Sicherheit riefen sie den zuständigen Beamten beim DIS an, den Agenten Dale Hartig, und wollten wissen, wie es um die Echtheit der Dokumente bestellt sei. „Sie können damit sicher sein, daß das Briefing Dokument ‚Operation Majestic 12’ authentisch ist“, antwortete Hartig am Telefon. In einem offiziellen Brief vom 29. April 1993 soll er diese sensationelle Aussage auch schriftlich bestätigt haben.
Graham und Regher dazu lakonisch: „Nach den gesetzlichen Sicherheitsbestimmungen in der Handhabung und Disposition klassifizierter Dokumente gibt es nur zwei mögliche Schlußfolgerungen: Das Briefing-Dokument ‚Operation Majestic 12’ ist echt oder Agent Harting macht sich der Verletzung der Bestimmung 5200.1-R des Verteidi-

gungsministeriums schuldig." Besagte Bestimmung sieht vor, daß der DIS im Falle einer möglichen Verletzung der Geheimhaltung wahrheitsgemäß Auskunft erteilen muß, was im Klartext heißt, daß sich ein DIS-Agent strafbar macht, der ein unechtes Dokument fälschlich als echt bezeichnet.
Die beiden Ingenieure sollen ferner bestätigt haben, das Aerojet-eigene DSP-Satellitensystem würde fast schon routinemäßig zwei bis drei UFOs im Monat entdecken, die aus dem Weltraum in die Atmosphäre der Erde eindringen. Auch andere Beobachtungssysteme melden derartiges.
Die nordamerikanische Verteidigungszentrale „North American Air Defense Command" (NORAD) tief im Inneren der Cheyenne Mountains von Colorado verfügt interessanterweise unter der Bezeichnung „NORADs Unknown Track Reporting System NUTR" über ein Meldesystem für unbekannte Objekte. NORAD soll jährlich an die fünfhundert unbekannten Eindringlinge registrieren, die als fastwalker bereits einen offiziellen Terminus erhalten haben. Als bizarrer Schnörkel im Zusammenhang mit NORAD sei erwähnt, daß am 6. Juli 1975 nahe dem Eingangstor zu besagter Überwachungsanlage eine auf die bekannte Weise verstümmelte Kuh aufgefunden wurde - und das, obwohl das gesamte Gelände militärisches Sperrgebiet ist und zu einem der bestbewachten Areale der Welt gehört.
Reines Beobachten scheint aber nicht alles zu sein. Verbissene Analysierer haben auf Videoaufnahmen aus dem Space Shuttle „Discovery" (Laser?)Strahlen ausgemacht, die von der Erde aus auf UFOs abgefeuert werden, die ihnen jedoch elegant ausweichen.

Kennedy: ermordet zur UFO-Geheimhaltung?

Jim Marrs, Autor des Buches "Rule by Secrecy/Herrschaft durch Geheimhaltung" vertritt die Ansicht, Kennedy hätte sehr viel über UFOs gewußt, vielleicht zu viel um am Leben gelassen zu werden. Marrs führt für diese These eine Reihe von Zeugen auf, die er für glaubhaft hält, darunter auch einen ehemaligen Steward der Präsidenten-Maschine „Air Force One" (AF-1). Ein anderer Zeuge, Bill Holden, der

für das Beladen von AF-1 zuständig war, reiste mit Kennedy im Sommer 1963, also wenige Monate vor dessen Ermordung, nach Europa. Holden erklärte, eine Konferenz in Bonn hätte später an Bord der Maschine zu einer Diskussion zum Thema UFOs gefürt. Auf Holdens Frage an Präsidenten, was er von UFOs halte, war Kennedy ziemlich ernst geworden. Nach einem Moment des Nachdenkens sagte er dann: „Ich würde der Öffentlichkeit gerne über die Situation betreffend Außerirdische berichten, aber meine Hände sind gebunden.“ Eine andere Quelle von Marrs erklärte: „Ich glaube, John F. Kennedy hatte Zugang zu einer ausreichenden Menge klassifizierter Informationen, um persönlich zu dem Schluß zu gelangen, daß UFOs und damit auch außerirdische Lebensformen möglicherweise innerhalb unseres Sonnensystems existieren.“
Auch in einem aufgetauchten Bericht der sogenannten „Interplanetary Phenomenon Unit (IPU)/Einheit für Interplanetarische Phänomene“, die kurz nach dem Roswell-Zwischenfall aufgestellt worden war, findet sich der Name Kennedy. Zitat aus diesem Dokument: „Dem CIC (Counter Intelligence Corps/Einheit für Gegenspionage) wurde bekannt, daß einige Informationen zur (Roswell) Bergungsoperation dem Volksvertreter John F. Kennedy, Massachusetts, anvertraut wurden, dem 1946 in den Kongreß gewählten Demokraten und Sohn von Joseph P. Kennedy.“
Marrs erinnert noch an ein anderes, teilweise unkenntlich gemachtes Dokument, bei dem es sich offenbar um ein Memorandum handelt, das Kennedy an den Direktor des US-Auslandsgeheimdienstes CIA sandte und das eine „Klassifizierungs-Revision aller geheimdienstlichen UFO-Akten mit Relevanz für die nationale Sicherheit“ betraf. In diesem Memo bemerkt Kennedy: „Ich habe (geschwärzt) eingeweiht und (den damaligen NASA-Chef) James Webb instruiert, zusammen mit der Sowjetunion ein Programm gemeinsamer Mond- und Weltraumerkundung zu entwickeln. Es wäre sehr hilfreich, wenn Sie die Fälle hoher Bedrohung einer neuerlichen Beurteilung unterziehen würden, zum Zweck der bona-fide-Identifizierung im Gegensatz zu klassifizierten CIA- und USAF (United States Air Force)-Quellen. Es ist wichtig, daß wir eine klare Unterscheidung zwischen Bekanntem und Unbekanntem machen, für den Fall, daß die Sowjets versuchen, unsere ausgedehnte

Kooperation als einen Deckmantel für das Sammeln von geheimen Informationen über ihre Verteidigungs- und Weltraumprogramme mißzuverstehen."
Kennedy ersuchte dann darum, daß alle Dokumente über „Unknowns", die angesprochenen unbekannten Elemente, an die NASA-Autoritäten übergeben würden und daß ein vorläufiger Bericht nicht später als zum 1. Februar 1964 an das Weiße Haus weitergeleitet werden solle. Jenes Dokument datiert vom 12. November 1963.
Man könnte dieses Dokument auch „irdisch" interpretieren, fände sich nicht in der John F. Kennedy-Bibliothek ein unfraglich authentisches Dokument, das genau dasselbe Problem anspricht. Es handelt sich dabei um ein „Memorandum zur Handlungsweise bei Fragen der Nationalen Sicherheit" mit der Nummer 271 und dem Titel: „Cooperation with the USSR in Outer Space Matters/Kooperation mit der Sowjetunion bei Weltraum-Angelegenheiten." Adressiert ist es an den seinerzeitigen Chef der NASA, James Webb und enthält die dezidierte Anweisung, ein gemeinsam US/UdSSR-Weltraumprogramm auf die Beine zu stellen. Datiert ist es ebenfalls vom 12. November 1963, zehn Tage vor den Todesschüssen in Dallas.
Verschiedene Rechercheure und einige Boulevardzeitungen behaupteten, Kennedy habe geplant, die Rede abzuändern, die er auf dem Dallas Trade Mart, dem Ziel der Unglücksfahrt am 22. November 1963, halten sollte. Sie beziehen sich auf handschriftliche Notizen von Kennedy, die einige Bemerkungen betreffend UFOs enthalten haben sollen. Damit könnte sich der Kreis geschlossen haben...

Auf dem Prüfstand

Eine Front im All?

Widerwärtige Kreaturen, diese
Fremden, mit nur zwei Armen und
zwei Beinen, mit ekelhaft bleicher
Haut und ganz ohne Schuppen.
Fredric Brown, Kurzgeschichte „Der Posten“

Nach den UFO-Invasionen von 1952 soll der Stabschef der US-Streitkräfte Omar N. Bradley auf Anweisung Präsident Trumans den Befehl gegeben haben, UFOs abzufangen beziehungsweise abzuschießen wenn sie nicht zur Landung gezwungen werden konnten. Einem Memorandum der CIA vom 12. September 1952 zufolge wäre zu diesem Zeitpunkt bereits ein (geheimes) weltweites UFO-Meldesystem etabliert gewesen.
Im Februar 1953 erklärte General Benjamin Chidlaw, immerhin Chef der Kontinentalen Luftverteidigung der USA, dem Reporter Robert C. Gardener, man besäße Stöße von Berichten über unidentifizierte Flugobjekte, die sehr ernst genommen würden, da bei Abfangversuchen bereits zahlreiche Flugzeuge und Männer verlorengegangen seien.
Noch deutlicher wurde der berühmte General Douglas MacArthur. MacArthur war nicht nur als bravouröser Kommandeur der Alliierten Streitkräfte im Pazifik im Zweiten Weltkrieg das Idol von Millionen Amerikanern, sondern er war auch - was weniger bekannt ist - Begründer der ersten UFO-Untersuchungseinheit des amerikanischen Militärs, der bereits erwähnen „Interplanetary Phenomenon Unit“ (IPU). Dieser Kriegsheld von internationaler Reputation soll der New York Times vom 8. Oktober 1955 zufolge während einer Rede vor NATO-Einheiten in Neapel gesagt haben: „Die Nationen der Erde müssen sich vereinigen, da der nächste Krieg ein interplanetarischer Krieg sein könnte... Sie müssen eine gemeinsame Front gegen die Attacken durch Bewohner anderer Planeten bilden... Die Politik der Zukunft wird kosmisch oder interplanetarisch sein.“

Am 12.5.1962 sagte der General in einer Rede vor Kadetten der renommierten Militärakademie Westpoint: „Wir sehen vor uns eine neue Welt - eine Welt der Veränderung. Der Vorstoß unserer Satelliten und Raketen signalisiert den Beginn einer neuen Epoche in der langen Geschichte der Menschheit - dem Kapitel des Raumzeitalters... Dabei stehen uns neue Herausforderungen bevor... Der ultimative Konflikt zwischen einer vereinten menschlichen Rasse und den feindlichen Kräften von einer anderen Milchstraße."
Am 23. März 1984 hielt US-Präsident Ronald Reagan seine berühmt-berüchtigte SDI-(Strategic Defense Initiative-)Rede, die von den Medien umgehend zur „Star Wars"-Rede umgetauft wurde. Damals kündigte er den Aufbau eines Weltraum-Schutzschildes aus Raumkampfstationen und laserbestückten Satelliten, unterstützt von terrestrischen Superlasern, an. Daß es bei dieser „hoffnungsvollen Zukunftsvision und Hoffnung für unsere Kinder im 21. Jahrhundert", wie er es ausdrückte, nicht nur - wenn überhaupt - um eine Verteidigungslinie gegen einen Raketenangriff aus dem „Reich des Bösen" ging, ließ Reagan die Sowjets bei passenden Gelegenheiten gerne wissen, wie ausführlich kolportiert wird.
So meinte Reagan auf dem Gipfel in Genf vom 19./20. November 1985 zum sowjetischen Generalsekretär Michael Gorbatschow, wie problemlos das gegenwärtige Treffen verlaufen würde, wenn es plötzlich eine Bedrohung für die Erde durch eine fremde Spezies von einem anderen Planeten draußen im Universum gäbe. Wie schnell wären alle kleinen, lokalen Differenzen zwischen den beiden Supermächten vergessen. Daß es sich bei solchen Aussagen nicht um Beschwichtigungsfloskeln oder um einen der legendärem Reagan-Gags handelte, zeigt sich wohl darin, daß Präsident Reagan solche Formulierungen in insgesamt fünf Reden zu internationalen Anlässen vor hochrangigen Zeugen oder Gesprächspartnern, ja sogar vor der Weltöffentlichkeit wiederholte.
Beispielsweise erklärte er am 15. September 1987 bei einem Treffen mit dem sowjetischen Außenminister Schewardnaze, die weltweiten Differenzen würden schnell verschwinden wenn wir einer außerirdischen Bedrohung von einer anderen Welt gegenüberstünden. Diese Formulierung wiederholte Präsident Reagan eine Woche später am 21. Septem-

ber 1987 fast wörtlich vor der Generalversammlung der Vereinten Nationen.
Am 30. Mai 1988 eröffnete er staunenden Geschäftleuten in Chicago: „Ich frage mich oft, was passieren würde, wenn wir alle in der Welt entdeckten, daß wir von einer Macht von einem anderen Planeten bedroht werden. Würden wir nicht plötzlich erkennen, daß wir keine Differenzen zwischen uns hätten, daß wir alle menschliche Wesen sind, Erdenbürger, und würden wir nicht zusammenarbeiten, um diese Bedrohung gemeinsam zu bekämpfen?"
Reagans 1988 verstorbener persönlicher Astrologe Carrol Righter meinte, der US-Präsident habe mit solchen Appellen nicht Entspannungspolitik auf ausgefallene Art betrieben, sondern sie todernst gemeint. Zitat Righter: „Reagan erzählte mir, daß er ernsthaft erwägen wurde, „Star Wars" (SDI) von einem Verteidigungsschild gegen die UdSSR in einen Verteidigungsschild gegen außerirdische Mächte umzuwandeln. Er meinte, er sei bereit, SDI-Daten an Gorbatschow weiterzugeben, wenn es darum ginge, die Erde vor Wesen von außen zu schützen."
Reagans diesbezüglichen Gedankengänge scheinen auch seinem Nachfolger George Bush (sen.) nicht völlig fremd gewesen zu sein. Nachdem der unbezwingbare Superfeind Sowjetunion in wenigen Jahren zu Tode gerüstet und zusammengebrochen war, denkt man, SDI hätte sich damit erübrigt. Mitnichten. Im Gegenteil ging das Forcieren von SDI frischfröhlich weiter. Mehr noch: Das Konzept wurde unter Hereinnahme eines unerwarteten Partners sogar noch aus- und umgebaut.
Auf der Pressekonferenz nach Camp David-Gipfel vom 25. bis 27. Januar 1992 verkündeten George Bush und Präsident Jelzin zur Überraschung der Medienleute wie auch der übrigen Welt gemeinsame Pläne zur Schaffung eines „globalen Verteidigungsschildes für die Weltgemeinschaft". Es sollte auf den ursprünglichen SDI-Plänen der Amerikaner basieren, erweitert um russische Hochtechnologiewaffen. Nach Jelzins Worten seien Rußland und die USA nicht nur Partner, sondern Alliierte. Gegen wen man sich vorbeugend verbündet hätte, sagte er nicht dazu. China oder die Dritte Welt dürften es nach Ansicht vieler wohl nicht gewesen sein.
Auch kosmische Irrläufer scheinen als Zielobjekte auszuscheiden. Für den projektierten Abschuß von Riesenmeteoren auf Kollisionskurs mit

der Erde eignet sich nämlich weder das alte noch das neue Weltraumschildkonzept sonderlich. Dafür bräuchte man im erdnahen Weltall stationierte nukleare Langstreckenraketen mit Riesensprengkraft, eventuell verstärkt durch orbitale Lasergeschütze. Ein derartiges Projekt ist ohnedies parallel im Entstehen, wie seit einiger Zeit kund und zu wissen getan wird.
Und das alles aufgrund von UFO-Sichtungen, möglichen Crashs und ähnlichen Verschwommenheiten? Gibt es nichts Handfesteres, das auf extratrerrestrische Aktivitäten in unserem Sonnensystem hinweist. Kurzum: Ist jemand „da draußen“? Einiges spricht dafür, daß jemand „da draußen“ sein Unwesen treibt - und nicht zu knapp. Für uns wahrnehmbar seit wir dazu in der Lage sind!

Erstkontakte

1977 starteten die beiden Voyager-Sonden. Sie durchquerten das Sonnensystem und sind nun auf dem Weg in die unbekannten Tiefen des Alls. An Bord befindet sich unter anderem eine Platte mit Tonaufzeichnungen, auf der bedeutende Persönlichkeiten dieser Ära zu Worte kommen. Eine Textpassage ist an Aliens gerichtet. Sie lautet:
„Dies ist ein Geschenk von einer kleinen fernen Welt, ein Zeugnis unserer Geräusche, unserer Wissenschaften, unserer Bilder, unserer Musik, unseres Denkens und unseres Fühlens. Wir versuchen, unsere Zeit zu überleben, so daß wir in eurer leben können. Wir hoffen, nach der Lösung unserer gegenwärtigen Probleme einmal einer Gemeinschaft von Milchstraßen-Zivilisationen beizutreten. Diese Platte soll für unsere Hoffnung und unsere Entschlossenheit sprechen sowie für unsere Bereitwilligkeit inmitten eines unermeßlichen, ehrfurchtgebietenden Universums.“
Jimmy Carter
Präsident der Vereinigten Staaten von Amerika
Das weiße Haus, 16. Juni 1977

Am 16. November 1974 wurden von Arecibo auf Puerto Rico 1679 Binärzeichen in Richtung des Kugelsternhaufens M 13 abgestrahlt . Sie sollten auf logisch-mathematischer Basis Informationen über Atomgewichte, den menschlichen Körper, unsere DNS, die Gesamtzahl der Menschheit (damals „nur“ vier Milliarden, heute bereits auf dem Weg zur siebten Milliarde!), unser Sonnensystem und über anderes vermitteln. Auch diese Botschaft ist ein Beweis unseres Bestrebens, fremden Intelligenzen von unserer Existenz zu künden. Ein Bestrebens, das möglicherweise ein Grundzug aller intelligenten Lebensformen ist, die eine technologische Zivilisation geschaffen haben.

Die Entschlüsselung dieser Nachricht, wie auch ein Verstehen der berühmten Metallplatten auf Pioneer 10 und 11 dürfte selbst fortgeschrittenen Extraterrestriern eine harte Nuß zu knacken geben.

Um es ihnen etwas leichter zu machen, wird seit Jahrzehnten an der Entwicklung sogenannter „Lincos“ (Lingua cosmic) gearbeitet, wobei man als Eselsbrücke sogar versucht, die mögliche Sprache der Delphine zu entschlüsseln um so etwas wie ein universelles Verständigungssystem zu schaffen. Gleichzeitig wird nach Lebenszeichen von Aliens und nach Nachrichten aus dem All gesucht.

Projekt OZMA, das nach der Königin des Zauberreiches Oz in Frank L. Baums „Zauberer von Oz“ benannt wurde, bestand in einem Lauschangriff von April bis Juli 1960. Damals versuchten Wissenschaftler des Green Bank-Observatoriums in West Virginia unter Leitung des berühmten Astronomen Frank Drake Signale aus der Region der jeweils elf Lichtjahre entfernten Sterne Ypsilon Centauri und Tau Ceti aufzufangen. Auf Frank Drake und sein Team geht übrigens auch die berühmte Green Bank-Gleichung (seltener auch Drake-Gleichung oder Sagan-Gleichung genannt) zur Berechnung der wahrscheinlichen Existenz von technischen Zivilisationen im All zurück, die im Verlauf der Tagung vom 1. und 2. 11. 1961 im Green Bank-Observatorium ausgebrütet wurde. OZMA war im Prinzip ein Vorläuferprojekt des späteren und weit umfangreicheren SETI-Programms (Search for Extraterrestrial Intelligence), dessen horchende Radioteleskope mittlerweile einige mögliche Lebenszeichen aufgefangen haben könnten.

Nirgendwo steht geschrieben, daß wir die ersten sind, die Botschaften auf gut Glück in All senden. Außerirdische könnten dies schon viel früher getan haben - auf viel höherem technischen Niveau und weitaus gezielter.

Die Sonde, die warten konnte

Bis zum zweiten Weltkrieg fanden die meisten technischen Entwicklungen auf dem europäischen Kontinent statt. Die Kurzwellenstation PCJJ im holländischen Eindhoven zählte in den Jahren 1927/28 zu den stärksten auf dem europäischen Festland. Als ein Funker in Oslo 1927 zu seinem Erstaunen feststellte, daß sich die Signale der Station PCJJ jeweils mit exakt drei Sekunden Verspätung wiederholten, breitete sich Verwunderung aus. Die untypischen Signalechos machten Funker und Wissenschaftler völlig ratlos. Niemand konnte sich erklären, wie es dazu kam.

Nachdem die Verzögerungssignale über ein Jahr lang die Fachwelt irritiert hatten, beschloß man im Oktober 1928 der Sache auf den Grund zu gehen. Das betreffende Experiment stand unter der Leitung des norwegischen Physikers und Mathematikers Dr. Carl Strömer und wurde von Physikern und Beamten der norwegischen Telegraphenverwaltung überwacht. Dr. Strömer kontrollierte in Oslo den Empfang eines besonders starken Kurzwellensignals, das der niederländische Telekommunikationsspezialist Balthus van der Pol von der Phillips-Radiogesellschaft vom Sender PCJJ mehrmals ausstrahlen ließ. Das verabredete Signal sollte bewußt elementar gehalten sein, und bestand daher aus drei Punkten.

Es wurde tadellos in Oslo empfangen - aber nicht nur das Signal aus Eindhoven, sondern auf der selben Wellenlänge auch eine Reihe von Echowiederholungen mit unterschiedlichen Intervallen.

Das war erstaunlich und unerwartet. Aus einem unbekannten Naturphänomen war etwas geworden, das die Handschrift eines steuernden Bewußtseins zu tragen schien. Der Umstand, daß sich der mehr als Jahr anhaltende monotone Drei-Sekunden-Verzögerungsrhythmus schlagartig in eine Art Morsecode verwandelt hatte, sorgte für allgemeine Erregung. Die vorherrschende Meinung war, man hätte es mit einer bewußten Antwort auf die besonders starken Versuchs-Signale des 11. Oktober 1928 zu tun. Wer der Sender war, und wozu das Ganze, blieb ein ebenso großes Fragezeichen wie die mögliche verborgene Botschaft der Verzögerungsintervalle, die sich als folgende Zahlenreihe ausdrücken ließen: 8,11,15,8,13,3,8,8,8,12,15,13,8,8.

Dr. Strömer und Balthus van der Pol berichteten in der Zeitschrift „Nature“ in dem Beitrag mit dem Titel „Short Wave Echos and the Aurora Borealis“ gemeinsam über den außergewöhnlichen Versuch. Das war’s dann.

In den darauffolgenden Jahren fingen auch andere Stationen solche Verzögerungssignale auf. Da selbst die exotischsten Erklärungsversuche keine Klarheit brachten, und sich anbahnende weltgeschichtliche Umwälzungen die allgemeine Aufmerksamkeit auf sich zogen, landeten die Aufzeichnungen über die rätselhaften Echobotschaften schließlich dort, wo Unliebsames unweigerlich schließlich zur Ruhe kommt: in Aktenschränken.

Fast fünfzig Jahre danach holte der schottische Astronom Duncan A. Lunan von der Universität Glasgow die damaligen Daten wieder ans Licht und unterzog sie einer interessanten Interpretation.

Er teilte die Botschaft in die Verzögerungen und in die Echos. Beide Parameter übertrug er auf die X- und Y-Achse eines Koordinatensystems. Das daraus entstehende Diagramm zeigte die 37 Lichtjahre entfernte stellare Konstellation Bootes (des Ochsentreibers) am nördlichen Sternhimmel. Lediglich der Stern Ypsilon Bootis fehlte. An seinem Platz stand das sechste Echo. Wollte man das dargestellte Sternbild Bootes vervollständigen, mußte man das Diagramm lediglich 180 Grad um die vertikale Achse drehen. Von weiterem Interesse war auch der Umstand, daß Alpha Bootis oder Arkturus, der größte Stern der Konstellation, ein Roter Riese der Spektralklasse K2 mit zweihundertfacher Leuchtkraft unserer Sonne jene Position einnahm, die er durch seine relativ hohe Eigengeschwindigkeit vor dreizehntausend Jahren inne gehabt hatte.

Eine Reihe von Wissenschaftlern, unter ihnen Professor Bracewell vom Radiowissenschaftlichen Institut der Stanford-Universität, halten es für möglich, daß außerirdische Zivilisationen Robotsonden in Sonnensysteme schicken, in denen sie intelligentes Leben festgestellt haben beziehungsweise wo die Grundvoraussetzungen für die Entwicklung einer vernunftbegabten Spezies gegeben sind. Wie es auf der Erde der Fall ist (sofern man dem ebenso mörderischen wie selbstmörderischen Homo sapiens Vernunft zugestehen will).

Die Wissenschaft unserer Tage kann sich eine außersolare Raumsonde durchaus vorstellen, die darauf programmiert sein könnte, im Zielsy-

stem eine Orbitalbahn um den Zielplaneten einzunehmen, der die optimalen Bedingungen zum Tragen von Leben aufweist oder bereits belebt ist. Mit der Geduld eines Roboters würde die Schöpfung einer uns überlegenen Supertechnologie auf das Entstehen einer technischen Zivilisation warten, die in der Lage ist, eine Kontaktaufnahme zu registrieren und sich dann bemerkbar machen. Wie gesagt war die Eindhovener Station damals eine der stärksten, so daß es für eine wartende Automatiksonde logisch gewesen wäre, die von PCJJ ausgesandten Funkwellen als Signal zu betrachten, um aktiv zu werden. Da auch außerirdische Computer nach allgemeinen Prinzipien handeln dürften halten Wissenschaftler ein bestimmtes Ablaufschema bei einer solchen Kontaktaufnahme für zwingend.
Der logische erste Schritt bestünde darin, aufgefangene Signale auf derselben Wellenlänge zu wiederholen. Das geschah über ein Jahr lang. Der zweite Schritt würde erfolgen, sobald die fremde (unsere) Zivilisation für die Sonde erkennbar auf die Signale reagieren würde. Genau das geschah im Zuge des Oktober-Experimentes von 1928. Nun konnte die eigentliche Botschaft ausgesandt werden, sinnvollerweise in einfachem Binärcode bestehend aus 0 und 1. Er verkörpert ein elementares mathematisches Prinzip, ist die Grundlage der Arbeitsweise unserer Computer und für elektronische Datenübermittlung aller Art.
In der ersten Phase der Informationsübermittlung würden mit großer Wahrscheinlichkeit Daten über die Heimatwelt der Fremden übermittelt werden, beginnend mit der galaktischen Position. Diese Forderung scheint nach der detektivischen Arbeit von Professor Lunan erfüllt. Daß es überlegenen Aliens nicht sonderlich schwer fallen dürfte, uns ihr Heimatsystems so zu zeigen, wie es sich von der Erde aus darstellt, liegt auf der Hand. Daraus ergibt sich unter Berücksichtigung der Wanderung von Arkturus die Schlußfolgerung, daß besagte Sonde elftausend Jahre vor Christi eingetroffen sein muß. Somit hätte sie dreizehntausend Jahre schweigend gewartet bis eine Spezies aufrechtgehender Zweibeiner ihre Höhlen verlassen und jene Technologie geschaffen hat, die mittlerweile - Hand in Hand mit anderen Faktoren - dazu beiträgt, daß ebendiese Spezies im Begriff ist, in Bausch und Bogen zur Hölle zu fahren. Eine Ironie des Schicksals, daß ein fremder Abgesandter möglicherweise jahrtausendelang geduldig ausgeharrt hat, um mit einer anderen

Zivilisation Kontakt aufzunehmen, die eben dabei ist, ihren eigenen Abgang mit bewundernswerter Konsequenz zu inszenieren. Aber das steht auf einem anderen Blatt. Zu weiteren Informationsflüssen kam es leider nicht, da alles ad acta gelegt wurde und keine weiteren Versuche von unserer Seite erfolgten.
Natürlich durfte es nicht an Bemühungen fehlen, Professor Lunans Hypothese ins Reich des Absurden zu verbannen.
Ein Team des Kommunikationsexperten Anthony Lawton sandte Ende der 1970er-Jahre Radiosignale in verschiedene Himmelsrichtungen. Da man als Antwort lediglich Spannungsechos der Ionosphäre erhielt, die durch eine besondere Konstellation von Magnetfeldern um Erde und Sonne zu erwarten waren, wurde die Lunan-Hypothese als natürliches Phänomen abgehakt. Die Tatsache, daß die morsecodeähnlichen Verzögerungsschwankungen (die eigentliche Botschaft) mit Spannungsechos wenig gemein haben, fiel dabei unter den Tisch.
In einem Aufwaschen wurde auch gleich der Umstand ignoriert, daß Professor Lunan in der Zwischenzeit neue Erkenntnisse präsentiert hatte. Es war ihm gelungen, Aufzeichnungen aus dem Jahr 1923 auszugraben, die ähnliches festhalten, wie es wenige Jahre später in Holland und Norwegen registriert werden sollte. 1923 hatte eine französische Expedition in Asien Forschungen über die Ausbreitung von Hertz-Wellen angestellt. Dabei wurden Morseechos verzeichnet, aber nicht verstanden. Lunan legte an sie sein bewährtes Koordinatensystem an und erhielt eine inhaltlich identische, jedoch um einige Details erweiterte Kopie der bereits bekannten Botschaft. Ein „Zufall'", der mit Spannungszuständen in der Ionosphäre genauso schwer zu in Einklang zu bringen ist wie mit den zur Erklärung vorgeschlagenen Wolken von elektrisch geladenem Gas, die irgendwo im Sonnensystem herumschweben und das eine oder andere Radiosignal exakt an den Ausgangsort zurückreflektieren sollen.
Der schottische Astronom versuchte, die erweiterte Nachricht durch Verwendung mathematischer Axiome und Prinzipien zu entschlüsseln, was ihm nach eigenen Angaben auch gelang. Professor Lunan präsentierte der kopfschüttelnden wissenschaftlichen Gemeinde folgende Botschaft, die in der Tat fast zu schön scheint, um wahr zu sein: „Unser Sonnensystem ist ein Doppelsternsystem. Der größere Stern hat sieben Planeten. Wir bewohnen den sechsten, der zwei Monde besitzt. Der vierte

Planet hat drei Monde, der erste und der dritte Planet je einen. Unsere Sonde wartet im Orbit um euren Mond."
Wissenschaftler versuchten vergeblich, die Sonde mit Fernrohren, Radioteleskopen, Mikrowellen-, Gamma-, Infrarotortung, etc. ausfindig zu machen. Da dabei nichts Greifbares herauskam, wurde Lunans ambitionierte Hypothese gemeinsam mit den Verzögerungssignalen endgültig zu den Akten gelegt. Zu Unrecht, wie manche Fachleute meinten. Sie maßen der erfolglosen Sondenjagd keine wirkliche Bedeutung bei. Zyniker unter ihnen hielten den Fehlschlag für unvermeidlich. Für sie war jegliches Bemühen, das Produkt einer weit überlegenen Wissenschaft dingfest zu machen kaum erfolgversprechender als der Versuch von Hunden, einen Hundefänger auszutricksen.

Spuren in Weltraumtiefen?

„Wir sind vielleicht im Universum
so wie Hunde und Katzen in unseren
Bibliotheken, die die Bücher zwar sehen
und die Gespräche hören, aber keine
Ahnung von der Bedeutung haben."
William James, Psychologe und Philosoph, 1690

Das Anwachsen menschlichen Wissens hat sich in den letzten Jahren noch mehr beschleunigt als das der Weltbevölkerung, was etwas heißen will. Hemmungen vor kühnen und kühnsten Theorien sind weitgehend gefallen. Wissenschaftler haben im Rausch eigener Hybris bis zum Extrem extrapoliert, was wir dereinst zusammenbringen werden (wenn wir lange genug weiterexistieren).
Man erinnert sich heute wieder der Klassifizierung von Zivilisationsstufen, die der russische Astronom Nikolai Kardashev 1964 vorgenommen hat. Er stellte damals die weitsichtige Theorie auf, technische Gesellschaften würden drei zyklische Phasen durchlaufen, die durch ihren Energieverbrauch definiert werden.
Laut Kardashev wäre ein Gesellschaft der *Phase eins* in der Lage, alle Energiequellen ihres Planeten zu nutzen, einschließlich des gesamten

einfallenden Sonnenlichtes. Dazu sind wir bei allem Abmühen nach wie vor immer noch lange nicht in der Lage, aber wir arbeiten daran - und wenn die Welt dabei draufgeht.
Sofern eine Welt diese Totalausbeutung übersteht, oder die Nutzung auf eine weniger brutale Weise geschieht als wir sie betreiben, tritt die Zivilisation in ihre *zweite Phase* ein. Sie ist nun in der Lage die Gesamtenergie ihrer Sonne zu verwerten. In unserem Fall wäre ein Sprung von Zivilisationsstufe eins zu zwei eine Steigerung um den Faktor hunderttausend Milliarden. Realisiert werden könnte solches beispielsweise durch die vom Physiker Freeman Dyson vorgeschlagenen „Dyson-Sphären. Darunter versteht man eine Kugelschale um eine Sonne. In unserem Sonnensystem müßte ihr Radius ungefähr jener der Erdbahn sein. Die Bewohner würden auf der Kugelinnenseite in einer Art futuristischen Hohlwelt in ewigem Mittag leben, die Köpfe der Sonne zugekehrt. Die Kugeloberfläche wäre etwa eine Milliarde mal größer als die Oberfläche der Erde. Im ersten Moment erscheinen die Materialbeschaffungsprobleme für einen solches Monsterkonstrukt unüberwindlich. Verblüffenderweise würde jedoch allein die Masse des Jupiter zum Bau einer „Dyson-Sphäre“ mit einer Dicke von drei Metern reichen. Und dann sind da noch die anderen Planeten und die Asteroiden. Technische Gesellschaften der Stufe zwei hätten kaum Probleme, das benötigte Baumaterial heranzuschaffen. Zwar wäre eine klassische Kugelschale wegen der in ihr herrschenden titanischen Spannungsverhältnisse ein Unding, aber gegen eine Schale aus einer Million Miniplaneten, die fast denselben Energienutzeffekt erbrächte, spricht nichts.
Dyson selbst war überzeugt, außerirdische Superzivilisationen könnten derartige Großprojekte gemeistert haben, und schlug vor, nach entsprechenden stellaren Objekten Ausschau zu halten. Tatsächlich wurden in unserer Galaxis einige trübe Rote Riesen entdeckt, hinter denen sich „Dyson-Sphären“ verbergen könnten.
Phase drei würde eine nochmalige Steigerung um die Größenordnung zweihundert Milliarden bedeuten, nämlich die Nutzung des Energiepotentials der gesamten Heimatgalaxis. Diese absolute Horrorvision aller Grünen und Alternativen schließt das Zünden von Sonnen zu Novas mittels Superlaser, das Gegeneinanderlenken riesiger Schwarzer Löcher, ja sogar das Verheizen ganzer Sonnensysteme ein. Vielleicht noch

andere Prozesse, die wir uns derzeit nicht einmal ausmalen können, darunter möglicherweise das Anzapfen der gigantischen Vakuumenergie, die Umgruppierung von Atomstrukturen zur Bildung neuer Elemente und weitere „magische Akte". Der Physiker Stanley Schmidt vertrat die Ansicht, die kolossalen Explosionen, die im Inneren gewisser Milchstraßensysteme (beispielsweise M 82) beobachtet werden, könnten Industrieunfälle einer Phase-drei-Zivilisation sein. Russische Wissenschaftler halten den etwa tausend Lichtjahre entfernten Nebel NGC 6543 für ein künstlich geschaffenes Himmelssymbol. Die Position des aus gasförmiger Planetenmaterie mit einem Stern in der Mitte bestehenden Nebels fast genau über dem Nordpol der Sonnenbahn kann nach ihrer Ansicht kein Zufall sein.

Der Kosmos strotzt überhaupt von tumultösen Vorgängen unerklärlicher Art und gigantischer Größenordnung, die wir weder als natürlich, noch als das Gegenteil einstufen können. Man denke nur an die „Rauchringe", die von der Milliarden Lichtjahre entfernten Galaxis „Hercules A" ausgestoßen werden. Die Natur dieser wolkenartigen Gebilde, deren Durchmesser größer ist als der unserer Milchstraße, ist völlig rätselhaft und die freigesetzten Energiemengen gehen über jedes Vorstellungsvermögen.

Es ist evident, daß wir bei Umtrieben einer Hyperzivilisation, die um einen Faktor von mehr als hunderttausend Milliarden mal zweihundert Milliarden größer sind, als alles, das uns vertraut ist, natürliche Vorgänge von künstlichen nicht unterscheiden können. Der englische Physiker Paul Davies meinte nicht von ungefähr, daß Technologie ab einem Entwicklungsgrad, von dem wir noch Lichtjahre entfernt sind, die Größenordnung einer Naturkraft annimmt.

An eine theoretische *Phase vier*, deren Repräsentanten logischerweise in der Lage sein müßten, das gesamte Universum auszuwinden, hatte nicht einmal der weitsichtige Russe zu denken gewagt.

Zahlreiche ernstzunehmende Wissenschaftler sind der Überzeugung, wir würden in Weltraumtiefen ununterbrochen Manifestationen überlegener Zivilisationen registrieren, aber nicht als solche erkennen. Beispiele gäbe es sehr wohl.

GRB schlägt LGM

Den meisten Lesern wird die Abkürzung GRB wenig sagen. Es handelt sich um einen Spezialausdruck aus der Astronomie, und zwar um sogenannte „Gamma Ray Bursts“ (Gammastrahlenausbrüche). Man nimmt an, daß diese Ausbrüche von Neutronensternen erzeugt werden. Neutronensterne sind die Leichen von Sonnen mit etwa der 1,4fachen Masse unseres Zentralgestirns. Wenn ein solcher Stern seinen gesamten Kernbrennstoff verbraucht hat, und daher kein Strahldruck mehr vorhanden ist um der Gravitation Paroli zu bieten, fällt die ganze Sache in sich zusammen. Und zwar so lange, bis die einzelnen Kernbestandteile ohne Zwischenraum zusammengequetscht sind. Dabei werden die negativen Elektronen in die Masse hineingepreßt. Sie neutralisieren die positiven Protonen, so daß am Ende ein Ball aus superdichten Neutronen übrigbleibt. Diese Substanz wird Neutronium genannt. Sie ist die dichteste Materie im Universum. Ein Kubikzentimeter Neutronium würde im Schwerefeld der Erde mehr als hundert Millionen Tonnen wiegen.

Zur Verblüffung der Astrophysiker werden manche Neutronensterne plötzlich zu Kurzzeitgammaquellen. Ohne erkennbare Ursache setzen sie binnen Sekunden gewaltige Energien von bis zu über 1000 erg frei. Danach versinken sie wieder in die Ruhe, die sie lange Zeit über an den Tag gelegt haben. Dieses Mysterium hat zu einem gänzlich neuen Denkansatz geführt.

Manche Wissenschaftler vermuten, die Objekte, die Gammastrahlenausbrüche von sich geben, wären gar keine Neutronensterne in vielen Lichtjahren Entfernung. Sie würden sich vielmehr in den alleräußersten Zonen unseres Sonnensystems befinden, beispielsweise in der Oortschen Wolke. Sie umgibt unser Sonnensystem 1,5 Lichtjahre jenseits der Plutobahn wie eine riesige Kugelschale aus Milliarden Kleinobjekten und ist die Heimat der Kometen.

Extreme Fehleinschätzungen sind schon oft vorgekommen.

Beispielsweise glaubte man lange Zeit, der Andromedanebel wäre eine Gaswolke, sodann bis zur etwa zur Mitte des zwanzigsten Jahrhunderts, er sei ein naher Begleitnebel unserer Milchstraße wie die Magellanschen Wolken. Schließlich einigte man sich darauf, er sei eine Million

Lichtjahre von unserer Milchstraße entfernt. Heute weiß man, daß es zwei Millionen Lichtjahre sind. Keine Kleinigkeit.
Nicht unähnlich dem Spruch „Ist der Ruf einmal ruiniert, lebt es sich ganz ungeniert“, wurde in der wissenschaftlichen Gemeinde vorsichtig angedeutet, es könnte sich bei den „GRB-Objekten“ sogar um künstliche Gebilde handeln, Beobachterstationen einer Zivilisation welcher Stufe auch immer.
Der Physiker Dr. Frank D. Smith vom „Georgia Institute of Technology“ im US-Bundesstaat Atlanta wies vor Jahren in einer Veröffentlichung darauf hin, die Gammastrahlenausbrüche (GRBs) wären zwar kurzzeitig, in ihrer Struktur aber extrem komplex. Sie weisen zahlreiche „Peaks“ (Spitzen) im Millisekundenbereich auf, die so eng bei einander liegen, daß sie von unseren Gammastrahlendetektoren zwar erkannt, nicht aber aufgelöst werden können.
Genau das wäre eine der Signalstrukturen, die man bei Informationsübertragungen von Außerirdischen vermuten würde.
Schon vor Jahren tätigte der Physikers Jack Sarfatti den markigen Ausspruch, alle Versuche, Superzivilisationen mittels Funkwellen zu kontaktieren oder auf ihre Radiosignale lauschen zu wollen, seien „elektromagnetischer Chauvinismus“. Wir sind wie trommelnde Insulaner, die sich fragen „Warum hören wir keine anderen Trommeln?“, worauf sie zu der Schlußfolgerung gelangen „Wir sind allein auf der Welt.“ In Wirklichkeit sind sie natürlich nicht allein, sondern nur unfähig, die sie umgebenden Funkwellen zu empfangen. Wir trommeln zwar nicht, aber Tachyonenwellen, künstlich verstärkte Pflanzentelepathie (Experimente laufen), modulierten „kosmischen Kitt“, wie die seltsame überlichtschnelle Verbindung von Elementarteilchen heißt, die experimentell bewiesen wurde, etc. können wir weder auffangen noch aussenden.
Nimmt man sich das bislang festgestellte Muster der Gammastrahlenausbrüche vor und verabschiedet sich von der immer weniger geliebten Vorstellung, sie würden in weiter Ferne stattfinden, so wäre man plötzlich mit einer Kette von Beobachtungsstationen am Rande unseres Sonnensystems konfrontiert. So schnell kann ein fernes kosmisches Geschehen zu außerirdischen Sendestationen im Vorhof unseres Sonnensystems mutieren.

Umgekehrte Erfahrungen gibt es allerdings auch. Der Terminus LGM ist eines der bekanntesten Beispiele dafür. Als Astronomen regelmäßige Radiosignale in Weltraumtiefen entdeckten, hielten sie sie für Leuchtfeuer von außerirdischen Intelligenzen. Euphorisch gaben sie ihnen den obigen Fachausdruck, der nicht mehr und nicht weniger bedeutet als die Abkürzung von „Little Green Men“. Leider handelte es sich aber nicht um Bakensignale kleiner grüner Antennenträger, sondern um Strahlungsblitze, die von Pulsaren (rotierende Neutronensterne mit starkem Magnetfeld) tangential ausgesandt werden. Das weiß man heute. Dieser Irrtum demonstriert aber auch die völlige Andersartigkeit, um nicht zu sagen Künstlichkeit, der Gammaausbrüche, deren Quellen vielleicht mit weit mehr Grund als LGMs bezeichnet werden sollten.
Pulsare beziehungsweise Neutronensterne sind das Stichwort für das wissenschaftliche Konzept eines von Leben überschäumenden Universums.

Paradigmen stehen Kopf

Trotz der mörderischen Bedingungen auf einem Neutronenstern, die lebensfeindlicher kaum sein könnten, ist ein Wissenschaftler eingedenk des unbändigen Dranges des Lebens, sich überall zu entfalten, nicht vor der Vorstellung eines lebentragenden Neutronensterns zurückgeschreckt - allerdings in romanhafter Form. In seinen Science Fiction-Romanen „Das Drachenei“ und „Sternbeben“ beschreibt der Fachmann für Gravitationsastronomie Dr. Robert L. Forward streng wissenschaftlich die unüberbietbar fremdartigen Bewohner des Neutronensterns „Drachenei“. Eine Lebensform, die trotz einer Oberflächengravitation von 67 Milliarden g und einem Magnetfeld von einer Trillion Gauß entstehen und sich bis zur Stufe der Intelligenz entwickeln konnte. Die Drachenei-Wesen sind klarerweise recht flach. Und klein, mit einem Körperdurchmesser von etwa einem halben Zentimeter. Ihre Körperchemie ist keine solche, sondern vollzieht sich aufgrund besagter Umweltbedingungen auf atomarer Ebene. Das läßt ihre Lebensuhr millionenmal schneller laufen als unsere. So entwickeln sie sich in dem bescheidenen Zeitraum, den irdischen Wissenschaftler in einer Station über dem Neutronenstern verbringen, von primitivsten Anfängen bis zu einer raumfahrenden Superzivilisation.

Der Gravitationswissenschaftler Forward hat die ungemein genau ausgearbeiteten und durchdachten Bücher mit einem technischen Anhang ausgestattet, in dem Fachleuten Wissenschaft pur über das Drachenei und seine physikalischen Absonderlichkeiten, sowie über Physiologie, Stammes- und Zivilisationsgeschichte der kleinen Bewohner geboten wird. Auch eine Beschreibung des irdischen Raumfahrzeugs im Orbit um das Drachenei fehlt nicht. Alles sachlich korrekt und denkmöglich - einschließlich der mehr als exotischen Lebewesen.

Auch in der schnöden Wirklichkeit kommt es zu verblüffenden Traditionsbrüchen.

Am 9. Januar 1992 ließen die beiden amerikanischen Astronomen A. Wolszczan und D. A. Frail die Fachwelt mit einem erstaunlichen Artikel in der Wissenschaftszeitschrift „Nature“ aufhorchen. Hinter dem klobigen Titel „A Planetary System around the Millisecond Pulsar PSR1257+12“ verbarg sich die epochale Entdeckung, daß um den Sternkadaver des etwa 1630 Lichtjahre von uns entfernten Pulsars PSR1257+12 zwei, möglicherweise drei Planeten kreisten.

Das Sensationelle daran war, daß kein Mensch mit der Existenz von Planeten bei Pulsaren gerechnet hatte. Die Suche nach Planeten hatte sich stets primär auf die Umgebung von Sternen konzentriert, die unserer Sonne ähneln. Pulsare galten als die „unmöglichsten Orte“ für das Vorhandensein einer Planetenfamilie. Die Konsequenz der Entdeckung von Planeten in Gegenden, wo sie bislang niemand vermutet hatte, ist offensichtlich: Planetensysteme scheinen generell viel häufiger zu sein, als man es überhaupt für möglich hielt. Damit erhöht sich die Wahrscheinlichkeit für eine Vielzahl belebter Welten dramatisch.

Eine von Zivilisationen brodelnde Galaxis rückt immer mehr in den Bereich des Normalen, zu Erwartenden. Und damit auch die Anwesenheit einer verborgenen Sonde aus dem Sternbild Bootes, deren Erbauern man fast versucht ist, geradezu abwertend „maximal Stufe zwei“ nach Kardashev zuzugestehen. Sie muß übrigens nicht das einzige fremde Raumfahrzeug sein, das sich bei uns herumtreibt, oder herumgetrieben hat. Damit sind wir wieder in heimischen Gefilden, wenn man so sagen will, in denen es mehr als genug zu entdecken gibt, wie nicht nur die wartende Sonde beweist.

Viel los im erdnahen Weltraum

„Fremdes Raumschiffwrack mit Außerirdischen an Bord umkreist die Erde“, so und ähnlich lauteten 1979 weltweit manche Schlagzeilen. Damals war der sowjetische Astrophysiker Sergei Bozhich mit der Information an die Öffentlichkeit gegangen, russische Wissenschaftler hätten bereits in den sechziger Jahren in achtzehnhundertsechzig Kilometer Höhe zehn Wrackteile in unterschiedlichen Orbits über unserem Globus entdeckt. Zwei der Teile wären mit einem Durchmesser von über dreißig Metern größer als der Rest.
Ausführliche Computeranalysen ergaben, die Trümmer hätten einmal ein kompaktes Objekt gebildet, das explodiert sein mußte. Mittels komplizierter Rückrechnungen wurden die langsam auseinanderdriftenden Teile wieder zu einem Ganzen zusammengeführt, wobei der voraussichtliche Zeitpunkt der Explosion bestimmt werden konnte: 18. Dezember 1955. Zwei Jahre bevor der erste Erdsatellit „Sputnik“ auf eine viel tiefere Umlaufbahn gebracht werden konnte.
Der bedeutende russische Astrophysiker Professor Ing. Alexandr Kazantsev - er gilt unter anderem als Kapazität für Präastronautik und für die Tunguska-Katastrophe - erklärte dazu: „Wir glauben, daß es (das Raumschiff) mindestens sechzig Meter Länge und einen Durchmesser von ungefähr dreißig Metern besessen hat. Seine Oberfläche scheint kleine Kuppeln mit Teleskopen, Antennenschüsseln und Bullaugen aufgewiesen zu haben. Von den Dimensionen schließen wir auf mehrere Decks, wahrscheinlich fünf. Nach unserer Ansicht befinden sich im Inneren die Körper außerirdischer Wesen.“
Der Physiker und Mathematikprofessor der Universtiät von Moskau Dr. Vladimir Azhazha, stellvertretender Direktor der Unterwasserforschungsstation der russischen Akademie der Wissenschaften, gab Kazantsev mit folgenden Worten Schützenhilfe: „All die Informationen, die wir über die Jahre gesammelt haben, deuten auf ein einziges Fak-

tum hin: auf ein verkrüppeltes nichtirdisches Raumfahrzeug mit Geheimnissen an Bord, von denen wir nicht einmal träumen können."
Darüber hinaus unterstützte Dr. Azhazha die Behauptung des US-Astronauten Neil Armstrong, er habe im Zuge der Apollo 11-Mondmission am Rande eines Mondkraters zwei UFOs gesehen. US-Wissenschaftler waren über die Enthüllungen aus dem damaligen Ostblock zuerst verblüfft, dann begeistert. Viele von ihnen rieten zu einer Erforschung des orbitalen Artefaktes, unter ihnen der Physiker Dr. Henry Monteith von einem Top-Secret-Atomforschungsinstitut in den Sancia Laboratorien in Albuquerque im US-Bundesstaat New Mexico, der die solide russische Forschungsarbeit in dieser Sache besonders lobte.
Aufmerksamkeit verdient in dem Zusammenhang ein Artikel aus dem Jahr 1969, an den sich der amerikanische Physiker William Corliss durch diese Debatte wieder erinnerte. Damals, als die US-Regierung felsenfest darauf beharrte, UFOs wären nicht existent, hatte der Astronom John Bagby im amerikanischen Luftfahrmagazin „Icarus" geschrieben, zehn Minimonde würden die Erde umkreisen, die früher einmal ein einziger Körper gewesen seien. Und er nannte das von ihm errechnete Datum als der Körper explodiert sein mußte. Es ist, wir ahnten es vielleicht, der 18. Dezember 1955.
Im Oktober 1958, als von einer irdischer Raumfahrt, die diese Bezeichnung verdient hätte, noch keine Rede sein konnte, registrierte man auf Cap Canaveral ein Objekt im Raum, das Signale aussandte. Wie sich schnell zeigte, handelte es sich weder um eine eigene noch um eine russische Rakete oder einen Sputnik, sondern um etwas Unbekanntes. Da sich der rätselhafte Signalstrom drei Stunden lang auf die Erde ergoß war reichlich Zeit, Ortungs- und Empfangsstationen rund um unseren Planeten zu alarmieren. Neben Cape Canaveral stellten zahlreiche Radioteleskope Position und Kurs der seltsamen Signalquelle fest, die sich zum Mond bewegte. Und das mit einer ungeheuren Geschwindigkeit, wobei unglaubliche Manöver beobachtet wurden. Als das Objekt seinen Kurs vom Mond weg änderte, verlor sich seine Spur. Über die darauf folgenden offiziellen Erklärungen soll aufgrund ihrer Peinlichkeit der Mantel des Schweigens gebreitet werden.

Tatsache ist und bleibt: Weder die damalige noch die derzeitige menschliche Raumfahrttechnologie hätte Vergleichbares ins All befördern können.

„Kümmert euch nicht um die Eingeborenen"

Am 23. August 1996 stellte die BILD-Zeitung auf der Titelseite die Frage „UFOs auf dem Mond?". Darüber die kleinere Kopfzeile „Von Astronauten fotografiert, von NASA geheimgehalten". Der Aufmacher war garniert mit „UFO-Bildern" und einem Hinweis auf die Apollo-Missionen 12, 13 und 14. Im Blattinneren wurde die Frage aufgeworfen „Fanden Astronauten sogar uralte Bauwerke auf dem Mond?". Unter Bezugnahme auf einen Exklusiv-Bericht des Londoner „Daily Mirror" wird ausgeführt, daß seit Beginn des US-Raumfahrtprogramms von NASA-Mitarbeitern, einschließlich Astronauten, UFOs registriert worden sein sollen. Einige Fälle werden genannt. Ähnliche Berichte kann man immer wieder in ganz normalen Tages- und Wochenzeiten und anderen Publikationen lesen, die sich allesamt keineswegs der UFOlogie verschrieben haben.
In ihrer Gesamtheit ergeben die mittlerweile von Astronauten und anderen Insidern zugegebenen UFO-Sichtungen ein beeindruckendes Panorama im wahrsten Wortsinn fremdartiger Aktivitäten im nahen Weltraum und auf dem Mond. Zuerst einmal die Astronautensichtungen, wie sie seit einiger Zeit mehrfach berichtet werden:
Walter Schirra sah 1962 von „Mercury 8" aus ein unbekanntes Flugobjekt. Da er sofort Redeverbot bekam, gab er dem UFO den Spitznamen „Santa Claus" (Weihnachtsmann). James Lovell meldete nach einer Mondumkreisung im Zuge der Apollo 8-Mission vom 21. bis 27. Dezember 1968 zur Bodenstation: „Wir wurden informiert, daß der Weihnachtsmann existiert."
Die Astronauten-Legende Major Gordon Cooper jr. ist einer der „Mercury Seven", die 1959 von der NASA handverlesen wurden, um im Rahmen der Mercury-Mission ins All befördert zu werden. Cooper berichtete, er hätte 1963, als er bei einer Mercury-Mission die Erde insgesamt zweiundzwanzig mal umrundete, während der fünfzehnten Umkreisung

am 15. März der Bodenstation in Muchea nahe Perth in Australien ein grünleuchtendes Objekt gemeldet, das sich seiner Kapsel mit großer Geschwindigkeit näherte. Es flog von Osten nach Westen, umgekehrt wie die Satelliten, und wurde auch vom Radar der Bodenstation und von Ortungssatelliten aufgezeichnet. Reportern soll es nicht gestattet worden sein, Major Cooper nach seiner Landung zu der Sichtung zu befragen. In einem Tonbandinterview meinte Cooper leicht resignativ, alle Raumfahrtspezialisten müßten lernen, mit Geheimhaltung in dieser Sache zu leben, und äußerte, jeden Tag seien unbekannte Objekte zu beobachten und würden von Überwachungsstationen registriert. Er ist aufgrund seiner Erfahrungen unerschütterlich von der Existenz außerirdischer Intelligenz überzeugt und darüber hinaus auch davon, daß die US-Regierung massiv vertuscht, wenn es um UFOs und Außerirdische geht.

O-Ton-Cooper: „Es hat zu viele Leute gegeben, sehr qualifizierte Leute und qualifizierte Gruppen von Leuten, die in der einen oder anderen Weise mit außerirdischen Flugobjekten oder Wesen Verbindung hatten.“ Die NASA und die Regierung wissen sehr genau, daß intelligente Wesen von anderen Planeten die Erde regelmäßig besuchen um mit uns in direkten Kontakt zu treten und uns zu beobachten. Es gibt eine Unzahl von Beweisen, doch sie werden zurückgehalten, um die Bevölkerung nicht zu beunruhigen.“

Sowjetische Kosmonauten bemerkten natürlich auch so manches, von dem sich Marx und Lenin nichts träumen hatten lassen. Allerdings gab es im ehemaligen Ostblock klarerweise keinen Freedom of Information Act oder ähnliches, das effektiver Geheimhaltung doch etwas abträglich ist. Nach dem Fall des Eisernen Vorhangs wurden die Genossen gesprächiger.

Während seiner dreiunddreißigsten Erdumkreisung am 16. Juni 1963 glaubte der Kosmonaut Oberstleutnant Valeri Bikovski die Kapsel seiner Kollegin Leutnant Walentina Tereschkowa vor sich zu haben, die sich ihm an diesem Tag zugesellte. Allerdings glaubte er das nur kurz. De facto handelte es sich um einen eiförmigen Körper, der abrupt abdrehte. Am 19. Juni landeten beide mittels Fallschirm auf der Erde, welche Bikovski in Wostok 5 einundachtzigmal und Tereschkowa (die erste Frau im Weltraum) in Wostok 6 achtundvierzigmal umkreist hatten.

Das ist nur ein Beispiel aus dem früheren Ostblock. Auch US-Astronauten sichteten unverdrossen weiter.
1965 umkreisten die US-Astronauten James McDivitt und Edward White (der erste „Weltraumspaziergänger") in der Raumkapsel Gemini 4 die Erde in 160 Kilometer Höhe. Am 4. Juni, als sie sich über Hawaii befanden und White gerade eine Ruhepause machte, wurde der Pilot-Kommandant McDivitt eines silbernen Zylinders mit „großen vorspringenden Armen und Strahlenkranz" (so McDivitt) und einer Antenne ansichtig. Das unheimliche Ding befand sich auf Kollisionskurs mit der Raumkapsel, zischte aber unmittelbar vor dem unvermeidlich scheinenden Zusammenstoß davon. Laut Bodenstation Houston handelte es sich dabei um eine der Gemini-Antriebsraketen. McDivitt, der den Zylinder fotografiert hatte, widersprach dieser Aussage Jahre später. Seine Bilder von damals wurden bis dato nicht freigegeben.
Im April 1972 erblickte der Pilot des Apollo 16-Lunar Moduls (Mission vom 16.-27. April) Lichtblitze und Lichtstreifen im Bereich des Mondkraters Grimaldi.
1972 war sozusagen ein aktives Jahr. Die Astronauten Jack Lousma, Owen Garriot und Alan Bean sahen vierhundertfünfzig Kilometer über Erdoberfläche von Skylab 2 aus eine rotierende rote Scheibe. Sie fotografierten sie zehn Minuten lang, was die NASA aber nicht bewegen konnte, dem Objekt den Status des Außergewöhnlichen zuzuerkennen.
Im Dezember desselben Jahres bemerkte der Lunar-Modul-Pilot und Wissenschaftsastronaut von Apollo 17 Harrison H. Schmitt eine ähnliche Erscheinung, und am nächsten Tag der im Orbit befindliche Pilot Ronald E. Evans eine solche am Rande des Mare Orientale.
Apollo 17 (7.-19. Dezember 1972) war die letzte Apollo-Mondlandemission. Ihr Landegebiet lag im Taurus-Littrow-Tal. Auch wenn damit die hoffungsvoll begonnene „bemannte Eroberung des Universums" abgebrochen wurde, ehe sie über den unmittelbaren Hinterhof hinausgekommen war, so gilt das für die Diskussion über die „nichtmenschlichen" Begleiterscheinungen unseres Schrittes in den Weltraum keineswegs.
Der Ingenieur Vito Saccheri, der 1979 bei der NASA angestellt war, erklärte Jahre später der lokalen UFO-Zeitschrift „Houston Sky", er habe in NASA-Geheimarchiven im Johnson-Raumflugzentrum in Houston,

Texas, Fotos von UFOs und außerirdischen Strukturen auf dem Mond gesehen, wozu er vorher eine Genehmigung von der CIA einholen mußte. Der Ex-NASA-Ingenieur führte aus, die Bilder hätten Fotos von Kuppeln und Obelisken auf dem Erdtrabanten gezeigt, sowie UFOs, die aus Kratern aufstiegen. Außerdem will Saccheri Protokolle der NASA-Mondmissionen gelesen haben, denen zufolge alle Durchgaben über „bogeys" (Codename für UFOs) nicht auf der Frequenz von Mission Control, sondern über eine spezielle Geheimfrequenz an das CIA-Hauptquartier in Langley, Virginia, zu erfolgen hätten. Auf diese Geheimfrequenz soll regelmäßig und nicht zu knapp umgeschaltet worden sein, wenn es spannend zu werden begann. Ähnliche Aussagen hatte vorher bereits die Ex-NASA-Mitarbeiterin Donna Tietze gemacht.

Apollo-Mitglied Dr. Brian O'Leary meinte: „Es gibt massenhaft wissenschaftliche Beweise für Kontakte mit Außerirdischen." Professor Jack Kashner von der Nebraska-Universität: „Alle Apollo-Raumschiffe wurden (von UFOs) verfolgt... Die NASA behauptete, die Fotos zeigen Eiskristalle. Das ist physikalisch ausgeschlossen, ebenso Meteore, Satelliten und Weltraummüll. Bleiben nur UFOs."

Wie der UFO-Forscher Joseph F. Goodavage und andere beißend feststellten, könnte man mit den aufgezeichneten UFO-Gesprächen zwischen den Astronauten und den Bodenstationen einige Räume bis zur Decke füllen. Wieviele Räume diese erfolgreich geheimgehaltenen Kommunikationen füllen mögen, steht wahrlich in den Sternen. Trotzdem, hundertprozentige Geheimhaltung gibt es nicht. Der eine oder andere „kritische Dialog" ist dennoch in zugängliche NASA-Akten hineingeraten, oder wurde von Funkamateuren rund um den Globus aufgefangen; spezielle Radiofrequenz hin oder her.

Russische Quellen sprudeln ebenfalls. Der amerikanische Fernsehjournalist George Knapp will bei einer Forschungsreise in Sachen UFOs im Ostblock in den Besitz einer offiziellen, geheimen UFO-Studie mit der eigenartigen Bezeichnung „Thread 3" (Zwirnsfaden 3) gelangt sein. Darin wird der berühmte Sowjetkosmonaut und erste Mensch im All Yuri Gagarin zitiert, der gesagt haben soll: „UFOs sind real. Sie fliegen mit unfaßbaren Geschwindigkeiten und ich würde mehr sagen, wenn ich die Genehmigung dazu erhalten würde." Einige russische UFO-For-

scher sind überzeugt, Gagarin sei 1968 ums Leben gekommen, als er mit einer MiG 15 hinter einem UFO herjagte.
Die russische Testpilotin und Kosmonautin Dr. Marina Popowitsch, die als Fliegerin 101 Weltrekorde aufstellte, brachte ein umfangreiches Buch über UFO-Erscheinungen (und Vertuschungen) in der ehemaligen UdSSR heraus.
Na gut, schreiben und berichten kann man viel. Aber wie steht's eigentlich mit gänzlich unangreifbaren Informationsquellen? Finden sich auch hier Indizien dafür, daß „jemand da draußen ist"? In der Tat. Mehr als Indizien, sondern ziemlich handfeste Hinweise darauf, daß irgendwer im Sonnensystem nach Belieben schaltet und waltet, ganz gleich, ob das den Eingeborenen (uns) auffällt oder nicht.

Guter Mond du gehst gar nicht so stille

Was immer das Objekt vom Oktober 1958 gewesen sein mag, der Mond könnte eine wichtige Rolle dabei gespielt haben, denn dort herrscht scheinbar reges Treiben. In völlig unverdächtigen astronomischen Sach- und Fachbüchern findet man den Fachausdruck TLP. Er bedeutet „Transient Lunar Phenomena" (vorübergehende Mondphänomene).
TLP umschreibt bis dato ungeklärte Vorgänge auf und über der Mondoberfläche, die den Astronomen seit weit über hundert Jahren Kopfzerbrechen verursachen, wie da sind: blinkende, pulsierende und flakkernde Lichter, sternartige Lichtpunkte, rötliche Leuchterscheinungen, Blitze und Lichtexplosionen, Farben und Lichtspiele aller Art. Dazu gesellen sich domartige Objekte, brückenartige Konstruktionen, geometrische Gebilde und manch anderes. Eine abrißhafte Chronologie dürfte Staunen hervorrufen:
1869 veranlaßte eine Serie von hellen Lichtpunkten in geometrischer Anordnung die Königlich Astronomische Gesellschaft, eine Anzahl von Astronomen mit dem Studium und der Aufzeichnung solcher Phänomene zu beauftragen.
1898 wurde ein großes nicht zu identifizierendes Gebilde in der Nähe des Mondkraters Aristarchus entdeckt.

1912 berichtete der amerikanische Astronom F. B. Harris über ein gigantisches, schwarzes Objekt mit einem geschätzten Durchmesser von 75 Kilometern. Es schwebte so tief über der Mondoberfläche, daß es einen deutlichen Schatten auf diese warf.
Zwischen 1941 und 1946 sahen einige Astronomen, darunter der bekannte Meteoritenforscher Lincoln LaPaz, sich bewegende Lichtpunkte über der Nachtseite des Mondes.
1948 beobachtete F. H. Thorton am Westrand von Plato eine regelrechte Explosion.
Am 30. März 1950 sah der britische Astronom Dr. Percy Wilkins ein großes ovales und glühendes Objekt, das über der Ebene von Aristarchus schwebte. Drei Monate später sichtete sein amerikanischer Kollege Dr. James Bartlett jr. ein ähnliches Gebilde an derselben Stelle.
In der Nacht des 29. Juli 1953 beobachtete der Wissenschaftsredakteur der „New York Herald Tribune" und begeisterte Astronom John O'Neil wie schon oft zuvor den Erdtrabanten. Als er es auf das Mare Crisium richtete, glaubte er an eine Sinnestäuschung. Über eine Fläche von mindestens dreißig Kilometer Länge erstreckte sich eine brückenartige Konstruktion. Obwohl er sich keine Illusion darüber machte wie die Reaktionen auf eine solche Beobachtung ausfallen mußten - nämlich Hohn und Spott -, meldete er sie dennoch der „Gesellschaft für Mond- und Planetenbeobachtung". Vorsichtig bezeichnete er das Gesehene als „große natürliche Brücke". Das half ihm wenig. Astronomen stellten seinen Verstand ebenso in Frage, wie seine Redlichkeit. Als die Attacken voll im Gange war, erhielt O'Neil unerwartete Schützenhilfe von den damals größten Mondautoritäten Dr. H. P. Wilkins und Patrick Moore. Dr. Wilkins erklärte kühl, er habe O'Neils „Brücke" genau am angegeben Platz gesehen. Patrick Moore bestätigte ebenfalls Sichtungen. Aus dieser Region wurden und werden immer wieder auch Lichterscheinungen gemeldet.
1956 fotografierte der Astronom Dinsmore Alter ein blinkendes Leuchten, eine Erscheinung, die damals in der Astronomie so alltäglich war, daß sie als „moonblink" einen eigenen Terminus gefunden hat (wie TLP). Es leuchtete im Inneren des riesigen Kraters Alphonsus auf.
Im November 1958 blitzte das mysteriöse Licht abermals in Alphonsus auf, diesmal beobachtet vom russischen Astronom Kozyrev in einem Observatorium auf der Krim.

Wie das Amen im Gebet konnte eine natürliche Erklärung der seltsamen „moonblinks“ als Vulkane, Meteoreinschläge, Sonnenaktivitäten, etc. nicht ausbleiben.
Was solche „Erklärungen“ aber nicht zu erklären vermögen, ist die Häufung von Lichtblitzen immer dann wenn bemannte oder unbekannte Mondmissionen stattfanden. Der russische Radioastronom Dr. Alexej Arkhipov hat sich eingehend mit diesen Lichterscheinungen befaßt. Er gehört zu einer Gruppe russischer Wissenschaftler, die den Vorgängen auf dem Mond eine solche Bedeutung zumessen, daß sie das sogenannte SAAM-Programm (Suche nach außerirdischen Artefakten auf dem Mond) ins Leben gerufen haben. Dr. Arkhipov wies darauf hin, daß in all den Jahren bevor die US-Raumsonde Ranger 6 am 2. Februar 1964 im „Meer der Stille“ (Mare Tranquilitatis) aufsetzte, lediglich ein einziger, einsamer „blink“ gesichtet wurde. Das änderte sich wenige Stunden nach der Landung von Ranger 6 jäh. Zuerst leuchtete ein Licht im Krater Ross auf und dann verwandelte sich das Gebiet in eine Region heftiger Lichtaktivitäten.
1967 setzte Surveyor 5 zwischen den Kratern Sabine und Maskelyne im Meer der Stille auf. Wie auf Stichwort begannen auch dort heftige Lichtspiele. Wie die kanadische Mondbeobachterin Pierette Jean meldete, sei am 11. September 1967 über dem Mare Tranquilitatis, das keineswegs als eine Zone der Stille, sondern regelrecht belebt erscheint, ein dunkler, exakt rechteckiger Fleck von West nach Ost gezogen, und in der Licht-Schatten-Grenze verschwunden. Kurz darauf blitzten nahe dem Krater Sabine gelbliche Flecken auf.
1969 landeten mit Apollo 11 die ersten menschlichen Wesen auf dem Erdtrabanten. Danach ging's erst richtig los, wie sich aus den Funkgesprächen der Astronauten ableiten läßt, die der Geheimhaltung entschlüpft sind.
Zurück zu Dr. Arkhipov, der noch mit einem anderen frappierenden Hinweis aufwarten kann. Dabei bezieht er sich auf den 1996 im Alter von nur 62 Jahren viel zu früh verstorbenen berühmten Astronomen Dr. Carl Sagan, dem man nicht die geringste UFO-Sympathie vorwerfen kann. Eher im Gegenteil. Für ihn gab es keine weltraumfahrenden Aliens, und er prägte den markigen Vergleich, die Wahrscheinlichkeit einer Kreuzung zwischen Mensch und Alien sei etwa gleich groß wie die Wahr-

scheinlich einer erfolgreichen Paarung eines Menschen mit einer Petunie. Dabei hatte er den „Raumschiff Enterprise-Vulkanier“ Mr. Spock im Visier, der einen vulkanischen Vater und eine terranische Mutter besitzt, wobei ihm letzteres gelegentlich störende Emotionen verleiht.
Dr. Sagan hat ein Kriterium für die Fernentdeckung von zivilisatorischen Dingen auf einem Himmelskörper aufgestellt, und zwar einen Schwellenwert der Beobachtungstechnologie. Zitat Sagan: „Bei ungefähr hundert Meter Auflösung ändert sich alles. Der Planet zeigt sich bedeckt mit geraden Linien, Quadraten, Rechtecken... Ihre Regelmäßigkeit, Komplexität und Verteilung wäre schwer zu erklären, außer durch Leben und Intelligenz...“ Diesem Satz folgend, stellte Dr. Arkhipov tatsächlich die geforderten geometrische Strukturen fest. Allerdings nicht auf der Erde, auf die sich Sagans Aussage bezogen hatte, sondern *auf dem Mond.* Die betreffenden Aufnahmen wurden von der amerikanischen Clementine-Raumsonde am 9. März 1994 gemacht, und stammten aus einem Gebiet nahe dem Mondnordpol.
Bild Nr. LHD 30055 zeigt in der Nähe des Kraters Lovelace, benannt nach dem Forscher Randolph Lovelace (nicht nach der kürzlich verstorbenen Porno-Darstellerin), in dessen Privatklinik die umstrittenen Roswell-Aliens untersucht worden sein sollen, ein etwa dreizehn Quadratkilometer großes Gebiet mit mehreren rechtwinkligen Strukturen verschiedener Art. Für Dr. Arkhipov ist die Parallelität zu den Grundrissen kultureller Überreste und zu Ruinenstädten, wie sie sich aus großer Höhe darbieten, unleugbar. Vulkanismusformationen schließt nicht nur er aus.
Wie bereits erwähnt, soll den Apollo-Astronauten nicht „nur“ für UFO-Meldungen ein eigener Code gegeben worden sein, sondern auch dazu, um extratrerrestrische Bauten zu beschreiben. Es wird kolportiert, davon sei reichlich Gebrauch gemacht worden um künstlich wirkende Berge, Wände mit Bögen, die mit exakt positionierten Markierungen versehen sind, parallele Rillen auf „künstlichen Wänden“ und andere Anomalien zu melden, von denen hinter vorgehaltener Hand erzählt, aber nicht offiziell berichtet wird. Von den 140.000 Mondfotos der NASA ist nur ein verschwindender Teil an die Öffentlichkeit gelangt. Viele Bürger stellen sich die Frage, ob etwas, und wenn ja was, verheimlicht wird.

Dem amerikanischen Bundesbeamten George H. Leonard, Autor des Buches „Somebody Else is on the Moon", soll es gelungen sein, Einsicht in eine Broschüre über die Ranger 7-Mission zu nehmen, die für NASA-intere Zwecke bestimmt war. Ranger 7, der am 31. Juli 1964 auf dem Erdsatelliten aufschlug, war Teil eines Programms zur Sammlung von Mondaufnahmen.

Ranger 7 bis Ranger 9 schossen insgesamt 17.000 Bilder. Für die Öffentlichkeit freigegeben wurden acht. Sie sind alle von mäßiger Deutlichkeit. Der fragliche NASA-Ranger 7-Bericht enthielt 199 Fotos, die einigermaßen deutlich waren. Foto 199 gibt den sonnenbeleuchteten Teil des Aufschlagkraters wieder. Es soll deutlich eine Anhäufung geometrischer Muster und Strukturen zeigen. Ein zweites inoffizielles, aus verschiedenen Teilaufnahmen zusammengesetztes Foto, das Leonard von einem Ingenieur des zur NASA gehörenden „Goddard Space Flight Centre" in Greenbelt erhalten haben will, soll noch mehr zeigen, das nicht natürlichen Ursprunges sein kann. Leonard zieht daraus die Schlußfolgerung, daß Ranger 7 gezielt aufgeschlagen ist. Ein zufälliges Niedergehen in einer Region voll unnatürlicher Strukturen scheint ihm nur dann möglich, wenn der Mond mit derartigen Formationen buchstäblich übersät ist.

In seinem Buch berichtet Leonard von einer Vielzahl solcher Erscheinungen, die fotografisch festgehalten worden oder in geheimen Berichten erwähnt sein sollen, in offiziellen Statements aber so gut wie gar nicht vorkommen. Darunter Objekte, die sich durch die Landschaft bewegen, viele davon sogar bergauf (NASA-Foto 76-H-1135 zeigt die Spuren zweier Objekte, von denen das größere etwa 25 Meter Durchmesser hat, und das zweite, etwas kleinere, sich sogar aus einem Krater herausbewegt haben muß). Auch eine gigantische „Leiter", die in die Tiefe eines Kraters führt (zu erkennen auf dem Apollo 8-Foto Nr. 69-H-8), erweckt den Eindruck eines künstlichen Gebildes.

Die schon genannte Mondkapazität Patrick Moore widmete sich der Erforschung der kurzzeitigen Mondphänomene TLP. Dabei kam Dr. Moore zu einer beeindruckenden Katalogisierung. Seine Liste umfaßt unter anderem:

Blinkende rötliche Lichter, sternartige Lichtpunkte, bewegende Lichter und rotes Leuchten in Plato.

Sternförmige Lichter in verschiedenen Kratern.
Im Krater Gassendi Lichter, die heller werdend zuerst auf der Außen-, dann auf der Innenseite aufblitzten, dazu rosa Leuchten auf dem Boden und sich bewegende Schatten an der Kraterwand.
Im Krater Eratosthenes blinkenden Lichter auf der Innenwand, sowie Ballungen von Lichtern.
Zwei Lichtpunkte, die eine halbe Stunde lang in Biela blinkten.
Helle Lichter sowie dunklere und hellere rote Blitze in Rabbi Levy.
Regelrechte Lichtorgien verschiedner Intensität und Varianz in Theophilus.
Rotes Leuchten in Fächerform im Süden von Madler.
Farben- und Lichtspiele in Proclus.
Pulsierendes weißes Licht auf dem Westhang des Kraters Tycho, der eine beliebte Heimstätte von TLPs ist.
Die Aufstellung, die über 700 Erscheinungen beschreibt, geht in derselben Tonart über viele Seiten weiter.
In der Novembernummer 1978 der populärwissenschaftlichen Zeitschrift Omni erklärte Patrick Moore: „In unserer gegenwärtigen Phase der „post-Apollo-Aufklärung“ wäre es falsch anzunehmen, daß alle Geheimnisse des Mondes gelöst sind.“ 1981 stellte er in einem astronomischen Buch über den Mond fest: „Ganz abgesehen von Kozyrevs klassischer Beobachtung eines roten Leuchtens in Alphonsus im Jahr 1958, verstehen wir diese kurzlebigen lunaren Phänomene (TLP), die eindeutig Realität sind, trotz vieler Theorien nicht.“
Der ursprünglich für die Lichtspiele verantwortlich gemachte Vulkanismus scheint nach wie vor aus dem Rennen zu sein. Er ist laut Wissenschaftsreport der NASA SP-330 seit zwei bis drei Milliarden Jahren zum Erliegen gekommen. Das wirft ein zusätzlich mysteriöses Licht auf Dampf, Nebel und Rauchwolken, die ebenfalls auf dem Mond beobachtet werden, und die weitere unbeantwortete Fragen aufwerfen. Die verlockende Interpretation, daß Außerirdische schlicht und einfach den Mond nach Rohstoffen ausplündern, wie wir das auch gerne tun würden, scheint den meisten zu kühn. Warum eigentlich, schließlich geht auf dem Mars anscheinend ebenfalls derartiges vor sich?

Spuk auf dem vierten Planeten

Obwohl der Mars ganz sicher weder die Heimstatt grimmiger Invasoren nach dem Muster von H. G. Wells „Krieg der Welten“ noch von kleinen grauen UFOnauten ist, so gibt es dennoch unstrittige Indizien darauf, daß es auf dem „Roten Planeten“ rund geht. Auch hier zur Verdeutlichung eine kleine Chronologie:
Am 11. Dezember 1896 beobachtete der englische Astronom Illing einen hell flimmernden Punkt auf dem Mars.
Im August 1924 entdeckte der sowjetische Marsforscher Professor N. B. Barabaschow einen hell leuchtenden weißen Streifen, der nach einigen Minuten wieder erlosch.
Am 4. Juni 1937 bewegte der japanische Astronom Sizuo Mayeda die Weltöffentlichkeit mit seiner Beobachtung eines hell leuchtenden Flekks im marsianischen Tithonis-Lacus-Gebiet, der „schimmerte wie ein Stern.“ Jahrzehnte später nahm sich der russische Astronom W. Dawydow Mayedas Bericht vor und meinte dazu im „Astronomischen Journal der Sowjetunion“: „Unter Berücksichtigung des Lage der Sonne, des Mars und des irdischen Beobachters zur Zeit des Aufleuchtens am 4. Juni 1937, muß ich zu dem Ergebnis kommen, die reflektierende Fläche habe senkrecht zum Marshorizont gestanden...“
Wie der Publikation ANCIENT SKIES zu entnehmen ist, befaßte sich Anfang der 1950er-Jahre Dr. Werner Sandner von der Münchner Sternwarte intensiv mit Marsphänomenen. In seinen Aufzeichnungen finden sich unter anderem folgende interessanten Einträge:
3. April 1952, 23.05 Uhr. Auf der Südhalbkugel in Meridiannähe sehr dunkles, ausgedehntes Objekt, das von einer hellen Brücke unterbrochen ist und weit nach Süden bis in die Äquatorgegend vorstößt. 8. April 1952, 22.25 Uhr. Auffallend helles Gebilde über der Landschaft Chryse... 19. April 1952, 02.20 Uhr. Im Südost-Qudadranten dreieckiges, dunkles Gebilde...
Im September 1956 registrierten Astronomen aus Alma Ata, der Hauptstadt der Sowjetrepublik Kasachstan, einen hell funkelnden Punkt, der von Zeit zu Zeit in bläulichweißem Licht aufstrahlte.
Im Jahr 1988 sandte die damals gerade noch bestehende UdSSR die Sonden Phobos 1 und Phobos 2 zur Erforschung des inneren Marsmon-

des Phobos aus, dessen exzentrisches Verhalten den Gedanken aufkommen ließ, er sei entweder hohl, künstlich oder beides. Interessanterweise spekulierte gerade der UFO-skeptische Carl Sagan 1966, ob Phobos nicht ein künstliches Objekt sein könnte.
Die erste Sowjet-Sonde ging auf dem Hinflug einfach verloren. Die Sonde Phobos 2 kam fast bis an ihr Ziel, wurde jedoch kurz davor von einem Meteor zerstört, so die offizielle Meldung. Vor dem „Meteortreffer" soll sie jedoch eine Reihe eigentümlicher Aufnahmen übermittelt haben, darunter eine, die einen zigarrenförmigen Schatten zeigt, den ein in höherem Orbit befindliches Objekt auf Phobos warf. Das letzte Foto der Sonde wurde niemals veröffentlich weil es „sensible Informationen"(?) beinhaltete. Mit gewissen Stellen in den USA und in England sollen diese sensiblen Informationen allerdings schon geteilt worden sein.
Die Marsmonde, die der amerikanische Astronom Asaph Hall 1877 entdeckte, haben es überhaupt in sich. Sie werden von einem Mysterium umweht, das sich selbst kühnen Interpretationen entzieht. Hall war bei ihrem Anblick so von Panik ergriffen, daß er sie Furcht und Schrecken (Phobos und Deimos) nannte. Normalerweise werden Astronomen durch die Entdeckung von Himmelskörpern nicht zu Tode erschreckt, sofern das betreffende stellare Objekt nicht gerade auf die Erde zurast. Asaph Halls Entsetzen hatte andere Gründe. Erstens war es ihm völlig unbegreiflich, wieso der englische Schriftsteller Jonathan Swift (1667-1745, Autor von „Gullivers Reisen") in seiner bekannten Story „A Journey to Laputa" von zwei Marsmonden sprechen und ihre Entfernung und Umlaufbahn exakt angeben konnte, und zweitens erschreckte es ihn bis in die Knochen, als die romanhaften Mini-Monde plötzlich vor seinem Teleskop auftauchten. Leistungsfähigere Fernrohre als die von Hall hatten sie nämlich noch in der Nacht zuvor nicht erspähen können. Fakt ist: Es gibt Swifts Story und es gibt Phobos und Deimos, jedoch keine Erklärung für dieses besonders exotische Rätsel.

Werden die Bandagen härter?

Am 21. März 1996 gab der Autor und Forscher Richard C. Hoagland eine Pressekonferenz im Ballsaal des National Press Club in Washington.

Hoagland hatte durch seine langjährigen Forschungen über mögliche künstliche Strukturen auf der Mondoberfläche, die auf den Bildern der amerikanischen Clementine-Missionen zu entdecken sind, wie auch über Gebilde auf dem Mars, internationalen Ruf erworben.
Die groß angekündigte Veranstaltung, über die neben anderen auch die CNI-News-Reporterin Rebecca Schatte aus Texas berichtete, war stark besucht. Hoagland selbst präsentierte nicht viel Aufregendes, wohl aber einer der anderen Redner. Der für die NASA und für Boing tätige Luftfahrt-Ingenieur Ken Johnston berichtete, er und der Astrophysiker Dr. Thornton Page seien die ersten gewesen, die das 16-mm-Filmmaterial der Apollo 14-Mission vom 31. Januar bis 9. Februar 1971 zu Gesicht und zum Auswerten bekamen. Dabei hätten sie fünf oder sechs ungewöhnliche Lichter in einem Krater auf der Mondnachtseite entdeckt, wie auch seltsame Rauchwolken.
Als Johnston das Material vierundzwanzig Stunden später anderen NASA-Mitarbeitern vorführte, waren die absonderlichen Passagen aus dem Film entfernt worden. Der Ingenieur sprach Page auf die verschwundenen Abschnitte an, worauf dieser Antwortete: „Ich weiß nicht, wovon Sie reden.“ Johnston erwähnte in seinem Vortrag, Dr. Page habe angeordnet, eine ganze Reihe von Apollo-Aufnahmen zu vernichten. Verschwörungsfreunde wird es freuen zu erfahren, daß der Astrophysiker Dr. Thornton Page in den 1950er-Jahren dem Robertson-Panel angehört hat, dessen „segensreiches“ Wirken der UFO-Gemeinde wohlbekannt ist.
Je härter die Fakten, desto härter die Gegenmaßnahmen; mit diesem Prinzip, das überall dort wie ein Naturgesetz wirksam werden dürfte wo Geheimes geheim zu bleiben hat, könnten UFO-Aufdecker und Fragensteller bereits unliebsam Bekanntschaft gemacht haben. Damit meine ich nicht die sattsam bekannten „Man in Black“ (MiB), die angeblich UFO-Zeugen drangsalieren, mit seltsamen Anrufen belästigten, sie nachdrücklich zum „Maul halten!“ auffordern oder in „unauffälligen“ Riesenlimousinen „beschatten“.
Auch ohne ihr Erscheinen verschwinden immer wieder UFO-Forscher auf mysteriöse Weise oder kommen seltsam ums Leben.
Das berühmteste Opfer ist zweifellos der Astronom Dozent Morris K. Jessup, Autor des Standardwerkes „The Case for the UFOs“ (1955), so-

wie weiterer Bestseller wie „The UFO and the Bible“ (1956). Am 20. April 1959 wurde Jessup keuchend hinter dem Lenkrad seines Kombiwagens im Dade County Park von Mattheson’s Hammock, unweit von seinem Haus in Coral Gables, Miami, Florida, entdeckt. Der Astronom hatte einen Schlauch durch einen Spalt des Seitenfensters ins Wageninnere geschoben. Wenige Augenblicke nach seinem Auffinden starb er. Selbstmord durch Kohlenmonoxydvergiftung laut offizieller Version. Manche bezweifeln das.

Zu diesen Skeptikern gehört Dr. J. Manson Valentine, bei dem sich Jessup an seinem „Selbstmord-Tag“ zum Abendessen angesagt hatte. Jessup und Valentine standen schon einige Zeit wegen des umstrittenen Philadelphia-Experimentes in Verbindung. Bei besagtem Abendessen wollte Jessup Valentine ein Manuskript vorlegen, in dem er seine Erkenntnisse und Schlußfolgerungen über das Philadelphia-Experiment zusammengefaßt hatte bei dem die US-Navy angeblich 1943 einen Kreuzer unsichtbar machen wollte, wobei es zu peinlichen Pannen gekommen sein soll. Sein unerwarteter Tod verhinderte die Vorlage des Manuskripts, das im Wagen nicht gefunden wurde - zumindest nach offiziellen Angaben der Polizei von Miami. Neben dem Philadelphia-Experiment hatte Jessup sich besonders für exotische Regenfälle, UFOs, extraterrestrische Erscheinungen verschiedener Art sowie für das rätselhafte Verschwinden einiger Mondkrater interessiert. Mondphänomene - da haben wir sie wieder.

Auf die Verbindung UFOs und Mond stößt man auch bei dem amerikanischen Journalisten Frank Edwards. Er war unter anderem Leiter der beliebten englischen Radioserie über unerklärliche Phänomene „Stranger Than Science“. Nach dieser Radioserie, die ihm plötzlich und unerwartet abgenommen wurde, schrieb er in den 1960er-Jahren einen Bestseller gleichen Titels sowie die indirekte Fortsetzung „Strangest of all“. Edwards ist aber auch Autor des Standardwerkes „Flying Saucers - Serious Business“ von 1966. Ein Jahr nach dessen Erscheinen verstarb er überraschend 1967.

Gerüchte wollten nicht verstummen, man hätte ihm damals die Radioshow abgenommen weil er „zuviel über Fliegende Untertassen geredet hatte“. Er redete auch noch über anderes, über das man sich anscheinend zu dieser Zeit besser nicht ausließ, nämlich über Mondphänomene. Ein

zynischer Kommentar des Radiomoderators und Autors Edwards zu den präsentierten „natürlichen" Erklärungen verdeutlicht seine Einstellung: „TLP sind offensichtlich keine Lebenszeichen, sondern das seltenste aller denkbaren Phänomene: galoppierende Vulkane!"
Am 12. Juni 1971 fuhr der anerkannte Meteorologe und Physiker Dr. James E. McDonald, 51 Jahre alt, in die Wüste, parkte den Wagen und schoß sich eine Kugel in den Kopf. Er tat dies, so wird seither immer wieder behauptet, weil er die inoffizielle Drangsalierung durch die CIA und die Luftwaffe sowie die permanente Verunglimpfung durch seine Wissenschaftlerkollegen nicht länger ertragen konnte. McDonald hatte sich über einen solchen Druck immer wieder bitter beklagt. Besonders hart traf ihn die Verleumdung durch einen Astronomen, der ihn der Veruntreuung von Marinegeldern zur Finanzierung eines UFO-Studienbesuches in Australien beschuldigte. Die folgende Untersuchung ergab keinerlei Unkorrektheiten McDonalds, setzte ihn aber dennoch größten Peinlichkeiten aus und trug ihm Schwierigkeiten mit der Leitung seiner Universität ein, was ihm sehr zu schaffen machte.
Der Fachmann McDonald hatte sich längere Zeit mit dem UFO-Phänomen befaßt und war ein glühender Verfechter der These ihres extraterrestrischen Ursprungs. Bei einem Besuch im Wright Patterson Luftwaffenstützpunkt hatte McDonald 1967 zufällig ein Exemplar des geheimen Robertson-Berichtes aus dem Jahr 1953 zu Gesicht bekommen. Was er darin lesen mußte, entsetzte ihn, und er äußerte sich danach oftmals tief betroffen darüber, wie stark die CIA involviert war. Noch mehr erschüttert war er von dem Umstand, daß nicht nur wesentliche UFO-Fakten ignoriert, sondern darüber hinaus Desinformations-Programme zur dezenten Massengehirnwäsche empfohlen wurden - all das Hand in Hand mit einer Totalvertuschung der von der Regierung geheim betriebenen UFO-Nachforschungen.
An dem Tag, als die Luftwaffe die Einrichtung des Condon-Komitees verkündete, ging Dr. James McDonald mit seinen hundertprozentig konträren Informationen an die Öffentlichkeit. Am 19. Februar 1967 äußerte er in der Zeitschrift „The Enquirer" unter anderem: „Die US Air Force schüttet der Öffentlichkeit auf skandalöse Weise Sand in die Augen bezüglich der tatsächlichen Vorgänge am Himmel... Wissenschaftler in aller Welt täten gut daran, die lächerlichen Luftwaffenberichte nicht län-

ger zu akzeptieren und sollten daran gehen, das Phänomen selbst und ohne Verzögerung unter die Lupe zu nehmen... Es ist ein Problem, das internationale Erforschung fürwahr verdient." In seinem Brief vom 5. Juni desselben Jahres forderte er den damaligen UNO-Generalsekretär U Thant auf, sich dafür einzusetzen, daß von den Vereinten Nationen unverzüglich Maßnahmen zur Klärung des UFO-Phänomens ergriffen würden. Bis zu seinem Tod 1971 war McDonald einer der lästigsten Kritiker von CIA und Luftwaffe.

Nicht soviel Aufsehen erregten die Schicksale weniger bekannter UFO-Forscher, von denen man da und dort lesen kann, beispielsweise:

Harold T. Wilkins, ein renommierter britischer Journalist und Autor („Flying Saucers on the Attack"; 1954) verstarb unter mysteriösen Umständen.

1972 schied der renommierte UFO-Forscher, Erfinder und Wissenschaftler Rene Hardy freiwillig aus dem Leben.

Am 3. August 1993 wurde der UFOloge Ron Rummell in seinem Heim in Portland, Oregon, tot aufgefunden. Der Herausgeber eines Newsletters mit geringer Auflage namens „Alien Digest" hatte nach dem offiziellen Untersuchungsergebnis Selbstmord begangen. Wie dennoch herauskam, befanden sich seltsamerweise keine Fingerabdrücke auf dem Revolver, mit dem Rummel angeblich seinem Leben ein Ende gemacht hatte. Sein „Abschiedsbrief" war von einem Linkshänder geschrieben. Rummel war Rechtshänder.

Im Dezember 1995 wurde der Herausgeber Dane Edwards von seiner Familie als vermißt gemeldet nachdem er zahlreiche Drohanrufe erhalten hatte. Kurz danach verschwand der Rest seiner Familie. Dane Edwards ausführliche Berichte über die bekannte Rinderverstümmelung (Cattle Mutilation) hatten in der in Colorado erscheinenden Wochenzeitschrift „Brush Banner" weite Verbreitung gehabt.

Nicht nur im Westen kennt man derartiges. Zur Zeit des Eisernen Vorhangs, wie auch nach seinem Verschwinden, scheint den einen oder anderen UFO-Forscher in der ehemaligen Sowjetunion ein düsteres Schiksal befallen zu haben.

Ein Beispiel könnte der Wissenschaftler Alexander Rempel aus Wladiwostock sein. Die Ergebnisse der Nachforschungen, die Rempel am Ort der rätselhaften Tunguska-Explosion von 1908 angestellt hatte, erschie-

nen in namhaften wissenschaftlichen Publikationen und erregten gehöriges Aufsehen. 1994 verschwand er ohne großes Aufheben. Lediglich die Leser der von Rempel herausgegebenen regelmäßigen Informationspublikation nahmen sein Verschwinden zur Kenntnis. Dieses nicht sehr klare Beispiel soll die diagonale Bestandsaufnahme eines Bereiches abschließen, in dem sehr vieles fraglich, diffus und unheimlich ist.
Nicht alle Nationen sind dermaßen UFO-verschämt. Beispielsweise gab der französische Verteidigungsminister Robert Galley dem Sender France-Inter am 21. Februar 1974 ein Interview, in dem er kategorisch feststellte, UFOs würden existieren, sie wären in großen Zahlen über Frankreich aktiv und man betrachte sie als bedeutungsvoll für die nationale Verteidigung. Seit 1970 würden in Zusammenarbeit mit der Gendarmerie alle Informationen über französische Sichtungen beim Groupement d'Etude des Phenomenes Aeriens landen. Es gibt noch mehr solche Eingeständnisse.
Am 10. November 1996 gab der britische Verteidigungsminister Earl Frederick Howe gegenüber der Zeitschrift „The People" an, es gäbe bei der Royal Air Force tatsächlich streng geheime UFO-Akten. Dem Zeitungsbericht zufolge erklärte Howe, alle Stationskommandanten der RAF stünden unter dem Befehl, einen Bericht über jedes UFO, das ihnen begegnen würde, zu verfassen und weiterzuleiten. Damit vorerst genug des Greifbaren aus dem Fundus der UFO-Forscher und weiter zu möglichen Verknüpfungen eines noch größeren, schattenhaften Netzwerks, das „nicht irdische" und „irdische" Elemente, die wir schon kennengelernt haben, zu vereinigen scheint. Dabei wird es naturgemäß etwas kompliziert.

Geheimer Spieler oder Schachfigur?

Im Februar 1963, also noch Monate vor dem Kennedy-Attentat, verfaßte ein aufstrebender Schriftsteller und Intellektueller aus Los Angeles namens Kerry Wendell Thornley eine Novelle mit dem Titel „The Idle Warriors" (Die untätigen Krieger). Die Story handelt von einem US-Marine, der von seinem Land frustriert ist und wirkt wie eine Romanversion von Lee Harvey Oswald.

Die Tatsache, daß er der einzige Autor ist, der in verschlüsselter Form über Oswald geschrieben hatte bevor dieser traurige Berühmtheit erlangte, verschaffte Thornley große Aufmerksamkeit. Dabei wurde publik, daß Thornley glaubte, auch ihm sei eine Rolle in dem Drama um den „Königsmord" an Kennedy zugedacht gewesen. Wie der amerikanische Autor Jonathan Vankin schreibt, war Thornley überzeugt, er sei für diese Rolle bereits vor seiner Geburt von Unbekannten konditioniert und darüber hinaus mit Implantaten versehen worden, durch die er sein Leben lang kontrolliert werden sollte. Ein im wahrsten Sinn des Wortes „geborener Verschwörer".
Thornley wurde diverser Mittäterschaften beim Kennedy-Komplott beschuldigt, einschließlich des Verdachtes, einer der „Oswald-Imitatoren" zu sein, deren Entlarvung speziell Jim Garrison auf seine Fahnen geschrieben hatte. In der Tat lassen sich erstaunliche örtliche und zeitliche Gemeinsamkeit von Oswald (oder einem Oswald-Darsteller) und Thornley finden. Im Lauf der Zeit faßte Thornley seine Vorstellungen in der Kernaussage zusammen, Oswald wäre der konkrete Sündenbock gewesen, und er, Thornley, der Sündenbock in Reserve.
Einer der Faktoren, die ihn zu dieser These brachten, war ein bizarres Gespräch aus dem Jahr 1961. Damals war er in New Orleans mit einem kahlköpfigen Schriftsteller namens Gary Kirstein bekannt gemacht worden, den er später für seinen „geheimen Führungsoffizier" hielt. Kirstein hatte Thornley in ein „rein hypothetisches Gespräch" darüber verwikkelt, wie man Präsident Kennedy oder den Bürgerrechtler Dr. Martin Luther King jr. ermorden könnte. Dessen nicht genug, sagte Kirstein seinem verblüfften Kollegen aus der schreibenden Zunft eine Reihe von Ereignisse der nächsten zwanzig Jahre präzise voraus, darunter das Auftreten der Manson-Familie, den eskalierenden Vietnamkrieg und eine Reihe weiterer Entwicklungen, die heute wohlbekannt sind, 1961 aber wie Science Fiction der unglaubwürdigsten Art wirkten.
Das ist alles ziemlich verwirrend und läßt die Frage offen worin die angedeutete Verbindung zu einem „nicht irdischen Aspekt" bestehen könnte. Im Stichwort Implantate.
Wir mußten uns schon mit der unliebsamen Tatsache abfinden, daß schon in den 1970er-Jahren die Möglichkeit gegeben war, durch Implantate Signale von außen zu empfangen und Reaktionen im Körper

des Betreffenden auszulösen, die nicht seinem Willen unterlagen und ihm gar nicht als Fremdeinwirkung bewußt wurden. Wie man Fachpublikationen entnehmen kann, kennt man beispielsweise den sogenannten „Frey-Effekt“, benannt nach Dr. Alan Frey, der bereits 1960(!) an der Entwicklung einer solchen Technologie zur Fernbeeinflussung gearbeitet hat. Und das ist nur Spitze des Eisbergs.
Müssen wir bei einem solchen Instrumentarium aus eigener Produktion überhaupt Außerirdische ins Spiel bringen? Vielleicht, denn dann gibt es so manches, das wir offenbar immer noch nicht schaffen, selbst dann nicht wenn man davon ausgeht, daß unsere eigene Wissenschaft insgeheim weiter fortgeschritten sein sollte als zugegeben wird.

Implantate, Implantate...

Der Zirkus mit den außerirdischen Implantaten, die entweder unauffindbar sind oder nach einer Entfernung irgendwie zu verschwinden scheinen, soll hier nicht ausgebreitet werden. Es geht vielmehr um den grundsätzlichen Aspekt, ob die entdeckten Implantate, die kurzfristig für Analysen zur Verfügung standen, aus irdischen Horrorkämmerchen stammen können, oder eher doch nicht.
Am 23. Februar 1996 referierte der Arzt Dr. Leir bei einem Interessententreffen in Thousand Oaks, Kalifornien, das von der lokalen MUFON-Gruppe gesponsort wurde (Mutual UFO Network, eine seriöse internationale UFO-Erforschungsvereinigung) über Implantate, die Patienten herausoperiert worden waren. Die Objekte waren zufällig bei Röntgenuntersuchungen entdeckt worden. Die Einpflanzung mußte so brillant durchgeführt worden sein, daß es nicht die kleinste Narbe gab und die Betreffenden gar nicht wußten, daß sie Fremdkörper in sich trugen. Um die genaue Position der Implantate für den Eingriff festzustellen, hatte Dr. Leir hochempfindliche Geräte zum Aufspüren schwacher elektromagnetischer Felder einsetzen müssen.
Im Zuge ihrer Entfernung zeigte sich, daß die Implantate auf ungeklärte Weise an Nervenbahnen angekoppelt waren. Nach dem Herausholen entdeckten die Chirurgen mikroskopische Nervenenden, die aus der grauen Membrane ragten, mit der die winzigen Objekte überzogen wa-

ren. Anscheinend neurale Schnittstellen zwischen den Objekten und dem Nervensystem der unfreiwilligen Wirte.
Dr. Leir wollte mit einem Skalpell in eine Membrane hineinschneiden, schaffte es aber nicht. Sie war undurchdringlich. An sich ist eine solche Schicht nichts Außergewöhnliches. Körperfremde Objekte, die sich längere Zeit im Organismus befinden, werden mit einer dichten Schichte aus Gewebefasern überzogen, die allerdings normalerweise leicht abzukratzen ist. In dem Fall war das nicht möglich. Dr. Leir wunderte sich auch über die graue Farbe. Üblicherweise ist ein solches Gewebe entzündet und anders gefärbt. Durch einen Austrocknungsprozeß gelang es, die Membrane spröde zu machen und schließlich doch abzukratzen. Die Schnipsel wurden zu Pathologen gesandt. Die Untersuchung ergab eine organische Zusammensetzung aus Blut, Keratin (Hornstoff) und anderem. Weiters wurde bestätigt, daß das Gewebe nicht entzündet war. Das hatte Dr. Leir nach eigener Aussage von Anfang an erstaunt.
Zu einer Entzündung kommt es üblicherweise durch die Immunreaktion auf einen körperfremden Eindringling, genauer gesagt, aufgrund der Aktivität der Leukozyten, der weißen Blutkörperchen, die als „Sicherheitstruppe" des Organismus dafür sorgen, daß alles beseitigt wird, was nicht hierher gehört. Handelt es sich um ein Objekt, das aufgelöst und stückweise abtransportiert werden kann, passiert genau das. Ist der Gegenstand zu robust dafür, tun sich Tausende Zellen zusammen und schreiten zur Differenzierung. Sie verändern ihre Form und bilden eine Umhüllungsschicht um den Eindringling, die ihn vom restlichen Körper isoliert. Dabei tritt eine Entzündung auf wie das Amen im Gebet. Nicht so bei den besagten Implantaten. Wie es schien, war die Umhüllung aus körpereigenen Stoffen der Betreffenden angefertigt worden, bevor ihnen die Implantate eingesetzt wurden.
Dr. Leir wies dezidiert darauf hin, daß unsere Medizin derartiges nicht vermag. Wenn wir eine solche Umhüllungsmembrane anfertigen könnten, wäre das größte Problem der Transplantationschirurgie mit einem Schlag gelöst: die Abstoßung fremder Transplantate. Dann könnten wir alles und jedes ohne Schwierigkeiten implantieren - ein Jahrhundertdurchbruch der Medizin, der anderswo bereits Routine zu sein scheint.

Zwischenbilanz

Da wir solche Implantate nicht herstellen können, sie aber in einiger Fällen erwiesenermaßen von menschlichen Akteuren implantiert worden sind, denken viele an eine Interessensgemeinschaft von Menschen und Nichtmenschen. Aliens und irdische Konspiratoren, die Hand in Hand (oder Hand in Klaue) ein wahres Monsterprojekt betreiben.
Heute stößt man immer öfter auf die Vermutung, um die Mitte des zwanzigsten Jahrhunderts habe mit den MK-Programmen, mit der Etablierung der Rauschgiftszene und mit dem sogenannten Wertewandel, den viele als Wertebeseitigung empfinden, in Wirklichkeit ein unheimlicher Plan zur „Rettung" der menschlichen Art seinen Anfang genommen, der humaner sein könnte.
Nach dieser Lesart sollen Global Players die Welt nicht nur mit Geld regieren, sondern ihre Kräfte für ein (selektives) Überleben des Homo sapiens bündeln, da der angeblich denkende Mensch verbissen auf den Untergang alles Lebens hinarbeitet. Daß der finale Countdown für den Homo sapiens bereits seit Jahren läuft und ist mittlerweile in seiner Endphase eingetreten ist, daran kann wohl niemand zweifeln, der seines Verstandes noch mächtig ist. Es wird argumentiert, die Vorstellung sei ausgesprochen naiv, geheime Mächte, die aus materiellen Motiven blutige Konflikte angezettelt haben sollen, würden händeringend, humanitäre Parolen stammelnd zusehen, wie ihre eigene Spezies zur Hölle fährt. Eine gewisse Logik mag dem nicht abzusprechen sein.
Ab einer gewissen Größenordnung von Macht und Reichtum ändern sich zweifellos die Perspektiven. Niemand kann auf drei goldenen Sesseln gleichzeitig sitzen oder mehr als ein Steak auf einmal verzehren. Das Sammeln von Schlössern und Palästen verliert irgendwann auch seinen Reiz, und die Lustgefühle die Dagobert Duck empfindet, wenn er mit erigiertem Pürzel in seine Geldberge springt, kann der reichste Enterich der Welt sicher mit keinem teilen.
Super-Ultra-Mega-Reiche und Mächtige denken zweifellos dynastisch. Die meisten wollen ihr Imperium erhalten und an ihre Nachkommen weitergeben. Und last not least das ultimate Argument: Der Profit eines Weltuntergangs, den keiner überlebt, ist und bleibt nun mal Null. Also halten es manche für wahrscheinlich, daß wahrhaft Mächtige im Hinter-

grund den Fortbestand der menschlichen Art - wenn auch nicht in großer Zahl - in die Hände nehmen, bevor die Natur in ihrer bewährten Art auf der Erde reinen Tisch macht. Und die wahren Beweggründe von außerirdischen Verbündeten, für die wir vielleicht nur bluttriefender Abschaum sind, dürften sich ohnedies nicht eruieren lassen. Damit bleibt offen, ob die Aliens tatsächlich beabsichtigen uns durch ein langfristiges Genprogramm zur Schaffung einer überlegenen Alien/Mensch-Hybridspezies zu beherrschen, wie der bekannte UFO-Forscher Professor David M. Jacobs nach jahrzehntelangen Recherchen 1999 in seinem Bestseller „THE THREAT. What The Aliens Really Want..." meint, oder ob sie vielleicht noch bedrohliche Pläne verfolgen. Sollten sie uns, wie manche vermuten, lediglich aus zoologischem Interesse beobachten, um herauszufinden, wie weit eine völlig verrückte, bestialische und extrem selbstmörderische Spezies kommt (für naive Gemüter: ich meine unsere Spezies), hätten wir Pech gehabt. Hoffen wir, daß es nicht so ist. Versuchen wir lieber herauszufinden, ob sich konkrete Hinweise für all das finden lassen. Kann er gelingen, der spekulative Sprung von geschönten Geschichtsbildern, verborgenen Horror- und Gehirnwäscheexperimenten, skrupellosen Finanzmanipulationen, Attentaten unter falscher Flagge, UFO-Desinformationskampagnen, etc. zu einer geradezu kosmischen Verschwörungsallianz, dem Traum aller Paranoiker, oder wird es eine Bauchlandung geben?
Eine Bestandsaufnahme unserer schrecklichen jüngsten Vergangenheit, der nicht weniger schrecklichen Gegenwart und der zu erwartenden Ereignisse macht klar, daß auf der guten alten Erde schon in der nächsten Zukunft kein Stein auf dem anderen bleiben wird...

TEIL III
KARTEN AUF DEN TISCH

Vor dem Abgrund

Jahrhundert des Grauens

„Unsichtbar wird der Wahnsinn,
wenn er genügend große Ausmaße
angenommen hat.“
Berthold Brecht

Die Ansicht, die Welt wäre an der Wende vom neunzehnten zum zwanzigsten Jahrhundert in der einen oder anderen Weise in Ordnung gewesen, bleibt Nostalgikern vorbehalten. Das zwanzigste Jahrhunderts selbst war jedenfalls keineswegs in Ordnung, das kann niemand leugnen. Im französischen Fernsehkanal TV 2 meinte der Pariser Philosoph Alain Finkelkraut bei einer Diskussionsrunde über das zwanzigste Jahrhundert: „Dieses Jahrhundert, es ist nicht nur abscheulich, es ist infernalisch.“

Am Beginn des einundzwanzigsten Jahrhunderts ist die Welt fast ein globales Chaos. Und alle Zeichen deuten darauf hin, daß es weit schlimmer kommen wird, nein kommen muß.

Einer der Autoren des „Schwarzbuch des Kommunismus“ erklärte bei einem Interview in Bezug auf das als fortschrittlich gepriesene zwanzigste Jahrhundert, in diesem sei etwas wieder eingeführt worden, was man seit der Antike für überwunden hielt: der Völkermord. Und das in einer Größenordnung und mit einer Selbstverständlichkeit, die jedes vorher bekannte Maß übersteigen.

Wenn man sich nicht von den ungeheuren Fortschritten in Wissenschaft und Technik blenden läßt, mit denen das vergangene Jahrhundert aufwarten kann - wenn auch oft genug als Folge kriegerischer Auseinandersetzungen -, so muß man resignierend feststellen, daß es mit dem Zustand der Menschheit an sich steil bergab gegangen ist.

Zwei Weltkriege, siebzig Jahre Kommunismus, Ausrottungsfeldzüge aller Art und über 250 bewaffnete Konflikte seit 1945 (letzter offizieller Stand) haben mehr Menschenleben gekostet als alle Gemetzel, Seuchen und sonstigen Katastrophen der vorhergegangenen Epochen zusammengenommen. Die nötige Enthemmung für diese und andere Ungeheuerlichkeiten hat allerdings schon früher stattgefunden.

In den Kämpfen im Ersten Weltkrieg von 1914 bis 1918 begannen jene Spielregeln zu verschwinden, die bis dahin all die Bestialitäten mehr oder weniger verhindert hatten, die im Zweiten Weltkrieg und nachher völlig normal werden sollten. Im Ersten Weltkrieg waren sie die Ausnahme gewesen. Auch wenn in Verdun, am Insonzo, in Flandern, in der Champagne, an der Somme, auf Gallipoli und anderen, nur wenige Kilometer großen Schlachtfeldern des Ersten Weltkriegs die Opferzahlen bis dato unbekannte Dimensionen erreichen sollten, so fanden sie doch unter Soldaten statt. Zivilisten kamen im sogenannten „Völkerringen" von 1914 bis 1918 meist nur zufällig oder als Folgeerscheinungen ums Leben. Das Völkerrecht und das kurz vor Kriegsausbruch weitgehend international kodifizierte Kriegsrecht fanden Beachtung und Anwendung. Es gab so gut wie keine Greueltaten. Kriegsgefangene wurden im Rahmen des Möglichen anständig behandelt.

Als 1918 die Waffen schwiegen, etwa dreizehn Millionen Kriegsopfer feststanden, und die Überlebenden sich in einem verwüsteten, von Hunger gepeinigten Europa wiederfanden, war das Horrorgebäude der menschlichen Geschichte um einen Anbau erweitert worden, in dem Stalins systematische Kulaken-Vernichtung, die Belagerung von Leningrad, KZs und Gulags, Bataan und Hiroshima, Kambodscha, Biafra, Ruanda, Tschad, Sudan, Liberia, Uganda, Algerien, Somalia, Eritrea, Angola, Mosambik, Kongo, Laos, Vietnam, Bosnien, der Kosovo, Ost-Timor, Afghanistan und noch so manche Ungeheuerlichkeiten Platz finden konnten und können, einschließlich jener, die der Menschheit noch bevorstehen.

Während im Ersten Weltkrieg mit den, zum „Kanonenfutter" oder „Menschenmaterial" degradierten Soldaten so „sparsam" wie möglich umgegangen wurde und Zivilisten überhaupt keine Angriffsziele waren, sollte das im Zweiten Weltkrieg - und seither - radikal anders werden. Der zweite große Krieg, der der Menschheit die Demokratie bringen sollte, kannte keinen Unterschied mehr zwischen Kämpfern und Zivilpersonen, ja, machte sie sogar bewußt zum Ziel, um das „gegnerische Menschenpotential zu reduzieren."

Es spricht für sich, daß uns Heutigen, in Demokratie und Menschenrechten wohl Erfahrenen, Aufzeichnungen in Kriegstagebüchern des Ersten Weltkriegs nachgerade lächerlich erscheinen. Damals war nämlich noch jede Ohrfeige notiert worden, die einem Kriegsgefangenen verpaßt wurde. Da sind wir aus den folgenden Jahren des zwanzigsten Jahrhunderts, und aus den täglichen Fernsehberichten, ganz anderes gewohnt. Man denke nur an die Zerhackung der unglücklichen Opfer des Ruanda-Gemetzels von 1994, als in wenigen Wochen, gelegentlich mediengerecht vor laufender TV-Kamera, eine Million Menschen durch reine „Handarbeit" mittels Macheten vom Leben zum Tode gebracht wurden. Die damaligen in den Victoria-See geschwemmten Leichenberge verseuchen noch heute die Anrainerstaaten.

Nach einer Reihe von Jahrtausenden voll ununterbrochener Kämpfe, Kriege und Schlächtereien, die mit unserer Menschwerdung eingesetzt haben, blicken wir auf das blutigste aller Jahrhunderte zurück, das seltsamerweise als humanistisch-fortschrittlich angesehen wird. In diesem zwanzigsten Jahrhundert, das richtungsweisend mit dem Völkermord an den Armeniern begann und mit unvorstellbaren Greueln und zahllosen Toten zu Ende ging, wurden Kriege fast nur noch am Rande gegen Soldaten geführt. Im letzten Drittel dieses Jahrhunderts machten Zivilisten, hauptsächlich Frauen, Kinder und Greise, bereits über neunzig Prozent der Kriegsopfer aus. Das Schwedische Institut für Friedensforschung, das eigentlich eher Institut für Kriegsforschung heißen sollte, stellte fest, daß an der Wende vom neunzehnten zum zwanzigsten Jahrhundert bei kriegerischen Auseinandersetzungen fünfundneunzig Prozent der Toten Kombattanten und fünf Prozent Zivilisten waren. Statistiken belegen, daß seit 1945 der Anteil der Nicht-Soldaten bei Kriegsopfern unaufhaltsam ansteigt, beziehungsweise Zivilisten in steigendem Maße Ziel von kriegerischen Aktivitäten werden. An der Wende vom zwanzigsten zum einundzwanzigsten Jahrhundert lag der Zivilistenanteil bereits weit über fünfundneunzig Prozent.

Im zwanzigsten Jahrhundert kehrten Zustände zurück, die seit dem Dreißigjährigen Krieg - und dem für die damalige Zeit untypisch grausam

geführten Amerikanischen Bürgerkrieg - undenkbar waren. Ab der zweiten Hälfte besagten Jahrhunderts sollten sie allgemein gängige Praxis werden.
Seit die Welt, so heißt es in Sonntagsreden „sicher gemacht wurde", sind in zahllosen Konflikten viele Millionen Menschen auf teils bestialische Weise ums Leben gebracht worden, einschließlich jener, die man mit der sogenannten „Hungerwaffe" dezimierte.
Damit sind kommen wir in die Gegenwart, in die von Millionen herbeigesehnten Ära nach dem Kalten Krieg. Doch siehe da: Der als Triumph westlicher Überlegenheit gefeierte Zusammenbruch des vormaligen monolithischen Ostblocks brachte alles andere, als die erwartete friedliche „Neue Weltordnung". Er scheint vielmehr eine Büchse der Pandora zu sein, aus der ein endloser Strom von Blut und Tränen, Chaos und Tod quillt. Weltfrieden jedenfalls nicht. Man kann also gespannt sein, wie „fortschrittlich" das einundzwanzigste Jahrhundert wird . Zyniker meinen, ein ernster Blick auf die „moralische und materielle Leitnation" der Erde, Vorreiter und Schrittmacher für die freie Welt, deren Entwicklungen der restliche Westen konsequent nachvollzieht, zeigt, daß es höchste Zeit für einen Rettungsplan zur Erhaltung unserer Spezies ist, wie rüde er auch sein mag...

Die neue Tumultgesellschaft

Wie sieht es augenblicklich in dem, nach dem 11. September 2001 wohl nicht mehr freiesten Land der Welt aus? In der Nation, die zweimal in diesem Jahrhundert - nach dem Ersten und nach dem Zweiten Weltkrieg - allen anderen Ländern unbeschreiblich überlegen war, sieht es mittlerweile in vielen Bereichen trist aus. Erstaunlich, wenn man bedenkt, daß Amerika nach dem Zweiten Weltkrieg die größte Gläubigernation war und vierzig Prozent des globalen Wirtschaftsproduktes auf die Beine stellte.
Heute verzeichnen die USA astronomische Schulden und häufen permanent sozialen Sprengstoff an, allen Jubelmeldungen zum Trotz. Zwar herrschen politische Korrektheit, Antidiskriminierung, ja sogar positive Diskriminierung (die durch affirmative acts vorgeschriebene Bevor-

zugung von Minderheiten) und andere hehre Prinzipien, dafür breiten sich Stadtteile aus, in denen permanenter Kriegszustand herrscht - allerdings nicht selten mit Rauchverbot. Es gibt immer weniger normale Innenstädte. Drogendurchseuchte, kriminelle Slums wachsen konzentrisch nach außen, und treiben jene in bleifreiere Gegenden, die es sich leisten können, dorthin zu ziehen. Das scheint ihnen auf lange Sicht aber auch nicht viel zu nützen.
Der Familienverband der sogenannten bürgerlichen Mittelstandsfamilie wird, wie man den Medien entnehmen kann, unaufhaltsam durch die Zugehörigkeit zu Gangs ersetzt, bei denen immer mehr Kids Schutz, Geborgenheit, Wärme und Zuwendung finden. Und diese Gangs führen Krieg mit einander. Die Summe aller derzeitigen Widrigkeiten hat in der Wiege von Demokratie und persönlicher Freiheit in breitesten Bevölkerungsschichten zu Frustration und Grimm geführt. Millionen Amerikaner, die am neuen Beschäftigungswunder so intensiv teilhaben, daß sie gleich drei Jobs auf einmal ausüben (müssen), kommen wohl kaum dazu, ihre eigene Lage und die des Landes tiefgehend zu hinterfragen und zu analysieren, aber für steigendes Mißtrauen gegen die Regierung scheint der persönliche Durchblick allemal zu genügen. Die Anzeichen sind unübersehbar, auch wenn manche wegen ihres skurrilen Charakters nicht ernst genommen werden.
Als im Megafilmerfolg des Jahres 1996 „Independence Day" die Aliens das Weiße Haus mittels Todesstrahl pulverisierten, applaudierten viele amerikanische Zuschauer. Ähnliches hatte sich Anfang der 1970er-Jahre ereignet, als Charles Bronson ein Mann war, der dermaßen rot sah, daß er flüchtenden Straßenräubern nachschoß, oder ihnen den Todesschuß verpaßte wenn sie um Gnade winselten. Interessanterweise mutierten die Bürgerrechte seither unbeirrt weiter zum Verbrecherschutz, obgleich viele US-Bürger diese Entwicklung damals schon beklagten und wie „Dirty Harry" liebend gerne mit einer Kugel beendet hätten. Vielleicht applaudierten die Kinder der Bürger, die 1973 gleichfalls rot sahen, darum 1996 beim Desintegrieren des Weißen Hauses.
Das und anderes in der Art kann man Medien oder Aussagen von Soziologen wie Justizbehörden entnehmen. So gut wie nicht entnehmen kann man, wieso das so kommen mußte. Mußte es wirklich, das fragen sich viele?

War es unvermeidlich, oder einfach nicht vorherzusehen, daß am Ende des zwanzigsten Jahrhunderts in Amerika Mord die zweihäufigste Todesursache am Arbeitsplatz sein würde? (Die fünfthäufigste Mordursache ist übrigens die Modedroge „Crack".) Noch sind Unfälle die häufigste Ursache, aber der gewaltsame Tod soll im Aufholen begriffen sein. Bei jungen amerikanischen Schwarzen sind Schußwunden heute bereits die Todesursache Nummer eins.

All das veranlaßte laut Pressemeldungen 1996 das Arbeitsministerium, Richtlinien herauszugeben, wie Arbeitgeber ihre Angestellten schützen sollen: Mit Metalldetektoren, Alarmknöpfen, Hohlspiegeln, hellen Räumen und frei zugänglichen Fluchtwegen. Eingeständnis von gesellschaftlichen Verwerfungen, die in amerikanischen Schulen schon vor langer Zeit zum Aufstellen von Metalldetektoren und zur Einführung von Schuluniformen geführt haben. Sogar Präsident Clinton sprach bei einer „Rede zur Lage der Nation" den Satz: „Die Schüler sollen Schuluniformen tragen, damit nie mehr ein Kind aus Neid wegen ein paar Designerklamotten ermordet wird."

Als in einer Schule in Decatur im US-Bundesstaat Georgia ein Englischlehrer, der einen Streit schlichten wollte, von einem sechzehnjährigen Schüler mit Pistolenschüssen getötet wurde, gab die Schule(!) die Schuld daran zu. Sie verfügte nämlich im Gegensatz zu anderen Schulen nicht über die üblichen Metalldetektoren, die allerdings nicht die regelmäßigen Amokläufe an US-Schulen verhindern können. Ähnliche Bluttaten werden in letzter Zeit auch in Kontinentaleuropa verzeichnet und - noch - als Einzelfälle betrachtet.

Im britischen Königreich ist die „Amerikanisierung" hingegen schon ziemlich weit, wenn man den Medien glauben will. Schüler ermorden ihre Lehrer, Frauen werden auf offener Straße vergewaltigt oder entführt, ohne daß jemand aktiv wird. Wer es sich leisten kann, mietet Polizisten zu seinem persönlichen Schutz. Schüler gehen mit Schrotgewehren in die Schule, deren Patronen mit den Namen der mißliebigen Mitschüler für den Abschuß markiert sind. Drakonische Strafen sind die Antwort, sowie kreative Gegenmaßnahmen (beispielsweise sollen jugendliche Störenfriede einen elektronischen Sender um die Knöchel geschnallt bekommen), die eher die Hilflosigkeit einer Gesellschaft demonstrieren, als deren Bewältigung des ausufernden Gewalt- und Kriminalitätspotentials. Statistiken belegen, daß die vor einigen Jahren in England durchgeführte Totalentwaffnung all derer, die bereit waren, ihre Waffen anzumelden, die Rate der Gewaltverbrechen deutlich ansteigen ließ. Anscheinend, so meinen Kommentoren, wird ein Land doch nicht sicherer, wenn nur noch die Verbrecher bewaffnet und sich dessen auch wohl bewußt sind. Die Zukunft des Königreiches, die Stanley Kubrick 1971 in seinem Meisterwerk „Uhrwerk Orange“ skizzierte, war damals ein Alptraum, heute entfaltet sie sich bereits. Wie soll US-Präsident Truman kurz nach dem Zweiten Weltkrieg gesagt haben: „Die ganze Welt muß wie Amerika werden!“?

„1984“ im Computerzeitalter?

In einem Interview, das anläßlich des Films „Larry Flynt“ mit dem Schauspieler Woody Harrelson geführt wurde, der den aufmüpfigen Gründer des Sexmagazins HUSTLER darstellte, ist in der österreichischen Filmzeitschrift SKIP unter anderem zu lesen: „Das FBI kann dein Telefon abhören. Wenn du politisch brisante Wörter verwendest, schaltet sich ein Tonband ein. Wir sind so frei in diesem Land, daß man nichts gegen den Golfkrieg sagen darf... Und diese umweltschädigenden Konzerne bekommen dafür auch noch Subventionen vom Staat. Deshalb weigere ich mich, Steuern zu zahlen. Ich fühle mich von den Politikern nicht mehr vertreten...“

Noch deutlichere Worte findet der Autor Daniel R. Koontz in seinem Bestseller „Dunkle Flüsse des Herzens“. Er hält es für wahrscheinlich, daß in der einzigen Supermacht der Erde ein unsichtbares System allumfassender, wenn auch versteckter Repression herrscht, eine Bedrohung, die nicht aus fernen Ländern kommt, sondern von der Machtspitze des eigenen Staates. Das Buch erschien 1994, also Jahre vor dem 11. September 2001, nach dem es mit den Bürgerrechten noch weiter bergab ging, wie manche beklagen.

Um dem berühmten Bestsellerautor nichts in den Mund zu legen, zitiere ich auszugsweise aus dem Nachwort zu „Dunkle Flüsse des Herzens“. Darin steht unter anderem:

Die Zwangsenteignungsgesetze gibt es tatsächlich. Sie werden in zunehmenden Maße gegen ganz normale, gesetzestreue Bürger angewen-

det... Noch bedenklicher ist die Tatsache, daß noch immer keine Beweise gegen den Besitzer der beschlagnahmten Güter vorgelegt werden müssen, und er nicht wegen eines Verbrechens angeklagt werden muß... Das in diesem Buch dargestellte kriminelle Verhalten von Regierungsbehörden entspringt nicht ausschließlich meiner Phantasie. Paramilitärische Angriffe gegen Bürger sind in unserer Zeit eine Tatsache...
Eine dieser tatsächlichen Begebenheiten, auf die ich mich in diesem Buch beziehe: Randy und Vicki Weaver zogen mit ihrem Sohn Sammy auf ein abgelegenes, zwanzig Morgen großes Grundstück in Idaho, um den hektischen Berufsleben zu entfliehen und nach den Grundsätzen eines lockeren weißen Seperatismus zu leben. Als Seperatisten waren sie nicht der Ansicht, Angehörige irgendeiner Rasse sollten verfolgt oder unterjocht werden - sondern nur, daß die Rassen von einander getrennt leben sollten. Manche schwarze religiöse Sekten haben ähnliche Auffassungen. Obwohl ich Menschen mit solch einer beschränkten Sichtweise für bedauerlich einfältig halte, gesteht die Verfassung der Vereinigten Staaten ihnen das Recht zu, abgeschieden zu leben, genauso wie es den Amish People das Recht zugesteht, unter sich zu bleiben, solange sie sich an die Gesetze halten. Das ATF und das FBI haben Mr. Weaver fälschlicherweise (aus noch ungeklärten Gründen) für einen gefährlichen weißen Rassisten gehalten. Agenten versuchten wiederholt, ihn in eine Falle zu locken und schließlich wurde er wegen eines technischen Verstoßes gegen die Waffengesetze angeklagt. Sein Vorladungsbescheid war auf den 20. März datiert, doch der Prozeß wurde auf den 20. Februar angesetzt.
Ankläger der Bundesbehörden haben eingestanden, daß Mr. Weaver nicht rechtzeitig benachrichtigt wurde, doch als er am 20. Februar nicht vor Gericht erschien, wurde wegen Mißachtung des Gerichtes seine Vorführung angeordnet. Im August 1992 belagerten mit M16-Maschinenpistolen mit Laserzielsuchgeräten bewaffnete Bundesagenten das Grundstück der Weavers. Der vierzehn Jahr alte Sammy wurde in den Rücken geschossen und von Bundesagenten getötet. Mrs. Weaver, die an der Tür ihres eigenen Hauses stand und die zehn Monate alte Elisheba in den Armen hielt, wurde in den Kopf geschossen und getötet. Dem Hund der Familie wurde ins Gesäß geschossen. Er wurde getötet,

als er zu fliehen versuchte. Später fuhren Agenten wiederholt mit panzerähnlichen Fahrzeugen über den Kadaver des Hundes.
Im Juli 1993 befand ein Geschworenengericht in Idaho Mr. Weaver des Mordes an einem U.S. Marshall (der bei der Konfrontation umkam), der Verschwörung mit dem Ziel, eine Konfrontation mit der Regierung herbeizuführen, sowie der Beihilfe zum Mord für unschuldig. Die Geschworenen zeigten sich besonders entrüstet über den Versuch der Regierung, die Familie Weaver als Neo-Nazis zu dämonisieren, obwohl die Weavers eindeutig keinerlei solche Ansichten hegten...
Um die Demokratie zu erhalten, müssen drei Dinge geschehen:
1. Wir müssen die Zwangsenteignungsgesetze vollständig zurücknehmen.
2. Der Kongreß muß damit aufhören, seine Mitglieder von Gesetzen auszunehmen, die für alle anderen Bürger erlassen werden.
3. Der Kongreß muß damit aufhören, Gesetze zu erlassen, die Auffassungen kriminalisieren, die politisch inkorrekt oder ungewöhnlich sind, aber niemandem schaden, denn solche Ansichten entsprechen genau dem, was George Orwell als „Gedankenverbrechen" bezeichnet hat.
(Ende des Zitates aus einem interessanten Buch mit starken Worten.)
Die Zwangsenteignungsgesetze, von denen Koontz spricht waren als neue Maßnahme im Kampf gegen die Drogen gedacht. Sie wurden mit der löblichen Absicht geschaffen, Großdealer, Drogenbarone und sonstige Profiteure am schmutzigen Geschäft schlagartig von allen ihren Gütern und Mitteln abzuschneiden (vom Palast bis zur Kreditkarte), auf daß sie nichts mehr außer Landes schaffen können. Dieser Grundgedanke hat für den gesetzestreuen Bürger etwas Bestechendes. Daß auch Unschuldige die Enteignungskeule aus heiterem Himmel treffen kann, könnte das vielzitierte dicke Ende sein. Lediglich Kongreßabgeordnete wären laut Koontz vor solchen unliebsamen Überraschungen sicher.
Um zu zeigen, wie dieses Damoklesschwert niedergehen kann, schildert der Autor in zeitlich verkürzter Form die biblische Gewalt, mit der ein solches Unheil über das Opfer, einen farbigen Polizeicaptain(!), hereinbricht. Ohne Vorwarnung wird sein Haus samt Inhalt beschlagnahmt. Er muß zu Verwandten ziehen. Sein Konto ist gesperrt. Buchstäblich über Nacht ist er seiner gesamten Habe und jeglicher Hilfsmittel beraubt, die man in modernen Staaten zum bloßen Existieren braucht.

Teuflischerweise braucht nicht einmal Anklage gegen ihn erhoben zu werden, womit ihm die meisten Rechtsmittel genommen sind, in deren unwiderruflichen Besitz sich die meisten US-Bürger glauben. Ohne die (romanhafte) Unterstützung durch eine geheime Gegenorganisation, wäre der ebenso schuldlose wie pflichtbewußte Polizeicaptain buchstäblich ausradiert worden. Die klassische Nichtperson aus düsteren Dystopien.
Der dramaturgische Kunstgriff, den Bedauernswerten einzig und allein deswegen ins Visier geraten zu lassen, weil er einem mehr als bizarren Vertreter einer Regierungsorganisation mißfiel, die so geheim ist, daß sie nicht einmal einen Namen hat, macht das beklemmende Aha-Erlebnis doppelt stark. Koontz schreibt, derzeit würden jährlich etwa fünfzigtausend solche Enteignungen stattfinden, was ihm in letzter Konsequenz bereits wie eine Art geheimer Diktatur erscheint.
Paranoiker der Sonderklasse mögen sich vielleicht sogar zu der weitest hergeholten Vermutung versteigen, geheime Zirkel hätten die Rauschgiftgesellschaft gezielt geschaffen, um neben wünschenswerter Verringerung mündiger Bürger und Abnahme der Wahlbeteiligung auch eine Akzeptanz für Maßnahmen wie diese Zwangsenteignungsgesetze zu schaffen. Das wäre ein neuer Rekord in Verschwörungsmanie. Was aber nichts daran ändert, daß noch ganz andere Theorien geäußert werden - und, daß die Zahl derer in den USA ständig wächst, die von der Staatsmacht zunehmend die Schnauze voll haben („Fed up with the Feds"). Manche davon wollen sogar „ihr Land wieder zurückerobern."

„Big Brother go to Hell!"

„Selbst, wann man weiß, daß man
Paranoiker ist, können sie
trotzdem hinter einem her sein."
Unbekannter Zyniker

Radikale Gruppierungen bewaffnen sich, damit sie für den Tag gerüstet sind an dem die eigene(!) Regierung angreift. Natürlich liegt es nahe, diese Privatkrieger als durchgeknallte Haufen abzutun, wenn man bei-

spielsweise erfährt, daß der Sprecher einer paramilitärischen Truppe aus dem amerikanischen Nordwesten in einer Talkshow allen Ernstes gemeint haben soll, die Regierung hätte sich verschworen, die Bürger durch Wettermanipulation zu quälen. Nicht weniger grotesk erscheint die Behauptung, in den USA würden Gurkha-Söldner (eine Truppe, die schon der englischen Kolonialmacht vorzügliche Dienste geleistet hat) ausgebildet, um demnächst sämtliche amerikanischen Haushalte nach Waffen zu durchsuchen. Gleichzeitig sollen sich an den Staatsgrenzen ausländische Invasoren massieren, um das waffen- und wehrlos gemachte amerikanische Volk zu versklaven und in Lager zu stecken. Diesem Horrorszenario würden sich „Wissende" (er und seine Mannen) entgegenstemmen, denen nicht einmal codierte Nachrichten auf der Rückseite von Straßenschildern verborgen bleiben.
Ganz schön hanebüchen, aber trotzdem brandgefährlich wenn man bedenkt, daß manche nicht nur groteske Vorstellungen äußern, sondern zur Tat schreiten. Das von amerikanerischen Fanatikern durchgeführte Bombenattentat in Oklahoma am 19. April 1995, dem Jahrestag der opferreichen Erstürmung der Davidianer-Festung in Waco, Texas, durch das FBI, wird als extremste Manifestation eines konspirativen Weltbildes betrachtet, das endgültig außer Kontrolle zu geraten droht.
Wenig beachtet, konnte man im Frühjahr 2002 in Kleinmeldungen erfahren, eine gerade noch rechtzeitig ausgehobene Miliz habe in Montana vorgehabt, so viele Richter und Polizisten als möglich umzubringen, um eine offene Konfrontation mit der Staatsmacht herbeizuführen. Macht sich eigentlich niemand Gedanken, in welchem Zustand sich ein Staat befindet, in dem solches vor sich geht, bzw. gerade noch nicht vor sich gegangen ist?
Gehören solche Auswüchse zu einer weitverbreiteten latenten Verschwörungsneigung oder könnte es konkrete Fakten geben, ohne die sie vielleicht nicht so kraß ausfallen würden? Auch für ein solches Dilemma haben die Amerikaner einen flotten Spruch auf Lager: „Selbst wenn man weiß, daß man Paranoiker ist, können sie trotzdem hinter einem her sein." Seriöse Forscher sind mit dermaßen treffenden Aphorismen allerdings nicht zufriedenzustellen.
Nach Ansicht vieler sozial-politischer Analytiker, besonders aus Europa, sind paranoide Exzesse durchaus erklärbar, ja nachgerade zu erwar-

ten gewesen. Schließlich können die USA diesbezüglich auf eine lange Tradition zurückblicken. Daß die Furcht vor einer systematischen Verschwörung der amerikanischen Revolution sozusagen in die Wiege gelegt wurde, dokumentieren nicht nur Beispiele wie diese Worte von George Washington aus dem Jahr 1774: „Ich bin völlig davon überzeugt, so wie von meiner eigenen Existenz, daß es einen regelrechten, systematischen Plan gegeben hat, die ungerechten Maßnahmen (gegen die Kolonisten) durchzusetzen".
Zum derzeit um sich greifenden Gefühl einer latenten Bedrohung hat nicht erst der 11. September 2001 beigetragen, sondern Entwicklungen, wie Dean R. Koontz sie beklagt sowie all die peinlichen Enthüllungen über geheime Gesellschaftsveränderungsprogramme, Menschenversuche, Drogendeals von Regierungsstellen und nicht zuletzt die UFO-Verschleierung, hinter der viele US-Bürger besonders grauenhafte Geheimnisse vermuten. Je mehr man sich mit dem Rücken zur Wand glaubt, desto heftiger reagiert man darauf, das ist eine Binsenweisheit. Sie dürfte auf ein Land der Steuerverweigerer, Individualisten und Waffenträger bei wachsender Fragmentierung der Gesellschaft voll zutreffen. Die Reaktionen scheinen in der Tat immer vehementer zu werden. Sekten verschanzen sich wie die Davidianer, Seperatisten streben die Autonomie an, Totalextremisten veranstalten Blutbäder.
Insgesamt betrachtet, mutet der Versuch, im April 1997 die „Republik Texas" auszurufen weniger skurril an, als möglicherweise symptomatisch. Damals hatte sich eine texanische Miliz mit zwei Geiseln auf einer Ranch in Fort Davis verschanzt, um Texas von den Vereinigten Staaten wieder abzuspalten, zu denen es seit 1845 gehört, nachdem sich neun Jahre früher die mexikanische Armee an den Verteidigern von Fort Alamo dreizehn Tage lang die Zähne ausgebissen hatte. Der 1997 mit einer Kapitulation der „Neo-Texaner" beendete Abspaltungsversuch hatte solchen Zulauf gehabt, daß Polizei und Nationalgarde die herbeiströmenden Massen fernhalten mußte. Zu Schaden gekommen ist dabei niemand, maximal die Vision vom Schmelztiegel der Nationalitäten und der Traum vom harmonischen Zusammenleben in der Vielfalt.
Verfechter eines „Good Old America" fühlen sich von Fremden und Verbrechern umzingelt, von Finanzhaien um die Früchte ihres Schweißes gebracht, und glauben, immer mehr Boden unter den Füßen zu ver-

lieren. In ihnen wächst der Verdacht, das alles könne kein Zufall sein, hier würden Drähte gezogen, um „unamerikanische“ Entwicklungen voranzutreiben. Wo die Strippenzieher zu suchen sind, ist für sie schon lange keine Frage mehr: Ganz weit oben sind sie daheim. Damit ist die Regierung Haßobjekt Nummer eins.

In dieser Überzeugung kämpfen wirrköpfige Waffennarren Schulter an Schulter mit christlichen Fundamentalisten, extremen Patrioten und anderen, schwer Einzuordnenden, gelegentlich mit immer monströseren Mitteln, gegen eine eingebildete „verräterische Obrigkeit“, um dem wieder Geltung zu verschaffen, was für sie „alte Werte“ sind. Sie wollen schlicht und einfach das Steuer herumreißen, bevor dies oder das noch schlimmer geworden ist. Für die einen ist es die Kriminalität, für andere die Befürchtung, die Vereinigten Staaten könnten zur ersten Einwanderungsnation werden, in der die ursprünglichen (weißen) Siedler in die Minderheit geraten, und dann noch weniger zu sagen haben als jetzt, da sie (noch) die Mehrheit stellen. Laut aktuellen Statistiken sind in den US-Bundesstaaten Texas und Kalifornien die Weißen bereits die Minderheit. Weitere Staaten stehen sozusagen „an der Kippe.“

Das Erschreckende ist, daß nicht nur Spinner, Fortschrittsverlierer, dumpfe Nationalisten, Rassisten und ähnliche Elemente Teufel aller Art an die Wand malen. Fachleute äußern Bedenkliches und renommierte Autoren schreiben Bücher, um die Öffentlichkeit aufzurütteln.

Darum auch mein ausführliches Befassen mit dem packenden (Real?)Thriller „Dunkle Flüsse des Herzens“, in dem angeprangert wird, Polizeikräfte würden verstärkt Jagd auf sexuelle Belästiger, politisch Unkorrekte und versteckte Rassisten machen, während sich ringsum ein nie zuvor dagewesener Sumpf des Verbrechens ausbreitet und große Gebiete zu verschlammen droht, Hand in Hand mit einer ständig wachsenden Drogenlawine. Als langjähriger US-Bestellerautor wird Dean R. Koontz wohl wissen, warum ihm diese Thematik sosehr am Herzen liegt.

Warum also nicht mit gebotener Distanz unter die Lupe nehmen, was an Erklärungsmodellen für die Drangsal unserer Zeit herumschwirrt? Auch wenn manche verblüffend logisch klingen, sollten wir das bekannte amerikanische Sprichwort im Hinterkopf behalten: „Was ist der Unterschied zwischen Realität und Fiktion? Die Fiktion muß einen Sinn ergeben." Trotzdem muß nicht alles zufällig entstanden sein, was einem Tollhaus entsprungen scheint. Wie könnte es dann entstanden sein? Verschwörungstheoretiker haben Antworten parat.

Ein „rotes Amerika"

Die heute Vereinigten Staaten von Amerika brauchten rund dreihundert Jahre, um durch das Verschmelzen mehrerer Einwanderungswellen zu tatsächlich vereinigten Staaten zu werden. Eine geschichtlich nicht sonderlich lange Periode. Wie es scheint, zeigen sich nach einem weit kürzen Zeitraum bereits Zerfallstendenzen, die innerhalb der USA zur Bildung von ethnischen Gebieten führen, die Nationalstaaten ähneln wie auch zu festungsartigen Wirtschaftsregionen und anderen geschlossenen Strukturen. Verschwörungsanhänger sprechen davon das in manchen Bereichen unleugbare Chaos in den USA sei von Anfang an geplant gewesen und sollte nun, ebenfalls geplant, auf die ganze Welt ausgedehnt werden.
Bei Globalisierungsgegnern, die immer mehr werden, stößt man auf Kampfslogans wie: „One World kann nur eines sein: One Slum." Kein Wunder in einer Welt, die täglich ärmer, hungriger, ausgeplünderter, zerstörter und gewalttätiger wird.
Seit Jahren und Jahrzehnten stehen Bücher auf den normalen Bestsellerlisten, in denen mehr oder weniger offen und mit einer gewissen (Pseudo?)Logik die Ansicht vertreten wird, Machteliten, Finanzkartelle, verschworene Cliquen - die Auswahl der bevorzugten Drahtzieher oder das Hinzufügen neuer Kandidaten stehen dem Leser natürlich frei - hätten nicht nur den Kommunismus in Rußland aus der Wiege gehoben, sondern auf raffinierte Weise in die USA rückimportiert. Was Lenin und sein Revolutionsteam betrifft, haben wir Argumente für die behauptete Unterstützung durch angelsächsische Geldgeber bereits kennengelernt. Aber ein „rotes Amerika" dürfte auf einem anderen Blatt stehen. Das ist echt starker Tobak. Und das soll sich argumentieren lassen? Verblüffenderweise wird gerade Karl Marx als Zeuge aufgerufen. Man verweist auf seine drei Thesen zur Errichtung einer Diktatur (des Proletariats):

1) Eliminierung des Rechtes auf privaten Besitz (Umverteilung)
2) Auflösung der Familieneinheit und
3) Zerstörung der Religion.

Als Vorstufe dazu bezeichnet Marx in seinem Kommunistischen Manifest von 1850 (!) die Schaffung eines realsozialistischen Staates. Er bleibt nicht bei visionären Forderungen, sondern nennt praktische Maßnahmen zur Realisierung seiner Anliegen, die heute alle im Westen realisiert sind, und im Osten noch bevorstehen:

• Progressive Einkommensteuer
• (aufblasbare) Papierwährung durch
• Schaffung einer Zentralbank (Inflation wenn gewünscht).

Und noch etwas kann man im Kommunistischen Manifest lesen, das wie ein Zitat aus dem Bestseller „Die Globalisierungsfalle“ klingt: „Das Bedürfnis nach einem stets ausgedehnten Absatz für seine Produkte jagt den Kapitalismus über die ganze Erdkugel. Überall muß er sich einnisten... Die uralten nationalen Industrien sind vernichtet worden und werden noch täglich vernichtet... An die Stelle der alten, durch Landeserzeugnisse befriedigten Bedürfnisse treten neue, welche die Produkte der entferntesten Länder und Klimate zu ihrer Befriedigung erheischen... Eine allseitige Abhängigkeit der Nationen von einander tritt ein, wie in der materiellen, so auch in der geistigen Produktion...“

Das klingt in der Tat nicht unbekannt, für die meisten allerdings weniger nach Karl Marx als nach den täglichen Nachrichten. Ich habe lediglich den angestaubten Begriff Bourgeoisie durch Kapital ersetzt.

Verfechter der originellen These von einem „roten Amerika“ gehen von den Verhältnissen aus, die in den frühen Vereinigten Staaten geherrscht haben, beispielsweise in der Amtszeit von Präsident Thomas Jefferson (1801-1809). Damals, so die Prämisse, seien die USA auch de facto eine konstitutionelle Republik gewesen, aufgesplittert in zahllose Bundes- und Landesregierungen mit hohem Autonomiegrad, wie sie beispielsweise der englische Philosoph Thomas Hobbes mit diesen Worten gefordert hatte: „Freiheit ist eine Regierung, in kleine Fragmente zerteilt.“ US-Präsident Woodrow Wilson sollte später in dasselbe Horn stoßen: „Die Geschichte der Freiheit die Geschichte der Begrenzung der Regierungsmacht, nicht deren Erweiterung.“

In einem derartigen System selbstverantwortlicher Einheiten kann es keine geheime Neben- oder Hintergrundregierung geben, von der seit geraumer Zeit unentwegt die Rede ist. Verborgene Einflußnahme, wenn nicht gar Kontrolle des gesamten Staatswesens durch Unsichtbare wäre allein an der unübersehbaren Zahl von Personen gescheitert, die man kaufen, unter Druck setzen oder sonstwie für sich verpflichten hätte müssen. An so vielen Unabhängen können selbst noch so potente Geheimgesellschaften keine unsichtbaren Marionettendrähte befestigen. In einem Umverteilungsstaat hingegen, so wird weiter argumentiert, geht das wesentlich leichter. In einem solchen braucht man eine rigide Organisation mit einer - zumindest in den obersten Etagen - überschaubaren Machtpyramide. Wenn die Dinge so liegen, muß nur eine Handvoll Entscheidungsträger an die Leine genommen werden, und schon ist sie da, die totale Kontrolle.

Daß ausgerechnet die USA von einem wachsenden Teil der eigenen Bevölkerung als Spielball fremder, oder unamerikanischer Mächte betrachtet werden, mag man noch nachvollziehen können. Die Vorstellung, das vielzitierte Mekka des Raubtierkapitalismus mit dem Grundrecht auf Verhungern, sei ein ausufernder Sozial- und Zentralstaat mit dirigistischen Zügen, erscheint jedoch grotesk. Grotesk für Westeuropäer, nicht aber unbedingt für einen weißen Dockarbeiter in mittleren Jahren, der minimale Sozialleistungen an farbige Slumbewohner für Vermehrungshilfen hält, und sich sehnsuchtsvoll daran erinnert „wie es früher war." Was wird sich dieser fiktive Zeitgenosse wohl denken, wenn er bei einer Stellenbewerbung abgewiesen wird weil affirmative acts den Werftbesitzer zwingen, den Angehörigen einer Minderheit zu bevorzugen, wenn seine Kinder nichts von ihm wissen wollen und lieber rauschgiftsüchtige Bandenmitglieder sind, und wenn er vielleicht auch noch seine Frau durch eine Straßenschießerei verloren hat in die sie zufällig hineingeriet? Dumpf brütend verbringt er seine leeren Tage vor dem Fernseher, wo er täglich serviert bekommt, daß Kriminelle mit formaljuristischen Mätzchen auf die Gesellschaft losgelassen werden während er sich an den täglichen Überfall beim Bierholen immer noch nicht gewöhnt hat. Zur Krönung des Ganzen wird ihm unentwegt von der vielzitierten Globalisierungsfalle vorgelabert, die für ihn ebenso unbegreiflich wie bedrohlich ist. Schlußendlich weiß er nur eines mit Sicherheit: Als er ein junger Bursche war, war die Welt (sein Land) noch in Ordnung. Heute ist die USA für ihn ein sozialversicherter Selbstbedienungsladen für „Nicht-Amerikaner“, Verbrecher und internationale Profiteure. Die Opfer sind die anständigen (weißen) Schwerarbeiter. That's it!

Die permanent im Gang befindlichen Reduktionen des - für europäische Verhältnisse - ohnehin bescheidenen US-Sozialsystems verbittern den grimmigen Mann auf der Straße noch mehr. Sie treffen nämlich nicht jene, die ihm gegen den Strich gehen, beispielsweise kinderreiche ledige schwarze Mütter, Drogensüchtige, Häftlinge und Ex-Häftlinge, „Versager und Faulenzer“, sondern ihn selbst und seine Familie. Vor dreißig Jahren hätte er bei Sozialkürzungen applaudiert, heute erscheinen sie ihm als neuerlicher Anschlag auf das „anständige Amerika.“ Wo er die Handlanger des Anschlags zu suchen hat, weiß er natürlich auch. Von dieser Einsicht zum Glauben an Verschwörungen aller Art ist nur ein kurzer Schritt. Die Reaktionen fallen unterschiedlich aus. Anhänger des alten Pioniergeistes bewaffnen sich, christlicher Fundamentalismus und Isolationismus wächst, Wahlverweigerung breitet sich aus.

Soweit einige Aspekte des Ist-Zustandes nicht nur in den USA, den manche für alles andere denn zufällig entstanden halten. Wofür sie noch deftigere Argumente in petto haben, als die bislang erörterten...

Chaos aus dem Labor?

Den britischen Schriftsteller Aldous Huxley (1894-1963) bringen nur wenige mit der heute ausufernden Rauschgiftszene, der Auflösung der Familien, dem urbanen Chaos, der Slum- und Ghettobildung in den immer monströser werdenden Großstädten, den alltäglichen Serienmorden und der unaufhaltsamen Verrohung der menschlichen Gesellschaft in Verbindung. Die Amerikanerin Carol Greene schon. Die Journalistin und Lehrerin mit theologischem Hintergrund ist überzeugt, mit ihrem Bestseller „Der Fall Charles Manson - Mörder aus der Retorte“ eine Eiterbeule aufgestochen zu haben, und versucht das auch zu begründen: Die Romane, Storys und Essays von Aldous Leonard Huxley, den Carol Greene beißend „Mr. Rauschgift“ nennt, sind weltbekannt. Weniger

bekannt ist die Tatsache, welche Grundaussagen sich konsequent durch sein Werk zu ziehen scheinen, und am allerwenigsten sein bizarrer Abgang aus dem irdischen Jammertal. Bei seinem Krebstod im Jahr 1963 bat er seine zweite Frau Laura Archers auf dem Sterbebett um einen letzten LSD-Trip. So glitt er getreu seiner eigenen Lebensphilosophie ins Jenseits. Huxleys Schlüsselwerk ist laut Carol Greene "The Doors of Perception/Pforten der Wahrnehmung", das bezeichnenderweise entstand, nachdem er das erste Mal Meskalin genommen hatte. Das Buch wurde zur Bibel der drogendurchseuchten Gegenkultur wie auch zum Leitfaden der bereits genannten staatlichen Geheimprojekte, die besagte Gegenkultur ins Leben gerufen haben sollen.
Aldous Huxley übersiedelte 1937 in die USA, wo er mehrere Professuren annahm. 1959 hielt er auf einem Symposium der medizinischen Fakultät der Universität von Kalifornien eine Rede mit dem bedeutsamen Titel „The Final Revolution" (Die letzte Revolution). Der Umstand, daß an derselben Fakultät von einem Dr. David Smith und seinem Team Rattenexperimente über extreme Populationsdichte, verbunden mit bewußtseinsverändernden Chemikalien durchgeführt worden waren, soll ebensowenig ein „Zufall" sein, wie der Umstand, daß sich just von dieser Fakultät die alles umkrempelnde „Gegenkultur" auszubreiten begann.
Zurück zum Vortrag von Aldous Huxley. Er führte darin unter anderem aus: „Es scheint mir durchaus möglich, daß in Zukunft eine euphorische Droge hergestellt werden kann, die beispielweise jeder Dose Coca Cola beigegeben wird. Das würde, wie ich schon vor 25 Jahren in ‚Brave New World/Schöne Neue Welt' beschrieb, zu einem ungeheuer mächtigen Massenkontrollinstrument werden...Terror ist eine sehr aufwendige, dumme und unwirksame Methode... Schon in der nächsten oder übernächsten Generation wird sich eine pharmakologische Methode durchsetzen, die Menschen dazu bringt, ihre Knechtschaft zu lieben... Das wäre dann eine Art schmerzfreies Konzentrationslager für ganze Gesellschaften... Das scheint mir dann die endgültige Revolution zu sein."
Das Seminar war ein voller Erfolg und fand auf einem weiteren Symposium seine Fortsetzung, das vom 28.-30. Januar 1961 von der Universität Kalifornien in San Franzisko zum Thema „Bewußtseinskon-

trolle“ abgehalten wurde. Klarerweise ist Aldous Huxley unter den Festrednern zu finden. Daß er nicht „einer von vielen“ war, belegt dieser Satz, den die Herausgeber der Redeprotokolle in diese einfügten: „Kein anderer als Mr. Huxley hat zuerst festgestellt, daß es an der Zeit sei ein interdisziplinäres Symposium über Bewußtseinskontrolle abzuhalten.“ Nicht weniger vielsagend erscheint ihre Zusatzbemerkung, daß beträchtliche Teile der Ausführungen von Huxley und von anderen verloren gegangen sind und daher nicht veröffentlicht werden können.
Aus dem schicksalsträchtigen Jahr 1961 gibt es noch weitere Wortmeldungen von Aldous Huxley, in welchen er zur Rückkehr zum alten dyonisischen Religions- und Weltbild aufruft. So vergleich er bei einem Interview in London Rock'n'Roll mit der Ritualmusik antiker orgiastischer Kulte und legte dar, welche entscheidende Rolle sie als Wegbereiter neuer Gesellschaftsformen spielen würde. Diese Grundeinstellung läßt sich in seinem gesamten Werk finden, beispielsweise schon im Essay mit dem unmißverständlichen Titel „Do What You Will“ (Tue was du willst) aus dem Jahr 1929.
Laut Carol Greene war Aldous Huxley einer der Katalysatoren für den Entschluß amerikanischer Regierungsstellen, an ihren eigenen Bürgern ohne deren Wissen und Einwilligung neuropharmakologische Experimente vorzunehmen. Damit soll eine Entwicklung initiiert worden sein, die die generelle Destabilisierung des Abendlandes, wenn nicht der Welt, mit sich brachte.

Schöne Neue Horror-Welt

Huxleys Bücher haben einen Millionenleserschaft wobei den meisten nicht klar sein dürfte, daß die in Romanen wie „Brave New World“ (Schöne neue Welt, bzw. Wackere neue Welt), „Brave New World Revisited“ (Dreißig Jahre danach, bzw. Wiedersehen mit der Wackeren Neuen Welt) oder „Island“ (Eiland) geschilderten Szenarien einer „Rauschgift-Gesellschaft“ ohne bürgerliche Züge wie Familienbande, mit Kommunen statt Einzelmutterschaft, etc. positiv gezeichnet sind. Sein Gesamtwerk zeichnet das Gesellschaftsmodell einer Welt, in welcher eine kleine Herrschaftsschicht das Recht auf uneingeschränktes

Ausleben hat, während der Rest als mehr oder wenig willenlose Masse im Chaos ihr Dasein fristet. Tragende Säule dieses Konzepts, das Huxley begeistert vertrat, ist nicht nur der unkontrollierte Rauschgiftkonsum, der heutzutage bereits eine Dimension erreicht hat, daß in manchen Staaten Heroin auf Krankenschein abgegeben werden muß und Haschisch in „Coffee Shops“ verkauft wird.

Weitere Ingredienzien dieses immer mehr Wirklichkeit werdenden Modells sollen die Verbreitung von Pornographie, sexuelle Promiskuität unter Jugendlichen, und ähnlich „anti-repressive“ Neuerungen sein. Huxley propagierte in seinen Romanen die vielzitierte „freie Liebe“, die in den Hippiekommunen (wenn auch nicht ohne Spannungen) gang und gäbe werden sollte. Da „freie Liebe“ als antiautoritäres Wundermittel verkauft wurde, verbreitete sie sich rapide und drang auch in das Unterrichtswesen ein. In den 1950er-Jahren gehörte „Brave New World“ in den Schulen der USA zu den zehn am meisten gelesenen Büchern.

Auch im Rest der Gesellschaft drängte die „freie Liebe“ die bürgerliche Familie zurück, da nunmehr der Sex kein Ausdruck persönlicher Zuneigung und gegenseitiger Verantwortung war, sondern eine rein körperliche Funktion wie Essen und Trinken. Und sie senkte die Geburtenrate, schließlich tat man „es“ hauptsächlich zum Vergnügen und nicht wegen der „extrem lustfeindlichen“ Schwangerschaft und des mühsamen Gebärens. Sex um des Sexes willen würde, und war wohl auch der stärkste Hebel zur „Umwertung der Werte“ - zum vielgepriesenen „Paradigmenwandel“. Beginnend mit den zig-Tausenden, die in den 1970er-Jahren aufbrachen, um sich selbst zu suchen, obgleich es sich für viele gar nicht lohnte, daß sie sich fanden, bis zu den Erscheinungen, die heute der Tagespresse zu entnehmen sind. Das hatte die „Frankfurter Schule der Soziologie“ bereits in den 1930er-Jahren erkannt. Sie attackierte sexuelle Prüderie und natürliche Scham und ortete in der „klassischen Familie“ die Wurzeln des Faschismus.

Sinn und Zweck von alldem sei, so Greene und andere Autoren weiter, die Verächtlichmachung des rationalen Denkens. An die Stelle des Verstandes sollten die „echten Gefühle aus dem Bauch“ treten, auf daß der Mensch von seinen Trieben überflutet werde. Rauschgifte können dieser neue Ekstase im wahrsten Wortsinn „unter die Leute bringen.“

Es wird argumentiert, daß Produktivität, Fortschrittsglaube und zu viel Mündigkeit beim Bürger ein wesentlicher Hemmschuh für jedes Eliten-Gesellschaftsmodell sind und demzufolge niedergerungen werden mußten. Dem wirtschaftlich motivierten Zukunftsoptimismus mit seiner gefährlichen Problemlösungskraft konnte nur mit Vorstellungen entgegengewirkt werden, die langfristig zersetzend wirken. Mystischer Irrationalismus sollte dem wissenschaftlich-technischen Fortschritt und vor allem der Emanzipation der Massen Sand ins Getriebe streuen. Die Lust auf sexuelle und rauschartige Selbstverwirklichung, gepaart einem Frontalangriff auf das repressive Establishment, schien das richtige Mittel zu sein.

Die Gesellschaftsveränderer konnten ihres Erfolgs sicher sein, denn der Prozeß würde auf zwei Schienen laufen. Zum einen locken die Bilder exotischer Rauschgifterlebnisse und idealer Soziotope gemeinhin viele Meinungsmacher, Trendsetter, kulturell Interessierte und andere Intellektuelle an, und zum anderen ist mit Rauschmitteln eine ungeheuere Menge Geld sehr schnell zu verdienen. (Der derzeitige Weltumsatz von Rauschgiften wird vorsichtig auf ungefähr achthundert bis neunhundert Milliarden Dollar geschätzt.) Die Medien feierten den Durchbruch von nicht Besitz ergreifender Liebe und von befreiender Spontaneität. Leider brachte und bringt das nicht nur die Abkehr von Repression und Aggression mit sich, sondern auch Rauschgifthandel, Gewalt, Bandenkriege, Kriminalität, Prostitution und Mord.

Mörder aus der Retorte

Huxley und seinen Mitstreitern mußte klar sein, daß im Zuge dieser Entwicklung eine neue Qualität der Gewalt das Licht der Welt erblicken würde: ein neuer gewalttätiger Menschenschlag, den Huxley vorausblickend den „somatotonischen Typ" nannte. Heute begegnet man ihm in den Medien, und - wenn man Pech hat - auf der Straße.

Angelpunkt und Paradebeispiel für die gewünschte - und erzielte - Wirkung des Programms ist für Carol Greene die Familie des 1967 aus dem Gefängnis entlassenen Charles Manson; allesamt „somatotonische Typen" par excellence. Er und seine Mädchen wohnten in der bekannten

Haight-Ashbury Klinik, die von staatlichen Stellen finanziert wird. In ihren Mauern entstand das erste Ghetto süchtiger weißer Jugendlicher in den USA. Nach Ansicht von Carol Greene wurde die Manson-Familie dort zu dem maßgeschneidert, was sie dann war, und schließlich freigelassen, um zu zeigen, was sie konnte. Ihr Gemeinschaftsmassaker vom 9. August 1969, dem auch die schwangere Schauspielerin Sharon Tate zum Opfer fiel, läutete zweifellos eine neue Ära „gesellschaftlicher Entwicklung" ein.
Die Zeit war reif für neue Helden, wie die erfolgreiche Vermarktung der Manson-Family auf Polstern, Freizeithemden, Deodorants, Waschmitteln, Zigaretten, usw. beweist. Der seit 1969 einsitzende Mörder Manson erhält immer noch täglich Waschkörbe von Fanpost, zumeist Liebeserklärungen.
All das durch einen Mann verursacht? Natürlich nicht. Aldous Huxley ist nach Ansicht der Verschwörungstheoretiker nicht der alleinige Initiator, sondern eher der Kristallisations- und Knotenpunkt einer Entwicklung, deren Schienen längst gelegt waren, auf denen der Zug (in den Abgrund?) dahindampft.
Das Autorenduo Martin A. Lee und Bruce Shlain sprechen davon, die berühmte Harvard-Universität in Cambridge, Massachusetts, sei zu dieser Zeit zu einem Dorado für die Rauschgift- und Verhaltensänderungsprogramme des CIA geworden. Für manche war sie eine Hochburg der Rauschgiftforschung, in der die Tradition der 1884 gegründeten „American Society für Psychical Research" (Amerikanische Gesellschaft für Psychische Forschung) fortlebte. Diese auch in England vertretene Organisation suchte unter anderem zu ergründen, wie man mit Hilfe von Hypnose und Trance Macht über den menschlichen Willen gewinnen kann.
In Harvard wurde 1960 ein psychedelisches Forschungsprogramm initiiert. Anstöße zur Schaffung dieses Projektes gab Aldous Huxley, der damals eine befristete Gastprofessur in Harvard innehatte. Zu den Mitbegründern gehörte Dr. Timothy Leary (1920-1996) Träger der Fackel Huxleyscher Ideale und Galionsfigur der Gegenkultur friedliebender Blumenkinder und Kommunarden.
Da Leary es an der erforderlichen Diskretion mangeln ließ - er schrieb freimütig darüber und erreichte hohe Auflagen -, wurde er 1963 von der

Harvard-Universität gefeuert. Ein Prozeß und ein Gefängnisaufenthalt wegen Drogenbesitzes machten seinem Ansehen und besonders seiner Glaubwürdigkeit den Garaus. Dr. Leary wurde wegen Besitzes eines halben Joints(!) zu siebenunddreißig Jahren(!) verurteilt, von denen er fünf absaß. Sechs Monate wären damals die normale Strafe im Staate Kalifornien gewesen.

Huxley und die seinen haben aber noch eine ganz andere Dimension, die sogar noch weniger bekannt ist als seine Verwicklung in die sogenannte Drogen-Kultur.

Eine interessante Familie und verborgene Entwicklungen

Aldous Huxley, der zweifellos eine der schillerndsten Persönlichkeiten ist, vertrat nicht nur ganz offen rassistische Anschauungen und propagierte Eugenik - beides ohne Schaden an seiner Reputation zu nehmen - sondern machte bereits in den 1930er-Jahren eine präzise Aussage von erschreckender Prophetie zum Thema Bevölkerungsexplosion: „Ungelöst wird dieses Problem (die Bevölkerungsexplosion) alle übrigen Probleme unlösbar machen.“ Vielleicht offenbart sich hier ein Hinweis auf seine Motive für seine Hinwendung zu den Drogen.

Beachtung verdienen auch die anderen Äste des Huxley'schen Stammbaums. Huxleys Familie zählt auch zu jenen, die in England große Macht ausübten. Aldous Huxleys von mir im Vorwort erwähnter Großvater Thomas Henry Huxley setzte sich so leidenschaftlich für den Darwinismus ein, daß man ihn zu seiner Zeit „Darwins Bulldogge“ nannte. Darüber hinaus war er Gründungsmitglied der „Round Table Group“ (Der Runde Tisch) des südafrikanischen Rohstoffmagnaten Cecil Rhodes, einer Gesellschaft, die auch heute nicht ohne Einfluß zu sein scheint. „The Round Table“ gründete das „Royal Institute of International Affairs RIIA“ (Königliches Institut für Internationale Angelegenheiten), das „New Yorker Council on Foreign Relations CFR“ (Rat für Auswärtige Beziehungen) und andere Institutionen des sogenannten anglo-amerikanischen Establishments, die ihrerseits jenes „neue informelle Imperium“ bilden sollen, das US-Präsident Bush sen. in Zusammenhang mit der „neuen Weltordnung“ in den 1990er-Jahren öffentlich erwähnte.

Macht man sich wie zahlreiche Autoren die Mühe, intensiv zu forschen, so scheint man auf mächtige Netzwerke aller Art zu stoßen, beispielsweise auf die „Sieben Schwestern", die das Gesicht der heutigen Welt geformt haben sollen, wenn man Autoren wie Anthony Sampson oder William Engdahl glauben will. Dabei handelt es sich nicht um miteinander verschworene alte Damen, sondern um ein Kartell von sieben Erdölmultis. Es soll am 17. September 1928 auf dem schottischen Schloß Achnacarry als Geheimpakt mit den Namen „As Is Agreement of 1928", beziehungsweise „Achnarcarry Agreement", aus der Taufe gehoben worden sein. Damals sollen sich die führenden Ölmagnaten Englands und Amerikas darauf geeinigt haben, die zur Zeit gegebene Teilung der Welt zu zementieren, einen allgemein verbindlichen Ölpreis festzusetzen und einander nicht zu konkurrieren. Interessanterweise ratifizierten die jeweiligen Regierungen diese eindeutig private Vereinbarung noch im gleichen Jahr. Sie hieß fortan „Red Line-Abkommen."
Damit vorerst einmal genug der Weltverschwörungen. Begnügen wir uns mit der Erkenntnis: Das ist nicht die Welt der Geschichtsbücher und der Politikerreden, wohl aber die der täglichen Horrormeldungen in den Medien. Bleiben wir einmal bei diesen und sehen wir, ob sie sich die ungeschönte Realität mit den bekannt gewordenen verschiedenen geheimen Umtrieben zum Gesamtbild einer möglichen, wenn auch nicht unbedingt erfreulichen Zukunft vereinigen läßt.

Die (Schreckens-)Zukunft ist jetzt!

Einige wahllos zusammengestellte Medienberichte aus den neunziger Jahren des angeblich so fortschrittlichen 20. Jahrhunderts machen deutlich, wie weit es schon mit der sogenannten Zivilisation gekommen ist:
Zwei Mädchen im Alter von 12 und 13 Jahren erschlagen in Riversdale, Südafrika eine 49jähige mit einem Ziegelstein. Im Verhör „begründen" sie ihre Tat so: „Uns war langweilig. Wir hatten nichts Besseres zu tun."
Wegen einer 50-Dollar-Wette tötet ein Dreizehnjähriger amerikanischer Jugendlicher seine schlafende Mutter mit einem Kopfschuß.
Weil sie seinen Wagen mit ihrem Fahrzeug gestreift hat, zerrt ein 19jähriger in Detroit eine Dreiunddreißjährige an den Haaren aus ihrem Auto,

zwingt sie, sich bis auf die Unterwäsche auszuziehen. Danach verfolgt er die Frau mit einer Eisenstange, bis sie in Panik von einer Brücke in den Tod springt. Rund vierzig Zeugen beobachten das Schauspiel vor Vergnügen johlend.

Bei ihrer Festnahme im kanadischen Montreal lachen zwei der 13, 14 und 15 Jahre jungen Mörder laut, die gemeinsam ein altes Ehepaar mit einem Baseballschläger zu Tode geprügelt hatten, den sie abwechseln schwangen. Danach zeigten sie die blutige Tatwaffe prahlerisch in der Schule. Ihr Motiv: „Wir wollten eben jemanden umbringen, nur so zum Spaß."

Ein Zwölfjähriger in High Point im US-Bundesstaat Missouri klagte zur Freude seiner Mutter nicht mehr über Langeweile seit er täglich mehrere Stunden vor dem Computer hockte. Als die Telefonrechnungen für seine Internet-Chats – Sex-Hotlines eingeschlossen – astronomische Höhen erreichten, schwand die Begeisterung der Mutter. Die Zweiundvierzigjährige verhängte ein Computerverbot über ihren Sprößling. Das konnte der Zwölfjährige nicht verkraften. Nach erfolgloser Psychotherapie tötete er seine Mutter mit sechs Kugeln und erschoß sich danach selbst.

Anfang 1993 machte der Fall der beiden Zehnjährigen weltweite Schlagzeilen, die den zweijährigen James Bulger aus einem Einkaufszentrum in Liverpool entführten, bestialisch quälten und auf einem Bahngeleise ablegten, wo der kleine Körper von einem Zug zerrissen wurde.

Ein Lehrer in einem Land mit westlicher Ausrichtung (ich sage nicht welches, um nicht in den Verdacht der Förderung von Vorurteilen zu kommen), gab seinen Schülern als Thema eines Aufsatzes, was sie tun würden, wenn sie nur noch fünf Tage zu leben hätten.

Ein Elfjähriger schrieb: „Am ersten Tag würde ich besonders gut essen. Am zweiten Tag würde ich in einen Spielsalon gehen und viel Geld verspielen. Am dritten Tag würde ich mir eine Pistole besorgen, am vierten eine Weltreise machen und am Waikiki-Strand auf den Hawaii-Inseln baden. Am Tag, an dem ich sterben werde, werde ich meinen Vater zusammenschlagen und auf ihm herumtrampeln, und um elf Uhr, neunundfünfzig Minuten und neunundfünfzig Sekunden werden ich auf den Zug zum Himmel aufspringen."

Ein Zwölfjähriger schrieb, er würde am ersten Tag alle Fenster zertrümmern, dann eine Bank ausrauben und das Geld verbrennen, dann einen Menschen zerstückeln, ein Haus anzünden, über dreihundert Leute mit einem Auto zusammenfahren und schloß: „Wenn ich das alles getan habe, wird es mir nicht leid tun, zu sterben."
Andere der Kinder warfen in ihren Aufsätzen Bomben, zerstückelten ihre Eltern und ähnliches. Diese Liste ließe sich über Seiten und Seiten fortführen, ein Panorama des Wahnsinns. Wenn man solche Meldungen Revue passieren läßt, die noch dazu meist nur Spaltenfüller(!) sind, kann man schon zu dem Schluß kommen: Kaputter geht es kaum.

Vom Heute ins Morgen

Die „Globalisierungsfalle"

„Was jeder für ausgemacht hält, verdient oft
am meisten untersucht zu werden."
Georg Christoph Lichtenberg

Der Lauf der Welt ist offenbar für viele Überraschungen gut. Sehr wenig scheint tatsächlich so zu sein, wie man glaubt und serviert bekommt. Anonyme Kräfte, davon sind immer mehr Zeitgenossen überzeugt, kochen geheime Süppchen, die nur einer kleinen Elite bekömmlich sein sollen. Warner empfehlen erhöhte Skepsis gegenüber Schalmeientönen und rosigen Zukunftsszenarien. Bei Reizthemen halten manche mit ihren Bedenken nicht hinter dem Berg.

Das zum Popanz hochstilisierte Modewort Globalisierung ist ein aktuelles Reizthema, besonders seit immer mehr Verängstigte die gleichnamige Falle zuschnappen sehen. Globalisierungsverweigerer in der westlichen Hemisphäre glauben nicht an die Wohltaten eines in jeder Hinsicht total freien Marktes. Sie ergehen sich in Alptraumszenarien von Vernichtungswettbewerb, Niedergang und wuchernder Staatsmacht.

Für sie ist ein Krieg aller gegen alle im Entstehen, der um so vehementer wird, je mehr Handelsstaat und Warenumlauf globale Dimensionen in einer immer bevölkerteren Welt annehmen. Der von ihnen an die Wand gemalte Teufelskreis mutet allerdings fatal vertraut an: Herumschieben der Produktionsstätten auf dem globalen Schachbrett führt zu Sozialdumping und Qualitätsverminderungen. Heimische Unternehmen gehen zugrunde, Arbeitskräfte werden „freigesetzt", noch mehr Produktionen werden in Armutsgebiete ausgelagert. Alles und jedes wird privatisiert, sprich ans Ausland verkauft, weil es „keinen Gewinn macht", einschließlich der mit Steuern bezahlten Post, Bahn (man denke an Zustände bei der an mehrere Private verhökerten „British Railway") oder das Straßennetz. Die veröffentlichte Meinung geht dezent darüber hinweg, daß die ursprüngliche Aufgabe der Post es war, auch dem entlegenst wohnenden Staatsbürger Briefe zu bringen und die der Bahn, ihn von dort überall hin und wieder zurück zu transportieren. Wenn dabei auch noch etwas verdient wurde, gut, wenn nicht, auch kein Beinbruch. Geführt sollten solche staatlichen Werkel natürlich trotzdem so wirtschaftlich als möglich, was leider aufgrund politischer Besetzungspraktik oft genug nicht der Fall war und ist. Wieso dieser behebbare Mißstand zum Ausverkauf an nicht staatliche Besitzer - noch dazu im Ausland - führen muß, scheint vielen rätselhaft, da Private naturgemäß nicht so uneigennützig im Allgemeininteresse handeln können (und wollen), wie dies der Staat seinen Bürgern gegenüber zu tun hat.

Der Sinn und Zweck des Staates, seine Bürger zu beschützen und ihnen eine Infrastruktur zur Verfügung zu stellen, verflüchtigt sich langsam aber sicher. Zyniker fragen sich schon heute, wann man endlich dazu übergehen wird, von Polizei und Gerichten zu verlangen, daß sie Gewinn machen müssen, und verweisen auf die beliebten „Robocop"-Filme, wo derartiges bereits der Fall ist. Fachleute sind überzeugt, wenn das so weitergeht, wird der Staat zum Eingreifen gezwungen sein um soziale Unruhen zu verhindern, solange er dazu noch in der Lage ist. Sehr lange dürfte er aber nicht mehr in der Lage sein, denn im gesamten Westen ist der staatliche Schuldenzinsendienst bereits zu einem dominierenden Posten in so gut wie jedem Budget geworden. Wer hätte sich beispielsweise vor Jahrzehnten vorstellen können, daß nicht etwa russische sondern amerikanische Beamte aus Geldmangel ihr Gehalt nicht ausbezahlt bekämen?

Viele sehen den Grund für den Zwang zum ewigen Wirtschaftswachstum, den Öffentlichkeit, Medien und Fachleute(!) heute wie ein Dogma vor- und nachbeten, im Zinseszinssystem, das die Schulden exponentiell steigen und den Versuch, auch nur die wachsenden Zinsen zu erwirtschaften zum Ausverkauf von Infrastruktur, Umwelt, Tierwelt usw. werden läßt. Bezeichnender Weise werden alle, die darauf hinweisen, daß die Vorstellung ein tödlicher Wahnsinn ist, irgend etwas (sei es die Wirtschaft oder die Menschheit) könne in einem endlichen System (genannt Erde) ohne Crash ewig wachsen, sofort als „ewig Gestrige" oder „Forschrittsverweigerer" abgefertigt werden. Welches Licht das auf die Mei-

nungsbildner, die Experten und last but not least auf den Stand unserer sogenannten „Informationsgesellschaft“ wirft, das zu beurteilen überlasse ich dem denkenden Leser.
Apokalyptische Visionen kulminieren in der Vorstellung, vor lauter „Integration“ und gewaltsam erzwungenen „freien Warenverkehr“ würde in der „Alten Welt“ von den gewachsenen Staaten und Gemeinschaften sowie von unterscheidbaren Bevölkerungen nichts mehr übrigbleiben. Statt dessen würde, so einmal vernommen, eine Kombination von Großbank, Mafia und UdSSR-Neu entstehen. Geschichtsmächtige erinnern sich an folgende Aussage von Gouverneur Marriner Eccles, einem Banker aus Utah, der in der Amtszeit Franklin Delano Roosevelts den Federal Reserve Board öffentlich vertrat: „Eine internationale Währung ist gleichbedeutend mit einer internationalen Regierung“.
Hand in Hand werden das staatliche wie das vorläufig noch größere private Kapital sukzessive aufgezehrt. Schulden werden gemacht. Menschen wie Nationen geraten in Abhängigkeiten. Je schärfer der Wind bläst, desto unwirscher wird die Bevölkerung. Jeder fühlt sich in irgendeiner Weise übervorteilt. Mißtrauen gegen die Regierung entsteht (siehe USA, aber nicht nur dort). Selbst loyale Bürger beginnen Steuerhinterziehung, Schwarzarbeit und ähnliches zuerst als Kavaliersdelikt, später als legitime Selbstverteidigung zu betrachten.
Mittlerweile würden diverse demokratische Volkswirtschaften ohne Schattenwirtschaft oder „zweiten Wirtschaftskreislauf“, wie Pfuscherei in Europa auch schönfärberisch genannt wurde, um sie zur Erfüllung der EU-Konvergenzkriterien ins Bruttosozialprodukt einbeziehen zu können, arg ins Schleudern geraten.
Gegen steuerschonende Bürger aller Couleur müssen die Regierungen zu immer drastischeren Mitteln greifen. Die (nach eigener Ansicht in Notwehr handelnden) Bürger werden in steigendem Maße von vorneherein in Bausch und Bogen als Betrüger betrachtet. Durchsuchungen finden überfallsartig statt. Denunziation wird belohnt. Beamtenheere müssen eingestellt werden, um die Gegenmaßnahmen zu administrieren. Das erfordert neue Steuern. Wachsende Abgaben werden mit aller Kraft eingezogen, trotzdem sinkt das Steueraufkommen. Die Ausgaben laufen, nein rasen davon. Innere Instabilität wirkt irgendwann einmal auch nach außen.

Die zwischenstaatlichen Verhältnisse verschlechtern sich weil jeder Staat Schutzmaßnahmen für die eigene Wirtschaft ergreift, oder zu ergreifen sucht. In Strukturen wie der EU können Transferzahlungen die Entwicklung abfedern, natürlich nur so lange, als irgendwer in der Lage ist, sie zu entrichten. Durch all das entstehen zwischen den „integrierten" Staaten Aggressionen. Wie es weitergeht, bleibt der Phantasie des Lesers überlassen. Nur soviel: wenn so die Auswirkungen der Globalisierung im Westen aussehen, dann Prost Mahlzeit für andere Weltregionen und für die Zukunft der Menschheit überhaupt. Sollte die kolportierte Bemerkung des Schweizer Soziologie-Professors, Ex-Politikers und Autors Jean Ziegler „Die Endstufe der Globalisierung ist das organisierte Verbrechen" mehr als ein Bonmot gewesen sein? Wie auch immer.
Besonders Mißtrauische sind überzeugt, was heute Sache ist und morgen auf die Menschheit zukommt, wurde schon vor langer Zeit ausgeheckt, mit klar vorgegebenem Ziel auf die Schienen gestellt und in Fahrt gesetzt. Herausfordernd stellen sie unangenehme Fragen: „In wessen Interesse geschieht das alles?", „Was steckt wirklich hinter all dem?"

Machiavellis Geist

„Alles für das Volk.
Nichts durch das Volk."
Kaiser Joseph II. von Österreich (1741-1790)

Was der bekannt humanistische österreichische Kaiser unerwartet deutlich sagte, hat der berühmte Philosoph und Staatsmann Niccolò Machiavelli (1469-1527) schon dreihundert Jahre vor ihm brutal auf den Punkt gebracht: „Staatsräson entschuldigt jede Lüge und jedes Verbrechen, ist doch die Hoffnung auf einen moralischen und sittlichen Fortschritt des Menschen ohnedies reine Illusion."
Arbeitet man sich durch den Wust von Enthüllungsbüchern und sonstigen Publikationen durch, die mit unterschiedlicher Seriosität Verschwörungsszenarien enthüllen, fällt gelegentlich eine seltsame Zone

der Indifferenz auf. Immer wieder werden geheime Pläne gewissenloser Gruppierungen zur „Lösung" der anstehenden Menschheitsprobleme aufgedeckt oder angedeutet, die an Monstrosität kaum zu übertreffen erscheinen. Ihr Anprangern läßt an Schärfe selten zu wünschen übrig. Dem gegenüber scheinen die Probleme, um die es geht, irgendwie an Gewicht zu verlieren, und - auch das ist zu bemerken - humane Alternativen werden in den meisten Fällen nicht sachlich zur Diskussion gestellten. Meist wird nur schwammig moralisiert. Das gravierendste Menschheitsproblem, die schrankenlose Vermehrung, wird im Vorübergehen abgehandelt.
Sätze wie „die Erde kann leicht 50 Milliarden Menschen ernähren, wenn die Verteilungsgerechtigkeit nur klappt" sind zu lesen. Dazu jetzt schon vorab ein Chor von Experten: „Das kann sie nicht!"
Kassandrarufen wird entgegengehalten, daß auch beim Wechsel von ersten zum zweiten Jahrtausend Untergangsängste geherrscht und sich die Menschen auf die Apokalypse vorbereitet hätten. Abgesehen davon, daß einige Historiker dieses Szenario als eine weitere Geschichtslegende entlarvt haben, da sich so gut wie keine Aufzeichnungen aus diesen Tagen finden lassen, in denen von solchen Volksbewegungen berichtet wird, sind die heutigen Bedrohungen ganz anderer Natur als jene vor tausend Jahren. Trotz dieser unglaublicher Gefahren wird die Frage gemieden, was wohl „besser" wäre: Pest oder Cholera; geheime Weltordnung oder offenes Globalchaos. Dieses Dilemma ist leider nicht so philosophisch, wie es klingen mag.
Um der Objektivität willen versuche ich eine leidenschaftslose Analyse ohne „moralische Komponente", die man sowohl im Wirken des Menschen, wie auch in den Naturvorgängen ohnedies vergeblich sucht. Es liegt mir natürlich mehr als fern, Zustimmung für eventuell geheim laufende „Entvölkerungsprogramme" oder andere Monstrositäten zu bekunden, oder gar Sympathien für nebulose Profiteure oder Geheimgesellschaften aufzubringen, die möglicherweise Weltkriege gefördert haben. Nein, wenn solche Gestalten etwas für das Überleben der menschlichen Spezies tun sollten, dann aus egoistischen Gründen. Weil ein Weltuntergang, wie schon gesagt, nun mal kein Geschäft ist, weil sie selbst Kinder haben und daher dynastisch denken (nicht umsonst wird oft vom „Geldadel" gesprochen). Und weil die Maßnahmen weit unge-

heuerlicher sein dürften als alles, was wir an Ungeheuerlichem auf die Beine stellen können, mit denen die völlig neutrale Natur auf die parasitäre Menschheit reagieren wird, die dabei ist das Ökosystem durch außer Rand und Band geratene Technologie und eigene Vermehrung unerbittlich zu zerstören.
Solche Überlegungen sind nicht gerade herzerwärmend. Aber immerhin würde das Schicksal des Homo sapiens dann nicht von sinnlosen Zufallskräften, kurzsichtigen Gewinnmaximierern, überforderten Politikern, mafiosen Organisationen, selbstzerstörerischen Wirtschaftswachstumszwängen, hemmungslosen Vermehrern, Fanatikern und Fundamentalisten jeglicher Spielart bestimmt, sondern läge in den Händen düsterer Schattengestalten, die in Jahrhunderten denken, eiskalt agieren und - wie es scheint - dem Wohl und Wehe von Einzelmenschen oder Völkern so gleichgültig gegenüberstehen wie wir dem Leid von Ameisen. Sehr beruhigend. Doch, irgendwie trotz allem schon, denn solche Strippenzieher mögen skrupellos bis zur Unmenschlichkeit sein, blöd sind sie aber mit Sicherheit nicht.
Welche unbekannten Spieler könnten also die finalen Züge auf dem zu Grunde gehenden Schachbrett Erde vorbereiten?: Alte Global Players, möglicherweise seit einiger Zeit verbündet mit außerirdischen Cosmic Players. Letztere mögen aus eigenem Wissen konkrete Voraussagen gemacht und Hilfsmittel beigesteuert haben. Warum, steht in den Sternen. Ein Gewissen, wie wir es uns zu Unrecht selbst zusprechen, mag ihnen fremd sein, vielleicht fehlt ihnen aber auch nur jene fatale Humanität, die langfristig schon so oft noch größeres Elend bewirkt hat. Ebensogut mögen sie keinen moralischen Grund sehen, mit einer so bestialischen Spezies wie der unseren besonders schonend zu verfahren. Wie auch immer: Es schaut nicht gut aus. Keine Alternative scheint verlockend. Darum ist Alternative unser nächstes Stichwort.

Makabre Alternativen

Drei Alternativen, so raunt man, hätten eiskalte Machtspieler für uns alle ausgeknobelt, und eine davon bereits in Angriff genommen. Sie soll einem kleinen Teil der durchgeknallten Menschheit die Chance geben, ihren eigenen Totentanz zu überleben. Das klingt angesichts des Zustandes unserer Erde fast hoffungsfroh, vertreten doch immer mehr nüchterne Fachleute heute die triste Ansicht, der Homo sapiens hätte gar keine Alternative. Es bliebe ihm nur der Untergang, wenn auch in dem stolzen Gefühl, einen Großteil der irdischen Fauna und Flora mit sich in den Abgrund zu reißen. Wie könnte ein möglicher Ausweg beschaffen sein?

Seit längerer Zeit geistert ein Begriff herum, der die wesentlichsten Untergangsvisionen mit einer Reihe von geheimen Umtrieben zu einem einzigen düsteren Zukunftsszenario zu verbinden scheint. Er lautet „Alternative 3". Für Verschwörungsfans und Apokalyptiker ist er fast schon zum Geheimtip geworden, während andere ihn als ultimaten Trip für Paranoiker betrachten. Worum geht es, und woher kommt die „Alternative 3"? Vordergründig betrachtet, aus einer einzigen Quelle, die auch die beiden anderen Alternativen nennt. Nehmen wir uns zuerst eine nach der anderen rein sachlich und mit ergänzenden Überlegungen vor.

„*Alternative 1*" soll vorsehen, schlicht und einfach Löcher in die Stratosphäre zu schießen, um aufgestaute Wärme und Umweltverschmutzung ins Weltall abzuführen. Eine Art globaler Aderlaß, wie man ihn früher durchgeführt hat, um „giftige Stoffe" aus der Blutbahn ausrinnen zu lassen. Humbug scheint das richtige Wort für dieses Konzept zu sein.

Trotzdem: Es gab in den 1950er- und 1960er-Jahren ein Programm zur Detonation von Nuklearwaffen in höchsten Luftschichten, dem beispielsweise das „Leading Edge Magazin" den Artikel „Project Argus and the Rainbow-Bombs: United States Nuclear Deatonations in Space" gewidmet hat. Der hintergründige Zweck dieses Projektes soll es gewesen sein, einen künstlichen Strahlungsgürtel gegen Satelliten im Orbit zu produzieren, anscheinen eine Folge des Sputnik-Schocks von 1957. In dem Beitrag werden die Explosionen von jeweils einer Ein-Kilotonnen-Bombe über dem Südatlantik, am 27. August 1958 in 200 Kilometer Höhe, am 30. August in 250 Kilometer Höhe, am 6. September in 500 Kilometer Höhe sowie die Detonation einer 1,4 Megatonnen-Bombe am 9. Juli 1962 in 400 Kilometer Höhe erwähnt. Parallel dazu sollen im Jahr 1962 mehrere russische Nuklearexplosionen in großen Höhen stattgefunden haben. Abgesehen davon, daß die erwähnten und weitere Atombombenversuche in den oberen Luftschichten lediglich ei-

ne Erhöhung der Strahlung in großen Höhen bewirkt haben dürften, würde sich bei großangelegten Durchlöcherungsaktionen a là „Alternative 1“ die Ozonschicht endgültig verabschieden.
Hartnäckige, die an der ersten Alternative Gefallen gefunden haben, halten es für möglich, daß schon bald mit feiner Klinge durchgeführt werden soll, wofür thermonukleare Reaktionen zu grobschlächtig sind. Wasser auf ihre Mühlen sind Aussagen dieser Art (auszugsweise zitiert): „Solcherart verschafft die Erfindung die Fähigkeit, Mengen von Energie in die Atmosphäre zu pumpen, wie es vorher niemals möglich war...in einer Art und Weise, die präziser und besser kontrollierbar ist, als bislang auf die altbekannte Weise durch die Detonation von Nuklearsprengköpfen unterschiedlicher Sprengkraft in unterschiedlichen Höhen möglich war...“ Mit etwas Phantasie und Mut zur Spekulation läßt sich hinter Statements wie jenem, das dem Physiker Bernard J. Eastlund zugeschrieben wird, eine konkrete, zeitgemäße High-Tech-Verwirklichung der ungeschlachten Urversion von „Alternative 1“ aufspüren. Noch dazu, wenn das HAARP-Projekt, von dem indirekt die Rede sein soll, Verschwörungstheoretikern noch ganz andere Perspektiven eröffnet, die sie auch öffentlich anprangern.

Wir kochen nur mal kurz die Atmosphäre

Dreihundert Kilometer östlich von Anchorage in Alaska, nahe der Stadt Gakona in einer ziemlich abgelegenen Gegend, steht ein seltsamer Antennenwald. Dieser Komplex umfaßt nach seiner Fertigstellung sechshundert Kreuzdipole. Sie sollen in ihrer Gesamtheit einen Hochenergie-Hochfrequenz-Phasen-Radiosender bilden, sozusagen ein umgekehrtes Super-Riesenradioteleskop, das nicht empfängt, sondern im 2,5-10 Megahertzbereich sendet. Zweck dieser Anlage soll es sein, als Superleistungs-Transmitter mit einer Höchstleistung von bis zu hundert Gigawatt (hundert Milliarden Watt) Energie in die oberen Bereiche der Atmosphäre strahlen zu können, was dort zu einer Erhitzung und zu radikalen Veränderungen führen könnte. Dieser Wert ist derzeit noch nicht erreichbar, aber bereits die einstündige Einstrahlung von bescheidenen 10 Gigawatt entspräche der Explosionskraft der Hiroshima-Atombom-

be (über zehn Kilotonnen), was Paranoiker und echt Besorgte aller Art die Ohren aufstellen ließ.
Der Name des ambitionierten 30 Millionen-Dollar-Projektes lautet High-frequency Active Auroral Research Project HAARP, was sich phonetisch wie das englische Wort für Harfe anhört. Weniger liebevoll wird die Anlage auch „Ionosphären-Kocher" genannt, da sie in der Lage sein soll, genau definierte Schichten der Ionosphäre mit hochfrequenten elektromagnetischen Wellen zu fluten. Die Ionosphäre ist der Bereich der Lufthülle von 60-4000 Kilometer über dem Boden, gelagert zwischen Stratosphäre und Exosphäre - eine Region, in der Ionen (negativ geladene Elektronen und positiv geladene Atomkerne) getrennt herumschwirren, was der Schicht den Namen gibt. Ionosphäre und Magnetosphäre sind wichtige Bastionen der Erde gegen das Bombardement durch kosmische Strahlen, den Sonnenwind und gegen andere Attakken; Schutzschilde mit denen man nur mit äußerster Vorsicht herumexperimentieren sollte.
„Hasenfüße" befürchten einen Aufheizungseffekt durch HAARP, genauer durch das Kernstück des Projektes, den sogenannten HAARP-IRI (Ionospheric Research Instrument). Eine harmlos klingende Bezeichnung für den effektivsten Sender im Hochfrequenzbereich, der jemals entwickelt wurde. Andere Warner haben einen Nebeneffekt der Ionosphärenheizung zum Menetekel auserkoren: Sie verweisen auf die Möglichkeit, ein Teil der Strahlung könnte als extrem niederfrequente Strahlung zur Erde zurückreflektiert werden, und zwar in Form der hinlänglich verteufelten ELF-Wellen (extrem low frequency). Das elektromagnetische ELF-Schreckgespenst soll, neben anderen Effekten, fatale Auswirkungen auf biologische Systeme haben und praktischerweise auch für geistige Fernlenkung (mind control) eingesetzt werden können. Den unterschiedlichsten Gruppierungen ist vor HAARP angst und bang. Die am HAARP-Projekt mitbeteiligten Regierungsorganisationen sehen das Ganze weniger dramatisch. Man spricht davon, die komplexen natürlichen Variationen der Atmosphäre über Alaska, speziell die Ionosphäre sowie Nordlichterscheinungen, besser beobachten zu wollen. Ferner ist von einer Verbesserung von Überwachungs- und Kommunikationstechniken die Rede. Dessen ungeachtet bringen manche Verbissene ein als solches ausgewiesenes Beobachtungsprogramm mit der

„Alternative 1" in Zusammenhang oder vermuten noch Erschreckenderes dahinter.
Mittlerweile haben sich zahlreiche HAARP-Gegnerorganisationen, Initiativen, Bürgerforen und andere Neinsager formiert, denen sowohl die enviromentalistische als auch der militärischen Auswirkungen des Ungetüms zu gewaltig erscheinen. Für diese „NO-HAARP-Aktivisten" stellt das modulartig konstruierte und beliebig ausbaufähige Antennenfeld den klassischen Wolf im Schafspelz dar, fähig zu Aktivitäten von erschreckender Vielfalt. Von Einflußnahme in Kommunikationssysteme, über die Auslösung von Krankheitswellen oder von künstlichen Katastrophen, bis hin zu Massen-Willensbeeinflussung aus der Ferne oder simplem Stören von Herzschrittmachern. Und sie empfinden es beunruhigend, daß bei dem Projekt eine Reihe von ominösen Patenten zum Einsatz kommen soll, darunter sogar eines, das von der US-Navy einige Zeit als geheim eingestuft wurde.
Als „Schlüsselpatent" unter dem Wust von Patenten, an dem sich die HAARP-Skeptiker besonders stoßen, haben sie das US-Patent Nr. 4,686,605 der Atlantic Richfield Company ARCO Power Technologies Inc. geortet. Es soll einen Atmosphären-Aufheizmechanismus inkludieren, der angeblich große Ähnlichkeit mit HAARP aufweist. In der Patentschrift aus den letzten Tagen der Reaganschen Star Wars-Bemühungen, die HAARP-Gegner über das Internet verbreitet haben, beschreibt der eingangs erwähnte texanische Physiker Bernard J. Eastlund eine phantastische Angriffs- und Verteidigungswaffe zum Aufheizen von geladenen Partikeln in der Ionosphäre. Dadurch könnte die Kommunikation in und über großen Teilen der Erde lahmgelegt werden, Wetterkontrolle ausgeübt oder Teile der Ionosphäre zum Megabrennglas umfunktioniert werden, das Sonnenlicht mit dem Effekt der legendären Strahlenkanonen auf terrestrische Zielgebiete fokussiert.
Wie der Patenttext verraten soll, wäre es unter anderem auch möglich, große Teile der Atmosphäre en block in höchste Höhen zu hieven. Apokalyptiker meinen dazu "Löcher in den Himmel zu stanzen", was wiederum auch noch die „Alternative 1-Freunde" hellhörig gemacht hat. Rechercheure wollen herausgefunden haben, die entscheidenden zwölf Eastlund-Patente wären vertraglich an die von ARCO gegründete kleine Tochtergesellschaft Applied Power Technologies (APTI) gebunden

worden. APTI wiederum wurde von den Giant E-Systems aufgekauft, wie es heißt, schlicht und einfach nur wegen der an APTI gebundenen zwölf unheimlichen Patente. Damit ist das Karussell der Übernahmen aber offenbar noch nicht zum stehen gekommen. Raytheon, ein noch größerer wirtschaftlicher Übergigant, der auch in der legendären „Aera 51“ in Nevada tätig sein soll, verleibte sich nach Medienmeldungen seinerseits Giant E-Systems ein. Man kennt solche Fusionen, Umgruppierungen und Verschachtelungen.

Repräsentanten von HAARP weisen jede Ähnlichkeit mit dem APTI/Eastlund-Patent zurück. Sie schwelgen statt dessen in der fast grenzenlosen Multifunktionalität von HAARP. All dem halten die HAARP-Gegner ihre Argumentationen entgegen. Beispielsweise die, Dr. Eastlund habe in einer Ausgabe der Mai/Juni-Ausgabe 1994 von Microwave News angedeutet, das HAARP-Projekt wirke offensichtlich wie ein erster Schritt in Richtung auf jene Vorrichtungen, die er in seinen Patenten umrissen hatte. Das Militär konterte, die bei HAARP eingesetzten Energien wären zu gering, um die Eastlund-Effekte erzielen zu können. Ein ehemaliger ARCO-Mitarbeiter und nunmehriger HAARP-Warner spricht von der Anlage hingegen nur vom „Monster in der Wildnis“. Erwähnenswert ist jedenfalls, daß auch in der ehemaligen Sowjetunion ähnliche Projekte im Gange gewesen sein sollen, oder noch sind, wer weiß das schon.

Ein interessanter Schnörkel am Rande ist der Umstand, daß im Referenzteil der Eastlund-Patentschrift zwei Artikel aus der New York Times, einer aus dem Jahre 1915, der zweite von 1940, aufscheinen, die sich mit keinem Geringen auseinandersetzen als mit Nikola Tesla. Konkret mit der von ihm propagierten drahtlosen teleforce, einer Energiebarriere rund um die USA, die Hunderte Kilometer vor den Grenzen alles zum Schmelzen gebracht hätte, was dagegen prallte, vom geworfenen Stein bis zur Riesengranate.

Bevor wir uns in ein weiterem Verschwörungsdickicht verfangen, das den Namen Tesla umgibt, genug des Abstechers zu HAARP, der seltsamsten aller Harfen. Nirgendwo steht geschrieben, welche Musik man tatsächlich auf ihr spielen kann, auch wenn manche Gegner Unheimliches in sie hineininterpretieren. Noch fraglicher ist, ob sie auch nur das Geringste mit einer der drei Alternativen zu tun hat.

(Wer über Nikola Tesla, den genialen Physiker aus der ehemaligen Österreichisch-Ungarischen-Monarchie erfahren will, der behauptet hat, mit seinen Erfindungen die Erde spalten oder ihr unendliche Freie Energie schenken zu können und für diese und weitere phantastische Behauptungen Beweise geliefert hat, dem empfehle ich mein Buch „Rätselhafte Wirklichkeiten", siehe auch meine Homepage www.farkas.at). Damit weiter zur zweiten der makabren Alternativen.

Stählerne Maulwürfe

„*Alternative 2*" wäre die ultimate Vogel Strauß-Politik: Elitäre Gesellschaften sollen sich in ein weitverzweigtes Netzwerk von Untergrundstädten zurückziehen, um abzuwarten, bis Mutter Natur und Eigenwahn dem überwiegenden Rest der Menschheit den Garaus gemacht haben. Das klingt nicht viel überzeugender als die Vorstellung von Abflußlöchern in der Lufthülle. Nichtsdestotrotz: gewühlt wird eifrig in den Eingeweiden der alten Erde. Bleiben wir auch diesbezüglich im Bereich der singulären Supermacht, da sie die einzige Instanz zu sein scheint, die reich und mächtig genug ist, um selbst die anspruchsvollsten Verschwörungsliebhaber zu befriedigen.
Wie man einschlägigen Veröffentlichungen entnehmen kann, soll es in der USA eine große Zahl unterirdischer Installationen geben, die die Bezeichnung unterirdische Städte verdienen würden. Errichtet sollen sie mit Hilfe der sogenannten „Schwarzen Budgets" sein, die für Projekte zur Verfügung stehen, mit denen der Präsident oder der CIA-Direktor die Öffentlichkeit oder den Kongreß nicht behelligen wollen. Aus diesem Schatzkästlein sollen die unterschiedlichsten Großunternehmen - vom Manhattan-Projekt zum Bau der Atombombe über das Satelliten-System MILSTAR, das SDI-Programm, die Entwicklung des „Stealth-Bombers B-2" bis hin zum legenendenumrankten Hyperschallaufklärer AURORA - finanziert worden sein. Darüber ist schon mehr als genug publiziert worden, unter anderem vom Pulitzer-Preisträger Tim Weiner. In den Untergrundstädten soll neben der halboffiziellen Version „Continuation of Government" (COG) Bestehenbleiben der Regierung im Katastrophenfall, noch anderes vor sich gehen. Unter anderem Be-

wußtseinsveränderungsprogramme, Implantierungen und andere düstere Machenschaften, die wir schon kennengelernt haben.

Die berühmteste Untergrundinstallation ist die hinlänglich bekannte „Area 51" oder auch „Dreamland", weniger bekannt als „Die Box", „Watertown" und „Die Ranch." Dieses militärische Sperrgebiet in der Wüste von Nevada, das so hermetisch abgeriegelt ist, als wäre es auf dem Mond, wurde eben erst im Zusammenhang mit HAARP genannt. Es ist ein so fester Bestandteil in einschlägigen Quellen, daß eigentlich nicht allzuviel darüber gesagt werden müßte. Für Nicht-Informierte in aller Kürze nur dieses:

Die Groom-Lake-Basis, so der offizielle Name, liegt im Herzen des Nevada-Testgeländes, dem mit über 16.000 Quadratkilometern größten Testgelände der Welt. Im Süden durch die - nördlich von Las Vegas gelegene - Nellis-Luftwaffenbasis begrenzt, reicht die Basis weit in die so gut wie unbewohnte Wüste von Nevada hinein. Die eigentliche „Area 51" ist mit 40 Kilometer Länge und 35 Kilometer Breite fast quadratisch. In ihrem Zentrum befindet sich der Groom-Trockensee.

1954 als geheimes Luftwaffentestgelände gegründet, tauchte sie zum ersten Mal auf einer Karte der Kennedy-Administration als autonomes Gebiet auf, quasi ein damals 51. Bundesstaat der USA (daher der Name) mit eigener Verwaltung. Aus bescheidenen Anfängen entstand im Laufe der Jahre nicht nur ein abgekapseltes Riesengebiet, sondern eine internationale Fremdenverkehrsattraktion. Heute wird die „Aera 51" von Schaulustigen umlagert. Der daran vorbeiführende, 150 Kilometer lange Highway 375 zwischen Alamo und Warm Springs wurde von der Landesregung ganz offiziell „Extratrerrestrial Highway" benannt. Es gibt eine Gaststätte für UFO-Freunde mit den neckischen Namen „The Litte Ale'Inn" (ein Wortspiel, das sowohl der kleine Außerirdische, als auch kleine Bierkneipe bedeuten kann), wo man Alien-Burger mampfen und jede Art von Informationen und Souvenirs erhalten kann. All das am Rande eines Gebietes, so total unzugänglich wie Fort Knox. Trotz Freedom of Information Act und der von Präsident Clinton am 17. April 1995 unterzeichneten „Executive Order Nr. 12985", derzufolge mit 16. Oktober 1995 alle Geheimdokumente automatisch freigegeben werden, die älter als 25 Jahre sind, darf die Luftwaffe aufgrund einer Ausnahmeregelung vom selben Jahr alle Daten zur „Area

51“ weiterhin geheimhalten. Ein unentwegter Strom von Supererfindungen (die Stealth-Flugzeuge B 2, F 117A „Nighthawk“, das nebulose Aufklärungswunderflugzeug AURORA usw. usf.) sollen in der „Area 51“ ihren Ursprung haben und über ihr getestet worden sein. Manche finden es erwähnenswert, daß neben anderen kolportieren Seltsamkeiten angeblich 1974 hier ein Projekt mit der Codebezeichnung „Have Blue“ stattgefunden hat. Das ist interessant, da ein blauer Code“ bei der Luftwaffe üblicherweise mit UFOs in Verbindung gebracht wird (Blue Book, Operation Blue Fly, Blue Teams, Blue Berets, die Spezialtruppe für UFO-Bergungen...).
Vernimmt man in einem Interview mit Regisseur Roland Emmerich, offizielle Stellen hätten ihn gedrängt, in seinem Film „Independence Day“ jeglichen Hinweis auf den „Roswell-Zwischenfall“ und auf die „Area 51“ zu unterlassen, kann man schon ins Grübeln kommen.
Jedenfalls scheint die berühmte Area eine veritable Untergrundanlage von gigantischer, in ihrer Gesamtheit nicht bekannter Ausdehnung zu bergen, in welcher der umstrittene Nuklearphysiker Robert Lazar bekanntlich Alien-Leichen gesehen und an Alien-Technologie gewerkt haben will, konkret in der S4-Unteranlage nahe dem Papoosa-See innerhalb von „Area 51“. Laut Lazar ist in der „Area 51“ ein Projekt namens Majestic(!) im Gange, und die S4-Mitarbeiter sollen MAJ-Identifikationskarten tragen. Eine in vielerlei Beziehung beachtliche Anlage, aber beileibe nicht die einzige, die den Anforderungen von Anhängern der „Alternative 2“ prinzipiell entsprechen könnte.
Amerikas „Unterwelt“ kann noch mit weiteren Untergrundkomplexen voll verborgener Hangars, Tunnel, Schächte, Bunker, Kavernen, ja mit ganzen subterranen Städten, aufwarten. Es gibt Schätzungen, daß allein die Federal Emergency Management Agency FEMA, die in den USA für den Katastrophenschutz zuständige Bundesbehörde, um die fünfzig geheime Untergrundeinrichtungen unterhält.
So gut wie unbekannt, aber nicht weniger interessant als die „Area 51“ soll eine weitverzweigte Untergrundbasis mit dem bezeichnenden Namen „Nightmare Hall“ mit unterirdischen Verbindungen zu weiteren Basen, darunter auch zur weit entfernten „Area 51“, sein. Zu suchen ist sie unter der Archuleta-Mesa, einem Tafelbergmassiv nördlich von Dulce, New Mexico.

Im kalifornischen Antelope Valley finden sich geheime, utopisch anmutende Anlagen, die teilweise eindeutig in unterirdische Komplexe führen. Andere mysteriöse Anlagen sind bekannt.
Beachtung verdienen wohl auch die behaupteten ausgedehnten Untergrundanlagen mit komplexem Tunnelsystem, die zu den Los Alamos National Laboratories (LANL) im Norden von New Mexico, unweit dem Städtchen Taos, gehören sollen, und die bereits in den 1940er-Jahren fertiggestellt wurden. Diffuse Quellen erwähnen einen in den Felshang des Los Alamos Canyon gebohrten Tunnel mit massiven Türen, der ins Innere einer Geheimanlage mit der Bezeichnung TA-41 oder TA-11 führen soll. In dieser herrscht angeblich ein kontrolliertes Klima zwischen 4 und 15 Grad Celsius und eine konstante Luftfeuchtigkeit von 50 Prozent.
Die Los Alamos National Laboratories LANL können jedenfalls mit einer futuristischen Großbohrtechnologie aufwarten. Beispielsweise mit dem Konzept einer Maschine mit einem kompakten Kernreaktor, die ultraheißes, flüssiges Lithium an das Gestein heranführt und es schmilzt. Das Schmelzgestein würde als glasartige Masse die Wände der Tunnels sogleich versiegeln und stabilisieren. Abraum gäbe es keinen, man könnte sich flott ins Erdinnere wühlen, und so gut wie unbemerkt Untergrundkomplexe in einem Arbeitsgang schaffen.
„Alternative 2“-Fans messen einer ausführlichen geologischen Studie der Defense Nuclear Agency aus dem Jahr 1975 über Regionen in den USA, die für extrem tiefe Untergrundanlagen (bis zwei Kilometer) geeignet sind, Bedeutung zu. Sie trägt den Titel „A Geology Compendium of the Continental United States - With Application to Deep-Based-Systems“, und nennt auch Gebiete nördlich und westlich von Taos. Eine kolportierte Studie, angefertigt von der mysteriösen Bechtel Corporation, die seit 1996 auch in „Dreamland“ vulgo „Aera 51“ tätig sein soll, stellte bereits 1974 fest: „Das Verlangen nach Tunnelkonstruktionen und Untergrundaushöhlung zu Zwecken nationaler Verteidigung wird sehr hoch eingeschätzt.“ In der Studie inkludiert sollen auch zukunftsweisende Entwürfe für Großtunnelbohrtechnologien sein, etwa Plasma-Bohrer, der Einsatz von Mikrowellen, Ultraschall oder von „Strahlenbohrern“. In einem späteren Beitrag wird ein Tunnelbohrgerät vorgeschlagen, das mittels Elektronenstrahl Gestein großflächig pulverisiert.

Indizien scheinen dafür zu sprechen, daß Tiefbohrtechnologie mit Hochdruck, Erfindungsreichtum und beachtlichen Geldmitteln seit längerer Zeit vorangetrieben wird.
Im Anschluß an die Diskussion um die Untergrundstädte ein paar aufklärende Worte an jene, die hinter diesen Aktivitäten nicht mehr vermuten, als etwas übertriebene Geheimhaltung.
Manche vermuten statt dessen, die Mächtigen würden dem zu erwartenden Globaldesaster bewußt freien Lauf lassen, um nach dem Atomkrieg wieder die Führung zu übernehmen, der einem Zusammenbruch des Wirtschaftssystems durch eine weltweite Schuldenkrise folgen könnte. Dabei dürfte ihnen die bei den meisten Menschen im Westen am weitesten verbreiteten Wahnvorstellungen sehr gelegen kommen. Die erste besteht in dem falschen Glauben, wir hätte keine potentiellen Gegner mehr (schon gar nicht das von seinen Schulden erdrückte und von Westmächten umzingelte Rußland), und die zweite in der absurden Überzeugung, daß es einen Nuklearkrieg gar nicht geben könne weil er den Untergang der Menschheit bedeuten würde. Das tut er nicht - zumindest bedeutet er nicht den Untergang jener, die auf einen „kleinen atomaren Nahkampf" vorbereitet sind, wie der Atomkrieg in Stanley Kubricks Meistersatire „Dr. Seltsam" vom amerikanischen Bomberpiloten Major „King" Kong genannt wird.
Wann immer von einem Krieg die Rede ist - und das ist uns unseren Tagen dauernder „humanitärer Interventionen" und des „Kampfes gegen Terror" ununterbrochen der Fall - wird ein neuer Weltkrieg mit atomaren Sprengköpfen von vorne herein ausgeschlossen, weil er „einfach unvorstellbar ist". Irrtum, er ist es nicht.

Die Lüge vom unführbaren Atomkrieg

Es ist erstaunlich, daß in dem Zusammenhang physikalische Fakten kaum zur Diskussion stehen, während Horrorvisionen für bare Münze genommen werden weil sie die Zeitgenossen in falscher Sicherheit wiegen. Dazu gehören die Falschbehauptungen, ein Schutz gegen Kernwaffen wäre unmöglich und vergeblich und ein Nuklearkrieg sei auch deshalb undenkbar weil die Erde danach auf Jahrtausende ver-

strahlt sei, was auch dem Angreifer nichts nutzen würde. Ist dem wirklich so?
Bereits die physikalischen Fakten sagen anderes: Atomwaffen beziehen ihre enorme Energie aus der Spaltung von Uran oder Plutonium, bei Wasserstoffbomben aus der Kernfusion von Wasserstoff zu Helium (dem Vorgang, der Sonnen strahlen läßt).
Die Energieausbeute von Kernwaffen verteilt sich zu 50% auf die Druckwelle, zu 30% auf Hitzestrahlung, zu 5% auf Sofortkernstrahlung und zu 10% Rückstandsstrahlung. Vor der Druckwelle, der Hitzestrahlung und der Sofortkernstrahlung (radioaktive Strahlung aus dem Feuerball der Bombe innerhalb der ersten Minute) kann man sich schützen, indem man einige Kilometer von der Explosionsstelle entfernt ist oder stabile unterirdische Räumlichkeiten aufsucht (selbst stabile Keller, U-Bahnschächte usw. schützen oftmals hinlänglich). Was am meisten Angst macht, ist die radioaktive Strahlung nach der Explosion. Beim radioaktiven Niederschlag ist es zuerst wichtig, in welcher Höhe die Atomwaffe gezündet wurde. Wurde sie in der Luft gezündet, so werden die radioaktiven Bestandteile der Bombe in große Höhen befördert, in der sie keine unmittelbare Gefahr für die Erdbewohner darstellen - der gefürchtete radioaktive Fallout bleibt aus. Wurde die Kernwaffe in Bodennähe oder auf der Erdoberfläche gezündet, lagern sich die radioaktiven Bestandteile an den hochgeschleuderten Staub an und rieseln diesmal als strahlender Fallout wieder zu Boden.
Die meisten Menschen sind überzeugt, daß die Strahlung permanent sei und die betroffene Region für Generationen unbewohnbar machen würde. Dies ist jedoch nicht der Fall, da es sich beim Fallout zum größten Teil um kurzlebige Isotope handelt, die schnell zerfallen. Die Strahlung ist dabei nach der Kernwaffenzündung sehr hoch und klingt sodann schnell ab. Bereits sieben Stunden nach einem Atombombeneinsatz in Bodennähe ist schon 90% der Radioaktivität wieder verschwunden. Nach 48 Stunden ist nur noch 1% der Strahlung meßbar, die eine Stunde nach der Explosion die Geigerzähler rattern ließ. Nach läppischen zwei Wochen gibt es nur noch eine Reststrahlung von weniger als 0,1%. Dies bedeutet, daß das „verseuchte" Gelände in Wirklichkeit schon nach wenigen Tagen betreten und nach einigen Monaten sogar wieder normal genutzt werden kann.

Völlig aus der Luft gegriffen ist auch die Behauptung, daß nach einem Atomgefecht das Wasser radioaktiv verseucht wäre und schon deshalb kein Überleben möglich sei. Zuerst einmal zerfallen die radioaktiven Isotope sehr schnell, und zum zweiten besteht der radioaktive Fallout aus wasserunlöslichem Staub, der sich an der Erdoberfläche ablagert und nicht in das Grundwasser eindringt. Sogar oberflächennahes und nicht durch Tonschichten abgeschirmtes Wasser ist nicht von Radioaktivität bedroht. Genauso sieht es mit dem Anbau von Nahrungsmitteln nach einem Atomschlag aus: Der Großteil radioaktiver Substanzen ist bereits nach einigen Wochen vollständig verschwunden. Verschwindende Reste langlebiger Isotope wie Strontium-90 oder Cäsium-139 werden im Boden durch lonenaustauschvorgänge weitgehend gebunden und aus diesem Grund nicht von den Pflanzen aufgenommen.
Langer Rede kurzer Sinn: Ein Atomkrieg ist für gut Vorbereitete kein Weltuntergang - für „Normalbürger" natürlich schon...
„Alternative 1" und „Alternative 2" sollen trotzdem nicht das Gelbe vom Ei sein. Wie es heißt, würden USA und (Ex)UdSSR insgeheim kooperieren, um gemeinsam an der ultimaten Lösung zu arbeiten, der „Alternative 3".

Die A 3-Kontroverse

„*Alternative 3*" ist die Trumpfkarte im Verschwörungspoker. Sie soll vorsehen, einer „überlebenswilligen Elite" die Flucht von der untergehenden Erde und das Überleben anderswo (im vorliegenden Fall auf Mars und Mond, eventuell in Weltraumkolonien) zu ermöglichen. Und zwar in einer Gesellschaft von Herren und Sklaven. Letztere werden in Gruppen, sogenannten „batch consignments" entführt. Solange die neue Zivilisation noch nicht etabliert ist, kommen die Entführten nur als Sklavenarbeiter auf Zeit zum Einsatz. Gehirngewaschen und mit Schirm-Erinnerungen(!) versehen, werden sie dann wieder zurückgebracht. Abductions, wie man sie kennt. Darüber hinaus wird das erforderliche wissenschaftliche Personal angeworben, zum Stillschweigen verpflichtet und verschwindet unter Hinterlassung von Deckadressen oder von gar keinen (brain drain). Bevor die irdischen Niederungen endgültig zu der

Reservehölle werden, an deren Herstellung die Menschheit eifrig arbeitet, verabschieden sich die (selbst) „Auserwählten" in ihr von High Tech und willenlosen Arbeitsbienen in Gang gehaltenes neues Paradies. Der Rest ist frei nach Shakespeare Schweigen. Wieder einmal stärkster Tobak. Man fragt sich nur: „Wenn das so ist, wieso wissen wir dann davon?"
Aufgekommen ist die Sache nach offizieller Verschwörungs-Lesart folgendermaßen: Am 20. Juni 1977 strahlte das konservative TV-Programm „Science Report" der englischen Station Sceptre TV eine Dokumentation vom Star-Beitragsmacher Chris Clements mit dem Titel „Alternative 3" aus. In ihr finden sich die obengenannten Horrorvisionen. Sie begann mit einem weltweiten Katastrophenszenario, vor dem der Anchorman Tim Brinton mit ernster Stimme den Einganssatz sprach: „Das ökologische Gleichgewicht auf unserer Erde ist weit fragiler in der Schwebe, als wir glaubten."
Angelpunkt und Aufhänger der TV-Präsentation und des später publizierten Buches ist die angeblich unterdrückte, codierte und schließlich entschlüsselte Videoaufnahme einer geheimen NASA-Landung auf dem Mars bereits am 22. Mai 1962, begleitet von dem Ausruf: „Hurra wir sind auf dem Mars - und wir haben Luft!"
Dazu kommt noch eine strittige Dialogpassage zwischen der Bodenkontrolle und dem Astronauten Neil Armstrong bei der berühmten Apollo 11-Mondlande-Mission. Im Buch wird sie als Statement eines NASA-Mitarbeiters namens Otto Binder wiedergegeben, der von einer Dialog-Passage zwischen Mission Control und den Mondastronauten spricht, die zwar aus den offiziellen Aufzeichnungen entfernt wurde, aber von Radioamateuren dennoch teilweise aufgefangen worden sein soll. Der inkriminierende Dialogteil soll sich entfaltet haben, als Neil Armstrong und Edwin A. „Buzz" Aldrin in einiger Entfernung von dem Landemodul auf der Mondoberfläche unterwegs waren. Laut Binder hätte Armstrong Aldrin beim Arm gepackt und ausgerufen: „Was war das? Was zur Hölle war das? Das ist alles, was ich wissen will." Dann soll sich folgender Erd-Mond-Dialog entfaltet haben, hier aus anderen Quellen komplettiert und damit über das Buch „Alternative 3" hinausgehend:
Mission Control: „Was ist da?"...Störungsgeräusche..."Mission Control an Apollo 11..." Apollo 11: „Die Babies sind riesig, Sir ...enorm... Oh, mein Gott, Sie würden das nicht glauben! ...Wir haben Besucher gefun-

den ...Sie sind auf dem Mond, sie beobachten uns... Sie müssen schon länger da sein, nach den Einrichtungen zu schließen... Ich sage Ihnen, da sind andere Raumfahrzeuge hier draußen...aufgereiht am weiter entfernten Kraterrand..."

In dem Zusammenhang ist jedoch nicht von Außerirdischen die Rede, vielmehr wird die Präsenz von fortgeschrittenen Raumfahrzeugen oder lunaren Anlagen des eigenen Landes USA und/oder der UdSSR impliziert - Vorposten der „Alternative 3"-Elitekolonisten auf Mond und Mars.

Heulen und Zähneklappern. Wenn das unser vorbestimmtes Schicksal ist, nein danke! Mut gefaßt - Retter sprengen auf die Walstatt.

Autoren wie Jonathan Vankin haben Zweifel an der ganzen Sache angemeldet. Der US-Autor Jim Keith hat ein ganzes Buch der Entlarvung von „Alternative 3" gewidmet. Hier die Ergebnisse seiner Recherchen komprimiert zusammengefaßt:

Die Dokumentation „Alternative 3" (Autoren waren David Ambrose und Christopher Miles, der auch Regie führte) soll ursprünglich von der englischen Fernsehstation Anglia TV als Aprilscherz des Jahres 1977 in der non-fiction Serie „Sience Report" gedacht gewesen sein (für den Aprilfools-day, wie der 1. April im englischen Sprachraum heißt). Durch Schwierigkeiten bei der Programmgestaltung erfolgte die Ausstrahlung jedoch am 20. Juni, wodurch der Aprilfools-Gag verpuffte.

Eine Pressemitteilung von Anglia-TV soll auf die Sendung mit solchen Formulierungen hingewiesen haben . "...Ein Team von Journalisten untersucht, neben anderen Themen, die Dürre von 1976, und die Veränderungen in der globalen Atmosphäre, sowie den alarmierenden Anstieg der Statistik verschwundener Personen... Ein Wissenschaftler aus Cambridge und ein Ex-Astronaut, der nach einem Nervenzusammenbrauch an einem geheimen Ort lebt, zählen zu den Nahtstellen der Recherche, die sich schließlich zu seltsamen Entdeckungen über die Zukunft des Lebens auf der Erde und anderswo im Sonnensystem zusammenfügt. Das Thema der Sendung mag außergewöhnlich erscheinen, aber es ist wissenschaftlich möglich. Die Frage ist, inwieweit gibt es die Wahrheit wieder?" Am Ende der Fernsehdokumentation erschien das ursprünglich beabsichtigte Ausstrahlungsdatum, der 1. April, prominent im Nachspann.

Die öffentliche Reaktion war gigantisch. Mehr als zehntausend Menschen riefen während der Show an. Die Zeitungen brachten Meldungen, wenn auch zumeist kritische. Christopher Miles soll dazu erklärt haben: „Ich glaube nicht, daß wir verantwortungslos waren. Wir haben es zwar wie eine Dokumentation aufgezogen, aber die Namen aller Schauspieler sind am Ende angeführt worden."
Die noch als fiktiv deklarierte Dokumentation erschien 1978 als Buchversion, wohl mit Bezug auf den Anglia TV-Film, diesmal aber als Faktum deklariert. Bekannte Tatsachen wie die Rinderverstümmelung, spontane Selbstverbrennung, die MK-Programme sowie die Nervenzusammenbrüche einiger US-Astronauten wurden zur Erhärtung der Story herangezogen, etwa zur Verständlichmachung der Trunksucht des Zeugen und Ex-Astronauten Bob Grodin. Desgleichen der Princeton Professor Gerard K. O'Neill und sein Konzept von Weltraumstädten mit dem Hinweis, sein Projekt trüge die Bezeichung „Island 3". Das wird in einem der Transkripte angesprochen, die ohne Herkunfts- und Namensnennung als Beweis für die Verschwörung eingestreut werden. Dann gibt es noch einen geheimen Informanten und ehemaligen „Alternative 3"-Insider, der ursprünglich begeistert mitmachte, von den „notwendigen" Monströsitäten aber abgestoßen wurde und ausstieg. Er soll drei Tage nach der TV-Ausstrahlung den Fernsehreporter Colin Benson über die Verschwörung informiert haben, der dann die Buchrecherchen größtenteils durchführte. Besagter Insider, der aus Sicherheitsgründen nur „Trojan" genannt wird, brachte weitere Einzelheiten bei. Dabei handelt es sich zum nicht unwesentlichen Teil um Aufzeichnungen von Tagungen des politischen Kommitees von „Alternative 3", die in Washington, Moskau, Genf, aber auch in exotischer Umgebung, beispielsweise in einem U-Boot unter dem arktischen Eis, stattfanden, und in denen keine Namen sondern nur Nummern der Sprecher angegeben wurden. Die genannten Transkripte eben.
Benson schlug schockiert vor, Sceptre TV möge eine erweitere „Alternative 3"-Sendung folgen lassen. Das war aber wegen „Drucks auf den Sender" nicht möglich, der bereits zu einem offiziellen Dementi und zu der Aussage geführt hatte, die Dokumentation sei eine Fälschung. Last not least tritt eine wissenschaftliche Referenzfigur auf, die zuerst nur „the old man" genannt, später als Dr. Carl Gerstein geoutet wird. Ein

Wissenschaftler, der die diversen herannahenden Katastrophen erläutert und in gewisser Weise der Stein des Anstoßes für die „Alternative 3“ gewesen zu sein scheint.

Jim Keith kommt in seinem ausführlichen „Casebook on Alternative 3/Alternative 3 - Die Beweise“ zu folgenden niederschmetternden Schlußfolgerungen: Die TV-Dokumentation, wie auch das Buch, lassen Substanz vermissen. Seiner Meinung nach entfaltet sich die Argumentation von der ersten Fernsehminute, beziehungsweise von der ersten Buchseite an, durch ein Gewebe von realen Vorgängen (hauptsächlich Katastrophen), die nichts mit der A 3-Verschwörung zu tun haben, und von „Beweisen“ (Interviews, Transkripte, Dokumente, Zitate von Wissenschaftlern, Aussagen von ungenannten Zeugen....), die keine solchen sind.

Keith erwähnt eine undatierte Korrespondenz von Co-Autor Leslie Watkins mit einem amerikanischer Rechercheur, der Watkins kontaktiert haben soll nachdem er von Penguin Books informiert worden wäre, das Buch „Alternative 3“ sei eine Fiktion, basierend auf Tatsachen. Diesem Anfrager soll Watkins geschrieben haben: „Eine korrekte Beschreibung von ‚Alternativ 3’ wurde Ihnen vom Vertreter von Penguin Books gegeben. Das Buch basiert auf Fakten, die als Sprungbrett für ein tiefes Eintauchen in die Fiktion dienen. Zur Beantwortung Ihrer speziellen Fragen:

1) Es gibt keinen Astronauten namens Grodin.

2) Es gibt kein Sceptre TV, und der Reporter Benson ist ebenfalls fiktional.

3) Es gibt keinen Dr. Gerstein.

4) Ja, eine „Dokumentation“ wurde im Juni 1977 von Anglia Television im Fernsehen über das ganze britische Network ausgestrahlt. Sie wurde „Alternative 3“ genannt, geschrieben von David Ambrose, und von Christopher Miles produziert (dessen Name aus Vertragsgründen auf dem Buch steht). Die Original-TV-Version, die ich für das Buch extrem erweitert habe, war ursprünglich ein Scherz, vorgesehen für die Ausstrahlung am 1. April. Aufgrund von Problemen beim Finden der richtigen Network-Nische verzögerte sich die Ausstrahlung.

Das TV-Programm verursachte einen solchen öffentlichen Aufschrei weil die Betrachter sich weigerten, es als Fiktion zu betrachten. Ich war

ursprünglich von der Annahme ausgegangen, die Grundprämisse sei so abwegig, speziell die Art, wie ich beabsichtige, sie in dem Buch zu präsentieren, daß niemand sie als Non-Fiction betrachten würde. Unmittelbar nach der Publikation erkannte ich, daß ich völlig falsch lag. Tatsächlich überzeugte mich die ungeheure Flut von Zuschriften aus allen Weltgegenden - viele der Briefe stammten von hochintelligenten Persönlichkeiten in führenden Positionen -, daß ich zufällig an streng geheimen Wahrheiten angestreift sein mußte.
Die dokumentarischen Beweise, die mir von vielen dieser Schreiber geliefert wurden, bewogen mich, eine ernsthafte und vollkommen nicht fiktionale Folge des Buches zu schreiben. Unglücklicherweise geriet eine Kiste, in der sich der Großteil der besagten Korrespondenz befand, mit anderen Objekten auf mysteriöse Weise in Verlust als ich vier Jahre später von London nach Sydney in Australien übersiedelte, ehe ich mich endgültig in Neuseeland niederließ.
Ich habe Grund zu der Annahme, daß mein Telefon einige Zeit lang nach der Veröffentlichung des Buches „Alternative 3“ abgehört wurde. Kontaktpersonen, die in solchen Dingen erfahren sind, überzeugten mich, gewisse Geheimdienste seien der Überzeugung, ich würde zuviel wissen. All das zusammenfassend, ist das Buch tatsächlich Fiktion, basierend auf Tatsachen. Aber ich glaube mittlerweile, daß ich unbeabsichtigt sehr nahe an eine geheime Wahrheit herangekommen bin.“
Pattstellung.
Man kann sogar die Vermutung hören, Jim Keith äußert sie unter anderen, die ganze A 3-Sache sei eine bewußte Desinformation, um diese mehr als heikle Thematik von Grund auf zu diskreditieren; eine Strategie, wie sie auch hinter der UFO-Verunglimpfung vermutet wird. Jim Keith weist in dem Zusammenhang auf den Hintergrund einiger am „Alternative 3“-Spektakel beteiligten Akteure hin.
Er nimmt besonders den in der UFOlogie gern zitierten Dialog zwischen Mission Control und Armstrong unter die Lupe. Ursprünglich hatte er davon wenig gehalten, da er nur auf dem Wort von Otto Binder basierte, der gemeinsam mit seinem Bruder Edward das bekannte Science Fiction-Autorpseudonym Eando Binder verkörpert. Informationen von anderer Seite, unter anderem vom berühmten UFO-Forscher Timothy Good, ließen Keith die Sache anders betrachten. Insbesondere die

Aussage eines, ihm namentlich nicht bekannten Professors. Dieser will sich an ein Gesprächs mit Neil Armstrong während eines NASA-Symposiums erinnern, das ungefähr so lautete:

Professor: „Was geschah wirklich da draußen bei Apollo 11?"

Armstrong: "Es war unglaublich... Natürlich hatten wir immer gewußt, daß die Möglichkeit bestand... Tatsache ist, wir waren sogar davor gewarnt worden. Es hat niemals eine Frage hinsichtlich einer Weltraumstation oder einer Mondstadt gegeben."

Professor: „Was meinen Sie mit, davor gewarnt worden?"

Armstrong: „Ich kann keine Einzelheiten angeben, nur soviel, daß ihre Schiffe unseren weit überlegen waren sowohl in der Größe als auch in der Technologie... Junge, Junge, waren die riesig! ...und bedrohlich... Nein, es gibt keine Frage einer Raumstation."

Professor: „Aber die NASA hat nach Apollo 11 andere Missionen durchgeführt."

Armstrong: „Natürlich - NASA war zu der Zeit festgelegt und konnte keine Panik auf der Erde riskieren... Aber es war eine schnelle Sache und schnell wieder zurück."

Nicht ganz unerwartet, dementierte Armstrong gegenüber Timothy Good das Vorhandensein fremder Objekte auf dem Mond.

Für einen vergleichbaren Mond-Erde-Dialog gab es außer der Behauptung von Otto Binder und einer Bestätigung, die der ehemalige NASA-Kommunikationschef und einer der Designer des Apollo-Raumschiffs Maurice Chatelain in einem Interview von 1979 aussprach, lange Zeit keine Unterstützung (Chatelain vertrat die Überzeugung, es gäbe eine vehemente UFO-Vertuschung, ein „kosmisches Watergate"). In der Zwischenzeit scheinen weitere Einzelheiten aufgetaucht zu sein.

Im Januar 1997 hatte das Tessiner-Fernsehen TSI, der Sender der italienisch sprechenden Schweiz, eine vierteilige exzellente UFO- Dokumentation ausgestrahlt, produziert vom renommierten Tessiner Fernsehjournalisten Guido Ferrari. Im Anschluß an diese Sendung fand im TSI-Studio eine Live-Diskussion der betreffenden Wissenschaftler statt, unter diesen auch Dr. Dino Dini aus Italien, ein langjähriger NASA-Mitarbeiter. Er war als Skeptiker eingeladen worden. Gegen Ende der Diskussion spielte der Sender eine ungeschnittene

Filmaufnahme der Apollo 11-Landung ein. Man sieht, wie Astronaut Neil Armstrong den Erdtrabanten betritt, und man hört Erstaunliches. In der Übersetzung:
Armstrong (soeben ausgestiegen): „Was ist das? Habt ihr eine Erklärung dafür?“
Houston Bodenstation: „Wir haben eine. Keine Aufregung. Halten Sie sich an das Programm!“
Armstrong: „Junge, Junge, das ist schon was. Es ist phantastisch! Ihr könnt euch das nicht einmal vorstellen!“
Houston Bodenstation: „Roger. Wir wissen davon. Gehen Sie die andere Richtung. Gehen Sie in die andere Richtung zurück!“
Armstrong: „Well, es ist eine Art... wirklich toll. Oh Gott, was ist das? Was ist das?“
Houston Bodenstation: „Wechseln Sie die Frequenz. Gehen Sie auf Tango! Tango!“
Armstrong: „Da ist eine Art Leben, jetzt...“
Houston Bodenstation: „Roger... Kommunikation. Bravo-Tango! Bravo-Tango! Sprechen Sie auf Jezebel! Jezebel!“
Armstrong: „...aber das ist unglaublich!“.
Danach wurde offensichtlich endlich die Frequenz geändert.
Nach der Einspielung konfrontierte der Moderator Dr. Dini direkt mit der Frage: „Herr Dini. Sie waren im Nachrichtendienst der NASA tätig. Ich frage Sie: Warum, hat die NASA das, was direkt gesagt wurde, aus der offiziellen Version, die um die Welt ging, herausgenommen? Warum wurde es gelöscht?“
Zur allgemeinen Verblüffung erging sich der Angesprochene weder in Ausflüchten, noch stellte er alles in Abrede, sondern antwortete: „Es wurde gelöscht, weil hier zu viele Dinge zusammenkamen, die zu diesem berühmten ‚Blue Book’ gehörten, das hätte veröffentlicht werden sollen, wovon man dann aber absah. Das, was Armstrong sah, war real. Denn überall dort, wo Konfusion herrscht, im Golfkrieg, im letzten Krieg - überall wo Verwirrung ausbricht, dort erscheinen diese fliegenden Scheiben. Diese Scheiben kommen aus Stationen, die in Erdnähe postiert sind. Es war also richtig, und wir mußten es tun...“
Moderator: „Sie meinen das Löschen?“
Dr. Dini: „Ja, das Löschen.“

Moderator: „Was gesprochen wurde, haben Sie ja gehört. Was sah Armstrong? Was war das?“
Dr. Dini: „Er sah Objekte, die ihnen folgten, Raumschiffe, die der Apollo folgten...“
Moderator: „„...auch Lebewesen?“
Dr. Dini: „Ja, auch Lebewesen. Den Apollo-Raumschiffen folgten andere Raumschiffe. Das ist eine Tatsache, die von verschiedenen Expeditionen bezeugt wurde.“
Auf die Frage des Moderators, ob auch Außerirdische auf dem Mond waren, antwortete Dr. Dini: „Ja, da waren auch Lebewesen auf dem Mond... Sie kommen von Basen, die der Erde recht nah sind.“
Viel Geschwafel und Unsinn ist über die sogenannten drei Alternativen publiziert worden. Die „Alternative 3“-Dokumentation mag ein Gag sein und das Buch eine Übertreibung - die Hintergründe sind es nicht. Damit sind wir wieder bei der Vermutung von Leslie Watkins, die Fiktion könnte zufällig mit einer geheimen Wahrheit kollidiert sein.
Das eine oder andere ist in der Zwischenzeit ruchbar geworden, das so manche Mißtrauische an Versatzstücke der einzelnen Alternativen erinnert, speziell der dritten (von Geheimprogrammen zur Gesellschaftsveränderung bis zur Einpflanzung künstlicher Erinnerungen). Sie meinen daher, etwas mit der „Alternative 3“ Vergleichbares könnte es tatsächlich geben. Es scheint ihnen vorstellbar, daß Aliens, die wissen, welches finale Desaster unabwendbar auf Zivilisationen wie die unsere wartet, aus undurchsichtigen Motiven jenen einen „selektiven Rettungsplan“ vorgeschlagen haben könnten, in deren Händen die tatsächliche Macht seit langem liegt. Und die könnten nun bereits vor Jahrzehnten damit begonnen haben, ihr Ränzlein zu packen.
Die Gründe dafür existieren schon lange und sind heute nur noch virulenter geworden. Aufgrund der Beschleunigung der negativen Entwicklung auf der geknechteten Erde vermuten besonders Illusionslose, es würden parallel zu einer echten „Alternative 3“ Apathisierungs-, Vergiftungs-, Krisenerzeugungs-, Verelendungsprogramme und anderes laufen, um Behinderungen durch eine zu große Zahl mündiger Bürger zu vermeiden. Und um das Bevölkerungswachstum etwas einzubremsen, das sich in den letzten Jahren zwar leicht verlangsamt haben soll, aber dennoch exponentiell fortschreitet.

Der ursprünglich enthüllte Zeitplan wäre in jedem Fall utopisch, aber „Begleitmaßnahmen“ könnten die notwendige Zeit erstrecken. Eine Enthüllerfraktion glaubt ein Geheimprogramm entdeckt zu haben, in dem man mit dem nötigen Schuß Paranoia solche Begleitmaßnahmen erblicken könnte. Salopp zusammengefaßt: Gehirnwäsche für mündige Bürger, AIDS - oder noch Schlimmeres - für den Rest.

Eine Entvölkerungsrichtlinie?

Nicht nur Zyniker und Weltuntergangsvisionäre glauben resignierend, daß nur eine neue Pest den Untergang der Menschheit aufgrund von eigener Vermehrung, verhindern kann. Mißtrauische fügen hinzu: „Und da ist sie auch schon!“

Bei derzeit täglich 8-9000 HIV-Neuinfektionen (denen allerdings 350.000 Neugeburten täglich gegenüberstehen) und einer unbekannten Anzahl von Säuglingen, die täglich mit dem HI-Virus im Blut auf die Welt kommen - Zehntausende werden geschätzt - kann die Immunschwäche AIDS wahrscheinlich wirklich als Pest des 20. und 21. Jahrhunderts bezeichnet werden. Studien, die den üblichen Multiplikator von 100 für jeden offenkundigen Krankheitsfall anwenden, kommen in Afrika auf eine HIV-Gesamtinfektionszahl von etwa 300 Millionen, und in den USA auf über 10 Millionen. AIDS hat Afrika bereits dermaßen getroffen, daß Satellitenfotos zeigen, wie im „AIDS-Gürtel“ die tropischen Wälder wieder nachzuwachsen beginnen.

Ein Vertreter der AIDS-Hochburg Uganda soll gesagt haben: „Man hat bereits jede Person abgeschrieben, die älter ist als 16 Jahre.“ Man konzentriert sich angeblich mit der Ausbildung auf Jüngere in der Hoffnung, daß genug Menschen übrig bleiben, um das Land irgendwie am Leben zu erhalten.

Geradezu „maßgeschneidert“ erscheinen manchen Aufdeckern die AIDS-Subtypen B und E (Subtyp B ist primär im Westen anzutreffen und wird auf die bekannte Weise über Blut und andere Körperflüssigkeiten weitergegeben, während Subtyp E, der die Dritte Welt und Asien heimsucht, sich via Schleimhäute ausbreitet und 500 mal so ansteckend sein soll, als die „AIDS-Zivilisations-Version“).

Der emeritierte Naturwissenschaftler der Humboldt-Universität Professor Dr. Segal erregte in den 1980er-Jahren mit seiner Behauptung weltweites Aufsehen, AIDS sei in den 1970er-Jahren Zuge der Entwicklun bakteriologischer Waffen als Kreuzung des Mädi-Visna-Virus, der Schafe befällt, und des HL 23-Virus, das bei Menschen Lymphschwellungen verursacht, im Labor erzeugt und an freiwilligen Testpersonen, den Insassen der amerikanischen Haftanstalt Fort Detrick, erprobt worden. Nach deren Freilassung sei die Sache außer Kontrolle geraten, da die Experimentatoren durch die lange Ruhezeit des Virus an einen Fehlschlag geglaubt hatten. Das Pentagon schmetterte diese Theorie als kommunistische Propaganda reinsten Wassers ab, obgleich sie von der DDR-Presse so gut wie totgeschwiegen worden war. Der greise Professor aus der Leipziger Straße im ehemaligen Ostberlin ist nicht der einzige, der eine bewußte Rekombination von Retroviren zur Schaffung von AIDS argwöhnt. (Segal hätte diesen Vorgang nach eigener Aussage eigenhändig und in wenigen Wochen bewerkstelligen können.)
Diese Stimmen artikulieren, was viele immer schon an den gängigen AIDS-Ursprungs-Theorien gestört, und bei der aktuellen EBOLA-Diskussion eine Neuauflage erfahren hat. Sie fragen provokant: „Zuerst waren es haitianische Bluter, dann grüne Affen aus Zentralafrika, wer kommt als nächster AIDS-Verursacher an die Reihe?“
Die Vorstellung, eine neue tödliche Krankheit, die derzeit Millionen Menschen in ihren Klauen hat und sich exponentiell ausbreitet, könnte in Petri-Schalen das Licht der Welt erblickt haben und von Menschenhand freigelassen worden sein, verursacht zwangsläufig eine Gänsehaut. Wozu das Ganze? Ein geheimer, gnadenloser Plan gegen die Überbevölkerung oder schlichtweg ein danebengegangenes Experiment? Beides beunruhigt zutiefst, bedenkt man - ohne jeglichen humanitären Aspekt - allein die Gefahr, die der gesamten Menschheit durch AIDS erwachsen ist. Gleichzeitig wird man wieder geneigt, der Natur den schwarzen Peter zuzuschieben, denn so verrückt kann niemand sein, daß er den Untergang der gesamten Menschheit in Kauf nimmt. Schließlich ist ja auch kein Atomkrieg ausgebrochen (wohl aber Dutzende Male beinahe, doch das steht auf einem anderen Blatt).
Was unsere ungern eingestandene Bereitschaft zum großen Abgang betrifft, so könnte das „Projekt Super“ zur Entwicklung der Wasserstoff-

bombe ein Beleg dafür sein, daß wir doch verrückt genug sind, um eine Bedrohung von der Leine zu lassen, die der gesamten Menschheit den Garaus machen kann.
Namhafte Experten - von Einstein bis Oppenheimer - sprachen sich von Anfang an dagegen aus, und zwar weit vehementer als die früheren vergeblichen Einwände gegen den ersten Atombombentest in Alamogordo im Juli 1945 (damals waren Berechnungen im Umlauf die besagten, die Atmosphäre könnte mit dem ominösen „Atombrand" auf die Kernspaltung reagieren). Am Vorabend des H-Bomben-Kernverschmelzungstests präsentierten die Warner leicht exotische Berechungen. Sie sagten nicht mehr und nicht weniger als die Verwandlung der Erde in eine Minisonne im Falle der Einleitung der geplanten Kernverschmelzung voraus. Man sollte meinen, daß selbst das minimalste Risiko eines Weltuntergangs bei einem Bombentest niemals eingegangen werden darf. Weit gefehlt. Der Versuch fand im Mai 1951 statt. Allen Unkenrufen zum Trotz war der militärische Vorsprung gegenüber der UdSSR anscheinend wichtiger als das Bestehen unseres Planeten. Die Befürworter glaubten an ihre Sendung und testeten unbeirrt. Bekanntlich ging das Wasserstoffbomben-Roulette gut aus, sonst wären wir nicht mehr hier. Es hatten sich nicht, wie befürchtet, alle Wasserstoffatome der Fusion angeschlossen. Noch einmal davongekommen. Damit wieder zur ursprünglichen Fragestellung: Kunst-AIDS oder nicht?
Wie zur Bestätigung der schlimmsten Vermutungen ist ein AIDS-Fall aus den 1960er-Jahren mit einem HI-Virus aufgetaucht, das mit dem AIDS-Stamm identisch ist, der in 1980er-Jahren hervorgebrochen ist. Diese grobe Verletzung des obersten Gebotes für Viren „mutiere täglich!" scheint einer Reihe von Wissenschaftlern nur möglich, wenn besagter Uraltstamm bewußt für welche Absichten auch immer aufbewahrt wurde (just so wie beim Ebola-Virus im Katastrophenfilm „Outbreak" aus dem Jahr 1995).
Verschwörungsfans sehen ihre Horrorvisionen zusätzlich durch die Entdeckung bestätigt, daß die Pestwellen des Mittelalters in den überlebenden Europäern und deren Nachfahren - zu denen klarerweise auch die weißhäutige Bevölkerung Amerikas zählt - ein mutiertes Gen hinterlassen haben, das vor AIDS schützt. Afrikaner und Ostasiaten besitzen ein solches AIDS-Überlebensgen nicht. Diese Tatsache erklärt, wieso

mindestens jeder zehnte Europäer total oder teilweise immun gegen AIDS ist und wäre ein Freibrief für elitäre Bevölkerungsregulierer, sofern sie darüber schon viel länger Bescheid gewußt haben sollten, was nicht auszuschließen ist.
Amerikanische Aufdecker wollen Aufzeichnungen des Zuteilungs-Subkomitees des amerikanischen Kongresses ausgegraben haben, denen zufolge Vertreter der Abteilung für Biologische Kriegsführung im US-Verteidigungsministerium 1969 zehn Millionen Dollar für die Erzeugung von Organismen angefordert haben, die das Immunsystem selektiv zerstören. Darin soll zu lesen sein: „Innerhalb der nächsten fünf bis zehn Jahre wird es wahrscheinlich möglich sein, einen neuartigen ansteckenden Mikroorganismus herzustellen, der sich in bestimmten wichtigen Aspekten von jedem bekannten Krankheitserreger unterscheidet. Der bedeutendste davon ist, daß er gegen die immunologischen und therapeutischen Prozesse widerstandsfähig sein könnte, die wir benötigen, um unsere relative Freiheit von Krankheiten aufrechtzuerhalten."
Die verlangten Geldmittel sollen bewilligt worden sein, damit sich keine „Biologische Lücke" (Germ Gap) zu der UdSSR auftun könne, wo vergleichbare Bemühungen im Gange waren.
In dem Artikel „Designer Diseases: AIDS as Biological and Psychological Warfare" stellt der Verfasser Wave Forrest fest, daß die AIDS-Epidemie in drei amerikanischen Städten mit organisierten „Gay Communites" voll hervorgebrochen war noch ehe sie aus anderen Weltgegenden gemeldet wurde. Das macht es nach seiner Ansicht epidemologisch unmöglich, daß die offiziellen Ursprungsorte Haiti und Afrika tatsächlich die Ausgangsgebiete für die amerikanische Seuche waren. Wenn AIDS aus Haiti kommt, so fragen sich manche, wieso sind Homosexuelle aus den auch nicht kleinen „Gay Communities" von New Orleans, Miami oder Houston verschont geblieben, die ebenso nach Haiti gereist sind wie jene aus New York oder San Francisco?

Dr. Streckers Kreuzzug

Der praktische Arzt Dr. med. Robert Strecker aus dem Großraum von Los Angeles gilt als einer der heftigsten Verfechter der These vom künstlichen HI(AIDS)-Virus. Dr. Streckers Name scheint in mehreren Quellen auf. Er selbst war durch einen Zufall mit der AIDS-Problematik in Kontakt gekommen. 1983 begann er mit seinem Bruder Ted, einem Rechtsanwalt, an einem massenstatistischen Versicherungsplan für eine große südkalifornische Bank zu arbeiten, der auch den Kostenfaktor AIDS umfaßte. Dabei gelangten sie zu der Ansicht, daß hier nicht alles mit natürlichen Dingen zugehen konnte.
In einem Vortrag meinte Dr. Strecker sinngemäß, die Seuche könne ihren Anfang nicht dergestalt genommen haben, daß ein Affe einen Einheimischen biß, worauf es schlagartig 100.000 AIDS-Fälle in Afrika gab. Schließlich hatten Menschen und grüne Affen bis dato Jahrtausendelang infektionslos mit einander gelebt. Dr. Strecker wies darauf hin, daß die Gene des HI(AIDS)-Virus weder in Primaten noch in Menschen vorkommen. Würde man das genetische Material von Schimpansen, Gorillas und anderen Affen mit dem des Homo sapiens mischen, könnte man AIDS nicht erzeugen. Wohl aber bei Verwendung von Retroviren von Schafen und Rindern.
Retro bedeutet das Vorhandensein eines Enzyms mit der Bezeichnung „reverse Transkiptase". Es gibt dem Virus die Möglichkeit, wenn es einmal in die Zelle eingedrungen ist, das dort vorhandene genetische Material umzuschreiben, was zur Erzeugung neuer Viren führt. Das Überspringen von Artenbarrieren, etwa von Mensch zum Rind oder umgekehrt, wird nach leichten Korrektur- oder Kombinationsarbeiten möglich. Nach Ansicht von Fachleuten wäre derartiges eine ideale Bio-Waffe, die zielgenau auf bestimmte Menschengruppen und Typen gerichtet werden kann.
Dr. Strecker bekrittelte, daß die „Centres for Disease Control" CDC (Zentren für Krankheitskontrolle) in Atlanta, Bundesstaat Georgia, für die AIDS-Bekämpfung zuständig wären, da sie jene Einrichtungen seien, in denen unter der früheren Bezeichnung „United States Public Health Service Department" jahrzehntelang Menschenversuche durchgeführt wurden. Laut Dr. Strecker ein Faktum, das der medizinischen Li-

teratur entnommen werden kann. Er forderte die Zuhörer auf, so wie er und seine Mitarbeiter, eine Med-Line-Suche zu machen. Durch dieses simple Procedere sei er der ganzen Sache auf die Spur gekommen. Nachdem er lapidar verlangt hatte: „Geben Sie uns alle Unterlagen über das bovine Visna-Virus", erhielt er Unterlagen über ein Rindervirus mit genau der gleichen Form wie das HI(AIDS)-Virus, mit dem exakt gleichen Molekulargewicht und gewissermaßen der genau gleichen genetischen Struktur sowie mit der genau gleichen Magnesiumabhängigkeit, was bei dieser Kategorie von Erregern relativ selten vorkommt. Und mit der genau gleichen Fähigkeit T-(Immunsystem)Zellen selektiv zu zerstören wie AIDS das tut. Dessen ungeachtet soll ein solches Virus gar nicht existieren. Laut Dr. Strecker eine Lüge. Für ihn gibt es einen roten Faden von AIDS-Voraussage...AIDS- Präzedenz und...AIDS-Produktion. Er meint, die AIDS-Infektion in Afrika, die seiner Ansicht nach zu großflächiger Entvölkerung führen wird (erste Anzeichen sind unübersehbar), könnte nicht punktuell aufgetreten sein, sondern wäre in Form von Massenimpfungen sozusagen „unters Volk gebracht worden". Bei einem Vortrag am 25 Mai 1990 in Santa Barbara, Kalifornien, verwies er auf die Titelstory der London Times vom 11. Mai 1987. Sie soll „Pockenimpfung löste AIDS aus" gelautet haben. In dem Beitrag wurde darauf hingewiesen, daß exakt die von AIDS am meisten verwüstet Gebiete jene sind, in den die Weltgesundheitsorganisation WHO in den 1970er-Jahren Massenpockenimpfungen durchgeführt hat.
In den USA trat AIDS zu Anfang in einer ganz spezifischen Bevölkerungsgruppe auf: weiße männliche Homosexuelle im Alter von 20-40 Jahren, die in ganz bestimmten Städten (New York, San Francisco, Los Angeles, Chicago und St. Louis) lebten. 1978 tauchte es in New York auf, 1980 in San Francisco. Ein Verbreitungsgebiet, das mit dem der amerikanischen Hepatitis-B-Impfstudie deckungsgleich sein soll. 1978 wurden über tausend Homosexuelle in New York geimpft. Zwei Monate später wurde der erste offizielle AIDS-Fall diagnostiziert. 1981 hatten 25-50% der geimpften Homosexuellen AIDS. 1984 waren es über 60%. Weitere Zahlen über die Krankheitsrate der Teilnehmer an der ursprünglichen Impfstudie sind nicht zugänglich.
Dr. Strecker und andere halten nichts von der offiziellen Version, ein angeblich homosexueller Flugbegleiter hätte AIDS nach Amerika einge-

schleppt. Zuerst einmal müßte die Krankheit in den Städten aufgetreten sein, die von der betreffenden Luftlinie angeflogen wurden. Das war laut Dr. Strecker nicht der Fall. Auch werden Zweifel daran angemeldet, daß dieser Flugbegleiter seine sexuellen Aktivitäten ausschließlich in Tausende von Meilen entfernten Städten entfaltet haben soll. Noch wichtiger erscheint es Dr. Strecker, daß das CDC die Aktivitäten dieses Stewarts angeblich überwachte. Das warf für ihn die Frage auf, wieso jene Bundesbehörde, die dafür zuständig ist, die Ausbreitung von Krankheiten zu verhindern, eine Person frei herumfliegen ließ, von der man wußte, daß sie Träger eines tödlichen und ansteckenden Virus war.

Als Krönung seiner Ausführungen verwies Dr. Strecker in dem Vortrag auf die Arbeiten von Royal Raymond Rife aus dem Gebiet der elektromagnetischen Medizin. Laut Rifes Theorie, der auch Dr. Strecker anhängt, können Viren und Bakterien nur durch präzise gepulste elektromagnetische Strahlung zerstört werden. Schlußfolgerung: AIDS und anderes kann durch Medikamente nicht angegriffen werden, wohl aber durch ein geheimes Gegenmittel. Ein idealerer Selektionsfilter scheint kaum vorstellbar.

Der Korrektheit halber muß erwähnt werden, daß der Vortragende Massenvernichtungsstrategien de facto vermutet, einschließlich eines bewußten Entweichenlassens von radioaktiver Strahlung aus Kernkraftwerken um Krebs zu forcieren. Dr. Strecker bezieht sich auch auf eine Reihe von Horror-Experimenten an der nichtsahnenden Bevölkerung, die in diesem Buch bereits zur Sprache kamen, sowie auf die leidigen MK-Bewußtseinsveränderungsprogramme.

Verschwiegen darf aber ebenfalls nicht werden, daß Dr. Strecker als sowjetischer Desinformationsagent verunglimpft und von seltsamen Schicksalsschlägen heimgesucht wurde, seit er seine Theorie verbreitet. Sein Bruder Ted wurde am 11. August 1988 tot in seinem Heim in Springfield, Missouri, aufgefunden. Selbstmord mit einem 22er Kleinkalibergewehr. In der Nacht vor dem „Selbstmord" war er noch guter Dinge gewesen und hatte seinem Bruder Robert Strecker von neuer Entwicklungen erzählt, die ihm Hoffnung machten. Im September desselben Jahres beging ein Kongreßabgeordneter mit Hilfe von Heroin und Kokain Selbstmord. Er hatte zu den wenigen Politikern gehört, die Dr. Streckers These unterstützen, und war öffentlich dafür eingetreten. Was immer man von all dem halten will, eines ist klar: AIDS ist eine neue Pest. Total enthemmte Apokalyptiker halten selbst das AIDS-Horrorszenario nur für ein Vorspiel. Sie setzen auf „AIDS zum Quadrat"...

Schnelläufer des Todes

1995 gab es weltweite Panik. Wochenlang herrschte Weltuntergangsstimmung. EBOLA, das Virus der Viren, war in Afrika wieder ausgebrochen und schien unaufhaltsam auf dem Vormarsch zu sein. Man wisperte von Einschleppungsfällen in die Industrieländer. Krankheitsüberträger sollten sogar in den europäischen Untergrund geflüchtet sein. Dann gab die WHO Entwarnung. Die Krankheit sei eingegrenzt, hieß es, die Quarantänemaßnahmen hätten gewirkt. Die Menschheit war wieder einmal an einer selbstverschuldeten Austilgung vorbeigegangen. Selbstverschuldet deswegen, weil die erbarmungslosen Regenwaldrodungen eine Schichte nach der anderen freilegen, in denen uralte Viren nur darauf warten, den wehrlosen Menschen und Tieren den Garaus zu machen. Das sinistre EBOLA-Virus soll einer dieser „Schläfer" sein, zu mindest nach klassischer Auffassung. Manche äußern weit unorthodoxere Vermutungen.
Der Erfolgsfilm „Outbreak" nach dem Bestseller „Hot Zone" von Robert Preston behandelte eine ähnliche Epidemie, wobei biologische Kriegsführung eine Rolle spielte. Der Streifen zeigte publikumswirksam wie sich das Innere der Opfer dieses Krankheitstypus, Oberbegriff „haemorrhagisches Fieber" (Blutfieber), buchstäblich verflüssigt. Das Virus aus der zu Recht gefürchteten Familie der Filoviren greift das Immunsystem ähnlich brutal an wie AIDS, leistet seine tödliche Arbeit aber nicht nach einer Vorlaufzeit von Jahren, sondern Wochen.
Filoviren zerstören Körpergewebe wobei sie alle inneren Organe mit besonderer Aggressivität attackieren. Die Weitergabe des Virus geschieht durch Ausströmen des verflüssigten Körperinhalts aus allen Öffnungen. Dabei löst das Virus nicht selten heftige Zuckungen aus, um seine Abkömmlinge möglichst weit zu verstreuen. Ein Spritzer genügt zur Infektion. Ebenso wie AIDS betrat die EBOLA-Familie die Weltbühne unerwartet.

1967 erschien einer ihrer Vertreter als Marburg-Virus in dieser deutschen Stadt, sowie in Frankfurt am Main und in Belgrad. Mitarbeiter von Versuchslabors erlitten nach Kontakt mit Blut oder Körperflüssigkeit von Affen aus Uganda den bereits beschriebenen Horrortod. Dann Ruhe.
1976 trat das Killervirus in noch aggressiverer Form am Fluß Ebola in Zaire (1997 in Demokratische Republik Kongo umbenannt) und im Sudan auf. Durch radikalste Isolationsmaßnahmen, die nur durch die Abgelegenheit der Infektionsherde möglich waren, konnte die Ausbreitung verhindert werden.
1986 erkrankten alle Versuchsaffen in einem Forschungslabor in Reston nahe Washington an einer von den Philippinen eingeschleppten EBOLA-Variante. Im Gegensatz zu früheren Varianten wurde sie - wie im Film „Outbreak" - durch die Luft übertragen. Anders als im Film, befiel sie aber nur Affen. Noch einmal Glück gehabt. Trotzdem war das Entsetzen so monumental, daß alle Affen getötet, das Laboratorium mit Formaldehyd geflutet und versiegelt wurde. Bei einer EBOLA-Epidemie, die Menschen über die Luft infiziert, wäre solches nach Ansicht von Fachleuten ein rührend hilfloser Versuch.
1995 kam es zum neuerlichen Aufflackern von EBOLA in Zaire, das eingedämmt wurde. Nicht alle teilen die Beruhigung von damals.
Apokalyptiker aller Spielarten - von wirrköpfig bis stinkseriös -fürchten, die Kette der bislang aufgetreten vier Virusgeschwister *Marburg/Ebola-Sudan/Ebola-Zaire/Ebola-Reston* könnte weitergehen - und zwar bis zur ultimaten „Outbreak-Variante": tausendmal tödlicher als AIDS, dafür aber so leicht durch die Luft zu übertragen wie eine Erkältung. EBOLA enthält sieben Proteine. Aufbau und Funktion von drei dieser Eiweißstoffe ist derzeit (offiziell) bekannt, die der anderen vier nicht. Eine winzige Veränderung, ein einziges anders konfiguriertes Protein vielleicht, und das fragile Gleichgewicht könnte kippen.
Derzeit trennt uns vom EBOLA-Armageddon einzig und allen die Tatsache, daß die lufttransportierten Viren nur für Affen tödlich sind während die für uns tödlichen im Direktkontakt, wie bei AIDS, aufgenommen werden müssen. Bricht diese Konstellation zusammen, dann gute Nacht Menschheit. Ein Szenario wie in dem Katastrophenfilm „12 Monkeys", erscheint Fachleuten angesichts der Bevölkerungsdichte in der

Dritten Welt und der Mobilität der Bewohner der Ersten Welt absolut vorstellbar.
Auf der Gefährlichkeitsskala von Viren nimmt der gewöhnliche Schnupfen die Stufe eins ein, AIDS zur allgemeinen Überraschung nur Stufe zwei, EBOLA jedoch die höchste Stufe, nämlich vier. Gegen diese Stufe gibt es nur ein Mittel: Quarantäne. Und die ist unmöglich in einem Globalen Dorf mit Bevölkerungsexplosion.
Das waren keine leicht verdaulichen Brocken. Wenn nur der kleinste Teil der Verschwörungstheorien tatsächlich im Gang Befindliches enthüllt, besteht Grund zum Fürchten. Denselben Grund zum Sträuben der Nackenhaare liefern allerdings auch viele der Tatsachen, auf denen solche Horrorvisionen basieren. Im Grunde ist die Frage rein philosophischer Natur, ob AIDS „gemacht“ wurde, und/oder ob das immer-wieder-Auftreten von EBOLA in wechselnder Ausprägung vielleicht gar ein makabrer Testlauf ist, wie besonders vom Verfolgswahn Geplagte vermuten.
Es gibt AIDS, EBOLA und es gibt ein Potpourri weiterer Menschheitsbedrohungen von monumentalen Ausmaßen - Hand in Hand mit unserer offensichtlichen Unfähigkeit, damit auf akzeptable Weise fertig zu werden. Tragisch, aber wahr. Punktum. Damit denkt man unversehens wieder an das „Alternative 3“-Szenario: Jene, die dem menschlichen Leben auf der Erde wenig Chancen geben und über die nötigen Machtmittel sowie Skrupellosigkeit verfügen, verabschieden sich vor dem Crash. Sie ziehen anderswohin, wo sie - in allem Komfort natürlich - eine neue Gesellschaft aufbauen. Nicht unbedingt zum Mars, aber vielleicht in Weltraumstädte (riesige Zylinder, fixiert an den Lagrange- oder L-Punkten im Sonnensystem, wo sich die Gravitationskräfte gegenseitig kompensieren). Solche Habitate wurden schon in den 1960er-Jahren konzipiert, sind heute bereits durchkonstruiert und für die kommenden Jahre fix geplant.
Von dort aus könnte die Erde dann mittels Killerviren zur Neuerschließung „gesäubert“ werden, meint eine Aufdeckerfraktion. Andere glauben, daß solche Bevölkerungsreduktionsprogramme bereits laufen (wir kennen die diesbezüglichen Spekulationen) um den auswanderungswilligen Eliten die notwendige Zeit zu verschaffen. Schließlich rast die Vermehrung des angeblich vernunftbegabten Homo sapiens im Eil-

zugstempo dahin und trägt neben dem nicht weniger ungebremsten Wirtschaftswachstum zur Vernichtung der Ökosphäre bei.
Nehmen wir einmal an, düstere Mächte hätten die Weichen tatsächlich so gestellt, daß Seuchen unter jenen wüten, die nicht durch ein geheimgehaltenes Gegenmittel (beispielsweise die Rife-elektromagnetischen-Pulse) geschützt sind. Dann würde nur noch eines fehlen: ein untrüglicher Selektionsfilter, der jene herausfindet, die geistig und körperlich als nächste Generation von Beherrschern der „neuen Welt" geeignet sind. Es gibt Rechercheure, die genau diesen fehlenden Puzzlestein gefunden zu haben glauben.

Laßt HUGO auswählen

Das umstrittene „Humane Genome Project" (HUGO) hat sich nicht mehr und nicht weniger zum Ziel gesetzt, als die komplette Kartografierung des genetischen Make-up des Menschen, konkret die Bestimmung der Nukleotidsequenz der menschlichen *Desoxyribonukleinsäure* DNS.
Zum Aufbau des gesamten irdischen Lebens werden neben der Phosphorsäure und einer Zuckerart namens Desoxyribose nur vier organische Basen benötigt: *Adenin, Cytosin, Guanin* und *Thymin.* A C G T sind die Buchstaben des genetischen Vererbungs-Alphabetes, aus denen sich die Gene aufbauen. Bei jedem Lebewesen setzen sie sich zu einer abgeschlossenen Reihe, dem Gen, zusammen. Der Mensch besitzt im Zellkern 46 Chromosomen, Brücken aus Eiweiß, auf denen an genau definierten Stellen seine einhunderttausend Gene sitzen, von denen jedes seinerseits bis zu einer Million DNS-Buchstaben auf der Doppelhelix enthalten kann.
Durch HUGO soll der gesamte DNS-Strang des Menschen aufgeschlüsselt und die auf ihm aneinander gereihten Sequenzen von jeweils drei Basen sozusagen numeriert werden. So ließe sich erkennen, wo alle Faktoren auf den Chromosomen gelagert sind, die das Leben eines Menschen bestimmen (Lebensdauer, Körpergröße, Haar- und Augenfarbe, Krankheitsanfälligkeiten, Intelligenz, sonstige Dispositionen und Vorprogrammierungen). Das soll tatsächlich möglich sein? Allerdings.

Dieses Ziel soll noch ersten Jahrzehnt des dritten Jahrtausends erreicht sein. Noch vor wenigen Jahren ähnelten Genkarten obsoleten Landkarten aus dem antiken Altertum, doch die Entwicklung schreitet schnell. Relativ bald werden die Karten keine weißen Flecken mehr aufweisen. Eine beachtliche Leistung, bedenkt man, daß unsereis aus etwa 60 Billionen Zellen aufgebaut ist, und die in einem Menschen gesamt vorhandene DNS ausgerollt einen Faden von etwa zehn Milliarden Kilometer Länge ergibt; grob geschätzt der Durchmesser des Sonnensystems.

Am 7. März 1986 wies der Nobelpreisträger Renato Dulbecco in einem Leitartikel der Zeitschrift „Science" auf den Fortschritt hin, der möglich sei, wenn einmal die vollständige Abfolge der DNS im menschlichen Genom bekannt wäre. Er rief die USA auf, ein Projekt zu initiieren, in den Anstrengungen und im Geiste mit dem Programm vergleichbar, das zur Eroberung des Weltraums geführt habe. Nach weiteren Appellen von engagierten Wissenschaftlern und auf Konferenzen, wurden 1987 zum Start 4,5 Millionen Dollar aus dem Budget des Energieministeriums für das (Human)Genomprojekt (HUGO) bewilligt. Das war nur der Anfang.

Im September 1987 ordnete der Energieminister die Gründung von Forschungszentren für das menschliche Genom an drei nationalen Laboratorien des Ministeriums an: in den beiden Waffenlabors Los Alamos, Livermore sowie in dem Lawrence Berkley Laboratorium. Die erste Datenbank für entzifferte Gentexte wurde in diesen Tagen an der Georgetown Universität von Washington eingerichtet. Ähnliche Bemühungen sollen auch in Europa und in asiatischen Ländern im Gange sein.

Anfang der 1990er-Jahre soll die Zahl der kartografierten Gene um die zweitausend betragen haben. Das Sequenzierungstempo steigt jedoch mit rasender Geschwindigkeit.

Autoren wie Jim Keith finden es bemerkenswert, daß die amerikanische Genomrecherche in Cold Spring Harbor auf Long Island, New York, angesiedelt ist. Dort, wo 1904 eugenische Forschungen zur „Bevölkerungsverbesserung" ins Leben gerufen wurden (parallel zum Galton Laboratory for National Eugenics am University College London). Wie man unverfänglich scheinenden Quellen entnehmen kann, sollen die USA die erste Industrienation mit strengen eugenischen Gesetzen und

Massensterilisationen, vom neunzehnten Jahrhundert bis spät ins zwanzigste, gewesen sein.
Damit genug des Unheimlichen. Von der brandendenden Gentechnologiediskussion lassen wir lieber gleich ganz die Finger (ich habe darüber in anderen Büchern geschrieben, siehe meine Homepage www.farkas.at). Statt dessen wollen wir versuchen, wertfrei aus dem blubbernden Gebräu aus Fakten, Vermutungen und Fiktion so etwas wie ein Resümee herauszudestillieren.

Allianz der Gnadenlosen?

Was ist der Unterschied zwischen einem
Optimisten und einem Pessimisten?
Der Optimist glaubt, wir leben in der
besten aller möglichen Welten.
Und der Pessimist glaubt, daß es
wirklich so ist!

Völlig leidenschaftslos: Brutalszenarien im Geiste vom „Alternative 3“ erheben den Anspruch, zu mindest einen Nukleus der Menschheit, und damit die Art an sich, zu retten. Die andere Alternative wäre das totale Aus. Darum war es gar nicht erforderlich, Jim Keiths „A 3-Enttarnung“ auf Punkt und Komma nachzuprüfen. Die Ingredienzien sind ja alle da, so schrecklich das klingt. Ich sagte es bereits. Selbst Radikalhumanisten würden wahrscheinlich mit größter Überwindung knirschenden Zahns eingestehen, daß wahrscheinlich nicht zimperlich vorgegangen werden kann, wenn das Ende der menschlichen Spezies droht.
Wie auch immer, leicht zu schlucken ist ein solches „Programm“ sicherlich nicht für jeden, schon gar nicht unter dem Aspekt einer im All etablierten Herrenmenschen/Sklavengesellschaft, die fatal an ein dunkles Kapitel des zwanzigsten Jahrhunderts erinnert. Moralisten könnten sogar meinen, daß unter solchen Vorzeichen der Preis für das Überleben zu hoch sei. Menschen, wie beispielsweise John F. Kennedy.

Der ermordete US-Präsident dürfte, was seine Eskapaden mit dem weiblichen Geschlecht betrifft, spießbürgerlichen Vorstellungen von einem „moralischen Menschen" wenig entsprochen haben. In Bezug auf Geradlinigkeit, Gerechtigkeitssinn und Zivilcourage war er zweifellos moralischer als viele, die den Anfechtungen des sündigen Fleisches standhaft entsagen.

Kennedy, so wird gemunkelt, wäre über die drei Alternativen und über sonstige geheime Vorgänge nicht informiert gewesen; darunter Roswell, „Majestic 12", die MK-Programme, Finanzmanipulationen, Drogendeals, etc. Als er davon erfuhr - möglicherweise durch MJ12-Mitglieder wie Donald Menzel, vielleicht auf anderen Wegen - soll er entsetzt gewesen sein. Dann hätte er den Mächtigen im Hintergrund das Ultimatum gestellt, umgehend mit dem gesamten Unfug aufzuhören. Täten sie das nicht, würde er nicht nur alles an die Öffentlichkeit bringen, sondern auch daran gehen, die Machenschaften zu unterbinden. Er soll gerade dazu angehoben haben, als ihn die Kugeln in Dallas trafen.

Immer mehr Puzzlesteine scheinen sich zum Teil, eines im Ansatz erkennbaren Bildes zu gruppieren. Haben wir sie jetzt gefunden, die „große einheitliche Theorie" der Verschwörungslehre? Könnte ein solches, ultraselektives Überlebenskonzept die meisten Verschwörungsstränge auf morbide Weise mit einander verknüpfen? Könnten auch noch Außerirdische mit von der Partie sein?

Nicht wenige Fachleute und Millionen Zeitgenossen halten es für denkbar, daß Aliens den Homo sapiens aus fremdartigen Motiven heraus „gemacht" haben könnten. Vielleicht wollen sie ihre Schöpfungen aus dem Schlamassel ins All geleiten, allerdings nur die ihrer Ansicht nach „Würdigen". Möglicherweise gibt es ein kosmisches Evolutionsgesetz das besagt, daß jede technologisch orientierte Spezies die Wiege (ihre Heimatwelt) verlassen muß, wobei die Wiege unweigerlich zu Grunde geht. Ein solches Naturprinzip würde fortgeschrittenen Aliens wahrscheinlich wohlbekannt sein. Sie könnten jene auf unserer Erde darüber in Kenntnis gesetzt haben, die mächtig und brutal genug sind, um entsprechende Maßnahmen in die Wege zu leiten. Skrupellose Global Players im Verbund mit geheimnisvollen Außerirdischen - ein ideales Paar sozusagen, wenn auch kein ganz angenehmes. Natürlich können die Motive dieser fiktiven Allianz auch völlig anders gelagert sein.

Aufgrund der Beschleunigung der Gift-, Zerstörungs- und Menschenlawine auf unserer geschundenen Erde halten es von Schrecken erfüllte Realisten für möglich, daß in der Tat seit geraumer Zeit ein Geheimprogramm läuft, um zu retten was noch zu retten ist. Ob mit oder ohne Alien-Beteiligung, darüber sind sich die Apokalyptiker nicht einig, wohl aber darüber, daß der Räumungsbefehl für den Lebenszerstörer und Globalverwüster Homo sapiens von der Natur bereits ausgestellt ist.
Unleugbar wird die Erde tatsächlich ein immer heißeres Pflaster für Schöngeister, reif für etwas noch Morbideres als Alternative 3.
Die unmittelbare Zukunft wird zeigen, ob Langzeitpläne auf eine selektive Auswanderung von der untergehenden Erde hinarbeiten - wie eine Fraktion von Verschwörungstheoretikern mutmaßt -, oder ob vielmehr die Weltherrschaft von irdischen Eliten, vielleicht verbündet mit Aliens, durch und nach einem globalen Bürgerkrieg das Endziel ist, was eine andere Fraktion glaubt. Indizien gibt es für beide und noch für eine Reihe weiterer Hypothesen. Erfreulich dürfte keine davon sein.
Damit wollen wir es gut, bzw. nicht gut sein lassen und uns der alles entscheidenden Frage zuwenden, ob es um das „Raumschiff Erde“ wirklich so schlimm bestellt ist, wie nicht nur Verschwörungsfreunde vermuten.

Endspiel

Brett ab (vor dem Kopf)

"Die Vorstellung, die Greuel
des 21. Jahrhunderts nicht
erleben zu müssen, ist mir
sehr angenehm."
Stanislaw Lem

Das bereits unglaublich bluttriefende zwanzigste Jahrhundert dürfte im Vergleich mit dem einundzwanzigsten Jahrhundert mit seinen Ökokriegen, seinen Massensterben und Massenausrottungen, seinen pandemischen Seuchen, seinen Migrationsströmen, seinen atomaren Stammesfehden, seinen Nuklear- und Biowaffenterroristen, seinem Vernichtungswettbewerb, seinen Wirtschaftskonflikten, seiner Umwelt- und Ressourcenvernichtung, seinem Weltbürgerkrieg, seiner steigenden Inhumanisierung und seinen sonstigen Apokalypsen bestenfalls ein barockes Schäferspiel gewesen sein. Für viele Realisten, die seltsamerweise immer wieder als Pessimisten abgetan werden, ist es fünf vor Zwölf. Vielleicht sogar fünf nach Zwölf.

Bestenfalls rafft man sich zum ultimaten Selbstbetrug, zum dümmsten aller Gegenargumente auf, das da lautet: "Vom Weltuntergang ist immer schon geredet worden". Zur „Beruhigung" wird darauf verwiesen, die Natur sei noch viel umweltschädigender als der Mensch, was an die bekannte Diagnose erinnert, ein Patient habe fünf Leiden, aber glücklicherweise seien nur drei davon tödlich. Am Gefährlichsten erscheinen vielen die gnadenlosen Optimisten, die sich nicht scheuen zu verkünden, die Ressourcen seien unerschöpflich, Wohlstand für alle könne geschaffen werden und was noch so an gefährlichen, jeder Risikoerkenntnis zuwiderlaufenden Absurditäten ausposaunt wird.

In einer Welt, in der Wachstumsfetischismus und Profitmaximierung zum bestimmenden Dogma zu werden scheinen, Hand in Hand mit einer explosionsartig wachsenden Weltbevölkerung, sehen nicht wenige die Lunte an vielen Stellen des Erdballs bereits glimmen. Unsere stammesgeschichtlich bedingte Kurzsichtigkeit hat offensichtlich zur heutigen Situation der Menschheit geführt, die vernunftbegabten Außerirdischen wie das Werk von Wahnsinnigen erscheinen müßte. Sie würden sich wohl mit den Klauen an die antennenbewehrten Köpfe, oder was sie an deren Stelle haben, schlagen, angesichts der endlosen Konferenzen und Tagungen über den Niedergang des Ökosystems, indessen genau das frischfröhlich im Gange ist. Leicht abgewandelt, bringt es ein Zitat von Sir Karl Popper auf den Punkt: „Die Philosophen diskutieren über die Existenz der Welt, während sie gerade zur Hölle fährt."

Vermehrung bis zum bitteren Ende?

Ein böses Sprichwort lautet: „Gestern standen wir vor dem Abgrund. Heute sind wir einen Schritt weiter." Betrachtet man das „Raumschiff Erde", wie es sich nach der Jahrtausendwende präsentiert, kann einem mulmig werden. Haltlos torkelt es dahin. Es gibt viele Kapitäne, doch keinen Steuermann und die Besatzung platzt durch rasende Vermehrung aus allen Nähten. In der Zeit, die es dauert, diesen Abschnitt zu lesen, sind (primär in den Hungerländern) einige Hunderte, wenn nicht Tausende Neugeborene auf die Welt gekommen. Genauer gesagt, wuchs die Menschheit bis vor kurzem im Jahr um etwa 120 Millionen. Tendenz steigend. In letzter Zeit soll sie sich auf einen jährlichen Neuzugang von „lediglich" 80-100 Millionen „eingebremst" haben. Na, dann ist ja alles bestens. Oder doch nicht so ganz?

Vor ungefähr 10.000 Jahren wurde der Mensch seßhaft und gründete seine erste Stadt: Jericho. Damals lebten zwischen 5-6 Millionen Zweibeiner. Sie hatten 100.000 Jahre gebraucht, um diese Zahl zu erreichen. Heute dauert es nicht einmal einen Monat um sechs Millionen zu erreichen und geht immer rapider. Man denke an die bekannte Geschichte mit dem Saatkorn und seiner exponentiellen Verdoppelung auf den 64 Feldern des Schachbretts.

In meiner eigenen bisherigen Lebenszeit hat sich die Menschheit annähernd verdreifacht. Kommentar überflüssig, bzw. wurde vor mehr als hundert Jahren schon geäußert, und zwar von Theodor Billroth (1829-1894), dem Begründer der berühmten Wiener Schule der Chirurgie:

"Der medizinische Fortschritt wird die Menschheit durch Überbevölkerung vernichten, sofern er nicht Hand in Hand mit Bevölkerungskontrolle geht." Professor Billroth war und ist nicht der einzige gewichtige Sorgenmacher und Warner.

Der Geistliche und Geschichtsprofessor Thomas Robert Malthus war der Erste, der die Gefahr unkontrollierten Bevölkerungszuwachses wissenschaftlich zu erfassen trachtete. Sein oft zitierter und noch öfter mißbrauchter Satz aus dem Jahr 1798 „Die Bevölkerung vermehrt sich in geometrischer Reihe, Nahrung nimmt nur in arithmetischer Reihe zu" ist ebenso legendär wie in Verruf geraten.

Bereits 1971 hatte der US-Professor Ernest E. Snyder in seinem Buch „Todeskandidat Erde" für das Jahr 2000 eine Verdoppelung der Weltbevölkerung auf sechs Milliarden voraus. Wahrscheinlich ebenso präzise sagte er voraus, daß sich bei einer kontinuierlichen Wachstumskurve im Jahr 2070 dreißig Milliarden Menschen einander kuscheln würden. Allein zur Abfuhr der von den dichtgedrängten Massen erzeugten Körperwärme würde die gesamte Energieleistung der Industrie auf unserer Erde benötigt werden.

Der berühmte Astrophysiker und originelle Denker Sir Fredric Hoyle hat - nicht nur aus Freunde an Zahlenakrobatik und an abstrakten Gedankenspielereien, sondern als bewußt absurde Warnung - errechnet, daß die Masse der Menschheit aufgrund ihres exponentiellen Ansteigens in erdgeschichtlich bescheidenen 6000 Jahren größer sein wird als die gesamte Materie des bekannten Universums. Damit würde der Homo sapiens in einer Zeitspanne, die etwa mit der schriftlich aufgezeichneten Geschichte identisch ist, ein Gewicht auf die Waage bringen, das jenem von etwa 200 Milliarden Milchstraßen mit jeweils wiederum etwa 200 Milliarden Sonnen entspricht (etwaige Planeten noch gar nicht mitgerechnet).

Der 1992 verstorbene Biochemiker und Science Fiction-Autor Isaac Asimov stellte eine parallele Hochrechnung an, die das Jahr, in dem Menschenmasse und Masse des Universums identisch wären, später ansetzt, nämlich „erst" im Jahr 6800. Sehr beruhigend.

Tod durch zuviel Leben

Asimov stellte auch noch eine andere leidenschaftslose Berechnung an: Die totale Masse aller lebendigen Organismen beträgt derzeit etwa zwanzig Billionen Tonnen. Rund zehn Prozent davon, also an die zwei Billionen Tonnen, sind Tiere, uns eingeschlossen. Mehr tierisches Leben kann nicht existieren weil die Relation von 90 Prozent Flora und 10 Prozent Fauna die Grundlage der Balance des Lebens ist. Das pflanzliche Leben muß immer weit überwiegen, da sich Tiere von Pflanzen ernähren. Selbst Fleischfresser ernähren sich von Pflanzenfressern, beziehungsweise von anderen Fleischfressern, die Pflanzenfresser fressen. Wie lange die Kette des Fressen-und-gefressen-werdens auch sein mag, am Anfang und Ende stehen immer die Pflanzen. Kämen von irgendwoher mehr Tiere auf die Erde, würden sie mehr Flora vertilgen. Die Nahrung würde abnehmen, die Tiere würden verhungern. Ein perfekter Kreislauf. Jedoch, nicht mit unsereinem als Teilnehmer.
Wenn nämlich eine Tierart immer mehr wird, muß dafür eine andere weniger werden. Geht das immer weiter, steht am Ende der Zusammenbruch des Gesamtsystems.
Derzeit macht die Masse der Menschheit geschätzte dreihundert Millionen Tonnen aus, etwas mehr als ein Sechstel Promille der gesamten Fauna. Das Gesamtgewicht der Tiere ist also ungefähr sechstausend mal so groß als das der Menschheit. Würde die Menschheit um den Faktor sechstausend anwachsen, wäre sie in ihrer Gesamtheit genauso schwer wie es die Gesamtheit der Tiere früher war. Damit wären wir die einzige Spezies auf der Erde. Alle hätten uns weichen müssen, bis zum letzten Käfer oder Wurm. Es gäbe keinen, absolut keinen Platz für Katzen, Hunde, Nutztiere, Vögel, Pferde, Hühner, Frösche, Heuschrecken, Fische oder sonst irgend etwas, was da kreucht und fleucht. Auch nicht für Bäume, Wiesen, Felder. Diese Mega-Menschheit dürfte nur Pflanzen zulassen, die sie zu ihrer Ernährung verwenden kann, und selbst das müßte mit einer Super-Technik und Super-Landwirtschaft erfolgen, die nicht einmal Science Fiction-Autoren für möglich halten. Wir müßten alle Pflanzen mit nicht eßbaren Teilen beseitigen und statt dessen eine Art Mikroorganismus züchten, um uns ausschließlich davon zu ernähren.

Von wahren Gebirgszügen an Abfall, einschließlich der äußerst giftigen menschlichen Ausscheidungen, wollen wir gar nicht reden.
Völlig ignoriert wird bei fast jeder Prognose, daß bei jeder Verdoppelung doppelt soviel geerntet und produziert werden muß. Neben jeder Straße muß eine zweite gebaut, neben jedem Kraftwerk noch eins errichtet werden. Die Zahl der Krankenhäuser, der Gefängnisse, der Brunnen (und der Wasserklosetts), der Schulen, der Nutztiere, der Bergwerke, usw. muß im gleichen Maße ansteigen, damit wir nicht laufend ärmer, hungriger, ungebildeter, elender werden. Zweimal soviel Wälder müssen abgeholzt, zweimal soviel Atomabfälle gelagert, doppelt soviel Abgase aus Auspuffen und Schornsteinen geblasen, doppelt soviel Dreck ins Meer gekippt und doppelt soviel Chemie auf die Felder gesprüht werden. Nach nur einer Verdoppelung!
Damit erhebt sich die Frage: wann könnte es denn so weit sein, daß nur noch der Homo sapiens eine leere, verwüstete Welt mit einer Bevölkerungsdichte von über einer halben Million Menschen pro Quadratkilometer bewohnt? In einer Million Jahren? In Hunderttausend? Nein. In rund vierhundert Jahren wären wir ganz allein. Etwa zwölf Verdoppelungen der Menschheit reichen aus und wir haben es geschafft. Nur noch wir und der Pflanzenbrei auf Erden; jeder von uns mit einem persönlichen Freiraum wie ein Legebatteriehuhn. Selbst bei, an Zauberei grenzender Schaffung von Nahrung aus Sonnenlicht oder sonst etwas, wäre es trotzdem endgültig Schluß mit jeglichem Wachstum, weil wir uns unter uns selbst und unter unseren Abfallprodukten begraben würden.
Um die ehernen Grenzen klar zu machen nur soviel: Bei weiterer Vermehrung wie sie im Gange ist, wäre das Gesamtgewicht der Menschheit im Jahr 3500 genauso so groß wie das Gesamtgewicht der Erde (immerhin 6700 Trillionen Tonnen). Da die Masse nicht größer, sondern lediglich umgeschichtet, bzw. verdrängt werden kann (siehe Asimov) wäre die Erde dann - theoretisch - völlig in Menschen umgewandelt und als Planet nicht mehr vorhanden. Ein Menschenball würde um die Sonne kreisen... Schon lange vor Erreichen der Gesamtmasse des Universums 6000 bzw. 6800 Jahre in der Zukunft, wäre damit rein rechnerisch ein Zustand erreicht, der absolut unmöglich ist.
Selbst Schwarmgeistern und positiven Denkern aller Couleur muß klar sein, daß es nicht zum Snyder-Szenario und schon gar nicht zur Hoyle-

Hochrechnung kommen kann. Viel früher *muß* etwas passieren. Aber *was*? Vorerst greift die Natur noch nicht ein, sondern läßt uns weiterwursteln.
Also siedelt der angeblich vernunftbegabte Mensch notgedrungen in den unwirtlichsten Gegenden, beispielsweise auf der Schlickplatte Bangladesch, wo die Bevölkerung allen Katastrophen zum Trotz täglich um mehr als zweitausend zunimmt. Millionen flüchten vom Land in die Städte, die entgegen früheren Prognosen nicht in die Höhe, sondern in die Breite wachsen und immer infernalischer werden.

Hölle Stadt

„Auch wenn jeder Mensch genug Nahrung erhält,
wäre es angenehm, nicht im Stehen essen zu müssen."
Paul Lears, Ökologe

Desmond Morris, der weltberühmte Autor von „Der nackte Affe" und anderen Bestsellern, erteilt interessanterweise dem sprichwärtlichen „Asphalt-Dschungel", wie die brodelnden Großstädte gerne bezeichnet werden, eine Absage. Tiere im Dschungel pflegen sich nämlich nicht selbst zu verstümmeln und zu schädigen oder ihre Nachkommenschaft zu quälen. Sie werden nicht herzkrank und sie morden nicht. Es gibt jedoch einen Ort, an dem sie all diese Entartungen an den Tag legen, die in größeren Städten zum Alltag gehören: Im Zoo. Die neuen Monsterstädte sind keine Mega-Asphalt-Dschungel, sondern Mega-Menschen-Zoos, in denen gehungert und gekillt wird.
Einige Millionenstädte sehen den Horrorvisionen aus apokalyptischen Zukunftsfilmen immer ähnlicher. Es gibt mittlerweile einen eigenen Terminus für diese Stadtmonster: „Megalopolen". Manche ihrer Bewohner machen aus ihrer Not eine Tugend, beispielsweise Slumbewohner von Manila auf den Philippinen, die auf einer riesigen qualmenden Müllkippe lebten und ihre Privathölle bitter „Smokey Mountains" tauften. Sie wurde Ende 1995 gewaltsam geräumt, was das Problem nicht lösen konnte, sondern nur verlagerte. Bald schon werden die bekannten Superstädte New York und London ihre Führungsplätze abgeben müssen.

Im Jahr 2010 sieht die neue Rangliste nämlich voraussichtlich so aus: Mexico City 30-40 Millionen, Sao Paulo 30 Millionen (1950 war es kleiner als Neapel), Tokio 27-28 Millionen, dann erst New York mit immerhin beachtlichen 25 Millionen, dicht gefolgt von Shanghai mit 24 Millionen. London kommt auf einer Weltbankliste der 25 Städte, die im Jahr 2010 über elf Millionen Einwohner haben werden, gar nicht mehr vor, dafür aber mehrere Städte in Indien und Südamerika.
Karachi in Pakistan war von den britischen Kolonialherren mit einer Infrastruktur für maximal 150.000 Menschen versehen, heute finden sich dort geschätzte zehn bis fünfzehn Millionen Einwohner. Lagos hatte Ende der 1950er-Jahre an die 300.000 Einwohner. Seither wird sich die Einwohnerzahl in der nigerianischen Stadt mit derzeit acht Millionen bald verdreißigfacht haben. 2015 rechnet man mit 25 Millionen.
In von Menschenmassen berstenden Mexico City wird heute schon doppelt soviel Grundwasser vom darunterliegenden Grundwasserbecken entnommen als zufließt. Fazit: Der Boden gibt nach, ganze Stadtviertel versinken, die Quellen versiegen. Dürre droht. Die Bevölkerung wächst weiter. In Kairo, wo 1995 die Weltbevölkerungskonferenz mit bescheidenem Erfolg stattfand, sollen laut Zeitungsmeldungen aufgrund übermäßiger Wasserentnahme für die immer mehr werdenden durstigen Münder die Pyramiden versinken. Heute schon wohnen viele der neu hinzugekommenen ägyptischen Bürger auf dem Friedhof von Kairo.
Nach UN-Studien werden sich 2025 mehr Menschen in Mega-Städten zusammenpferchen, als heute insgesamt auf der Welt leben.
All das ist den Medien und jeder Menge von Publikationen zu entnehmen.

Wenn die Erde platzt

„Wir leben in einer Endzeit!“
Ex-US-Präsident Ronald Reagan mehrmals

Regelmäßig legen Wissenschaftler Studien über „ideale Bevölkerungszahlen“ vor, die sich selten mit der Realität decken. Beispielsweise errechnete der US-Biologe Paul Ehrlich eine Idealzahl von 150 Millionen für das Nicht-Drittwelt-Land USA. Sie ist derzeit bereits um mehr als hundert Millionen überschritten. Hochrechnungen der UNO, die zudem rigide bevölkerungspolitische Maßnahmen voraussetzen, gehen davon aus, daß sich die Menschheit frühestens im zweiundzwanzigsten Jahrhundert bei etwa elf Milliarden Menschen stabilisiert(!) haben könnte. Damit würden auf jedem Quadratkilometer unseres gequälten Planeten - Antarktis und Sahara eingeschlossen - dreimal soviel Menschen leben, wie heute in den USA.

Wissenschaftler weisen wertfrei darauf hin, daß die Menschheit ohne die weltweite Sterblichkeitsreduktion durch die moderne Medizin wahrscheinlich konstant um eine Milliarde betragen würde; bekanntlich die Gesamtzahl von Erdenbürgern im Jahr 1840, die zu erreichen über zwei Millionen Jahre gedauert hat. Mit anderen Worten: Umweltvernichtung und -verschmutzung sowie alle anderen Attacken auf die Ökosphäre wären um 80 Prozent weniger als sie es tatsächlich sind und somit keine Bedrohungen. Für Zyniker ein paradiesisches Szenario, verglichen mit der höllischen Realität von heute - und erst recht ein Paradies für Fauna und Flora, die im Gegensatz zu uns an ihrem Untergang keine Schuld tragen.

Ein Faktum ist signifikant und stellt gleichzeitig unserer Lebensform ein Ablaufdatum aus: So gut wie alle Staatsutopien gehen von einer fixen Bevölkerungszahl aus, die sich niemals ändern darf(!). Platos ideales Stadtmodell (polis) auf Kreta wird von insgesamt 5040 Familien bewohnt, deren Zahl niemals steigt, wofür auch Rechnung getragen wird (sehr vorausschauend). Die heutigen Stadtmonster mit Platos Utopie zu vergleichen wäre lachhaft.

Doch nicht nur erträumte Idealgemeinschaften, zu denen auch Campanellas Sonnenstaat, Homeros Scheria, das Land der Phäaken, Owens Meccania, Cabets Ikaria, Bulwer-Lyttons Land der Vrilyia oder Bacons Ensalem aus seinem „Nova Atlantis“ gehört, sondern auch alle Überlieferungen eines vergangenen Utopia, sei es nun Atlantis, Mu, Hyperborea, usw., betonen die Wichtigkeit einer stabilen Menschenanzahl. Auch daraus können wir ableiten, wie es mit uns weitergehen wird.

Ein beliebter Einwand gegen unliebsame Hochrechnungen ist der Hinweis auf neue Entwicklungen. Gerne zitiert man die Prognose aus dem neunzehnten Jahrhundert, die den Zusammenbruch des Droschkenverkehrs in London voraussagte weil der Pferdemist die Straßen mehrere

Meter hoch füllen würde. Ein neuer Faktor - der Verbrennungsmotor - änderte des Szenario, wenn auch nicht eben zum Besseren, zieht man die heutige Verfassung der Erde in Betracht.
Welche neue Entwicklung (von ungeheuren Katastrophen abgesehen, die sich schon anbahnen) könnte die Bevölkerungsexplosion human verlangsamen? Steigender Lebensstandard ist die Antwort, die reflexartig ins Treffen geführt wird. Die Gleichung ist bekannt: Bessere Ausbildung/Chancengleichheit für Frauen in den Drittweltländern/Familienplanung/Gesundheitsvorsorge, etc. ist gleich mehr Komfort und Sicherheit/weniger Kinder. Leider hat diese Rechnung ihre Schwächen wie ein überraschendes Beispiel zeigt.

Der teuflische Regelkreis

In Kaira, einem der 335 indischen Verwaltungsbezirke wurde einmal acht Jahre lang von Entwicklungshelfern ein dahingehender Feldversuch durchgeführt, über den Joseph Lelyveld in The New York Time Magazine unter dem Titel „It's God's Will - Why Interfere? „ berichtete. Der "Erfolg" des Versuchs: Nach den acht Jahren lag die Geburtenziffer über dem nationalen Durchschnitt.
Das war nicht so unerwartet, wie man annehmen sollte.
Bereits in den 1970er-Jahren hatte der Systemanalytiker Jay W. Forrester ein mathematisches Modell des „Systems Menschheit" entworfen, das unter dem passenden Titel „Der teuflische Regelkreis" veröffentlicht wurde. Grundprämisse der Forrester-Analyse war ein komplexes Wechselspiel:
Bevölkerungswachstum bewirkt den Drang zu stärkerer Industrialisierung und zu größerer Nahrungsmittelproduktion sowie zur Besiedelung von mehr Bodenfläche. Die erhöhte Produktion von Nahrungsmitteln und Industriegütern wie auch das zusätzlich erschlossene Siedlungsland begünstigen ihrerseits eine weitere Bevölkerungszunahme - steigende Industrialisierung, Umweltbelastung, etc. sind die Folgen...
Anscheinend tatsächlich ein wahrhaft „teuflischer Regelkreis", bei dem jeder Faktor das Wachstum aller anderen Faktoren hervorruft und unterstützt.

Daß Wohlstand nicht in allen Kulturen zu sinkenden Geburtenzahlen führt, zeigt wohl auch der Umstand, daß der viel gesuchte Osama bin Laden das 17. Kind von 50 einer Millionärsfamilie war.
Abgesehen von unerwarteten Ergebnissen, die allen Erwartungen und Hoffnungen zuwiderlaufen, kann von steigendem Lebensstandard in der Dritten Welt ohnedies keine Rede sein. Höherer Lebensstandard für die Ärmsten dürfte eine Schimäre bleiben. Und selbst wenn das nicht so bleibt, wäre für die Menschheit kaum etwas gewonnen, denn dann würde sofort ein weiterer Teufelskreis einsetzen.

Der ökologische Teufelskreis.

Man gewinnt fast den Eindruck, es wird in der öffentlichen Diskussion absichtlich (oder aus unglaublicher Ignoranz) völlig unter den Teppich gekehrt, daß eine weltweite Verbreitung unseres Lebensstandards zum sofortigen Untergang führen würde. Ohne sich des Widerspruchs bewußt zu sein, wird die Ungleichheit des Wohlstandes als Quelle aller Konflikte beklagt und oft im selben Atemzug erwähnt, daß ein Zivilisationsbürger 4-8 Tonnen Energieträger im Jahr verpulvert, ein Drittweltbewohner aber nur etwa 0,10-0,20 Tonnen. Fällt denn niemandem auf, was passieren würde, wenn die Drittweltbewohner denselben Energieverbrauch hätten wie unsereins? Die in einem solchen Fall produzierten zusätzlichen Müll- und Chemikaliengebirge könnte unser Planet nicht verkraften.
Die Zivilisationsbürger sind nämlich nur etwa 1,5 Milliarden und die Unterprivilegierten an die 5 Milliarden. Sechs oder mehr Milliarden Verbraucher von jährlich 4-8 Tonnen Energieträgern, verbunden mit derselben Industrie- und Dreckproduktion wie die Erste Welt als Voraussetzung ihres Wohlstands an den Tag legt, das soll ein Überlebensprogramm sein? Obwohl wir dabei gemeinsam ins Gras beißen würden, wird dieses Selbstvernichtungsprogramm offiziell propagiert.
Wer glaubt, wir brauchen uns nur alle zu bescheiden, um in „One World" weltweit glücklich, bescheiden und zufrieden zu leben, ist nicht einmal ein Optimist, sondern ein Wirrkopf. Wann hat sich der Homo sapiens jemals freiwillig beschieden? Da kann man nur sagen: Welt ade!

Abweichler vom verordneten Einheitsjournalismus haben das Dilemma mit rotzigen Formulierungen auf den Punkt gebracht: „Eine Rolle Toilettenpapier pro Drittweltbewohner und Woche würde die Erde baumlos hinterlassen“ und, noch apokalyptischer: „Wenn jeder Inder einen Kühlschrank hätte, wäre die Erdatmosphäre jetzt schon kaputt“. Traurig, aber wahr, allein die darin enthaltenen FCKWs (Fluor-Chlor-Kohlenwasserstoffe) würden dafür sorgen - und: Kühlschränke sind wirklich nicht alles an Umweltbomben, mit dem eine Industriegesellschaft aufwarten kann.
Allerdings müssen Kühlschränke nicht unbedingt in allen Hungerländern an erster Stelle auf den Wunschlisten stehen. Zuerst können Atombomben und Mittelstreckenraketen kommen. Auf nukleare Rüstung richten sich die Bemühungen in einigen Schwellen- und Entwicklungsländern, wie aktuelle Krisen deutlich zeigen. Manche Ländern sollen sogar den Wunsch bekundet haben, mit einander um Platz, und nicht zuletzt um Wasser, einen Atomkrieg zu führen.

Ein Parasit namens „Mensch“

Alle Lebensbereiche des Menschen - Rohstoffreserven, Umweltbelastung, Gesundheit, Fortpflanzung, Lebensstandard, Klima und so weiter - sind in vielfacher Weise miteinander verbunden. Änderungen in einem Bereich wirken sich auf andere Bereiche aus. Und was in solchen vernetzten Systemen passieren kann, ist, daß sie nach einer langen Zeit der Belastung plötzlich kollabieren, weil in einem Bereich etwas zusammenbricht, das auch die anderen Bereiche zusammenbrechen läßt; eine Kettenreaktion, die wir sowohl durch unser ungebremstes Wirtschaftswachstum, wie auch durch die noch dynamischere Bevölkerungsexplosion mit der Unausweichlichkeit einer griechischen Tragödie herbeiführen werden, wenn man besorgten Fachleuten glauben will.
In den unterentwickelten Ländern leben rund fünfmal so viel Menschen wie in den Industriestaaten. Ein Bürger der Industriestaaten belastet die Umwelt und die Rohstoffvorräte der Erde rund zehn- bis zwanzigmal mehr als ein Bewohner der Dritten Welt. „Wohlstand für alle“ würde bedeuten, die Belastung der Erde, die jetzt schon fast am Limit ist, noch

einmal etwa zu verzehnfachen! Das wäre der Kollaps. Die Zivilisationsbürger merken allerdings nicht, daß die Weltuhr bereits fast abgelaufen ist. Der Volksmund weiß es schon lange: „Die Bäume können nicht in den Himmel wachsen“, eine Binsenweisheit, von der viele sogenannte Experten oder Meinungsmacher noch niemals etwas gehört haben scheinen.

Bis jetzt konnten wir im Westen uns immer höherer Erträge erfreuen, aber auch unsere Landwirtschaft bekommt allmählich Probleme, die man mit extrem anfälligen Monokulturen und bestialischen Tierfabriken nur noch verschlimmert. Rings um die Welt gehen durch Verödung landwirtschaftlich nutzbare Flächen in rasendem Tempo für alle Zeiten verloren. Der „denkende Mensch“ beansprucht das komplex vernetzte System „Erde“ immer stärker, allein schon durch seine wachsende Zahl. Unweigerlich wird irgendwann eine der beteiligten Komponenten über einen Grenzwert hinausgetrieben, und sie versagt. Das Versagen einer Komponente wirkt auf das gesamte restliche System zurück, und da die gesamte Beanspruchung hoch ist, werden mit hoher Wahrscheinlichkeit dadurch andere Komponenten über ihre Limits getrieben und versagen ebenfalls, und so geht es weiter, genauso wie eine Reihe von Dominosteinen fällt, sobald der erste Stein der Reihe kippt. Das Umkippen betrifft das System als Ganzes, und es geht unfaßbar schnell vor sich, verglichen mit der bis dahin üblichen Geschwindigkeit von Veränderungen in dem System.

Alle singulären Problemlösungen verschlimmern die Grundsituation nur noch. Dazu kommt, daß sich die kritischen Bereiche immer mehr zuspitzen und im Lauf der Zeit die Auslöser eines Umkippens immer weniger groß zu sein brauchen.

Ein großes Erdbeben in Tokio kann ausreichen, um die Weltwirtschaft zusammenbrechen zu lassen und in der Folge Hungersnöte nie dagewesenen Ausmaßes auszulösen, in deren Verlauf das ökologische System durch verzweifelte Maßnahmen wie Überfischung, Holzverfeuerung und so weiter vollends zerstört wird. Unabhängig davon wird die gesamte Zivilisation zunehmend anfälliger gegen Epidemien, einerseits weil sich Erreger entlang moderner Verkehrswege immer leichter und weiträumiger ausbreiten können, andererseits weil die Immunsysteme von immer mehr Menschen aus einer Vielzahl von Gründen immer we-

niger leistungsfähig sind. Eine Reihe von Szenarien sind für das Umkippen denkbar, darunter auch solche, in denen es durch direkte menschliche Aktivitäten wie einen Nuklearkrieg oder eine künstlich hervorgerufene Seuche ausgelöst wird.
Wenig ausposaunt werden Studien darüber, daß die umweltschädigenden Auswirkungen der Überbevölkerung bereits mit jenen in Konkurrenz treten, die durch die industriellen Aktivitäten der Ersten Welt verursacht werden. Als Beispiele dafür finden sich:
Atmosphärenschädigende Brandrodungen von ungeheuer Größe. Dabei wird Kohlendioxyd nicht nur durch die Verbrennung selbst in die Luft geblasen, sondern auch aus dem Holz freigesetzt, da Holz ein CO2-Speicher ist.
Spalt- beziehungsweise die Ozonschicht zusätzlich attackierende Treibhausgase wie Methan aus den Mägen blähender Viehherden.
Voranschreitende Verkarstung, da Dung zunehmend nicht mehr als Dünger zu Einsatz kommt, sondern verbrannt oder als Baustoff verwendet wird. Weitere Verödung des Bodens durch unfreiwilligen Wanderakkerbau, der etwa dreißigmal mehr aus dem Boden herausholt, als wieder zurückkommt.
Dennis L. Meadows, Autor der nüchternen MIT-Analyse im Auftrag des Club of Rome "Die Grenzen" des Wachstums" sagte in einer TV-Sendung: "Wenn die Menschheit um 2030 an die elf Milliarden erreicht haben dürfte, wird die Natur eingreifen, und die Menschheit auf ein erträgliches Maß(!) zurückstutzen." Es ist der Phantasie des Lesers überlassen, was das bedeutet.
Der Astrophysiker Heinz Haber ging sogar einen Schritt weiter. Er nahm unsere Schadstoffzufuhr in die Natur mit einer gerade noch zu tolerierenden Relation von eins zu einer Million an (simpel ausgedrückt ein Gramm Gift pro Tonne sauberer Natur). Da der Homo sapiens als Parasit agiert, sollte sein Gewicht in Bezug auf die Biosphäre, präziser auf Fauna und Flora, die Relation von eins zu einer Million nicht überschreiten damit er nicht selbst zum Giftstoff wird. Nach dieser Gleichung dürfte die Menschheit maximal 175-200 Millionen Tonnen auf die Waage bringen, ein Gesamtgewicht, das vier Milliarden Personen mit einem Durchschnittsgewicht von 50 kg entspricht. Was darüber liegt ist im wahrsten Wortsinn Gift für den Planeten.

Ein kleines Potpourri soll andeuten wohin die Reise geht:
Atom- und Chemieunfälle haben eine Häufigkeit erreicht, daß man sie schon gar nicht mehr wahrnimmt. Dauernd stranden Wale und andere Meeressäuger, die aufgrund ihrer Kontamination als Sondermüll entsorgt werden müssen. Bei Untersuchungen von Wal-Innereien erwiesen sich Lunge, Leber oder Nieren der Tiere schwer mit Quecksilber belastet. Im Sommer 2002 stellten japanische Wissenschaftler in einigen Leberproben eine Überschreitung des Grenzwertes um das Fünftausendfache fest. Die Tauben im Umkreis der britischen Wiederaufbereitungsanlage für Brennstäbe "Sellafield" sollen laut Experten so radioaktiv sein, daß sie als Atommüll entsorgt werden müssen, was auch für ihren Kot gilt. Das ist kein Wunder, fanden Umweltschützer doch in Bodenproben gewaltige Mengen von Cäsium 137, Kobalt 60 und Americium 241, eine Verseuchung, die stellenweise größer ist als um den ukrainischen Todesreaktor von Tschernobyl. Einen Unterschied gibt es allerdings: Um Tschernobyl ist eine riesige Sicherheitszone um die strahlende Reaktorruine für Menschen und landwirtschaftliche Nutzung gesperrt, während in der unmittelbaren Umgebung der britischen Anlage Menschen arbeiten, Ackerbau und Viehzucht betrieben wird, und Nichtsahnende fröhlich in der verseuchten Irischen See baden. Schamhaft wird in Kleinmeldungen vermerkt, britischen Studien zufolge ist das Risiko für Leukämie und Non-Hodgin-Lymphom (eine Art Lymphknotenkrebs) bei Kindern, deren Väter in der Wiederaufbereitungsanlage „Sellafield" beschäftigt sind, doppelt so hoch wie normal. Auch in der Umgebung deutscher AKW lebt es sich angeblich nicht sehr gesund, wie aktuelle Untersuchungen zeigen sollen.
Eine Ölpest jagt die nächste. Tot an Stränden herumliegende Fischteppiche sind aufgrund ihrer Häufigkeit nun noch Kleinmeldungen wert.
Die Böden und Meere haben ihren Sättigungsgrad an Giften nahezu erreicht. Das vernetzte Ökosystem des Planeten hängt durch die rasende weltweite Bautätigkeit am seidenen Faden, was so gut wie überhaupt nicht diskutiert wird. Falls wir so fortfahren wie bisher, wird die UV-Strahlung in wenigen Jahrzehnten derart intensiv sein, daß kaum noch Pflanzen wachsen, einschließlich der Grundnahrungsmittel wie Reis, Gerste, Mais. Die Gesundheitssysteme wären schon vorher zusammengebrochen.

In den USA wurde 1996 der leicht mißzuverstehende "Befruchtungs-Notstand" ausgerufen, da durch Umweltgifte der Bestand an wilden Bienenvölkern in den vergangenen zehn Jahren um 90 Prozent zurükkgegangen ist. Farmer müssen seither Bienenstöcke mieten. UN-Schätzungen zufolge sind überhaupt ein Drittel aller Nutztierrassen vom Aussterben bedroht.
Durch gnadenlose Fischerei ist bereits ein Viertel des Fischbestandes vernichtet worden, weitere 44 Prozent haben ihre biologische Grenze erreicht. Laut UN-Welternährungsorganisation FAO sind über 70 Prozent der wirtschaftlich wichtigen Fischbestände durch industrielle Ausbeutung so gut wie leer. In dem Zusammenhang eine Frage: Wenn man sich der Erde aus dem Weltraum nähert, welche Lichtquellen nimmt man als erste wahr? Die Großstädte? Mitnichten. Es sind die riesigen Scheinwerfer der Fischereiflotten, die die Meere ausleuchten - und bis zur letzten Flosse leer fischen. Je drastischer die Fischbestände zurückgehen, um so mehr wird gefischt bis die Netze platzen. Obwohl wir es sind, die den globalen Fischbestand liquidieren, werden die Robben für den Fischschwund verantwortlich gemacht und in großer Zahl in altbekannter Weise bestialisch massakriert.
Ein weltweites Wasserforschungsprojekt in Amherst im US-Bundesstaat Massachusetts stellte vor der Jahrtausendwende fest, daß die weltweiten Lebensmittelvorräten aus Wassermangel um mehr als ein Zehntel zurückzugehen drohen. Die Zahl der Betroffenen könnte binnen 25 Jahren von derzeit 500 Millionen auf drei Milliarden anwachsen, die Bevölkerungszunahme mit allen ihren zusätzlichen Schäden noch gar nicht eingerechnet.
In China, auf dessen Wirtschaftsaufschwung der Westen seine Profithoffnung setzt, ist die Umwelt noch vor dem erhofften Aufschwung bereit schwer geschädigt: Die sieben großen Flußsysteme sind verschmutzt. 90 Prozent der Weideflächen sind schwer geschädigt, jährlich werden zusätzlich zwei Millionen Hektar Weiden zerstört. Die Meßwerte für die Luft überschreiten in zwei Dritteln der überwachten Städte die Grenzwerte. Auf 30 Prozent des riesigen Landes von fast zehn Millionen Quadratkilometern geht saurer Regen nieder.
In kaum mehr als einem Jahrhundert hat der Mensch seinen CO^2-Ausstoß von jährlich zirka zweihundert Millionen auf beachtliche sechs bis

sieben Milliarden Tonnen gesteigert, und wird ihn weiter steigern - man bedenke nur die diversen industriellen Aufbrüche in Asien. Der Ausstoß der für die Klimaveränderungen verantwortlich gemachten Treibhausgase war 1996 so hoch wie nie zuvor, nämlich 6,25 Milliarden Tonnen. Nicht wenige Fachleute sehen in der Smogkatastrophe von Südostasien im Jahr 1997 tatsächlich einen vorerst noch relativ lokalen Weltuntergang, Vorspiel zu Größerem. Monatelang standen Tausende Quadratkilometer Tropenwald in Flammen. Quelle des Desasters waren Waldbrände und Buschfeuer in Indonesien (nicht wenige davon aus Profitgier gelegt, um mit Ölpalmen- oder Edelholzkonzernen ins Geschäft zu kommen). Über den Millionenstädten mischte sich die kontinentweite Rauchwolke mit Verkehrsabgasen und Industrieabgasen zu einem Giftcocktail. Ungeheure Rauchschwaden bedeckten die Erdoberfläche und verwandelten selbst zur Mittagszeit die Sonne in eine matte Funzel in einem düsteren Dämmerlicht. Ein Pesthauch des Todes raubte etwa zweihundert Millionen Menschen buchstäblich die Luft. Gesichtsmasken halfen nicht. Sie verwandelten ihre Träger lediglich in maskierte Gespenster inmitten der Rauchschwaden.

Sie erlebten möglicherweise einen Vorgeschmack auf die Klima-Zukunft der Erde. Es ist zu befürchten, daß in wenigen Jahrzehnten, oder auch nur Jahren, Milliarden Menschen dasselbe durchmachen werden: Erst belegt sich die Zunge, dann wird die Stimme rauh, die Augen füllen sich mit Tränen, schließlich setzt keuchender Husten ein, der erst mit dem Tod endet.

Die Rauch- und Abgasglocke, die sich damals über Südostasien niedergesenkt hatte, bedeckte eine Fläche von der Größe Europas. Was dabei an in einigen Monaten Schadstoffen in die Atmosphäre gelangte, war ungleich mehr als der Schadstoffausstoß, den die gesamten Industriestaaten in vielen Jahren zusammenbringen. Es war die bisher größte, menschengemachte Naturkatastrophe der Geschichte mit fürwahr planetarischen Ausmaßen (so der Worldwide Fund of Nature). Verwunderlich ist sie dennoch nicht. Immerhin ist bereits ein Drittel der Tropenwälder Asiens schon abgeholzt oder, schlimmer noch, abgebrannt.

Ökosphäre kaputt!

Das Rote Kreuz warnte im Sommer 1999 unter Hinweis auf die kontinuierliche Zunahme von Desastern, die auf Klimaveränderung, Umweltzerstörung, Dammbauten und sonstige menschliche Eingriffe zurückzuführen sind, vor einen Zeitalter der Superkatastrophen. 1998 war das schlimmste Katastrophenjahr der bekannten menschlichen Geschichte. Wetterphänomene, Hurrikans, Überflutungen, Dürren usw. usf. betrafen fast 130 Millionen Menschen unmittelbar und verursachten Sachschäden von mindestens hundert Milliarden Dollar; dreimal soviel wie 1997. Soweit nach Meldungen von internationalen Hilfsorganisationen bekannt ist, haben die Opferzahlen und die Schadenssummen 1999, 2000 und 2001 eine kontinuierliche Steigerung erfahren, und die Tendenz ist weiter ansteigend.
Nach jedem Klimagipfel werden Durchbrüche gefeiert. Von solchem Gelabere unbeeindruckt, schreitet Mutter Erde auf ihrem derzeitigen Weg vom Treibhaus zur Wüste zügig voran. Weil nun einmal Wüsten entstehen, wenn man aus der Scholle mehr herausholt, als man hineinsteckt. Während in Afrika, Asien und in Teilen Europas immer größere Acker- und Weideflächen zu Wüsten werden, drohen anderen Weltregionen feuchte Alpträume.
Wissenschaftler warnten bereits Mitte der 1990er-Jahre davor, der im antarktischen Larsen-Eisschelf, nahe der Südspitze von Südamerika, entdeckte siebzig Kilometer lange Riß könnte der Beginn des Abschmelzens des südpolaren Eises sein, was zur Überflutung ganze Küstenregionen führen würde. Die Reaktion darauf war unter anderem die Aussage, man habe diesen speziellen Treibhauseffekt erst in zehn Jahren erwartet. Nicht ganz zehn Jahre später, nämlich im Frühjahr 2002 löste sich eine Riesen-Eisscholle mit der respektablen Größe von 3250 Quadratkilometern (sie ist größer als das österreichische Bundesland Vorarlberg) vom Schelf und zerbrach in Tausende Teile. Der Vorgang verwunderte die Wissenschaftler noch mehr und veranlaßte sie abermals zu der hilflosen Aussage, auch damit hätte man jetzt noch nicht gerechnet. Nur wenige Tage darauf erfolgte der nächste Eisberg-Abbruch, diesmal von west-antarktischen Thwaites-Gletscher in der Amundensee. Modellrechnungen zufolge war dieser Abriß - immerhin ein Brocken

von 3400 Quadratkilometern - erst in zehn bis zwanzig Jahren zu erwarten gewesen. Sehr beruhigend.
Mittlerweile brechen die Eisberge bereits im Tagesrhythmus ab, im Mai 2002 ein sieben Kilometer breites und 76 Kilometer langes Riesenstück vom antarktischen Ross-Eisfeld, und nur wenige Tage danach ein weiterer noch größerer Brocken, diesmal von beachtlichen 200 Kilometer Länge ab. Es geht anscheinend Schlag auf Schlag...
Wer wundert sich da noch über den morbiden Schlußkommentar einer Dokumentation über den Klimagipfel 1995, der da lautete?: „Der Energieverbrauch des Konferenzzentrums entspricht dem eines Tausend-Einwohner-Dorfes. Das schadet zwar der Erdatmosphäre, hat aber einen nicht von der Hand zu weisenden Vorteil: Die Katastrophe kommt schneller, und das Geschwätz hat endlich ein Ende."

Golfstrom ade

Der Nordatlantikstrom, wie der Golfstrom eigentlich heißt, bringt warmes Wasser aus tropischen Breiten nach Europa, das die Kaltluftströme aus der Arktis erwärmt und durchfeuchtet, bevor sie den Kontinent erreichen und bis zum Ural für gemäßigte Temperaturen und Niederschläge sorgen.
Der Mechanismus, der diesen Strom treibt, beruht auf Unterschieden im Salzgehalt des Meerwassers und in der Temperatur. Je weiter das warme Wasser nach Norden kommt, desto kälter wird es, und durch Verdunstung nimmt zudem der Salzgehalt zu. Schließlich wird es hypersalin, wie man sagt, und damit schwerer als alles, was sich darunter befindet; es sinkt auf den Meeresgrund hinab und ergießt sich südwestlich von Grönland als mächtiger unterseeischer Wasserfall in die Tiefe des Atlantikbeckens.
Der dadurch erzeugte Sog ist es, der ständig neues warmes Wasser aus dem Golf von Mexiko heraufzieht.
Obgleich das ein riesiges globales Geschehen darstellt, genügt bereits eine Erwärmung der Nordhalbkugel um etwa fünf Prozent - worauf wir uns mit Riesenschritten zu bewegen -, daß der Golfstrom nicht „nur" nachläßt, sondern komplett versiegt. Das würde in etwa so ablaufen:

Die allgemeine Erwärmung führt bekanntlich zu einem verstärkten Abschmelzen der Polargletscher. Viel gravierender als überflutete Küstenstriche oder versinkende Inseln ist der Umstand, daß es sich bei Polareis um Süßwasser handelt. Süßwasser ist leichter als Meerwasser, darum verteilt es sich weiträumig auf dem Meer, und es gefriert auch leichter. Mit beginnendem Winter bildet sich eine dünne Packeisdecke, die das warme Wasser aus den Tropen von der arktischen Kaltluft isoliert, die somit weder erwärmt noch durchfeuchtet werden kann, ehe sie in Europa einfällt. Da umgekehrt nichts von dem tropischen Wasser verdunstet, wird dessen Salinierung verhindert. Anstatt in die Tiefe zu sinken, verteilt es sich einfach in den Weiten des Nordmeers. Der unterseeische Wasserfall versiegt, und damit auch der Sog, der den Golfstrom angetrieben hat.
Damit würde in Europa dasselbe Klima herrschen wie in Südalaska oder Mittelsibirien: kalt, trocken, dauergefrorene Böden. Selbst im Hochsommer dürfte die Temperatur kaum je den Gefrierpunkt übersteigen. Eine halbe Milliarde Menschen leben in Europa - wohin sollen sie gehen, wie sich ernähren? Eine Kettenreaktion politischer, wirtschaftlicher, sozialer und militärischer Entwicklungen wäre die Folge, die das Ende der Zivilisation bedeuten, wie wir wie kennen.

Auf dem Weg ins Verderben...

Stirbt der Wald, stirbt auch der Mensch, kann man allenthalben hören, wobei der Wald weiter stirbt. Aber nicht nur er. Kaum beachtet sterben auch die Korallenriffe, die „Regenwälder der Meere". Seit fast drei Jahrzehnten wird eine zunehmende, weltweite Verseuchung der Riffe beobachtet. Große Areale sind krank oder abgestorben, erklärte der Professor vom Institut für Paläontologie der Wiener Universität Arnfried Antonius laut Zeitungsmeldungen schon 1997. Die Forscher rechnen damit, daß in den nächsten Jahrzehnten ein Drittel der Riffe verschwunden sein wird. Einem weiteren Drittel setzen Meeresverschmutzung, Überfischung und der Abbau von Korallenkalk als billiges Baumittel zu.
Meldungen aus dem Frühjahr 2002 zeigen, daß die Sache noch schlimmer ist, als befürchtet und sich rasend weiter beschleunigt. So sind laut

damaligen Meldungen fast 90Prozent der Korallenriffe Südostasiens schwerst bedroht. Studien des World Watch Institutes zufolge durch anhaltende Überfischung, Umweltverschmutzung und Ablagerungen. Da sich in Südostasien mit einer Ausdehnung von fast 100.000 Kilometern rund ein Drittel des weltweiten Korallenriffbestandes befindet, sieht die Sache düster aus.
Das geht auch uns an den Kragen, denn die Riffe besiedeln etwa die Hälfte der Weltmeere, in denen nicht nur sie dafür sorgen, daß wir Luft holen können.
Die größte Sauerstoffquelle der Erde ist nicht die Flora - vom Gänseblümchen bis zum Baumriesen - sondern das unterseeische *Phytoplankton.* Diese einzelligen Algen liefern durch ihre Photosynthese etwa zwei Drittel des Sauerstoffs, der notwendig ist, um das gegenwärtig immer noch atembare Luftgemisch aufrechtzuerhalten.
Von der Öffentlichkeit niemals sonderlich beachtet, zeichnete sich bereits in den 1970er-Jahren eine immer größere Gefahr für das Phytoplankton ab. Primär durch die ungeheure Menge des Pflanzenschutzmittels DDT, das unabbaubar seit Jahrzehnten im Ökokreislauf kreist. Man findet es in Eisbären, Pinguinen und an den unmöglichsten Orten, wo es aber schon gar nichts verloren hat. Bereits eine geringe Menge DDT im Meerwasser kann das Phytoplankton liquidieren und damit allem Leben auf Erden den Sauerstoff abdrehen.
Heutzutage landet eine ungeheure Palette von Chemikalien mit unaussprechlichen Namen in den Meeren und wetteifert in kühlen Tiefen mit der Klimaerwärmung darum, dem Plankton den Garaus zu machen. Wie andere Meerespflanzen lebt das Phytoplankton von in Wasser gelöstem Kohlendioxyd (CO^2). Je wärmer das Wasser ist, desto schwerer löst sich atmosphärisches CO^2 darin und desto näher rückt das Ende des Phytoplanktons. Wenn das gekommen ist, würden die auf der Erdoberfläche vorhandenen Wälder den Todeskampf von Mensch und Tier nur geringe Zeit aufhalten.
Unser bisheriges Verhalten gibt Anlaß der Annahme, daß wir sogar diese Gnadenfrist durch weiteres Abholzen noch verkürzen würden. Selbst wenn wir diesmal weniger selbstzerstörerisch wären und die Äxte von den Wäldern ließen, kämen selbst die verzweifeltsten Gegenmaßnahmen, beispielsweise die Nutzung des in der Erdkruste gebundenen Sau-

erstoffs, unweigerlich zu spät. Genausogut könnten wir versuchen, unsere Atmung auf Stickstoff umzustellen.
Unser Luftholen hängt von beidem ab: vom Leben in den Meeren und von der „grünen Lunge der Erde“. Und der geht es verdammt schlecht. Im Frühjahr 1999 konnte man in einigen Medien, wenn auch wie in solchen Fällen üblich als Kleinmeldung, erfahren, daß die Regenwälder noch bedrohter sind als man ohnedies befürchtet. Internationale Forscher ließen die Satellitenaufnahmen links liegen, auf deren Auswertung üblicherweise alle Schätzungen hinsichtlich Regenwaldverlust basieren.
Man begab sich vor Ort, machte Aufnahmen von Flugzeugen und befragte Leiter von Sägewerken und Landbesitzer. Dabei stellte sich heraus, daß bereits über 16 Prozent der drei Millionen Quadratkilometer bedeckenden Regenwälder, in denen ein Drittel aller Pflanzen und Tiere der Erde heimisch ist, zerstört sind. Diese Vernichtung ist dreimal so hoch als die betreffenden Regierungen anzugeben pflegen.
Entgegen weitverbreiteter Meinung ist dieser ökologische Kahlschlag weniger internationalen Konzernen anzulasten, als den Rodungen durch einheimische Kleinbauern. Beispielsweise leben derzeit in der Region des früher eher dünn besiedelten Regenwaldes am Amazonas über zwanzig Millionen Menschen. Auch hier, wie überall, ist die Tendenz steigend.
Wenn bei einem Menschen mehr als ein Sechstel seiner Lunge zerstört ist, macht er sich Sorgen um sein Überleben. Und der Homo sapiens als Spezies? Der macht weiter wie gehabt. Die Armen sägen. Die Reichen und Mächtigen feiern, obgleich sie sehr wohl wissen, was vor sich geht. Aber was soll’s. Noch raucht im wahrsten Wortsinn der Schlot.
So entfaltet sich am Beginn des einundzwanzigsten Jahrhunderts ein gespenstisches Szenarium: Das reiche Fünftel der Weltbevölkerung verbraucht achtzig Prozent der Brennstoffe, die für den Treibhauseffekt verantwortlich sind und jagt sogar fünfundachtzig Prozent des Weltholzertrages durch den Schornstein. Ein US-Bürger produziert 170mal mehr Kohlendioxyd als ein Einwohner Nigerias, und ein Holländer verbrennt 100mal mehr Öl als ein Mensch in Bangladesh. Könnten alle so leben wie die Europäer und die Amerikaner, wäre der Vorhang vor der sogenannten menschlichen Zivilisation bereits niedergegangen.

Es nützt alles nichts, der Mensch ist nicht nur ein Parasit der Erde, er ist offensichtlich auch ein überlebensunfähiger, ein dummer Parasit. Clevere Parasiten töten ihre Wirte nämlich nicht. Wir schon. Schlimmer noch, wir tun es im vollen Bewußtsein, daß wir keine zweite Erde im Keller haben. Anscheinend können wir einfach nicht anders.

Wissend und geradezu gelassen nehmen wir buchstäblich alles hin, sei es nun Algenpest am Urlaubsstrand, Vergiftung von Erde, Wasser und Luft, wachsende Ozonlöcher, AIDS, Abbau des Immunsystems, Bürgerkriege an der Haustür, Verfall von Lebensqualität, Orientierungslosigkeit, Wertverlust, explosionsartig steigende Verbrechensraten, Streß bereits im Kinderwagen, Terrorismus, haarsträubende Ungerechtigkeiten, usw. usf. Man ist es leid, vom Niedergang des Planeten, vom Absterben der Umwelt, vom Zerfall der Gesellschaft, von grassierender Armut und von Tierquälereien monströsen Ausmaßes zu hören.

Ein „Umbau" des tiefsitzenden evolutionistischen Make-up des Menschen durch Erziehung zum Umdenken in Richtung auf weniger Kinder und gar kein Wirtschaftswachstum würde mehrere Generationen dauern. Diese Zeit steht nicht zur Verfügung. „Auf die Schnelle" - etwa durch die mehr als problematische Gentechnologie - ist solches schon gar nicht zu bewerkstelligen. Nur schlagartig ausbrechende Weisheit, gepaart mit der Abkehr vom Eigennutz, könnte das Schlimmste verhindern. Die Zustände auf unserer Erde scheinen jedoch der schlagende Beweis dafür zu sein, daß sich nirgendwo ein solches Wunder anbahnt.

Die Aussicht, in unterirdischen Städten zu überleben und in eine verseuchte, ausgemergelte Welt zurückzukehren ist nicht verlockend und mag bei manchen zur folgenden unliebsamen aber unausweichliche Erkenntnis geführt haben: Je größer die Zerstörungen sind, die der Homo sapiens auf seinem Heimatplaneten noch anrichtet, je mehr Rohstoffe er noch verbraucht, je mehr Gift er noch verteilt, je mehr radioaktiven Müll er noch anhäuft und je mehr Ackerland er zur Wüste macht, um so schlimmer wird der Zusammenbruch sein.

Könnte es sein, daß die einzige Rettung der Spezies darin besteht, den Zusammenbruch zu beschleunigen, so mögen jene denken, die im Besitz der Möglichkeiten sind, eine Beschleunigung des Zusammenbruchs in die Wege zu leiten und gleichzeitig dafür zu sorgen, daß nur die Richtigen überleben und danach noch eine Welt vorfinden, mit der sich eine

Zukunft aufbauen läßt. Und wer sind die „Richtigen“? Sie selbst natürlich.
Darum orten nicht nur Schwarzseher Anzeichen für eine geheime Alternative, wie radikal sie auch sein mag und welche Nummer sie auch hat. Sie sind überzeugt, daß Global Players, die Menschen und Nationen wie Schachfiguren herumschieben, Großgemetzel vom buchhalterischen Standpunkt betrachten, und möglicherweise nichtirdische Verbündete haben, niemals mit der menschlichen Vernunft rechnen würden. Die öffentlich erörterten Lösungsvorschläge zur Rettung der Menschheit sind in der Tat eher geeignet, die Koffer packen zu lassen und sich um ein Ticket in die Neue Welt zu bewerben, wo immer sie auch sein mag.

Aufbruch ins All

„Für die Vorstellung, daß in einem
begrenzten System irgend etwas ewig
wachsen kann - sei es die Wirtschaft
oder die Bevölkerung - gibt es nur ein
einziges Wort: Wahnsinn!“
Ein nicht genannt werden wollender Wissenschaftler

Die Erde wird immer schneller ein heißes Pflaster für Schöngeister. Schon 1977 nannte der deutsche Naturwissenschaftler Dr. Emil-Heinz Schmitz in seinem Buch „Unsterblichkeit im All“ den ganzen dritten Teil: Weshalb wir die Erde verlassen werden mit den Unterkapiteln: Menschen, Menschen, Menschen... Giftlawine über Terra... Die Hoffnungsschimmer trügen. In seinem Buch beschrieb er die altbekannten Zustände, die bereits damals als nicht tolerierbar erkannt worden waren. Günther Schwab beschrieb sie sogar nochmals zwanzig Jahre früher, und zwar 1958 in seinem All-Time-Bestseller „Der Tanz mit dem Teufel“, an den ich mich aus meiner Jugend erinnern kann, nicht weniger prägnant und völlig korrekt extrapolierend. Seither hat sich an den Horrorszenarien wenig geändert. Lediglich die Zahlen gingen Jahr für Jahr hinauf, und neue Desaster gesellten sich zu den alten.

„Wir müssen raus und wir werden rauskommen!“, diesen unausgesprochenen Grundkonsens hören manche aus öffentlichen Statements heraus oder lesen ihn zwischen Zeilen. In dem Zusammenhang wird darauf hingewiesen, daß die Raumfahrt, die nach ihren ununterbrochenen Triumphen ein jähes Ende gefunden hat, nach einem dreißigjährigen Schlaf nicht weniger abrupt wieder zu erwachen scheint. Heute wird jedenfalls die Rückkehr zum Mars heftig diskutiert, Weltraumstädte sind in Planung, grenzenübergreifende Zusammenarbeit blüht und am Himmel schwebt die neue Internationale Raumstation ISS. Ehemalige Gegner arbeiten zusammen, und große Visionen werden ventiliert. Wissenschaftler wie der Biophysiker Robert Hayes sind zuversichtlich, daß wir sehr wohl ins All vordringen und andere Planeten besieden werden, eventuell nach deren vorherigem Umbau. Für diesen Prozeß der Terraformung hat er sogar einen eigenen Terminus geschaffen: ecopoiesis. O-Ton Hayes: „Die Ausbreitung des Lebens von der Erde auf andere Planeten kann sich durchaus als das kulturelle Vermächtnis unserer Spezies im Universum erweisen.“

Der Mars, ein kalter, sauerstoffarmer Planet mit flacher Lufthülle, Temperaturen bis zu Minus 120 Grad und ohne flüssiges Wasser, wird heute schon konkret zur Besiedelung vorgemerkt. In den ersten Jahrzehnten dieses Jahrtausends sind diverse Sonden- und Landeunternehmen geplant, konkret für 2018. Danach soll es dann richtig losgehen mit dem Terraformen. Die Polkappen sollen aufgetaut werden zur Gewinnung von Wasser als Lebensgrundlage. Die Atmosphäre wird aufgeheizt, und noch mehr in der Art. Während diese Programme laufen, wird man in kuppelförmigen Modulen hausen.

Der führende Terraformspezialist Englands Martyn J. Fogg schlägt den Einsatz jener Treibhausgase vor, die uns auf Erden zu schaffen machen, um auf dem Mars eine lebenswerte Umgebung mit ausreichend Sauerstoff zu produzieren, was allerdings etwa 20.000 Jahre in Anspruch nehmen würde. Kühnere Denker wollen denselben Effekt in läppischen fünfzig Jahren durch den Einsatz von riesigen Hohlspiegeln, eventuell sogar ein spiegelndes Band im marsnahen Weltraum schaffen. Ambitioniert, aber vielleicht durchaus noch lange nicht alles...

Völlig losgelöst von den Gesetzen der Physik

Neunzehn hochkarätige Experten sitzen um einen großen Konferenztisch. Vor jedem von ihnen steht ein Laptop. Daneben liegen dicke Stapel von Mappen mit Diagrammen, Analysen, mathematischen Berechnungen, Konstruktionszeichnungen, Computersimulationen und diversen anderen Arbeitsunterlagen. Das Team aus Physikern, Raumfahrtwissenschaftlern, Astrophysikern und Ingenieuren diskutiert ein Weltraumprogramm wie es in der Geschichte der Menschheit noch nie da war. Ein interstellares Weltraumprogramm, basierend auf den Möglichkeiten überlichtschneller Raumfahrt.

Kühne Konzepte schwirren durch den Raum. Man spricht von schnellen Raumreisen über Lichtjahre hinweg durch Wurmlöcher. Tachyonen-Antriebe werden erörtert. Der jahrelange Wunschtraum der Physiker, Relativitätstheorie und Quantenphysik unter einen Hut zu bringen, wird in greifbare Nähe zu gerückt - und damit auch die Möglichkeit zu Nullzeit-Raumsprüngen ohne Einstein ins Gehege zu kommen. Quanteneffekte könnten es Raumschiffen ermöglichen, mittels eines makrokosmischen Tunneleffektes ebenso überlichtschnell von einem Ort zu anderen zu tunneln, wie Elektronen dies zu tun pflegen. Erste Schritte dazu seien mit den supraleitfähigen SQUIDS (Supraconducting Quantum Interference Devices) ja schon getan, die zu der Entwicklung überlichtschnell arbeitender Computer führen sollen, so wird argumentiert.

Auch Raumschiff-Antriebe mittels Kreuz-Korrelation (jener Effekt, der bewirkt, daß Elementarteilchen mit einander in Verbindung bleiben, wenn sie mit Lichtgeschwindigkeit in entgegensetzte Richtung fliegen) finden ihre Befürworter. Desgleichen Raumreisen durch höhere Dimensionen, oder über die Einstein-Rosen-Brücke durch den äußeren Ereignishorizont von künstlichen Schwarzen Löchern, deren Erzeugung mittels Schwerkraftmanipulationen ohne viel Federlesens vorausgesetzt wird. Exotische Ausdrücke wie Space Time Hypersurfing oder Warp-Antrieb fallen.

Spätestens beim „Warp-Antrieb“ dürfte den meisten Lesern klargeworden sein, daß es sich nur um ein Szenario aus einem Science Fiction-Roman oder Film handeln kann. Schließlich ist dieser Terminus auch vielen Nichtwissenschaftlern wohlbekannt, verleiht besagter „Warp-An-

trieb“ doch dem berühmten Raumschiff Enterprise die Fähigkeit, mit exponentiell anwachsender Überlichtgeschwindigkeit durch die Weiten des Alls zu rasen „where no man has gone before“. Trotzdem Fehlanzeige. Ein Szenario wie das geschilderte, soll im Prinzip ebenso realistisch sein, wie eine Vollversammlung der UNO (nichts gegen die UNO).
Niemand geringerer als die NASA ist es nämlich, die laut der astronomischen Zeitschrift „Skyweek“ bereits seit 1996 darangeht, Vorstellungen zu möglichen Überlichtantrieben entwickeln zu lassen. Dies soll im Rahmen der sogenannten Breakthrough Propulsion and Power Working Group (Durchbruch Antriebs- und Kraftquellen-Arbeitsgruppe) geschehen. Sie ist dem Advanced Space Transportation Programme (Fortgeschrittenes Weltraumtransportprogramm) der NASA angeschlossen und wird sogar von einem eigenen Regierungsausschuß überwacht. Der Leiter dieser Durchbruchgruppe, Dr. Mark Millis vom Lewis Research Center, hatte den neunzehn Spezialisten vor Beginn ihrer revolutionären Arbeit den Auftrag gegeben, auch nach Wegen zu suchen, die der etablierten theoretischen Sichtweise zuwiderlaufen. Spezielle Entwicklungen in der theoretischen Physik der letzten Jahre - nicht zuletzt die erfolgreichen Teleportations-Experimente des österreichischen Physikers Zeilinger von der Uni Innsbruck - hätten Möglichkeiten eröffnet, die zu völlig neuen Anwendungen führen können, so die Grundprämisse dieser mehr als unorthodoxen Forschungsgruppe, auf deren Resultate man gespannt sein kann.
Der Science Fiction-Autor James Blish hatte die Tatsache, daß die Relativitätstheorie erklärt, was die Newtonsche Mechnik nicht zu erklären vermag, einmal mit dem lapidaren Statement kommentiert: „Einstein hat Newton gefresssen.“ Wer frißt Einstein?, könnte man weiterfragen und die Relativitätstheorie zu einer Untertheorie machen, auf daß Überlichtraumfahrt sich entfalte. „Fortgeschrittene Wissenschaft ist von Magie nicht zu unterscheiden“, dieser berühmte Satz eines anderen Science Fiction-Autors, des Physikers und Mathematikers Arthur C. Clarke, könnte als Antwort herangezogen werden.
Im neunzehnten Jahrhundert betrachtete man die möglichen Erkenntnisse der Naturwissenschaft so gut wie komplett, und wollte sich den schönen Künsten zuwenden. Das geschah nicht, und so müßte einem

Forscher des vor-vorigen Jahrhunderts so manches fast wie Zauberei erscheinen, das für uns selbstverständlich ist. Noch konkreter: Man nehme eine schlichten Solarrechner, wie sie manche Firmen an Kunden verschenken, und sende ihn mittels Zeitmaschine ins Jahr 1965. Weder das Smithsonian Institute, das MIT, das Boltzmann-Institut oder sonst jemand in den 1960er-Jahren, wäre in der Lage, diesem simplen Werbegeschenk aus unserer Gegenwart sein Funktionsgeheimnis zu entlocken. Man könnte es bestaunen, damit rechnen, es als Lesezeichen oder als Spachtel verwenden. Beim Versuch, den Solarrechner gewaltsam zu analysieren, würde er zerstört werden. Und das bei einem Technologievorsprung von nicht einmal vierzig Jahren. Welche Wunder die Technik in drei Jahrzehnten von heute an zu vollbringen vermag, läßt sich kaum abschätzen. Natürlich unter der Voraussetzung, daß es dann noch eine Menschheit gibt.

Damit sind wir wieder bei der unmittelbaren Zukunft mit noch mehr Unwissenheit, noch mehr Verelendung, noch mehr Hunger, noch mehr Nachwuchs, noch mehr Massakern, noch mehr Vernichtung der Existenzgrundlagen allen Lebendigen, uns eingeschlossen.

Man muß es zugeben: so könnten die Voraussetzungen für eine Elitenflucht ins All schon aussehen. Sollte der Nobelpreisträger Max Born mit seiner Aussage recht haben, daß der Versuch der Natur, ein vernunftbegabtes Wesen zu schaffen, auf der Erde als gescheitert betrachtet werden muß?

Nachgedanken

Ob der Mensch durch die Evolution zum wahnsinnigen Irrläufer wurde, oder ob ihn Aliens so „gemacht" haben, wie manche vermuten, spielt letztendlich keine große Rolle. Ein Selbstmordprogramm läuft anscheinend, wenn auch offenbar im allgemeinen Konsens totgeschwiegen. Da die Chance auf späte, aber vielleicht doch nicht *zu* späte Einsicht verschwindend gering sein dürfte, hegen manche die zweischneidige „Hoffnung", geheime irdische (und nichtirdische) Mächte würden den Homo sapiens aus völlig unterschiedlichen Motiven heraus nicht bis zum letzten Exemplar verkommen lassen.

Wer sich fragt, warum ich die wahren Top-Akteure nicht beim Namen nenne und nur ihre möglichen Handlanger (beispielsweise Geheimdienste) erwähnt habe, dem kann ich nur erwidern: „Weil ich sie nicht kenne." Natürlich könnte ich Mutmaßungen vor mir geben, aber keine der Gruppierungen, auf die man vielleicht zeigen kann, findet sich nicht auch in den Hekatomben an einschlägiger Literatur. Sie werden von vielen ohnedies für alles und jedes verantwortlich gemacht, bis hin zu den absurdesten Unterstellungen. *So* nicht, kann ich dazu nur sagen.

An ihren Früchten sollt ihr sie erkennen, war meine Überlegung. Lassen sich „Früchte" geheimer Umtriebe entdecken, und gar Puzzlesteine zu einem größeren Ganzen zusammensetzen, dann wird es wohl auch geheime Spieler geben. Ich habe rote Fäden gesucht, möglicherweise gefunden, und mit einer gewissen Logik hypothetisch zu dem Spinnennetz zu verknüpfen, das für manche ohnedies eine fixe Tatsache ist.

Zur abschließenden Klarstellung: ich vertrete keine Ideologie, und habe keine wie immer gearteten Alternativvorschläge. Nicht einmal einen Appell an Mächtige und Global Players, denn das allerletzte Wort hat ohnedies eine Instanz, die mächtiger ist als irdische Strippenzieher und undurchsichtige Aliens: die Realität. Was sie zu sagen hat, werden wir beizeiten erfahren.

Nein, so apokalyptisch darf es nicht enden, und so braucht es auch nicht zu enden.

Kein Leser soll das Buch mit dem Gefühl aus der Hand legen, daß der menschliche Karren unaufhaltsam in den Abgrund donnert. Zum einen ist die Überlebenskraft unserer liebenswerten Spezies immer dann am größten, wenn wir mit dem Rücken zur Wand stehen, und zum anderen können außerirdische Mächte sehr wohl zu unserer Errettung herbeieilen, um uns in eine „kosmische Brüderschaft" zu geleiten. Es muß bei uns nicht Hopfen und Malz verloren sein. Immerhin spricht eine auch Reihe von ernstzunehmenden Indizien für eine nicht mehr all zu ferne offene Kontaktaufnahme, feinfühlig vorbereitet von eingeweihten Regierungen.

Ob Elitenflucht von einer untergehenden Erde, oder ein Sitz für die Menschheit in einer viel beschworenen Galaktischen Föderation, beides ist noch offen. Time will tell...

Bibliographie:
Quellen und weiterführende Literatur

Klarstellung: Dies ist ein um Komplettheit bemühtes Buch. Sämtliche herangezogenen Werke sollen die Bandbreite der Verschwörungstheorien möglichst umfassend darstellen, fernab von Ideologisierung oder plumper Polemik. Der überwiegende Großteil der Quellen erfüllt alle Anforderungen an seriöses Quellenmaterial. Zweifelhaftes wurde als solches deklariert. Meine Empfehlung geht dahin, das eigene Geschichts- und Weltbild ebensowenig von abstrusen Theorien beeinflussen zu lassen, wie von Schönfärbereien und Verzerrungen.

Teil I

UNSICHTBARE GESCHICHTE

Schattenwelt

Hanns Leo Mikoletzky (Hrsg.): Geschichte lebt (Wien 1958)

James Truslow Adams: The Epic of America (New York 1931)

Malte Olscheswski: Von den Karawanken bis zum Kosovo. Die geheime Geschichte der Kriege in Jugoslawien (Wien, 2000)

Noahm Chomsky: People Without Rights. Kosovo, Ost-Timor und der Westen (Hamburg 2002)

Mira Behan: Kriegstrommeln (München 2000)

John R. MacArthur: Die Schlacht der Lügen - Wie die USA den Golfkrieg verkauften (München 1994)

Hans Kronberger: Blut für Öl. Der Kampf um die Ressourcen (Wien 1998)

Margret Boveri: Der Verrat im XX. Jahrhundert (Hamburg 1956)

Daniel Yergin: Der Preis. Die Jagd nach Öl, Geld und Macht (Frankfurt 1991)

Arthur Ponsonby: Lügen in Kriegszeiten (Berlin 1930)

Corino Karl (Hrsg.): Gefälscht (Närdlingen 1988)

Viktor Farkas: Geheime Bünde & Verschwörungen (Wien 2001)

Daniel Pipes: Verschwörung (München 1998)

„Right or Wrong, my Country!"

Margret Boveri: Der Verrat im XX. Jahrhundert (Hamburg 1956)
S. Brodie: Sea Power in the Machine Age (London 1969)
E. B. Potter u.a.: Seemacht (Herrsching 1982)
Helmut Diwald: Die Erben Poseidons - Seemachtpolitik im 20. Jahrhundert (München 1984)
Walter Krämer/Gätz Trenkler: Lexikon der populären Irrtümer (Frankfurt 1996)
Harry E. Barnes: The Genesis of War (New York 1926).
E. R. Carmin: Guru Hitler (Zürich 1984)
W. Sims: Über den U-Bootkrieg (Berlin 1919)
Colin Simpson: Die Lusitania (Frankfurt 1973)
F. William Engdahl: Mit der Ölwaffe zur Weltmacht (Wiesbaden-Nordenstadt 1992)
Friedrich W. Doucet: Im Banne des Mythos (Esslingen 1979)
P. Lanne: Armenien: Der erste Völkermord des 20. Jahrhunderts (München 1977)
Manvell/Fraenkel: The Incomparable Crime. Mass Extermination in the 20. Century (London 1967)
Colin Wilson: A Criminal History Of Mankind (London 1986)
John dos Passos: Mr. Wilson's War (New York 1962)
Charles Callan Tansill: America Goes To War (Boston 1938)
H. Knaut: Das Testament des Bösen (Stuttgart 1979)
Gary Allen: Die Insider (Wiesbaden 1980)
Harry Elmer Barnes: Entlarvte Heuchelei (Wiesbaden 1961)
Desmond Stewart: Lawrence von Arabien (Düsseldorf 1979)
T. E. Lawrence: The Seven Pillars of Wisdom (London 1935)
Otto Ernst Schüddekopf: Der erste Weltkrieg (Gütersloh 1977)
E. R. Carmin: Fünf Minuten vor Orwell (Zürich 1979)
E. R. Carmin: Das schwarze Reich (München 1997)
B. Sidney Fey: Origin of the World War (New York 1931)
Alexander und Juliett George: Woodrow Wilson and Colonel House (New York 1956)

George S. Viereck: The Strangest Friendship in History (New York 1934)
Carl Bernstein/Marco Politi: His Holiness (New York 1996)

Jenseits der Staatsräson

Michael Pearson: Der plombierte Zug (Hamburg 1977)
Elisabeth Heresch: Geheimakte Parvus. Die gekaufte Revolution (München 1998)
Robert Hunter: Revolution, Why, How, Where (New York 1940)
Arsene de Goulevitch: Czarism and the Revolution (Hawthorne 1961)
B. O. Forbes: Men Who are Making America (New York 1922)
Colin Wilson: A Criminal History of Mankind (London 1986)
Anthony C. Sutton: National Suicide - Military Aid to the Sovjet Union (New York 1974)
Anthony C. Sutton: Wall Street and the Bolshevik Revolution (New York 1975)
Louis F. Budenz: The Bolshevik Invasion of the West (Linden 1966)
Gary Allen: Die Insider (Wiesbaden 1980)
Eustace Mullins/Roland Bohlinger: Die Bankierverschwörung (Strkckum 1980)
William Greider: How the Federal Reserve Runs the Country (New York 1987)
E. W. Kemmerer: ABC of the Federal Reserve System (Princeton 1919)
Günter Hannich: Börsenkrach und Weltwirtschaftskrise (Rottenburg 2001)
Viktor Farkas: Jenseits des Vorstellbaren (Wien 1996)
Viktor Farkas: Geheime Bünde & Verschwörungen (Wien 2001)
Proctor Hansl: Years of Plunder (New York 1935)
Gabriel Kolko: The Triumph of Conservatism (Chicago 1967)
Torsten Kreuger: Die Wahrheit über Ivar Kreuger (Stuttgart-Degerloch 1966)

Machtspiel mit Pulver und Blei

Mac Kinley Kantor: If the South Had Won the Civil War (New York 1961)

Gerhard Prause: Niemand hat Kolumbus ausgelacht - Fälschungen und Legenden der Geschichte richtiggestellt (Düsseldorf 1986)
Viktor Farkas: Geheime Bünde & Verschwörungen“ (Wien 2001)
Theodore Roscoe: The Web of Conspiracy: The Complete Story of the Man who Murdered Abraham Lincoln (Englewood Cliffs 1960)
Marcus Junkelmann: Der amerikanische Bürgerkrieg 1861-1865 (Augsburg 1992)
Erwin Barth von Wehrenalp: Man sollte es nicht für möglich halten - Unglaubliches aus der Weltgeschichte (Düsseldorf 1988)
Ronald J. Jensen: The Alaska-Purchase and Russian-American Relations (Washington 1975)
Peter Blackwood: Die Netzwerke der Insider (Leonberg 1986)
David Balsinger/Charles Sellier: The Lincoln Conspiracy (Los Angeles 1977)
Wie geschah es wirklich? Den Geheimnissen der Weltgeschichte auf der Spur (Stuttgart 1990)

Zum Abschuß freigegeben?

Dr. John Lattimer: Kennedy and Lincoln (New York 1980)
Gerhard Prause: Niemand hat Kolumbus ausgelacht - Fälschungen und Legenden der Geschichte richtiggestellt (Düsseldorf 1986)
Jim Garrison: Wer erschoß John F. Kennedy? (Bergisch Gladbach 1992)
Robert J. Groden/Harrison Edward Livingstone: High Treason - The Assassination of President John F. Kennedy and the new Evidence of Conspiracy (New York 1990)
Dr. Michael M. Baden/Judith Adler Hennessee: Unnatural Death. Confessions of a Medical Examiner (New York 1989)
Sid Blumenthal/Harvey Yazitian: Government by Gunplay (New York 1976)
Michael L. Kurtz: Crime of the Century (Knoxville 1982)
Franklin L. Ford: Der politische Mord (Hamburg 1990)
Peter Dale Scott: Deep Politics and the Death of JFK (Berkeley 1993)
Jim Marrs: Crossfire (New York 1988)
Sylvan Fox: The Unanswered Questions about President Kennedy's Assassination (New York 1967)

David Lifton: Disguise and Deception in the Assassination of John F. Kennedy (New York 1988)
Richard H. Popkin: The Second Oswald (New York 1966)
Mark Lane: Possible Denial (New York 1991)
Sylvia Meagher und Gary Owens: Master Index to the J.F.K. Assassination Investigations (Methuchen 1980)
Paris Flammonde: The Kennedy Conspiracy (New York 1969)
James Zwart: Invitation to Hairsplitting - A Hypercritical Investigation into the True Function of the Warren Commission and the True Nature of the Warren Report (Amsterdam 1970)
G. Robert Blakey: The Plot to Kill the President (New York 1981)
Unglaublich, aber wahr (Stuttgart 1976)
Viktor Farkas: Jenseits des Vorstellbaren (Wien 1996)
Viktor Farkas: Geheime Bünde & Verschwörungen (Wien 2001)

Die im Dunkeln sieht man nicht

Geheimbünde und Verschwörungen (Leipzig 1831)
Georg Schuster: Geheime Gesellschaften, Verbindungen und Orden (Dreieich 1905)
Des Griffin: Wer regiert die Welt? (Vaduz 1986)
Dan Smoot: The Invisible Government (Boston 1965)
Stephen Pizzo/Paul Muolo/Mary Fricker: The Looting of America's Savings and Loans (New York 1989)
William Engdahl: Mit der Ölwaffe zur Weltmacht (Wiesbaden 1992)
Ralph A .Epperson: The Unseen Hand (Stelle 1981)
Viktor Farkas: Jenseits des Vorstellbaren (Wien 1996)
Viktor Farkas: Neue Unerklärliche Phänomene (Peiting 2001)
Viktor Farkas: Geheime Bünde & Verschwörungen (Wien 2001)
Monika Jensen-Stevenson/William Stevenson: Kiss the Boys Goodbye (New York 1990)
J.Ch-Brisard&G. Dasquié: Die verbotene Wahrheit (Zürich 2002)
W.Eggert: Out of the Blue? (München 2001)
H. Peccator: Trümmer für den Feldherren (Alsfeld 2001)
Noam Chomsky: Necessary Illusion: Thought Control in Democratic Societies (New York 1988)
Noam Chomsky: What Uncle Sam really wants (New York 1992)

Noam Chomsky: Profit over People (Hamburg 2000)
Noam Chomsky: War against People (Hamburg 2001)
Noahm Chomsky: The Attack. Hintergründe und Folgen (Hamburg 2002)
Walter Bowart: Operation Mind Control (New York 1978)
Alan Scheflin/Edward Opton jr.: The Mind Manipulators (London 1978)
John Marks: The Search for the Manchurian Candidate (New York 1979)
Theodore Roszak: The Making of a Counter Culture (New York 1968)
Martin A. Lee/Bruce Shlain: Acid Dreams. The CIA and Mind Control (New York 1979)
Jay Stevens: LSD and the American Dream (London 1989)
Marilyn Ferguson: The Aquarian Conspiracy (London 1981)
John Marks: The CIA and Mind Control (New York 1979)
Carol Greene: Mörder aus der Retorte (Wiesbaden-Nordenstadt 1992)
Gordon Thomas: Journey into Madness. The True Story of CIA Mind Control and Medical Abuse (New York 1989)
James Bamford: NSA. Die Anatomie des mächtigsten Geheimdienstes der Welt (München 2001)
Tim Weiner: The CIA opens it's Safe (New York 1993)
David St. Clair: The Psychic World of California (New York 1972)
John Ranelagh: The Agency (London 1986)
Anthony Summers: Conspiracy (New York 1989)
Alfred W. McCoy: The Politics of Heroin: CIA Complicity in the Global Drug Trade (New York 1991)
Tom Bower: The Paperclip Conspiracy (Boston 1987)
Robert Harris/Jeremy Paxmann: A Higher Form of Killing: The Secret Story of Chemical and Biological Warfare (New York 1982)
Jonathan Vankin: Conspiracies, Cover-Ups and Crimes - From Dallas to Waco (Lilburn 1996)
Jonathan Vankin/John Whalen: The 60 Greatest Conspiracies of all Time (Secaucus 1996)

Teil II

NICHT VON UNSERER ERDE

Im Niemandsland

Andreas Rétyi Andreas von: Das Alien Imperium - UFO-Geheimnisse der USA (München 1995)
Brad Steiger (Ed.): Project Blue Book (New York 1976)
Brad Steiger/Joan Writhenour: Flying Saucers are Hostile (New York 1967)
Charles Berlitz/William Moore: Der Roswell Zwischenfall, Die UFOs und der CIA (Hamburg 1980)
Coral and Jim Lorenzen: UFOs over the Americas (New York 1968)
David Fishlok: Man Modified (London 1969)
David Michael Jacobs: Bedrohung. Die geheime Invasion der Aliens (Rottenburg 2001)
David Michael Jacobs: The UFO Controversy in America (New York 1975)
David Michael Jacobs: The Threat. What Aliens really want…and how they plan to get it (London 1999)
David Rorvik: As Man becomes Machine (London 1979)
Donald E. Keyhoe: Der Weltraum rückt uns näher (Berlin 1954)
Donald E. Keyhoe: Flying Saucers: Top Secret (New York 1960)
Donald E. Keyhoe: The Flying Saucer Conspiracy (London 1957)
Douglas Curran: In Advance of the Landing - Folk Concepts of Outer Space (New York 1985)
Dr. Allen J. Hynek: The Hynek UFO Report (New York 1977)
Dr. Allen J. Hynek: The UFO Experience: A Scientifc Inquiry (New York 1972)
E. W. Kemmerer.: ABC of the Federal Reserve System (Princeton 1919)
Eduarde Herrholz: Die geheime Macht. USA unter dem Einfluß Außerirdischer (Bausendorf 1991)
Edward J. Condon: Scientific Study of Unidentified Flying Objects (New York 1969)
Edward J. Ruppelt: The Report on Unidentified Flying Objects (New York 1956)
Frank Edwards: Flying Saucers - Serious Business (New York 1966)

Frank Edwards: Flying Saucers - Here and Now! (New York 1967)
Franklin Roach Franklin E.: Visual Observations Made by Astronauts (New York 1969)
George Williamson Hunt/McCoy John: UFO Confidential! The Meaning Behind the Most Closely Guarded Secret Of All Time (Corpus Christi 1958)
Hammond Ray Hammond: The modern Frankenstein (Dorset 1986)
Harold T. Wilkins: Flying Saucers Uncensored (New York 1967)
Hartwig Hausdorf: UFO-Begegnungen der tödlichen Art (München 1998)
Hearings Before the Comittee on Science and Astronautics, House of Representatives: Symposium on U.F.O.s (Springfield 1968)
Helmut Lammer/Oliver Sidla UFO-Nahbegegnungen (München 1997)
Helmut Lammer/Oliver Sidla: UFO-Geheimhaltung (München 1995)
Helmut und Marion Lammer: Schwarze Forschungen. Geheime Versuche unter Ausschluß der Öffentlichkeit (München 1999)
Helmut und Marion Lammer: Verdeckte Operationen. Militärische Verwicklungen in UFO-Entführungen. Mind Control - Biochips - Untergrundbasen - Exotische Waffen (München 1997)
Ilobrand von Ludwiger: Unidentifizierte Flugobjekte (München 2000)
Jacques Vallee: Enthüllungen - Begegnungen mit Außerirdischen und menschlichen Manipulationen (Frankfurt am Main 1994)
Jim Keith: Casebook on Alternative 3; UFOs, Secret Societies and World Control (Lilburn 1994)
Jim Keith: Casebook on the Man in Black (Lilburn 1997)
Johannes von Buttlar: Die Außerirdischen von Roswell - Protokoll einer Verschwörung (Bergisch Gladbach 1996)
Leonard Stringfield: Situation Red, the UFO Siege (New York 1977)
Margaret Sachs: The UFO-Encyclopedia (London 1981-2002)
Michael Hesemann: Geheimsache UFO (Neuwied 1995)
Michael Hesemann: Jenseits von Roswell (Neuwied 1996)
Michael Hesemann: UFOS: Neue Beweise (Düsseldorf 1994)
Michael Koch Dr. med. Michael G.: AIDS - die lautlose Explosion (Baden-Baden 1988)
Nigel Blundell/Roger Boar: The World's Greatest UFO Mysteries (London 1989)

of Representatives: Symposium on U.F.Os. (Springfield 1968)
Roscoe Hillenkoeter: Briefing Document: Operation Majestic 12 (Washington 1952)
Stanton Friedman: Final Report on Operation Majestic 12 (Mount Rainier 1990)
Ted Zachary (Todd Zechel): NI-CIA-AP or NICAP (New York 1979)
Ted Zachary (Todd Zechel): The CIA has Proof that UFOs exist! (New York 1977)
Timothy Good: Above Top Secret - the worldwide UFO cover-up (Chatham 1989)
Ulrich Magin: Von UFOs entführt (München 1991)
Vance Packard: The People Shapers (London 1978)
Viktor Farkas: Das Science Fiction Quizbuch (München 1984)
Viktor Farkas: Geheime Bünde & Verschwörungen (Wien 2001)
Viktor Farkas: Geheimsache Zukunft. Von Atlantis in die hohle Erde (Peiting 2002)
Viktor Farkas: Neue Unerklärliche Phänomene (Peiting 2001)
Viktor Farkas: Rätselhafte Wirklichkeiten (München 2002)
W. A. Harbinson: Project UFO (London 1995)
Walter Bowart: Operation Mind Control (London 1979)
Walter Krämer /Trenkler Götz: Lexikon der populären Irrtümer (Frankfurt 1996)
Wilkins Harold T.: Flying Saucers Uncensored (New York 1967)
William English: Project Grudge/Blue Book Report 13 (New York 1989)
William Moore/Jaime Shandere: The MJ-12 Documents (Burbank 1990)
William Moore: The Majestic 12-Documents - An Analytical Report (Burbank 1990)

Auf dem Prüfstand

Carl Sagan: Signale der Erde (München 1980)
Carl Sagan/Jeremy Agel: The Cosmic Connection (New York 1973)
Donald Smith/Tobias Owen: Auf der Suche nach Leben im Weltall (Stuttgart 1984)
Reinhard Brauer: Kontakt mit den Sternen (Frankfurt 1978)

Emmanuel Davoust: Signale ohne Antwort? (Basel 1993)
Walter Sullivan: We are Not Alone (Harmondsworth 1970)
Alfred Roulet: The Search for Intelligent Life in Outer Space (New York 1977)
Paul Watzlawick: Wie wirklich ist die Wirklichkeit? (München 1976)
Robert T. Rood/James Trefil: Sind wir allein im Universum? (Basel 1982)
Viktor Farkas/Peter Krassa: Lasset uns Menschen machen (Frankfurt 1987)
Viktor Farkas: Das Science Fiction Quizbuch (München 1984)
Viktor Farkas: Jenseits des Vorstellbaren (Wien 1996)
Viktor Farkas: Geheime Bünde & Verschwörungen" (Wien 2001)
Viktor Farkas: Rätselhafte Wirklichkeiten (München 2002)
Viktor Farkas: Geheimsache Zukunft. Von Atlantis in die hohle Erde (Peiting 2002)
Arthur Koestler: The Roots of Coincidence (London 1974)
Timothy Good: Sie sind da. UFO-Dokumentation (Frankfurt 1992)
Lawrence Fawcett/Barry J. Greenwood: Clear Intent: The Government Cover-Up of the UFO-Experience (New Jersey 1984)
K. L. Veit (Nachf.): Der UFO-Kontakt der Astronauten (Obergünzenburg 1996)
UFO-Begegnungen auf dem Mond? (Obergünzenburg 1996)
Marina Popowitch: UFO-Glasnost (München 1991)
Franklin E. Roach: Visual Observations Made by Astronauts (New York 1969)
William L Brian: Moongate - Suppressed Findings of the U.S. Space Program and the NASA-Military Cover-Up (Portland 1982)
Jonathan Vankin: Conspiracies, Cover-Ups and Crimes - From Dallas to Waco (Lilburn 1996)
Jonathan Vankin/John Whalen: The 60 Greatest Conspiracies of all Time (Secaucus 1996)
Tim Weiner: Blank Cheque - The Pentagon's Black Budget (New York 1991)
Jon Habana/Julien Weverbergh: UFO's from Behind the Iron Curtain (London 1974)

Nigel Blundell/Roger Boar: The World's Greatest UFO Mysteries (London 1989)
George Leonard: Somebody Else is on the Moon (New York 1976)
L. Ksanfomaliti: Planeten (Moskau 1985)
Luc Bürgin: Mondblitze (München 1994)
Walter Hein: Das Marsgesicht und andere Geheimnisse des Roten Planeten (München 1995)
Peter Ryan/Ludek Pesek: Das Sonnensystem (München 1981)
Peter Kolosimo: Schatten auf den Sternen (Frankfurt 1976)
Patrick Moore: Der Mond (Freiburg i. Br. 1982)
John Guest/Paul Butterworth/John Murray/William O'Donnell: Planetengeologie (Freiburg i. Br. 1981)
Frank Miles: Aufbruch zum Mars (Stuttgart 1988)
Adalbert Berwolf: Die Marsfabrik (München 1996)
Charles Berlitz/William Moore: Das Philadelphia-Experiment (München 1979)
Leonard H. Stringfield: Im Allerheiligsten der Geheimdienste und des U.S. Militärs (Rottenburg 1996)
Jim Keith (Ed.): Secret and Suppressed; Banned Ideas and Hidden History (Portland 1993)
Frank Edwards: Stranger than Science (London 1963)
David Wise/Thomas B. Ross: The Invisible Government (New York 1965)
Bill Myers: The Secret Government (Washington 1988)
Timothy Good (Ed.): Alien Update (New York 1993)

Teil III KARTEN AUF DEN TISCH

Vor dem Abgrund

Kursbuch Verschwörungstheorien (Berlin 1996)
Viktor Farkas: Jenseits des Vorstellbaren (Wien 1996)
Viktor Farkas: Geheime Bünde & Verschwörungen (Wien 2001)
Jonathan Vankin: Conspiracies, Cover-Ups and Crimes - From Dallas to Waco (Lilburn 1996)
Jonathan Vankin/John Whalen: The 60 Greatest Conspiracies of all Time (Secaucus 1996)

Carol Greene: Mörder aus der Retorte (Wiesbaden-Nordenstadt 1992)
Huxley Aldous: Ape and Essence (London 1936)
Huxley Aldous: Die Pforten der Wahrnehmung (München 1989)
Huxley Aldous: Schöne Neue Welt (Leipzig 1932)
Huxley Aldous: Dreißig Jahre danach oder Wiedersehen mit der wakkeren Neuen Welt (München 1960)
Huxley Aldous: The Perennial Philosophy (London 1958)
Walter Bowart: Operation Mind Control (New York 1978)
Peter. F. Drucker: The new Realities (London 1990)
John Marks: The CIA and Mind Control (New York 1979)
Theodore Roszak: The Making of a Counter Culture (New York 1968)
Sheflin/Opton jr.: The Mind Manipulators (London 1978)
Anthony Sanpson: The Seven Sisters. The Great Oil Companies & The World they shaped (New York 1978)
F. William Engdahl: Mit der Ölwaffe zur Weltmacht (Wiesbaden-Nordenstadt 1992)

Vom Heute ins Morgen

E. R. Carmin: Das schwarze Reich (München 1997)
Viktor Farkas: Jenseits des Vorstellbaren (Wien 1996)
Viktor Farkas: Geheime Bünde & Verschwörungen (Wien 2001)
Viktor Farkas: Zukunftsfalle. Zukunftschance (Frankfurt 2000)
Hans Peter Martin/Harald Schumann: Die Globalisierungsfalle (Reinbek 1997)
Walter Krämer/Gätz Trenkler: Lexikon der populären Irrtümer (Frankfurt 1996)
Ulrich Menzel: Das Elend der Dritten Welt und das Scheitern der großen Theorie (Frankfurt 1992)
Paul Kennedy: Aufstieg und Fall der großen Mächte (Frankfurt 1989)
Paul Kennedy: In Vorbereitung auf das 21. Jahrhundert (Frankfurt 1993)
Hamish McRae: The World in 2020 (London 1995)
P. Yeates: Forty Years of Foreign Trade (London 1959)
Paul Bairoch: Economics and World History: Myths and Paradoxes (New York 1993)
Paul Bairoch: The Economic Development of the Third World since 1900 (London 1977)

P. Bairoch/B. Etemal: Commodity Structure of Third World Exports 1830-1937 (Genf 1985)
Milton William Cooper: Behold a Pale Horse (Sedona 1982)
Ernest Scott: Die Geheimnisträger - Auf den Spuren der verborgenen Baumeister der Evolution (München 1989)
Donald Holmes: System Sapiens - Die Verschwörung der Illuminaten (München 1990)
Doug Moench/Rev. Ivan Stang: The Big Book Of Conspiracies (New York 1995)
Michael A. Hoffman II: Secret Societies and Psychological Warfare (Lilburn 1991)
Sebastian von Hoerner: Population Explosion and Interstellar Expansion (Göttingen 1979)
Lord Edward Bulwer-Lytton: The Coming Race (Ruttledge 1871)
Nicholas J. Begich/Jeanne Manning: Advances in Tesla Technology (Anchorage 1996)
Stan Deyo: The Cosmic Conspiracy (South Pasadena 1989)
Dr. John Coleman (Dok.): Conspirators Hierarchy (Carson City 1989)
Jonathan Vankin: Conspiracies, Cover-Ups and Crimes - From Dallas to Waco (Lilburn 1996)
Jonathan Vankin/John Whalen: The 60 Greatest Conspiracies of all Time (Secaucus 1996)
Nicholas J. Begich/Jeanne Manning: Angels Don't Play This HAARP (Anchorage, 1996)
Jeanne Manning/Nick Begich: Löcher im Himmel (Frankfurt 1996)
Andres von Rétyi: Das Alien-Imperium - UFO-Geheimnisse der USA (München 1995)
Leslie Watkins: Alternative 3 (London 1978)
Jim Keith (Ed.) Secret and Suppressed (Portland 1993)
Jim Keith: Casebook on Alternative 3; UFOs, Secret Societies and World Control (Lilbum 1994)
Jim Keith: Alternative 3. Die Beweise (Peiting 1999)
N. J. McCamley: Secret Underground Cities (London 1999(
Richard Sauder: Under Ground Bases and Tunnels. What is the Government trying to hide? (London 1999)

Timothy Green Beckley: Subterran World Inside Earth (New Brunswick 1980)
Edward J. Yoxen: Constructing Genetic Diseases (Norwood 1984)
G. J. Krupey: AIDS, Act of God or the Pentagon? (Portland 1993)
Cindy Patton: Sex and Germs: The Politics of AIDS (Boston 1988)
H. Maliz: AIDS - die unbesiegbare Seuche (Bad Nenndorf 1992)
Dr. med. Michael G. Koch: AIDS - die lautlose Explosion (Baden-Baden 1988)
Jon Rappoport: AIDS Inc., Scandal of the Century (Foster City 1988)
Philip R. Reilly: The Surgical Solution: A History of Involuntary Sterilization in the United States (Baltimore 1991)
Viktor Farkas/Peter Krassa: Lasset uns Menschen machen (Frankfurt 1987)
Daniel J. Kevles: In the Name of Eugenics (New York 1985)
Reinhard Piechocki: Genmanipulation (Leipzig 1983)
June Goodfield: Playing God (London 1977)
Daniel J. Kevles/Leroy Hood (Hrsg.): Der Supercode - Die genetische Karte des Menschen (München 1993)
Joel Davis: Mapping the Code: The Human Genome Project and the Choices of Moderne Science (New York 1990)
Daniel Koshland: Sequences and Consequences of the Human Genome (Science 1989)
Jerry E. Bishop/Michael Waldholz: Landkarte der Gene. Das Genomprojekt (München 1991)
Cook-Deegan/Robert Mullan: The Humane Genome Project (Washington 1991)

Endspiel

Edward Hyams: Der Mensch - Ein Parasit der Erde? (Düsseldorf 1956)
Arnold Tonybee: Menschheit und Mutter Erde (Düsseldorf 1979)
Erich Fromm: Anatomie der menschlichen Destruktivität (Stuttgart 1980)
Desmond Morris: Der Menschen-Zoo (München 1969)
Viktor Farkas: Geheime Bünde & Verschwörungen“ (Wien 2001)
Viktor Farkas: Zukunftsfalle - Zukunftschance (Frankfurt 2000)

Viktor Farkas: Geheimsache Zukunft. Von Atlantis zur hohlen Erde (Peiting 2002)
Paul Demeney: A Perspective on Long-Term Populations Growth (New York 1984)
Ernst E. Snyder: Todeskandidat Erde (München 1972)
Arthur Köstler: Der Mensch als Irrläufer der Evolution (Bern 1978)
Human Development-Report 2002 der Vereinten Nationen (Sommer 2002)
Matthias Horx: Trendbuch (Düsseldorf 1993)
Hans Ambros: Die nächsten 40 Jahre (Wien 1993)
Judith Mackay: Der Welt-Gesundheitsatlas (Bonn 1999)
Dr. Emil-Heinz Schmitz: Unsterblichkeit im All (Genf 1977)
Günther Schwab: Der Tanz mit dem Teufel (Hameln 1958)
Ritchie Calder: After the Seventh Day - The World Man Created (New York 1961)
Will Cuppy: How to become Extinct (New York 1946)
Brian Stableford/David Langford: The Third Millenium (London 1985)
Rupert Riedl/Franz Kreuzer: Die überschätzte Vernunft (Hamburg 1983)
W. Schäfer: Der kritische Raum: Der zweite Grad des Überlebens. Rettung oder Population (Frankfurt 1972)
Viktor Farkas/Peter Krassa: Lasset uns Menschen machen (Frankfurt 1987)
Viktor Farkas: Das Science Fiction Quizbuch (München 1984)
Arno Gruen: Der Wahnsinn der Normalität (München 1987)
R. Bilz: Menschliche Anstoßaggressivität (mobbing) (Deutsches Ärzteblatt Nr. 4 v. 23.1.1974)
Theo Löbsack: Versuch und Irrtum. Der Mensch: Fehlschlag der Natur (München 1974)
Theo Löbsack: Die letzten Jahre der Menschheit (Frankfurt 1992)
Theo Löbsack: Unterm Smoking das Bärenfell - Was aus der Urzeit noch in uns steckt (Frankfurt 1990)
Theo Löbsack: Das unheimliche Heer (Frankfurt 1989)
Frederic Vester: Ballungsgebiete in der Krise (München 1992)
Heinz Haber: Wieviel Tonnen darf die Menschheit wiegen? (Hamburg 1985)

Edward. O. Wilson: Die Zukunft des Lebens (Berlin 2002)
J. W. Forrester: Der teuflische Regelkreis (Stuttgart 1972)
Claus Jacobi: Uns bleiben 100 Jahre - Ursachen und Auswirkungen der Bevölkerungsexplosion (Frankfurt 1986)
Heinz B. Schmutzer: Auch bei uns leben Millionen Menschen zuviel (Salzburg 1986)
World Population Prospects (United Nations, New York 1985-2002)
Gordon Rattray Taylor: The Biological Timebomb (London 1966)
Gordon Rattray Taylor: The Doomsday Book (London 1970)
Peter Jay/Michael Stewart: Apokalypse 2000 - Die Geschichte unserer Zukunft (Düsseldorf 1988)
Larry Geis/Fabrice Florin/Peter Beren/Aidan Kelly: Auf ins All - unsere Zukunft im Weltraum (Basel 1980)
Gary Zukav: Die tanzenden Wu Li Meister (Reinbek 1981)
Brian Berry: Die eiserne Sonne. Reisen über die Einstein-Rosen-Brükke (Düsseldorf 1980)
Peter Nichols: Science in Science Fiction (Frankfurt 1983)
Lawrence M. Krauss: Die Physik von Star Trek. Mit einem Vorwort von Stephen Hawking (München 1996)
Lawrence M. Krauss: Jenseits von Star Trek. Die Physik hinter den Ideen von Star Trek (München 2002)

Sowie zahlreiche Zeitschriften und Publikationen, hervorzuheben davon UFO-Kurier, Magazin 2000, THE X-FACTOR, Fortean Times, Ancient Skies, Bild der Wissenschaft, Scientific America, OMNI, Future Life, World Watch, weiters reichliches Archivmaterial aus unterschiedlichen, privaten und öffentlich zugänglichen Quellen (von der Library of Congress in Washington bis zur österreichischen Nationalbibliothek...) wie auch TV- und Filmdokumentationen.

Register

B

C

D

E

F

G

H

J

K

N

O

P

R

S

T

Argo Galaxien, Mond- & Kornkreiskalender

Der Mondkalender 2003 hilft Ihnen als täglicher Begleiter bei allen wichtigen Entscheidungen und beweist sich immer wieder als nützlicher Ratgeber in vielen Lebenslagen. Erfahren Sie viele Einzelheiten über Ernährung, Hausarbeiten, Körperpflege oder Gesundheit und planen Sie so Ihren persönlichen optimalen Tagesablauf!

Format DIN A4 quer,
ca. 180 Seiten farbig, Preis: 25,– EUR

In diesem großformatigen Kalender finden Sie faszinierende Aufnahmen von verschiedenen Galaxien.
Format DIN A3 hoch, 4fbg., 13 Blätter
Preis: 20,00 EUR

Die Kornkreise haben wahrscheinlich einen viel tiefgründigeren Hintergrund, als bisher angenommen wurde. Zweifellos stellen die Piktogramme im Korn nicht nur eine Augenweide an Harmonie und Präzision sondergleichen dar, sie entspringen sicher auch einer uns noch unbekannten Intelligenz. Es ist an der Zeit, daß wir dies würdigen, denn der Kosmos ist groß und voll von geheimnisvollem Leben.

Format DIN A3 hoch, 4fbg.,
13 Blätter, Preis: 20,00 EUR

Bestellen im Internet: www.magazin2000plus.de

Entdecken Sie die Welt der Grenzwissenschaften mit…

MAGAZIN 2000plus
KOSMOS ERDE MENSCH

Das maßgebende und aktuellste Magazin…

…im deutschsprachigen Raum für die Themenbereiche:

- **Grenzwissenschaften**
- **Zeitgeschichte**
- **UFO-Forschung**
- **Kornkreise**
- **Mystik**
- **Freie Energie**
- **Esoterik und Spiritualität**

Ihr Magazin 2000*plus* informiert Sie seriös, kompetent und mutig über die neuesten Erkenntnisse und Entdeckungen, die von den Massen-Medien nur oberflächlich oder gar nicht erwähnt werden.

MAGAZIN 2000*plus* erscheint alle zwei Monate! Hinzu kommen ca. vier Spezialausgaben im Jahr. 100 Seiten, durchweg farbig; mit vielen Exklusiv-Berichten und Artikeln führender Forscherinnen und Forscher aus aller Welt.

Fordern Sie ein kostenloses Probeexemplar bei uns an:
MAGAZIN 2000*plus* Web-Seite: www.magazin2000plus.de
MAGAZIN 2000*plus* E-Mail: mail@magazin2000plus.de

Argo

ISSN: 1434-3088
Abonnementpreise: jeweils 6 Ausgaben inkl. Spezialhefte

Deutschland:	EUR	40,00
Europa:	EUR	49,00
Luftpost u. sonst. Ausland:	EUR	60,00

Erscheinung: 6 mal jährlich + ca. 4 mal Spezial jährlich

Argo-Verlag, Sternstraße 3, 87616 Marktoberdorf • Tel: 0 83 49 - 920 44-0, Fax: 0 83 49 - 920 44 49

Bestellen im Internet: www.magazin2000plus.de

Themen, die die Welt bewegen...

Thomas H. Fuss: Spezies Adam *Argo, EUR 22,00*
Ägyptische Herrscherlisten datieren den Beginn des „Pharaonenreiches" auf 25.000 Jahre vor Christus und setzen keine Menschen, sondern göttliche Könige wie Re oder Osiris an den Anfang dieser sagenhaften Kultur. Die Lehrmeinung will es nicht wahrhaben, doch die einstmalige Ankunft dieser Herrscher auf der Erde ähnelt dem ersten Vers des Alten Testaments auf verblüffende Weise.

Carlos Calvet: Hyperraum *Argo, EUR 22,00*
Das Quantenvakuum ist ein aktueller Begriff und entspringt direkt aus früheren Artikeln vom Anfang dieses Jahrhunderts, als die größten Physiker der Neuzeit die Grundlagen für die moderne Quantenmechanik schufen. Aber es war schon Max Planck, der zuvor die maximalen und minimalen Werte festlegte, welche die spätere Einstein'sche Raumzeit eingrenzten. Demnach hat die Raumzeit gewisse Grenzwerte, die sie vom Hyperraum abgrenzen, und die hatte Planck offenbar gefunden.

J. v. Buttlar/Prof. Dr. K. Meyl: Neutrinopower *Argo, EUR 22,00*
Dem Verlag ist es gelungen, zwei bedeutende Buchautoren und Visionäre zu einem Gespräch zusammenzubringen, die ganz unterschiedlichen Leserkreisen bekannt sind. In dem Spannungsfeld zwischen Sachbuch und Fachbuch, zwischen Lehrbuchkritik und neuen physikalischen Ansätzen, zwischen Sackgassen und neuen Wegen, eröffnen sie dem Leser den Blick in eine neue physikalische und zugleich vereinheitlichte Sicht der Welt. Die angesprochenen Probleme werden analysiert, wobei sich das aus den Lösungen abzeichnende Weltbild als ausgesprochen einfach und überzeugend erweist.

Hartwig Hausdorf: Geheime Geschichte *Argo, EUR 22,00*
Gagarin war nicht der erste Mensch im All. Mitschnitte verzweifelter Funksprüche von früheren Kosmonauten beweisen, daß schon vor dem 12. April 1961 Weltraumversuche durchgeführt wurden. Diese namenlosen Helden jener verunglückten Unternehmen wurden bis zum heutigen Tage verschwiegen. Im Frankreich des 13. Jahrhunderts nutzte ein Rabbiner bereits die Elektrizität und bediente sich eines Wissens aus vorchristlicher Zeit.
Diese und viele andere brisante Fakten verschweigen uns die Historiker. Sind sie sich doch der dramatischen Konsequenzen bewußt: Alle Geschichtsbücher müssen neu geschrieben werden.

H. Hausdorf: Unheimliche Begegnungen der 5. Art *Argo, EUR 22,00*
Ein äußerst bedrohlicher Aspekt des UFO-Phänomens wurde bislang von jenen, die sich mit der Erforschung der Thematik auseinandergesetzt haben, geflissentlich übersehen oder gar ignoriert.
Sonst wäre die Tatsache, daß das Phänomen bis auf den heutigen Tag ungezählte Opfer gefordert hat, nicht so konsequent tabuisiert worden. Damit das Thema dem üblichen Schemendenken untergeordnet werden konnte, wurden uns brisante Fakten vorenthalten, mit denen wir erst noch umzugehen lernen müssen.
Eines ist klar: Wir stehen einer latenten Gefahr gegenüber, die jeden von uns zu jeder Zeit an jedem Ort treffen kann!

Bestellen im Internet: www.magazin2000plus.de

Themen, die die Welt bewegen...

Axel Klitzke: Die Kosmische 6 *Argo, EUR 22,00*
Dieses Ergebnis mag vielleicht provozierend erscheinen, doch in unserem logischen Denkvermögen erweist es sich als Schlüssel zum tieferen Verständnis unseres Universums. Der Autor Axel Klitzke entwickelt die „Urschöpfungsformel" anhand des ZAHLENRAUMES, läßt den Leser Schritt für Schritt mit entwickeln und setzt dabei auch keine besonderen Vorkenntnisse voraus. So entstand ein „Mathematik- und Geometrie-Krimi", der uns bis in die Welt von noch verborgenen Dimensionen führt, ohne jemals die wissenschaftliche Basis zu verlassen, und einen wichtigen Baustein zum Verständnis einer holographischen „Gesamtschöpfung" darstellt.

Gerhard G. Seidel: Bibel, Rätsel, Phänomene *Argo, EUR 22,00*
Das Interesse an der Bibel wächst ständig und es ergeben sich eine Menge brisanter Fragen: Warum wurde die gesamte Menschheit zu Sündern erklärt, nur weil eine Frau eine Frucht vom Baum nahm? Wie soll man verstehen, daß die Göttersöhne die hübschesten Erdenmädchen schwängerten? Wußten Sie, daß neue archäologische Funde belegen, daß die Israelis tatsächlich in Ägypten waren und das Heer des Pharao in der Tat von gewaltigen Wasserfluten vernichtet wurde? Ist Ihnen bekannt, daß in der Bibel Saurier und/oder „Drachen" beschrieben werden? Woher kommen die Widersprüche in den Evangelien? ...

Peter Krassa: Die Macht aus dem Dunkeln *Argo, EUR 20,40*
Die beiden Freunde Ron Clark und Pete Valley werden mit einer geheimnisvollen Gruppierung konfrontiert, die vor allem bei UFO-Forschern als "Men in Black" große Unruhe zu verbreiten vermochte. Die Identität der "Männer in Schwarz", "MIBs" genannt, liegt völlig im Dunkeln...
Peter Krassa reiht in seinem Horror-Thriller ein dramatisches Ereignis an das andere. Die abwechslungsreiche Story lässt bis zu ihrem glücklichen Ende niemanden aus ihrem Bann. Hochspannung und Lesegenuss von der ersten bis letzten Zeile...

Siegfried Lindwurm: Vorsicht Licht *Argo, EUR 22,00*
Dieser jährlich aktualisierte Almanach bring Licht in viele Bereiche bis hin zur aktuellen Politik und Wirtschaftslage. Der Autor studierte hierzu nicht nur hunderte von Quellen, sondern war auch jahrelang im internationalen Managment eines Weltkonzerns tätig, wodurch er einen persönlichen Eindruck gewinnen konnte, was sich wirklich „hinter den Kulissen" abspielt.
Ein verständliches Weltbild der Schöpfung und der Entwicklungsweg des Menschen werden hier gezeichnet, womit Brücken zwischen Überlieferung und Forschung, Offenbarung und Religion sowie Vision und Wissenschaft gebaut werden. Ein umfangreicher Prophezeiungsteil zeigt auf, was die Menschheit bis zum Jahr 2012 erwartet.

Gisela Ermel: Rätselhafte Tilma von Guadalupe *Argo, Euro 22,00*
Gibt es noch ungelöste Rätsel? Im Dezember 1531 erschien auf dem Umhang eines einfachen Indios vor dem damaligen Bischof von Mexiko und weiteren Zeugen auf mysteriöse Weise ein farbiges Marienbild. Dieses „Zeichen", als Beweis von einer dem Indianer erscheinenden „lichtstrahlenden Jungfrau" erbeten und gewährt, wird seit über 400 Jahren wieder und wieder wissenschaftlich untersucht, inzwischen mit modernster High Tech. Damals galt das Bild auf dem Kaktusfaserstoff – der Tilma – als „nicht von Menschenhand gemacht", als „überirdisch entstanden".

Bestellen im Internet: www.magazin2000plus.de